霍州年鉴

2022

HUOZHOU YEARBOOK

中共霍州市委党史研究室
（霍州市地方志研究室） 编

方志出版社
Publishing House of Local Records

图书在版编目（CIP）数据

霍州年鉴．2022 / 中共霍州市委党史研究室（霍州市地方志研究室）编．— 北京：方志出版社，2022.12

ISBN 978-7-5144-5347-8

Ⅰ．①霍… Ⅱ．①中… Ⅲ．①霍州－2022－年鉴 Ⅳ．① Z522.54

中国版本图书馆 CIP 数据核字（2022）第 252599 号

责任编辑：顾洁
责任校对：刘玉霞
责任印制：梅中英
出 版 者：方志出版社
地　　址：北京市朝阳区潘家园东里 9 号（国家方志馆 4 层）
邮　　编：100021
网　　址：http://www.zgfzcb.cn
发　　行：方志出版社图书营销中心（010-67110500）
印　　刷：山西省史志印业有限公司
开　　本：889 毫米 ×1194 毫米　1/16
印　　张：20.5
字　　数：449 千字
版　　次：2022 年 12 月第 1 版
印　　次：2022 年 12 月第 1 次印刷
定　　价：208.00 元

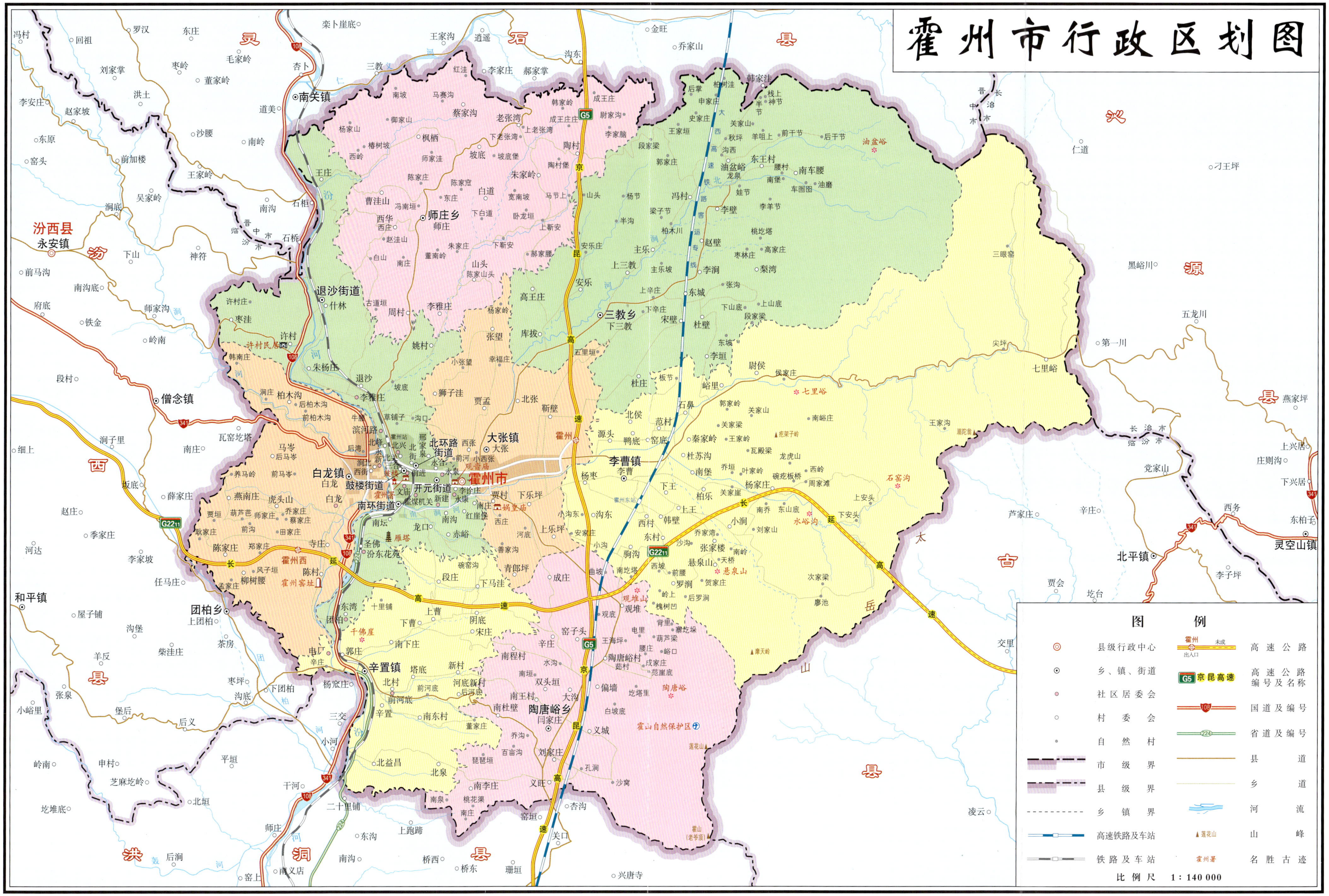

审图号：晋JS（2020）004号

山西省地图院 编制

《霍州年鉴（2022）》编纂委员会

名誉主任	李青雁
主　　任	张可新
副 主 任	陈占平　田晋川　吕文博　史　澎　王　强　靳阳阳　张卫东　朱文平　李新平　杜燕忠
委　　员	朱军军　孙友臣　韩腊丽　闫　昭　刘新华　张建军　刘成军　张文轩　刘伟伟　马耀华　路　林　关文旗　张文林　朱泽军　宋李强　成晓林　马建华　房文斌　李晓燕　闫会波　张　伟　付　帅　左晓斌　刘　峰　刘亚明　荀彦龙　张　斌　段小刚　陈菊菊　马四玲　崔亚峰　薛国平　董　阳　尚海虹　李晋峰　时宏伟　张文萍　段永存　郭国彪　杨民祥　刘雅斌　张志勇　刘　杰　杨五锁　赵利娟　马　丽　赵　涛　董　娟　朱朝晖　朱红平　陈建华　贺立华　贾康民　王海清　张忠民　成彩梅　郭　斌　曹艳玲　荀会龙　杨京瑾　张　超　陈宇鹏　马　琴　刘俊林　陈　鹏　薛忠华　刘羽飞

编纂人员

主　　编	杜燕忠
副 主 编	李宝珍　乔小安
责任编辑	王晓英
编　　辑	赵　捷　李　玲　曹荣华　张　峰
录入排版	张　晶　伊　萌

远眺七里峪

（王晓芙 摄）

霍州市庆祝中国共产党成立100周年系列活动

2021 年，霍州市开展庆祝中国共产党成立 100 周年系列活动，全市各部门、各行业和广大群众热情参与，用不同的方式歌颂伟大的祖国。举办“永远跟党走”“守望初心 众志成城”“激扬青春风采、不忘初心跟党走”歌咏比赛等。

6 月 30 日，霍州市召开庆祝中国共产党成立 100 周年暨全市“两优一先”表彰大会

6 月 21 日，霍州市隆重举行“光荣在党 50 年”纪念章颁发仪式　（霍州融媒供图）

中共霍州市委党校庆祝“中国共产党 100 周年”文艺活动

三教乡组织老党员在中共霍县县委、霍县抗日县政府旧址参观学习

霍州一中高一年级举办“激扬青春扬风采、不忘初心跟党走”歌咏比赛

暨纪念五四运动102周年

霍州市开展党史学习教育

2021 年，霍州市组织集中学习 15 次，交流研讨 19 次，新建 6 个小区党群服务驿站，创新建立党史学习教育“七个统一”工作机制，打造党史学习教育“50+ 教学点”。

2021 年 4 月 9 日，党史学习教育临汾市委宣讲团在霍州市举行宣讲报告会

2021 年 5 月 14 日，霍州市党史学习教育“50+ 教学点”第一期集训班在市民中心正式开班

5 月 20 日，霍州市开展首批党史学习教育现场教学和体验式教育活动

2021 年 6 月 18 日，临汾市委党史学习教育巡回指导霍州反馈会召开

7 月 14 日，由市委宣传部主办、市妇联、市党史研究中心、市融媒体中心联合承办的"巾帼心向党、奋斗新征程"党史学习知识竞赛圆满落幕。市委常委、宣传部部长郭丽华出席活动并为获奖代表队颁奖

4 月 29 日，霍州市党群服务中心揭牌启用

5 月 1 日，2021 年全国消费促进月暨“礼享生活，晋情消费”促进消费活动霍州市文旅商贸推介活动在大运高速霍州服务区正式启动

5 月 2 日，白龙镇举办“初见霍窑”首届威风锣鼓争霸赛

5月3日，霍州市首届莺歌邀请赛在中国传统文化古村落——三教乡库拔村圆满落下帷幕

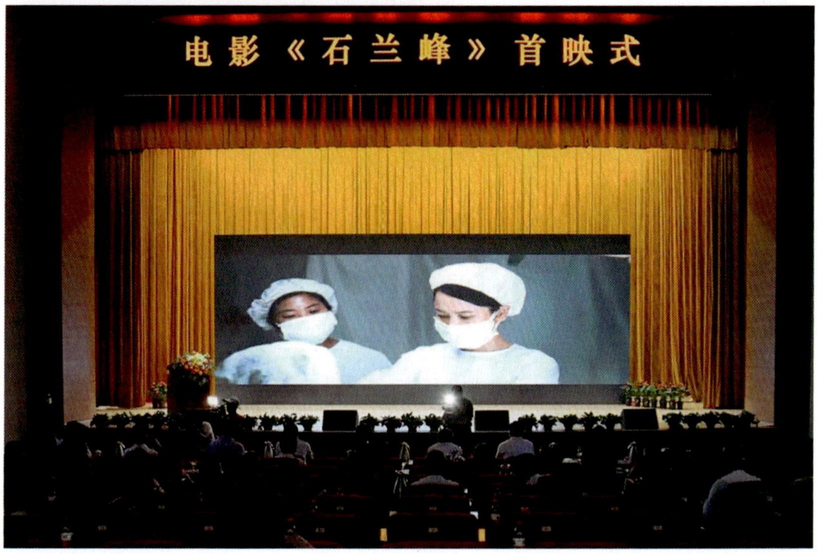

6月25日，电影《石兰峰》首映式在山西省委党校举行

2021年10月16日，“天下霍姓出霍州”展陈开馆暨霍氏文化产业园启动仪式在七里峪镇山广场举行

（均为霍州融媒供图）

编辑说明

一、《霍州年鉴》以马克思列宁主义、毛泽东思想、邓小平理论、“三个代表”重要思想、科学发展观、习近平新时代中国特色社会主义思想为指导，坚持辩证唯物主义和历史唯物主义的立场、观点、方法，遵循真实、准确、客观、公正的原则，致力科学、严谨、细致、规范的编撰方法，体现存史、资政、育人、服务的功能。

二、《霍州年鉴》是由中共霍州市委党史研究 室（市地方志研究室）编纂的综合性年度资料性文献。2016 年开始正式出版，一年一卷，《霍州年鉴（2022）》为第卷。

三、《霍州年鉴（2022）》记事断限为 2021 年 1 月 1 日至 2021 年 12 月 31 日。

四、本年鉴采用分类编排法，设类目、分目、条目，不同层次的标题用不同的字号、字体和辅助标志区别。条目为全书基本记述实体，个别条目由于内容较多分若干层次。

五、本年鉴的稿件资料均由市直有关部门和各乡（镇、街道）组织专人提供年鉴资料，中共霍州市委党史研究室（霍州市地方志研究室）负责审核。所有数据由于统计来源、口径、方法、时间不同而有差异，以统计局提供的资料为准。凡计量单位原则上采用法定单位，考虑到社会使用习惯，全书中亩不统一换算，1 公顷＝15 亩。

六、本书数字用法、标点符号用法分别采用国家标准《出版物上数字用法》（GB/T 15835—2011）、《标点符号用法》（GB/T 15834—2011），计量单位采用国家技术监督局 1993 年 12 月发布的《量和单位》系列国家标准。

七、《霍州年鉴（2022）》资料、照片均由各有关单位和个人提供。

目　录

专　记

大事记

霍州概览

中国共产党霍州市委员会

霍州市人民代表大会

霍州市人民政府

政协霍州市委员会

纪检　监察

民主党派

群众团体

法　治

军　事

经济管理

农业和农村工作

工　业

商业贸易

通信　邮政

旅游　文化

财政　税务

金 融

交 通

城乡建设

生态环境

教　育

科学技术

文　化

新闻　广电

医药　卫生

社会生活

乡镇概貌

霍州经济开发区和风景区

重要文献选摘

附　录

索　引

专　记

霍州市党史学习教育

【领导小组】

组　长：李　强　市委书记
副组长：李青雁　市委副书记、市长
　　　　任　臻　市委常委、组织部部长、党校校长
　　　　郭丽华　市委常委、宣传部部长、市政府党组成员
　　　　吕文博　市委常委、市委办公室主任
成　员：张建军　市纪委副书记、监委副主任
　　　　成卫华　市委组织部主持日常工作的副部长
　　　　毋永明　市委宣传部主持日常工作的副部长
　　　　董　娟　市委党校日常工作负责人
　　　　房文斌　市委教育工委书记、教科局局长
　　　　李晓燕　市工信局局长
　　　　杜燕忠　市委党史研究中心主任
　　　　朱泽军　市总工会常务副主席
　　　　赵利娟　市妇联负责人
　　　　张海平　市融媒体中心负责人
　　　　李国忠　市档案馆馆长
　　　　张　洋　共青团霍州市委副书记

领导组下设办公室，办公室设在市委宣传部
办公室主任：郭丽华（兼）

【文件摘要】

关于开展党史学习教育的实施方案

党中央决定，2021年在全党开展党史学习教育。为全面贯彻落实习近平总书记在党史学习教育动员大会上的重要讲话精神，根据《中共中央关于在全党开展党史学习教育的通知》〔中发（2021）6号〕、《中共山西省委〈关于开展党史学习教育的实施方案〉的通知》〔晋发（2021）12号〕、《中共临汾市委印发〈关于开展党史学习教育的实施方案〉的通知》〔临发（2021）2号〕，现就我市开展党史学习教育，制定如下实施方案。

一、总体要求

2021年是中国共产党成立100周年，组织开展党史学习教育，对于总结历史经验、认识历史规律、掌握历史主动，对于传承红色基因、牢记初心使命、坚持正确方向，对于深入学习领会习近平新时代中国特色社会主义思想，进一步统一思想、统一意志、统一行动，建设更加强大的马克思主义执政党，在新的历史起点上奋力夺取新时代中国特色社会主义伟大胜利，具有重大而深远的意义。

开展党史学习教育，要坚持以马克思列

宁主义、毛泽东思想、邓小平理论、“三个代表”重要思想、科学发展观、习近平新时代中国特色社会主义思想为指导，深入学习贯彻党的十九大和十九届二中、三中、四中、五中全会精神，深入学习贯彻习近平总书记视察山西重要讲话重要指示，牢记领袖“在转型发展上率先蹚出一条新路来”的殷殷嘱托，紧紧围绕学懂弄通做实党的创新理论，坚持学习党史与学习新中国史、改革开放史、社会主义发展史相贯通，做到学史明理、学史增信、学史崇德、学史力行，引导广大党员、干部增强“四个意识”、坚定“四个自信”、做到“两个维护”，不断提高政治判断力、政治领悟力、政治执行力，按照省委“四为四高两同步”总体思路和临汾市委“一三四三”工作思路及我市坚持1·18工作思路，转型出雏形，率先蹚新路，守正创新抓住机遇，锐意进取开辟新局，乘势而上奋力书写霍州践行新时代中国特色社会主义新篇章。

全市党员、干部要坚持学史明理，提高思想理论水平；坚持学史增信，保持战略定力；坚持学史崇德，传承红色基因；坚持学史力行，加强党性锤炼。立足新起点、新征程，准确把握历史使命、历史方位，深刻汲取历史经验，全面掌握实践要求，勇于担当、善于作为，坚定在转型发展上率先蹚出一条新路来的信心决心，奋力夺取“十四五”转型出雏形开局新胜利，以优异成绩迎接建党100周年。

二、学习内容

从党史学习教育启动部署到“七一”庆祝中国共产党成立100周年大会，以全面学习党史为重点，深入了解党的百年奋斗史，深化对马克思主义中国化成果特别是习近平新时代中国特色社会主义思想的理解。从庆祝大会到总结大会，重点学习习近平总书记在庆祝中国共产党成立100周年大会上的重要讲话精神，并以此为指导不断深化对党的历史的系统把握，明确继承传统、立足当前、开创未来的实践要求。

学习内容主要包括：深刻铭记中国共产党百年奋斗的光辉历程；深刻认识中国共产党为国家和民族作出的伟大贡献；深刻感悟中国共产党矢志不渝为人民的初心宗旨；系统掌握中国共产党推进马克思主义中国化形成的重大理论成果；学习传承中国共产党在长期奋斗中铸就的伟大精神；深刻领会中国共产党成功推进革命、建设、改革的宝贵经验。

三、具体安排

党史学习教育贯穿2021年全年。以县处级以上领导干部为重点，在全市600多个基层党组织、14900余名党员中全面开展，注重“两新”组织、流动党员全覆盖，突出青少年群体。

党史学习教育突出学党史、悟思想、办实事、开新局，注重融入日常、抓在经常，主要包括五个方面具体安排：

（一）专题学习

1. 认真自学。各级各部门各单位党委（党组）要组织党员、干部进行自学，并结合所思所悟圈重点、做标记、写体会。要提前安排学习内容，每月至少精读一本指定学习材料或重要参考材料。

2. 专题研讨。全市各级党委（党组）采取理论学习中心组学习、举办读书班等形式，分专题开展学习研讨。上下半年各举办一期读书班。

3. 领导干部带头学习。坚持以上率下，在学习上有更高标准、更高要求，在学党史、讲党史、懂党史、用党史方面发挥示范带动作用。

4. 多种形式开展学习。基层党组织要开展“三会一课”主题党日和重温入党誓词等活动，通过干部教育培训、辅导讲座、报告会、座谈会、征文活动、演讲比赛、展览展示、红色旅游、知识问答等形式，做到结合实际、主题突出、特色鲜明、形式多样，推动党员干部群众和青少年学习党史。

5. 讲好专题党课。“七一”前后，组织党员领导干部、基层党组织书记、先进典型讲一次专题党课。

针对领导干部和普通党员不同特点要求，确定学习重点内容。学习习近平《论中国共产党历史》和《毛泽东、邓小平、江泽民、胡锦涛关于中国共产党历史论述摘编》《习近平新时代中国特色社会主义思想学习问答》《中国共产党简史》等指定学习材料，《中国共产党的100年》《中华人民共和国简史》《改革开放简史》《社会主义发展简史》等重要参考材料。

（二）政治引领

6. 开展研究阐释。围绕庆祝中国共产党成立100周年主题开展研究宣传阐释，引导干部群众树立正确的党史观。组织“四史”专题研究，开展中国共产党在霍州奋斗史、党的建设理论、党领导新时代霍州转型发展等重点课题研究，开展建党百年主题征文活动，推出优秀文章向省级或市级报送刊发。

7. 开展专题宣讲。组织好基层专题宣讲活动，市委宣讲团赴12个乡镇（街道）开展专题宣讲。开展“学党史、守初心”宣讲活动。要发挥好宣讲小分队、理论学习宣讲示范点、新时代文明实践中心等阵地的作用，组织开展形式多样的基层专题宣讲活动。

8. 开好座谈会、研讨会。召开霍州市庆祝中国共产党成立100周年座谈会，召开我市优秀共产党员、优秀党务工作者、先进基层党组织代表庆祝中国共产党成立100周年座谈会，老党员老干部话党史等多种形式座谈会。

9. 开展微视频展播活动。市融媒体中心要开辟党史微视频系列展播栏目，强化理想信念教育，展示我市百年奋斗历程，培育和践行社会主义核心价值观，厚植爱国主义情怀，弘扬爱国主义旋律。

10. 开展“学党史、感党恩”霍州市好基地讲好故事活动。以“好基地讲好故事，好故事传播好声音”为基本方式，以“五员五讲”为重要形式，推进“基地故事进社会，社会故事进基地”，大力厚植爱国主义情怀。

11. 举办“感恩心向党，奋斗新征程”党史学习教育知识竞赛。通过知识竞赛的形式，达到学史力行、坚定信念，弘扬党史文化，提升思想政治素质的目的，营造全市争先学习党史知识的浓厚氛围。

12. 开展“庆祝中国共产党成立100周年”第三届教师书法展及书法、摄影、美术成就展。以书法等优秀文艺创作歌颂党、歌颂祖国，继承和弘扬优秀传统文化，让广大人民群众在活动中感受书法魅力，展示霍州风采。

13. 创作党史题材文艺作品。推出电影《石兰峰》，开展好“建党百年”主旋律电影、歌曲、三弦书等群众喜闻乐见的文艺作品的创作展播工作，多层次、多角度、多侧面地宣传，展示建党百年来的光辉历程、伟大成就、宝贵经验，突出宣传党的十八大以来党和国家事业取得的历史性成就、发生的历史性变革，展示我市各项事业取得的巨大成就，展示全市人民在党的领导下蓬勃向上、开拓进取的精神面貌。

14. 抓好青少年教育。在全社会进行以党史为重点的“四史”宣传教育，突出青少年群体，通过党史宣讲团进校园，将党史学习教育融入学校教育思政课，召开青少年党史学习教育座谈会、答疑会、研讨会等，开展贴近青少年特点的宣传教育活动，引导广大青少年把个人理想融入时代主题、汇入复兴伟业，坚定不移听党话、跟党走，勇做担当民族复兴大任的时代新人。

（三）专题培训

15. 组织好领导干部专题培训。市委党校围绕党史学习教育，组织骨干教师研发一批党性教育精品课程，组织好县处级以上领导干部的专题培训。

16. 运用红色资源开展教学。组织党员、干部瞻仰参观我市南塔烈士陵园、长江支队霍州纪念园等重点红色教育基地和各类网上红色资源，引导广大党员干部从伟大抗战精神、太行精神、八路军精神、吕梁精神、右玉精神、刘胡兰精神中汲取力量，发挥先锋模范和先进典型的教育引导作用。

17. 举办庆祝中国共产党建党100周年“百年恰是风华正茂”党史展。以史铸魂、以史明理、以史励志，反映我党百年来团结带领中国人民坚守初心使命，不断开拓前行的光辉历程。

18. 发挥线上学习培训优势。学好用好“学习强国”山西学习平台、山西干部在线学院等重点学习阵地所开设的“党史学习教育专栏”，组织开展线上学习。运用霍州融媒微信公众平台、“爱霍州”APP等新媒体平台开发微党课，及时制作推出形式新颖的融媒体产品，深化对党史内容的学习掌握。

（四）“我为群众办实事”实践活动

19. 立足本职办好实事。坚持从实际出发，根据市、乡、村等不同层级，机关、农村、企业、事业单位、“两新”组织等不同领域，党员领导干部、普通党员、流动党员、离退休党员等不同群体党员的特点，用好党员先锋岗、党员突击队、党员示范区、党员承诺践诺、党员志愿服务、在职党员到社区报到等一系列载体，组织广大党员立足做好本职工作，积极回应基层和群众关切，按照“切口小、发力准、效果好”的标准，切实解决群众“急难愁盼”的具体问题，开展“我为群众办实事”实践活动，展示新时代共产党人的良好风貌。

20. 把握重点开展实践活动。农村、社区要紧扣巩固脱贫攻坚成果、促进乡村振兴、创建“三零”单位、服务群众等内容开展实践活动。各级机关要紧扣创建“五型”机关、转变工作作风、提升抓落实效能等内容开展实践活动。教育部门要紧扣抓好立德树人根本任务、解决教学科研和师生思想学习生活方面存在的困难问题等内容开展实践活动。医疗卫生机构要紧扣常态化疫情防控、提供优质高效服务、加强医德医风建设等内容开展实践活动。企业要紧扣经营效益、安全生产、创新创业等内容开展实践活动。“两新”组织要紧扣高质量发展、履行社会责任、凝聚职工群众、服务生产生活等内容开展实践活动。流动党员、离退休党员要根据自身实际，力所能及地开展实践活动。

21. 开展“用党史、践初心、兴老区”行动。革命老区所在地的党委（党组）要切实解决老区人民、英烈后代、困难群众的实际困难，增强老区发展活力，增进老区人民福祉。

22. 完善长效机制。全市各级党组织在解决群众关切具体问题的同时，要着眼长远，建立完善解决民生问题的体制机制。

（五）专题民主生活会、组织生活会

23. 市级以上领导班子召开专题民主生活会。基层党组织召开严肃认真、形式多样的专题组织生活会，开展党性分析，交流学习体会。领导干部严格执行双重组织生活制度，以普通党员身份参加组织生活，一起学习讨论、一起交流心得、一起接受思想教育，确保取得扎实成效。

四、组织领导

市委成立党史学习教育领导小组，市委主要领导同志担任组长。党史学习教育由市委宣传部、市委组织部牵头负责。领导小组下设办公室，办公室设在市委宣传部，具体负责日常工作。各成员单位要各司其职，形成工作合力。

（一）压实政治责任

全市各级党委（党组）要把开展党史学习教育作为一项重大政治任务，高度重视、精心组织，成立相应的领导机构和工作机构，把学习教育紧紧抓在手上，结合实际作出安排部署。党委（党组）主要领导同志履行第一责任人职责，在抓好自身学习教育的同时，统筹推进全局工作。要准确把握党史学习教育的特点和规律，坚持因地制宜，加强分类指导，针对不同层级、不同领域、不同对象提出要求，明确具体任务和推进措施。各相关职能部门和单位要各尽其职、密切配合、一体推进。

（二）把握正确导向

坚持马克思主义历史观，牢牢把握党的历史发展的主题和主线、主流和本质，以两个历史决议等中央文件精神为依据，正确认识党史上的重大事件、重要人物、重要会议等，坚持辩证唯物主义和历史唯物主义，旗帜鲜明反对历史虚无主义，坚决抵制歪曲和丑化党的历史的错误倾向，引导干部群众树立正确的历史观、民族观、国家观、文化观。

（三）强化督促指导

市委派出巡回指导组，通过巡回指导、随机抽查、调研访谈等方式，对各单位开展学习教育情况进行督促指导，确保各项要求落到实处。各级党史学习教育领导机构要认真做好简报编发工作，及时反映学习教育推进动态情况。

（四）营造浓厚氛围

要充分利用各类媒体，深入宣传党中央精神和有关部署，宣传学习教育的重大意义、目标任务和基本要求，宣传我市各单位开展学习教育的好做法好经验好成果。注重发挥新时代文明实践中心、市融媒体中心和“学习强国”学习平台、“好干部在线”教育平台、“三晋先锋”APP等作用，为党史学习教育营造浓厚舆论氛围。

（五）注重实际效果

大力发扬马克思主义优良学风，引导党员干部沉下心来学、联系实际学，学出坚强党性、学出信仰担当，防止浅尝辄止，切实做到深学、深悟、深刻。力戒形式主义、官僚主义，坚决杜绝搞花架子、堆盆景。强化结果导向，把党史学习教育同推动工作紧密结合起来，同统筹疫情防控和经济社会发展紧密结合起来，着力解决实际问题，健全完善长效机制，全力推动转型出雏形迈好第一步、见到新气象。

霍州市召开党史学习教育总结会

霍州市召开党史学习教育总结会议，全面总结我市党史学习教育成果，安排部署全市巩固拓展党史学习教育。会议进一步激励全市广大党员干部群众坚定历史自信，增强历史主动，勇担时代重任，积极投身全方位推动霍州高质量发展，以更加昂扬的姿态奋进新征程，建功新时代。

市委书记李强出席会议并讲话，市委副书记、市长李青雁主持会议。

市四大班子领导晋红峰、邢鑫伟、陈占平、田晋川、王昕光、王卫成、任臻、郭丽华、王强等出席会议。各乡镇街道、市直各单位主要负责人、各巡回指导组组长、市委党史学习教育宣讲团成员参加了会议。

会议深入学习贯彻党的十九届六中全会精神，贯彻落实习近平总书记关于党史学习教育的重要批示精神和中央、省委、临汾市委党史学习教育总结会议精神；市委书记李强全面总结全市党史学习教育的重要成果和成功经验，并对持续巩固深化拓展党史学习教育成果提出了明确要求。

在党史学习教育中，我市通过“四个坚持”推动党史学习教育稳步有序推进，即坚持步调一致，紧跟上级精神，做到确保标准、务求实效；坚持学深学透，紧扣主题主线，做到融会贯通、学以致用；坚持问题导向，树牢宗旨意识，做到破解难题、为民解忧；坚持统筹发展，激励实干担当，做到凝心聚力、奋发有为。

通过开展党史学习教育，全市上下有了许多新变化新气象，主要表现在理论武装有了新加强、政治站位有了新提高、担当干事有了新境界、为民服务有了新成效、党性作风有了新形象等方面。广大党员、干部受到全面深刻的历史自信、理论自觉、政治意识、性质宗旨、革命精神、时代责任教育，党的创造力、凝聚力、战斗力显著提升。

就如何持续巩固拓展党史学习教育工作成果，李强要求，一要持续加强政治建设。要持续深入贯彻习近平总书记视察山西重要讲话重要指示精神，坚决贯彻执行党中央决策部署，不断提高政治判断力、政治领悟力、政治执行力，永葆坚定性、严守纪律性、增强斗争性。二要持续深化理论武装。要把党史学习教育与学习贯彻党的十九届六中全会、省第十二次党代会、临汾市第五次党代会精神相结合，与“争先、进位、崛起”解放思想大讨论活动相结合，切实做到学有方向、学有方法、学以致用。三要持续健全制度机制。要充分用好党史学习教育的实践成果，健全完善党委（党组）理论学习中心组学习、专题交流研讨、干部教育培训、集中轮训等学习教育制度，持续推进主题教育常态化、长效化、制度化。四要持续强化使命担当。要纵深推进开发区改革，打好“承诺制＋标准地＋全代办”组合拳，要扩容提质城市建设，进一步优化空间布局、拉大城市框架、提升城市品质，要慎终如始抓好常态化疫情防控，全力营造平稳健康的经济环境、平安和谐的社会环境、风清气正的政治环境。五要持续筑牢宗旨意识。要统筹疫情防控和经济社会发展，统筹发展和安全，精准做好普惠性、基础性、兜底性民生工作。要善始善终抓好“我为群众办实事”实践活动，完善党员干部直接联系群众制度，更加务实地为百姓办实事做好事解难事。六要持续推进全面从严治党。要严肃和规范党内政治生活，涵养持久风清气正的政治生态，以这次主题教育为新的起点，切实把初心使命转化为锐意进取、开拓创新的精气神和自觉行动，全方位推动霍州高质量发展。

李青雁要求，各级各部门要认真学习领会，切实把思想和行动统一到这次会议精神上来，要把学习成效转化为拥护“两个确立”的政治自觉，切实增强“四个意识”，坚定“四个自信”，始终将“两个维护”铭记在心、体现在具体行动和实际成效上，不断提高政治判断力、政治领悟力、政治执行力。要把学习成效转化为坚定历史自信的实际行动，认真探索建立党史学习教育常态化长效化的制度和机制，真正把学党史融入日常，抓在基层；深度挖掘我市丰富的红色党史资源，推动广大干部群众坚定历史自信、筑牢历史记忆、接续勇毅前行。要高质量开好专题民主生活会，把党史学习教育的成果充分体现到加强党性检视，开展批评和自我批评上来；各巡回指导组要再接再厉，切实做好专题民主生活会的指导督导工作。要把学习成效转化为开创工作新局面的强劲动能，在做实上下功夫，砥砺奋发奋进的斗志，练就善作善成的本领，在确保 2021 年圆满收官的基础上，统筹常态化疫情防控和经济社会发展，科学确定今年经济社会发展目标、全力抓好重点项目建设、污染防治、节日保供、安全稳定、民生保障等各项重点任务落实，确保实现首月首季“开门稳”“开门红”。要大力弘扬伟大建党精神，发扬这次党史学习教育形成的好经验，全方位推动高质量发展，加快建设美丽幸福新霍州，以担当作为的新气象、干事创业的新成效，迎接党的二十大胜利召开。

大 事 记

1月

6日，霍州市市长李青雁主持召开政府第78次常务会议，盘点2020年全年工作，谋划2021年及“十四五”时期重点工作。市部分领导出席会议。

8日，由临汾市政协办公室二级巡视员胡一峰带领的临汾市2020年度目标责任考核组对霍州市工作进行实地考核。市领导李强、李青雁、晋红峰、吕文博一同参加考核。

△霍州市政府召开基础教育质量提升座谈会，特邀陕西师范大学教授、博士生导师胡卫平到霍州市指导。

11日，霍州市召开1月份安全生产工作例会，对岁末年初安全生产工作进行安排部署。

12日，霍州市委书记李强主持召开市委常委会会议。市部分领导出席会议。李强指出，切实把党的全面领导贯彻落实到工作的全过程、各方面，履行全面从严治党主体责任，锲而不舍抓好党风廉政建设，奋力推进霍州在转型发展上率先蹚出一条新路。

△市委书记李强主持召开中心组学习会。

14—15日，临汾市2020年度安全生产和消防工作目标责任考核第五考核组到霍州市，就安全生产和消防工作目标责任完成情况进行考核。

19日，霍州市举办冬春季新冠肺炎疫情防控应急演练，演练模拟霍州市发现新冠肺炎病例后，市疫情防控工作领导小组各成员单位联动协作进行应急处理，并进行全员核酸检测的场景。演练指挥中心设在市民中心智慧霍州指挥中心，演练现场设在中镇文化广场。

21日，霍州市召开2021年度春季征兵工作会议。市委常委、政府副市长张可新，市委常委、人武部部长王强，人武部政委迟大鹏出席会议。

21—22日，中共霍州市委七届十次全体会议暨市委经济工作会议召开。会议的主要任务是，听取讨论市委常委会工作报告、《中共霍州市委关于制定国民经济和社会发展第十四个五年规划和二〇三五年远景目标的建议（讨论稿）》，研究部署“十四五”时期经济社会发展工作，总结2020年全市经济工作，分析当前经济形势，部署2021年经济工作，审议通过《中共霍州市委关于制定国民经济和社会发展第十四个五年规划和二〇三五年远景目标的建议》《中共霍州市委七届十次全体会议决议》。

25日，副市长张发宁主持召开东方希望养殖项目协调会，听取当前项目推进情况，协调解决项目推进中存在的困难和问题。霍州东方希望畜牧有限公司生猪养殖项目是霍州市第二批招商引资签约重点项目，计划投资20亿元，建设年出栏100万头育肥猪、1个饲料加工厂、1个生猪屠宰项目。项目建成后年产值约45亿元。

28日，霍州市召开国土空间规划编制工作领导小组第一次会议。市委副书记、市长李青雁，政府副市长张发宁、晋学斌出席会议，市自然资源、财政、发改相关部门负责参加会议。会议听取《霍州市土地整治规划修改方案》情况汇报；研究和讨论霍东新区原玻璃厂地块、经一路地面地块的控制性详细规划调整相关事宜，霍州市第二消防站建设项目调整规划相关事宜。

△临汾市书法家志愿者走进霍州市开展“送春联送祝福”活动。市委常委、市政府党组成员、宣传部部长郭丽华，市人大常委会副主任朱源洪陪同。

2月

1日，霍州市召开创建山西省文明保护利用示范区规划方案汇报会，市领导李强、李青雁、张可新、刘元建出席会议。会上，规划设计工程公司的工作人员围绕“一署一窑四村落”对此次文物保护利用示范区建设方案进行了汇报，各相关部门就各自设计区域对方案进行了建议补充。

3日，霍州市人武部召开2021年党委扩大会暨党管武装工作述职会。市委书记、市人武部党委第一书记李强出席会议并讲话。市领导邢鑫伟、王昕光、张可新、王强、迟大鹏等出席会议。各乡镇街道主要负责人、专武干部参加了会议。

△省委第十三巡视组巡视霍州市情况反馈会召开。省委第十三巡视组组长任在刚，副组长刘孝林，冯原平出席会议。市委书记李强主持会议并作表态发言。

4日，霍州市委常委班子召开2020年度民主生活会。市委书记李强主持会议并作总结讲话。

10日，霍州市召开新任职干部任前集体谈话会。

19日，霍州市委专项巡察组进驻市供销社党组，开展为期2个月的专项巡察。

21日，霍州市召开森林草原防灭火工作紧急会议，贯彻落实中央、省、市森林草原防灭火工作会议精神，分析研判霍州市当前森林防灭火形势，安排部署全市森林草原防灭火工作。

22日，霍州市召开党史学习教育部署会，与会人员在共同收听收看全省、临汾市党史学习教育部署会后，市委副书记、统战部部长晋红峰对全市党史学习教育工作进行安排部署。

26日，市委常委、副市长张可新主持召开全市经济运行分析会。

3月

1日，上海东方龙商务科技集团有限公司总裁朱卫东一行到霍考察洽谈招商事宜。市委副书记、市长李青雁，市委常委、副市长张可新，开发区党工委副书记、管委会常务副主任张卫东，副主任马魁东、梁冰及市相关部门负责人一同考察。

2日，霍州市召开“三零”单位创建工作推进会暨市委平安霍州建设小组会。市部分领导出席会议。

4日，省工信厅二级巡视员陈广慧带领调研组到霍州市，就全省工业化和信息化“11221”振兴崛起工程开展入企服务调研。

5日，霍州市召开纪念三八国际劳动妇女节第111周年暨全市妇女工作会议。会议由政府副市长刘元建主持。

△霍州市文明办组织全市30余家文明单位，在工商广场启动集中开展2021年“学雷锋纪念日”学雷锋志愿服务活动。市委常委、市政府党组成员、宣传部部长郭丽华参加活动。

9日，霍州市林业局在州署广场开展“推动绿色发展，促进人与自然和谐共生”保护野生动植物主题宣传活动。

11日，中共霍州市纪委七届六次全体会议召开。市委书记李强出席会议并讲话。

△霍州市召开全市政法队伍教育整顿动员部署会，全面贯彻中央、省委、临汾市委政法队伍教育整顿相关会议精神，安排部署市政法队伍教育整顿工作。市委书记李强出席会议并作动员讲话。

△省春浇农业灌溉污染防治专项督查第三组组长、汾渭平原区域生态环境保护监察办主任张晓东带领的专项督查组到霍州市，对2021年春浇农业灌溉污染防治工作进行督查。市政府党组成员王强一同检查。

15日，霍州市政府与山西传媒学院区域公用品牌项目合作签约仪式在山西传媒学院会议室举行。市委常委，宣传部部长郭丽华，市委常委、市委办主任吕文博，市政府党组成员郭惠民及市农业农村局、文旅局的相关负责人出席签约仪式。山西传媒学院副校长郭卫东主持签约仪式。

19日，霍州市在高端装备智能制造产业园举行2021年重点项目集中开复工仪式，68个项目总投资258亿元。临汾市政协主席张建平出席仪式并宣布霍州市2021年重点项目开复工。李强、李青雁等四套班子领导，泰富重装集团、创唯重工有限公司、霍州煤电集团、兆光发电有限公司、国电霍州发电厂、蒲县工业公司等重点项目企业家代表出席仪式。仪式由市委副书记、市长李青雁主持。

23日，霍州市召开防范非法集资、电信网络诈骗工作推进会。市委常委、政法委书记张伟兴出席会议。

24日，霍州市举行党史学习教育集体学习暨市委中心组学习会，市乡村三级党员干部在200多个分会场以视频会议形式参加了此次集中学习。市委书记李强主持会议。

△霍州市召开农房建设“两办法、一标准”培训暨安排部署会议。市政府党组成员王强出席会议。

25日，中共霍州市委七届十二次全体会议召开，会议研究通过霍州市第八次党代会有关事项。市委书记李强主持会议。

29日，中国共产党霍州市第八次代表大会在霍州大剧院开幕。临汾市换届督导检查组、市人大社会建设委员会主任委员、一级调研员董跃明到会指导。李青雁主持大会。

4月

1日，“人人持证，技能社会”2021年霍州市春季职业技能大赛开赛。开幕会由霍州市委副书记、市长李青雁主持。山西省人社厅二级巡视员张永东致开幕词。临汾市人大常委会副主任冯建宁宣布开赛。

△由市委组织部举办的2021年发展对象集中培训班开班，全市154名党员发展对象参加了培训。

6日，由市妇联、市技工学校联合举办的全市第21期母婴护理师和第1期家庭收纳整理师培训班开班。市妇联、霍州煤电、人社局、技工学校、职业中学相关负责人、各乡镇街道妇联主席参加开班仪式。全市220余名学员参加培训。

7日，市七届人大常委会召开第三十八次会议。市人大常委会主任陈占平，市人大常委会副主任安志勇、朱源洪、张根生、张云峰出席会议。市领导张晋君、张临生及各乡镇人大主席、街道人大工委主任列席会议。会议由张根生主持。

8日，市委书记李强主持召开中共霍州市委反腐败领导小组2021年第1次会议。市领导王卫成、任臻、张强强、张晋君、张临生出席会议。市委反腐败领导小组成员单位、市委办、市纪委监委机关、市直单位主要负责人参加了会议。

9日，党史学习教育临汾市委宣讲团在霍州市举行宣讲报告会。党史学习教育临汾市委宣讲团成员、讲师团副团长常凤鸣作宣讲报告。

△霍州举办首届集中送立功喜报仪式暨慰问边海防官兵家属座谈会。副市长张发宁出席座谈会，并为现役军人父母送上慰问金。

13日，霍州市“三零”单位创建领导小组办公室组织市公安局、信访局、应急局等相关单位走上街头，开展以“共创三零、共建平安”为主题的宣传活动。

14日至16日，霍州市第八届人民代表大会第一次会议在霍州大剧院召开，选举陈占平为霍州市人大常委会主任，郭宏生、沈晓静、张云峰为副主任；选举李青雁为霍州市人民政府市长，张可新、张发宁、靳阳阳、郭惠民、张强强、王强为副市长；选举王卫成为霍州市监察委员会主任，张晋君为霍州市人民法院院长，张临生为霍州市人民检察院检察长。

16日，省市场监管局四级调研员仝建军带队的省开发区常态化督导组第六组在霍州经济技术开发区就开发区“三个一批”项目落实情况进行督导检查。霍州经济技术开发区管委会常务副主任张卫东、管委会副主任梁冰一同督导检查。

22日，市委书记李强主持召开市委常委（扩大）会议，深入学习传达省委书记楼阳生在临汾调研时的重要讲话和指示情况。市四套班子领导出席会议。

△霍州市召开创国卫工作观摩推进会。市委书记李强出席会议并讲话，市委副书记、市长李青雁主持会议。

23日，由省政府驻广州办事处党组成员、副主任王红健带领的粤港澳大湾区企业家考察团在霍州市参观考察。

26日，霍州市召开2021年生态环境保护委员会全体会议暨高铁高速沿线环境整治专项行动工作会议，会议全面总结2020年市生态环境保护工作，分析研判当前形势，安排部署2021年工作任务。会议由市委副书记、市长李青雁主持。

△市委书记李强在白龙镇陈村，就霍州窑遗址的保护利用工作进行调研。市领导王昕光、郭丽华以及住建局、执法局、直属机关事务服务中心负责人一同调研。

28日，霍州市以“多彩古霍游，健康运动汇”为主题的“迎五一”系列文体活动在钟灵毓秀的霍山脚下七里峪山门正式启动。市委书记李强出席仪式并宣布霍州市“迎五一”系列文化活动开始，市委副书记、市长李青雁作了讲话。

29 日，霍州市党群服务中心揭牌启用。市领导李强、李青雁、邢鑫伟、田晋川、王昕光、王卫成、张可新、张伟兴、任臻、郭丽华出席揭牌仪式。

△大张镇第一中学举办以“我运动、我健康、我快乐”为主题的第五届田径运动会，初一和初二 168 名运动员参加此次体育竞技比赛。

5 月

8 日，霍州市 2021 年文化科技卫生“三下乡”集中示范暨启动仪式在辛置镇辛置村启动，将文化、科技、卫生等各项惠民政策送到老百姓的家门口，拉开了全年“三下乡”活动的序幕。

11 日，市委副书记、市长李青雁主持召开霍州数字化城乡品牌体系规划汇报会。猪八戒网京晋片区总经理段涛、高级研究员郑立国、政府合作事业部总监张博尹，霍州市委常委、政府副市长张可新及市政府办、宣传部、商务局、文旅局、农业农村局、文旅公司等相关单位负责人参加会议。

14 日，霍州市党史学习教育第一期集训班在市民中心正式开班，推出党史学习教育，50＋教学点，开辟“第二课堂”。

15 日，由山西省钓鱼协会、大张镇人民政府主办的垂钓邀请赛在大张镇碧泉湖开幕。

20 日，市领导李强、李青雁等市委中心组全体成员、各乡镇街道党政一把手、市直各委办局主要负责人 100 余人在李曹镇石兰峰烈士纪念馆、张鉴故居等地开展首批党史学习教育现场教学和体验式教育活动。

22 日至 23 日，省文联《九州诗文》杂志社组织的“山西诗人、作家霍州行”采风活动在霍州市进行。

28 日，霍州市召开“天下霍姓出霍州”展陈方案研讨会。临汾市人大常委会主任陈小洪、临汾市政协副主席杨忠华、山西省文物局博物馆处处长张晓强，临汾市人大常委会秘书长苏文龙、霍氏宗亲联谊会会长、霍氏集团董事长霍振祥，霍氏宗亲联谊会常务副会长、秘书长霍小强及霍氏宗亲联谊会成员出席。

6 月

5 日，第 50 个世界环境日。霍州市在中镇文化广场围绕“人与自然和谐共生”主题，开展乐在“骑”中，公益骑行活动。

10 日，霍州市乡村振兴局挂牌成立。

17 日，霍州市召开营商环境专项巡察工作动员部署会。对全市营商环境专项巡察进行安排部署。

21 日，霍州市举行“光荣在党 50 年”纪念章颁发仪式。

25 日，电影《石兰峰》首映式在山西省委党校举行。

29 日，霍州市委书记李强为市委系统党员领导干部作庆祝中国共产党成立 100 周年专题党课辅导。

30 日，霍州市召开庆祝中国共产党成立 100 周年暨全市“两优一先”表彰大会。

7月

3日，煤机智能制造专题培训班在市技工学校开班，政府副市长张发宁出席开班仪式，市工信局、企业代表参加开班仪式。

4日，霍州市召开经济指标运行“双过半”汇报会。

5日，市妇联、北环路街道党工委、北环路街道永泉社区共同举办永远跟党走，百名巾帼大宣讲、家庭教育迎新风暨第200期家庭教育读书分享会。

9日，临汾市委学习贯彻习近平总书记“七一”重要讲话精神专题宣讲团在霍州宣讲。临汾市委宣讲团成员、临汾市委党校副校长、副教授沈新力作宣讲报告。市委书记李强主持报告会。

12日，霍州市召开新冠病毒疫苗接种工作推进会。

15日，“仁福杯”党在我心中主题征文颁奖仪式在市文化活动中心会议室隆重举行。市委常委、宣传部部长郭丽华出席仪式并为获奖选手颁奖。

20日，全省优化营商环境和开发区常态化督导第六组组长、省交通厅原副厅长、省交通战备办原主任唐晋带领督导组，在霍州市就相关工作开展情况进行督导。

21日，霍州市2021年“技能圆梦想·就业有‘位’来”校企合作培训学员专场就业招聘会在市技工学校举办。

26日，国家级非物质文化遗产——平阳木版年画原刻版在太原晋宝斋亮相，集中展出300余件平阳木板年画原刻版。此次活动由霍州市和上海美术学院版画系联合主办。

28日，霍州市召开庆祝中国共产党成立100周年座谈会。市委书记李强出席会议并讲话。由市委副书记、统战部部长晋红峰主持。

29日，霍州市人民政府与北京科技大学就深化省校合作、共建“12大基地”举行签约仪式。

△霍州市村（社区）“两委”换届工作会在市委三楼会议室召开。

31日，霍州市首届中医康复论坛暨基层医院院长康复发展研讨会在霍州市中医院举行。副市长靳阳阳出席会议，市卫体局及市各基层医院负责人参加会议。

8月

6日，霍州市首家在临汾市开通图书馆信用积分管理系统，实现与省图书馆、临汾市图书馆图书通借通还。

10日，霍州市召开霍州署景区旅游总体规划专家评审会。

14日，市委副书记、市长李青雁，市政府副市长靳阳阳，市政协副主席薛云彪同霍州市专家学者一同参加“天下霍姓出霍州”展馆设计汇报听证会。

18日，市委书记李强主持召开市委常委会会议。会议听取了全市农业农村工作情况汇报；研究讨论了关于选举出席临汾市党代会、关于村（社区）“两委”换届工作的有关事项。

△省人大法制委员会主任委员赵建平带领《山西省汾河保护条例（草案）》立法调研组在霍州市进行调研。

△霍州市2021年义务教育阶段民办学校招生现场电脑摇号在市三中举行。

20 日，山西能源学院与霍州市深入校地合作，签订战略合作协议。

26 日，市委书记李强主持召开中国共产党霍州市第八届委员会第二次全体会议。会议表决通过《出席中国共产党山西省第十次代表大会候选人推荐人选名单》《出席中国共产党临汾市第五次代表大会代表候选预备人选名单》《中国工们党霍州市会议选举办法》《中国共产党霍州市代表会议监票人建议名单》《中国共产党霍州市代表会议计票人建议名单》《出席中国共产党霍州市代表会议代表候选人名单》。

27 日，霍州市召开以“助学圆梦、复兴有我”为主题的 2021 年四类贫困家庭学生救助暨爱心助学大会。市委书记李强出席会议并讲话。市委副书记、市长李青雁主持会议。

30 日，北京师范大学全球共同发展研究院副院长殷鸿飞带领的调研组在霍州市就乡村振兴工作进行调研。

9 月

2 日，临汾市妇联“她美好，整理收纳师”千名妇女技能培训启动暨霍州市开班仪式在霍州市技工学校举行。省妇联二级巡视员部三亲，省妇联发展部副部长谢元元，临汾市政协副主席王阿家，临汾市妇联党组书记、主席刘舒华，霍州市领导李强、李青雁、晋红峰、吕文博等出席启动仪式。仪式由副市长靳阳阳主持。

9 日，霍州市召开“赓续百年初心、担当育人使命”庆祝第 37 个教师节暨表彰大会。市委书记李强出席会议并讲话，市委副书记、市长李青雁主持会议。

10 日，市委书记李强，市委副书记、市长李青雁在七里峪中镇门“天下霍姓出霍州”展陈工程现场调研。

17 日，霍州市召开全科网格工作培训会议，对全市网格员进行专题培训。市政府副市长、公安局局长张强强出席会议并为参训人员授课。

22 日，“中镇霍山·华夏州署”第 11 届文化旅游月暨“寻根·铸魂·悦生活”2021 年霍州市庆祝第四届中国农民丰收节在全民健身中心开幕。市委书记李强宣布系列活动启动，市委副书记、市长李青雁致辞。

△由市文旅局选送的霍州市威风锣鼓在“永远跟党走”——2021 年临汾市庆祝建党 100 周年群众文化系列活动锣鼓大赛中夺冠。

23 日，第 17 届中国深圳国际文化产业博览交易会在深圳国际会展中心开幕。霍州市文化产业“霍嬷嬷”品牌推广项目、退沙街道许村晋南民情风俗体验园建设工程项目、鸣梦老粗布非遗转型项目于文博会亮相。

△霍州市 2021 年度“全国持证残疾人基本状况调查”培训开班。

28 日，霍州市举办“畅游霍州”旅游推介活动。

29 日，2021 年山西师范大学美术学院教师“霍州行”采风油画作品展在霍州市七里峪风景区开展。

10 月

5 日，市委书记李强主持召开全市防汛抢险工作部署会。

14 日，在省防汛救灾恢复重建工作专班第一次会议暨全省防汛救灾恢复重建工作电视电话会议后，市委书记李强立即主持召开霍州市灾后恢复重建工作会议。

△霍州市老年书画协会召开成立 30 周年纪念大会。市委常委、宣传部部长郭丽华出席会议。

15 日，由中镇霍山·华夏州署第十一届文化旅游月暨寻根·铸魂·悦生活系列活动组委会主办，临汾市生态环境局霍州分局承办的“山水熨帖州·天下霍姓源”主题晚会在霍州大剧院上演。

23 日，由共青团霍州市委主办、蚂蚁力量儿童义工团霍州站承办的“蚂蚁清城，守护我的家园”——蚂蚁力量儿童义工霍州站启动大会在州署广场举行。

26 日，霍州市第八期科级干部学习贯彻习近平新时代中国特色社会主义思想暨党史学习教育专题读书班在市委党校开班。市委常委、市委组织部部长任臻出席开班仪式。

29 日，由霍州市蒲剧团创编的廉政古装蒲剧《廉吏曹端》在临汾大剧院周末剧场上演。

11 月

2 日，霍州市妇联保健计划生育服务中心基础建设项目正式开工建设。临汾市卫健委副主席王好收，霍州市领导沈晓静、靳阳阳、王英才出席开工仪式。

5 日，2021 年全市通联工作会议在市委三楼会议室召开，市委常委、宣传部部长郭丽华出席会议。

10—11 日，由省政协农业和农村委原一级巡视员张建全带领的省委省政府乡村振兴第三督导组一行到霍州市，就部署巩固拓展脱贫攻坚成果近期重点工作及迎接国家后评估准备工作进行督导。

11 日，2021 年霍州市人才工作成果暨“暖心助航、就创青春”秋季招聘系列活动在中镇广场启动。启动仪式由靳阳阳主持。

16 日，市委书记李强主持召开“争先、进位、崛起”解放思想大讨论动员部署会。

25 日，市委书记李强主持召开党史学习教育专题汇报会。

29 日，市委书记李强召开专题会议听取“霍州市青年人才数据库”建设情况。

12 月

2 日，临汾市政府副市长王云到霍州市研究解决霍州经济技术开发区发展中存在的问题，安排部署下一阶段工作。

△霍州市召开房屋确权登记颁证清零行动推进会。

7 日，霍州市召开八届市委第一轮巡察工作动员部署会。市委常委、市纪委书记、市监委主任、市巡察工作领导小组组长王卫成出席会议。

10 日，市委常委、市委政法委书记张伟兴主持召开市见义勇为协会换届会议。

15 日，2021 年霍州市新时代基层干部主题培训班开班。全市“两新”组织党组织书记、高层次人才、选调生等参加了培训。

16 日，霍州市举行 2021 年度“农家书屋”图书配送启动仪式。

17 日，霍州市召开网信工作业务知识培训会。市委网信委各委员单位、各乡镇分管副职、舆情易发部门分管副职及市级网评员100余人参加培训。

19日，市委书记李强主持召开市委理论学习中心组集体学习会。

24日，霍州市举办专题宣讲报告会，学习贯彻中共十九届六中全会和省第十次党代会精神。宣传报告会特邀临汾市委宣讲团成员、临汾市发展和改革委员会党组书记、临汾能源局党组书记、局长张瑜庆作宣讲报告。

29日，霍州市召开创建双拥模范城工作推进会。会议由副市长张发宁主持。

霍州概览

自然地理

【地理位置】 霍州市位于山西省中南部，临汾市北部，东依霍山，与沁源县、古县毗邻；西跨汾河，与汾西县接壤；南扼白壁关，与洪洞县相连；北隔韩信岭，与灵石县交界。地处南北交通要冲，历来为兵家必争之地，素有中州重镇、河东屏障之称。

【地形　地貌】 霍州市地处霍山背斜与吕梁隆折带之间，地层出露较为完整，受地层地质影响，境内四周环山，中间低洼。山高塬阔，丘陵起伏，山谷梁峁、台塬阶地、沟堰河滩俱全。以山地丘陵为主，山地主要分布在市境东部，是太岳山断隆的一部分。霍山是霍州市最大的山脉，为“五岳五镇”十大名山之一的中镇。霍山跨越洪洞、古县、安泽、沁源、灵石、介休、霍州 7 个县市，在霍州部分全长 53 千米，总面积 234 平方千米。霍山重峦叠嶂，险峰峻岭极多，较大山峰有老爷顶、莲花山、摩天岭、溺陀翁、金沟漫、五龙壑。其中老爷顶是霍山主峰，海拔 2343.8 米，位于市境东南端，距市区 35 千米。五龙壑是霍山最高峰，海拔 2504.3 米，位于三教乡东北，距市区 40 千米。总体上东北高，西南低，山地丘陵占总面积的 68.9％，平原占 31.1％。

【气候条件】 霍州市地处温带纬度，四季变化分明，属温带大陆性气候。冬季盛行偏北风，夏季盛行偏南风。年平均气温 13.2℃，年降水量为 783.2 毫米，年日照时数 2297.9 小时。

【水文】 霍州市境内共有大小河流 32 条，汾河是境内第一大过境河流，年平均流量 16.5 亿立方米。其他较大的河流有：南涧河、北涧河、西涧河、姚村河等。这些河流多为季节性河流，大都从高原、山地流入平原，落差大，水流急，含沙量高。

自然资源

【土地资源】 霍州全域总面积 765 平方千米，境内东西长 40 千米，南北宽 30 千米，四周环山中间低洼，东北高，西南低，其中平原面积 238 平方千米，丘陵面积 294 平方千米，山地面积 233 平方千米。全市森林面积 37.85 万亩，有自然保护区 1 个，自然保护区面积 11.83 万亩，有植物 124 种，其中乔灌木 76 种。

【水资源】 霍州市水资源总量 17.80 亿立方米，其中平均地表径流量 5720 万立方米，地下水蕴藏量 2450 万立方米，河道径流量 16.98 亿立方米。

全市有小型水库两座，总库容量为 156

万立方米。地下水根据地质类型可分为孔隙水、裂隙水、裂隙熔岩水3个含水组和5个含水层，蕴藏量2450万立方米。泉水散布于霍山石山区、丘陵区、沿河横槽地区，境内出露源泉49处，其中郭庄泉清水涌出量最大，为8.86米^3/秒。沿东部霍山山峪有很多山间小溪流出，因霍山山区降雨量较为充裕，植被覆盖较好，长年溪流不断，但出山口进入洪积扇即大部渗漏。

【矿产资源】 霍州市矿产资源丰富，境内发现的矿产资源共计24种，其中有金属矿产4种，即铁、铜、铝、金。非金属矿产20种，即石灰岩、白云岩、石膏、耐火黏土、磷、硅线石、高岭石黏土岩、伟晶岩（长石、石英）、石英砂、重晶石、石墨、花岗石、紫砂、陶土、硫铁矿、水源黏土和砖瓦黏土、砾石、稀土矿产、煤、矿泉水。

【生物资源】 霍州市生物资源品类繁多，主要粮食作物有小麦、玉米、谷子、大豆、薯类等，经济作物有棉花、油葵、油菜和各类蔬菜。境内天然牧坡辽阔，草种丰富，有牧草地总面积3865.46公顷，天然牧草地可分为亚高山草甸类、灌木草丛类、山地灌丛类等三大类。野生植物有草本植物、木本植物和可食用植物，植物有124种，其中乔木、灌木76种，主要有松树、云杉、柏树等，野生动物有褐马鸡等珍禽、走兽及其他。

建制区划

【建制沿革】 霍州市以“五岳五镇”中的“中镇霍山”在境内而得名。东倚太岳山与沁源县、古县毗邻；西跨汾河与汾西县接壤；北借韩信岭和灵石县交界；南接十五里垣同洪洞县相连。

霍州古为唐尧畿内内总之地，夏为古冀州之域，西周置霍国。先秦为河东属地，西汉设彘县，“新朝”改称黄城，东汉更名永安。北魏置永安郡。隋置霍山郡。唐先置汾州，又改莒州，复改霍邑。金贞祐三年（1215）置霍州。清乾隆三十七年（1772）改为直隶州。中华民国改称霍县。中华人民共和国成立后，1950年1月临汾专区建立，霍县改属临汾专区。1954年临汾、运城2专区合并为晋南专署，霍县改属晋南专署领导。1958年6月，霍县与汾西县合并为霍汾县，县治设于霍县城内。同年12月霍汾县并入洪洞县。1959年6月恢复霍汾县建制。1961年5月恢复霍县建置，一直属晋南专署。1971年晋南专署又分为临汾地区和运城地区，霍县属临汾地区。1989年12月霍县经国务院批准撤县设市，为省辖市，1990年6月挂牌至今。

【行政区划】 2021年，霍州市下辖5个街道办事处（鼓楼街道办事处、北环路街道办事处、南环路街道办事处、开元街道办事处、退沙街道办事处）、4个镇（白龙镇、辛置镇、大张镇、李曹镇）和3个乡（陶唐峪乡、三教乡、师庄乡），共计18个社区、139个建制村。其中鼓楼街道办事处辖4个建制村，北环路街道办事处辖4个建制村，南环路街道办事处辖8个建制村，开元街道办事处辖4个建制村，退沙街道办事处辖7个建制村，白龙镇辖10个建制村，辛置镇辖16个建制村，大张镇辖11个建制村，李曹镇辖27个建制村，陶唐峪乡辖16个建制村，三教乡辖19个建制村，师庄乡辖13个建制村。

人口　民族　宗教

【人口】　霍州市人口分布于平川、丘陵山区，平川人口多于丘陵山区。2021 年，霍州市下辖 3 乡、4 镇和 5 个街道，共计 18 个社区，139 个建制村，2021 年霍州市总人口 270880 人，比上年末减少 2107 人，其中城镇常住人口 184051 人。乡村人口 86829 人。

【民族】　霍州居民以汉族为主，少数民族人口均是因工作、婚姻等原因迁人，主要分布在鼓楼街道、北环路街道、开元街道及辛置镇、李曹镇、三教乡等乡镇。根据 2010 年第六次人口普查，霍州市共有蒙古族、回族、维吾尔族、苗族、彝族、壮族、满族、瑶族、白族、土家族、哈萨克族、黎族、佤族、土族、怒族 15 个少数民族、277 人，占全市人口的 0.10%。

【宗教】　霍州市有佛教、道教、天主教、基督教四大宗教。有合法宗教活动场所 42 处，信教群众 3 万余人，其中信仰佛教的 1.2 万人，信仰道教的 2500 人，信仰天主教的 9000 人，信仰基督教的 8000 人。佛教登记场所共 7 处，分别是：祝圣寺、赵家庄活动点、水月庵、宋庄活动点、辛置活动点、白龙活动点、退沙活动点，分布在霍州辖区内的 12 个乡（镇、街道）。

国民经济与社会发展

【概况】　2021 年，霍州市地区生产总值 1005310 万元，按不变价格计算，比上年增长 5.3%。其中，第一产业增加值 45484 万元，增长 10.8%，占生产总值的比重为 4.5%；第二产业增加值 560614 万元，增长 3.3%，占生产总值的比重为 55.8%；第三产业增加值 399212 万元，增长 7.0%，占生产总值的比重为 39.7%。人均地区生产总值 36969 元，按 2021 年平均汇率计算为 5601 美元。

年末全市常住人口 270880 人，比上年末减少 2107 人，其中城镇常住人口 184051 人。全年出生人口 1767 人，出生率为 6.48‰；死亡人口 1569 人，死亡率 5.75‰；自然增长率为 0.73‰。

2021 年人口数及其构成表

表 1　　　　单位：人、%

指　标	年末数	比　重
全市常住人口	270880	—
其中：城镇	184051	67.95
乡村	86829	32.05
其中：男性	137757	50.86
女性	133123	49.14

全年全市城镇新增就业 5630 人。转移农村劳动力 4821 人。年末城镇登记失业率 3.03%，控制在 4.5%的目标范围之内。

【农业】　2021 年，霍州市农作物种植面积 22625.2 公顷，比上年增加 187.7 公顷，增长 0.84%。其中，粮食种植面积 21767.75 公顷，增加 44.4 公顷；油料种植面积 168.27 公顷，增加 53.14 公顷；蔬菜种植面积 616.18 公顷，增加 74.08 公顷。在粮食种植面积中，玉米种植面积 10179.01 公顷，增加 1106.11 公顷；小麦种植面积 10367.49 公顷，增加 28.69 公顷。果园种植面积 592.1 公顷，增加 31 公顷。

全年粮食产量51348.66吨，比上年增长0.04%。其中，夏粮30174.21吨，增长4.2%；秋粮17227.17吨，增长16.1%。

2021年全市主要农林产品产量及其增长速度一览表

表2 单位：吨、%

产品名称	产　量	比上年增长
粮食	51348.66	0.04
其中：玉米	17227.17	16.1
小麦	30174.21	4.2
油料	285.1	48.3
棉花	2	1.0
蔬菜	29819.7	12.5
水果	17244.6	13.0
其中：苹果	16765.6	13.4
红枣	60.9	2.9

全年全市完成造林400公顷。全年木材产量2.3万立方米，增长53.3%。

全年全市猪牛羊肉总产量8049.5吨，比上年增长33.8%。其中，猪肉产量7482.9吨，增长33.1%；牛肉产量239.3吨，增长21.4%；羊肉产量327.3吨，增长65.6%。年末生猪存栏53556头，生猪出栏96979头。牛奶产量3572.8吨，增长44.1%。禽蛋产量3651.3吨，增长6.8%。水产品产量65吨，增长75.7%。

年末全市农业机械总动力9.519万千瓦，比上年增长4.7%。机械耕地面积19.398千公顷，增长3.6%，机械播种面积19.353千公顷，增长4.8%，机械收获面积15.858千公顷，下降3.36%。全市农机化经营总收入达到8000万元，下降5.8%。

【工业和建筑业】 2021年末，霍州全市规模以上工业企业23家。全年全市规模以上工业增加值比上年增长4.0%。其中，煤炭开采和洗选业增加值增长0.96%，电力、热力生产和供应业增加值下降11.39%。

霍州市规模以上工业增加值增长速度一览表

表3

指　标	比上年增长（%）
规模以上工业	4.0
其中：轻工业	52.3
重工业	3.8
其中：国有企业	3.3
股份制企业	2.1
外商及港澳台投资	18.0
其中：国有企业及国有控股企业	−0.4
其中：煤炭开采和洗选业	1.0
金属工具制造	52.3
通用设备制造业	−89.5
专用设备制造业	3.9
汽车制造业	0
电气机械和器材制造业	36.1
金属制品、机械和设备修理业	7.7
电力、热力生产和供应业	11.4
燃气生产和供应业	83.1

霍州市规模以上工业主要产品产量

表4　　**及其增长速度一览表**

产品名称	单　位	产　量	比上年增长（%）
原煤	万吨	436.29	5.6
洗精煤	万吨	281.43	－9.7
发电量	亿千瓦时	111.11	－5.2

全年全市规模以上工业企业实现营业收入158.2亿元，增长26.1%。其中，煤炭开采和洗选业实现营业收入99.5亿元，增长36.5%；专用设备制造业实现营业收入16.6亿元，增长7.8%；电力、热力生产和供应业实现营业收入31.4亿元，增长3.3%。

规模以上工业企业每百元营业收入中的成本为89.76元，营业收入利润率为－9.23%。

资质以上建筑业企业完成总产值72909万元，下降8.09%，共签订合同额66772万元，下降30.16%。

【能源】　2021年，霍州市规模以上原煤产量436.29万吨，增长5.6%；洗精煤产量281.43万吨，下降9.7%；发电量111.11亿千瓦时，下降5.2%。

全年全市一次能源生产折标准煤278.93万吨，增长9.5%，二次能源生产折标准煤454.54万吨，下降10.5%。

全年全市向省外运输洗精煤221.61万吨，下降18.73%，外运煤炭占煤炭产量的78.7%。

全年全市全社会用电总量39513.95万千瓦时。其中，第一产业用电606.52万千瓦时，占全部用电量的1.5%；第二产业用电9665.69万千瓦时，占全部用电量的24.5%；第三产业用电10820.16万千瓦时，占全部用电量的27.4%；城乡居民用电18421.58万千瓦时，占全部用电量的46.6%。（注：全社会用电量未包括大中型企业直供电用户的用电量。）

【服务业】　2021年，霍州市服务业增加值39.9亿元，按不变价计算，比上年增长7.0%。其中，批发和零售业增加值4.7亿元，下降11.5%；交通运输、仓储和邮政业增加值6.8亿元，增长3.7%；住宿和餐饮业增加值0.67亿元，增长38.4%；金融业增加值4.1亿元，增长9.9%；房地产业增加值1.58亿元，增长28.9%。

年末全市公路通车里程1325千米。其中，高速公路46千米，与上年同期持平。

【国内贸易】　2021年，霍州市社会消费品零售总额37.96亿元，增长16.4%。按经营地统计，城镇消费品零售额28.99亿元，增长16.9%；乡村消费品零售额8.97亿元，增长15.1%。按消费形态统计，商品零售额21.2亿元，增长48.2%；餐饮收入额16.7亿元，下降8.4%。

社会消费品零售总额、批零销售额、
住餐营业额及其增长速度一览表

表5　　　　单位：万元

指　标	绝对数	比上年增长（%）
社会消费品零售总额	379610.9	16.4
分地域：城镇	289932.1	16.9
其中：城区	242774.1	16.8
乡村	89678.8	15.1
批发、零售业销售额	—	—
批发业	1263643.8	－25.3
零售业	179072.0	14.5

续表

指　标	绝对数	比上年增长（%）
住宿、餐饮业营业额	—	—
住宿业	3165.8	66.7
餐饮业	44423.6	61.3

全年全市限额以上单位消费品零售额3.98亿元，增长42.4%。

限额以上单位商品零售额及其增长速度一览表

表6　　单位：万元

指　标	绝对数	比上年增长（%）
汽车类	1016.6	－27.1
石油及制品类	3263.6	64.8
建筑及装潢材料类	544.2	－29.9
服装、鞋帽、针纺织品类	3638.6	117.3
家用电器和音像器材类	1910.9	11.9
中西药品类	11808.6	－4.0

【固定资产投资】　2021年，霍州市固定资产投资（不含跨省、农户）比上年增长13.3%。

在固定资产投资中，国有投资下降7.7%；民间投资增长43.5%；

分构成看，建筑安装工程投资增长48.7%；设备工器具购置投资下降50.1%；其他费用投资下降29.4%。

分产业看，第一产业投资增长16.8%；第二产业投资下降12.4%；第三产业投资增长49.6%。

全市分行业固定资产投资（不含跨市、农户）及其增长速度一览表

表7　　单位：万元

行　业	投资额	比上年增长（%）
总　计	264130	13.3
农林牧渔业	8149	15.7
采矿业	46358	－5
制造业	43260	19.5
电力、热力、燃气及水生产供应业	26980	－43.9
交通运输、仓储和邮政业	2098	－77.4
房地产业	91959	52.4
水利、环境和公共设施管理业	25499	554
教育	1081	440.5
卫生、社会工作	18746	46.6

工业投资中，企业技改投资下降13.5%；制造业投资增长19.5%。

全年全市在建固定资产投资项目（不含房地产开发项目）85个。其中，5000万元以上在建项目27个，5000万元以上项目完成投资下降0.1%。

全年全市房地产开发投资84848万元，增长79.4%。其中，住宅投资67953万元，增长124.45%；商业营业用房投资7515万元，下降41.78%。

房地产开发和销售情况（表）

表 8　　单位：万元、平方米

指　标	绝对数	比上年增长（%）
投资完成额	84848	79.38
其中：住宅	67953	124.45
房屋施工面积	644872	15.33
其中：住宅	477886	16.87
房屋新开工面积	128050	－51.54
其中：住宅	102344	－41.76
房屋竣工面积	20616	－51.28
其中：住宅	20616	－38.20
商品房销售面积	99820	48.97
其中：住宅	97319	48.09
商品房待售面积	123882	11.27
其中：住宅	72984	25.96
商品房销售额	47292	44.37
其中：住宅	46159	45.11

【财政金融】　2021 年，霍州市一般公共预算收入 55951 万元，比上年增长 14.7%。其中，税收收入 42560 万元，增长 10.9%，占一般公共预算收入的比重 76.1%。

2021 年，全市一般公共预算支出 176870 万元，下降 2.5%。其中，交通运输支出下降 1.8%，卫生健康支出增长 0.3%，社会保障就业支出增长 7.4%，科学技术支出增长 0.4%。

年末全市金融机构本外币各项存款余额 1916883 万元，比年初增加 164508 万元，比年初增长 9.4%。各项贷款余额 1232511 万元，比年初增加 314132 万元，比年初增长 34.2%。

金融机构本外币存贷款及其增长速度一览表

表 9　　单位：万元

指　标	年末数	比年初增长（%）
各项存款余额	1916883	9.4
其中：住户存款	1745389	12.2
非金融企业存款	99069	－23.1
广义政府存款	67996	0.7
非银行业金融机构存款	4404	1101
各项贷款余额	1232511	34.2
其中：住户贷款	251064	18.5
短期贷款	87373	25.0
中长期贷款	163691	15.2
非金融企业及机关团体贷款	981447	38.9
短期贷款	431521	19.3
中长期贷款	447326	85.7

年末住户存款 1745389 万元，比年初增长 12.2%。

年末全市农村合作金融机构（农村信用社）人民币贷款余额 343195 万元，比年初增加 20448 万元，比年初增长 6.3%；人民币存款余额 493404 万元，比年初增加 6197 万元，比年初增长 1.3%。

全市辖区证券市场各类证券成交额 1652217.53 万元，比上年增长 31.5%。年末投资者资金账户累计开户数 1.89 万户，比上年末增长 24.3%。

全年全市保费收入 42717 万元，较上年同期减少 3862.33 万元，下降 8.29%。

【教育和科学技术】 2021年，霍州市中等专业学校1所。认定普惠性民办幼儿园34所。

全市各类教育发展情况表

表10　　　　单位：人

指　标	招　生	在校生	毕业生
中等职业教育	359	684	223
普通高中	1799	4893	1465
初中	2722	7859	3162
小学	3089	20311	3441
特殊教育	14	125	16
学前教育	2327	8131	2796

全市气象台（站）1个。气象系统开展人工影响天气业务的单位1个，防雹、增雨受益覆盖面积765平方公里。卫星云图接收站1个。

全市综合地震台（站）1个，数字测震地震台网3个，数字测震子台3个。

【文化旅游、卫生健康和体育】 2021年，霍州市有文化馆1个，广播电视台2座。全市共有公共图书馆1个，档案馆1个。

全年全市接待国内旅游者12.71万人次，增长4.2%；门票直接收入157.16万元，增长9.1%。

【人民生活和社会保障】 2021年，霍州市居民人均可支配收入29312元，比上年增长8.8%。其中，城镇常住居民人均可支配收入36903元，增长7.7%；农村常住居民人均可支配收入17947元，增长11.0%。

年末全市参加基本养老保险的人数为124039人，比上年末增加4245人；参加城乡居民基本养老保险的人数为98318人，增加1087人；参加基本医疗保险的人数为278771人；参加失业保险的人数为14325人，增加1152人；参加工伤保险的人数为22773人，增加2088人，其中，农民工7918人，增加1831人。

全年全市纳入城市最低生活保障的居民0.99万人，发放城市低保资金530.4万元，比上年增加27.82万元；纳入农村最低生活保障的居民2.77万人，发放农村低保资金1077.92万元，比上年减少19.54万元。

年末全市建成区新增绿化面积48.07万平方米，绿化覆盖率达到36%；人均道路面积达到11.09平方米。

【资源、环境和安全生产】 2021年，霍州市耕地保有量30.1万亩。年末全市蓄水池4座，每座蓄水量2000立方米。全市年平均降水量783.2毫米，较上年增加222.7毫米。

年末全市森林面积23344.9公顷，森林覆盖率30.5%；全市已建成自然保护区1个，自然保护区面积7884.72公顷，占全市总面积的10.3%。

全年全市空气质量好于二级以上天数226天，比上年增加1天。地表水达到Ⅲ类水体的比例为0%，劣Ⅴ类水体的比例为100%。市区$PM_{2.5}$浓度均值为50微克/米^3，比上年下降12.3%。

全年森林火灾受害率控制在0.3‰以内，达到了国家和省要求的标准，林业有害生物成灾率4‰。

全年共发生生产经营性安全事故17起；死亡9人，增长28.6%。亿元生产总值生产安全事故死亡率为0.09人/亿元。全市地方监管煤矿百万吨死亡率为0。

霍州之最

民国 6 年（1917）圣佛村武光前于城内东街开办霍县第一个图书馆。

民国 8 年（1919）霍县城内安三娃骑上霍县第一辆自行车。

民国 8 年（1919）秋，第一次全县学生体育运动会在西门外举行。

民国 15 年（1926）中共霍州支部成立。

民国 18 年（1929）霍县禁烟所（政协经济委员会）成立。7 月，建立了赵家庄、上乐坪、小涧等 7 个农村支部，党员发展到 50 多人，这是霍县最早的农村党支部。

民国 27 年（1938）2 月，霍县人民武装自卫总队部建立。是该县第一个统管全县各支武装组织的领导机构。

1954 年 6 月，霍县第一届人民代表大会召开。

1965 年 5 月 24 日，霍州署被山西省人民政府公布为第一批重点文物保护单位。

1977 年 7 月 10 日，霍县铁厂 30 立方高炉炼出了低磷球铁，填补了临汾地区一项空白。

8 月 10 日，霍县委党校恢复。

同年，在县城西门外，建起一座混凝土扁复式大桥，横跨汾河东西两岸，桥长 153 米，净跨 6～20 米，桥宽 9.5 米，分车行道与人行道，当时为霍县最大桥梁。

1985 年 10 月 23 日，霍县邮电局开始使用自动传报系统，成为山西省第一家使用该系统的邮局。

1986 年 5 月 6 日，师庄乡凤栖村办起了山西省第一个村办福利院，有 10 位孤寡残疾老人入院。

1986 年 10 月 1 日，霍县最大的贸易商场矿务局商业大楼开业。

1986 年 12 月 1 日，临汾地区最大的乡镇建筑陶瓷厂——白龙建筑陶瓷厂投产。

1987 年 1 月 14 日，义旺村党支部办起全县第一所农民技术职业学校。

1988 年 4 月 15 日，霍县第一个涉外生产项目彩釉砖生产工程举行开工奠基仪式。

1991 年霍州市第一个交通岗亭投入运营（西街河东桥头）。

1994 年 6 月 8 日，霍州市第一家工业企业招股认购大会在镇东焦化厂举行。

2000 年 11 月 8 日，霍州市召开庆祝中华人民共和国的第一个记者节暨霍州市记者协会成立大会。

2002 年 8 月 4 日，霍州市曹端文化研究会成立。

2002 年 10 月 28 日，中国网通集团山西省通信公司霍州市分公司成立。

2003 年 9 月 28 日，大运高速公路全线通车。

2003 年 11 月 26 日至 29 日，霍州市第四届人民代表大会第一次会议在霍州宾馆召开。

2005 年 9 月 1 日，霍州市实验中学成立。

2007 年 5 月 16 日至 18 日，霍州市第五届人民代表大会第一次会议在霍州影剧院召开。

2011 年 6 月 25 日至 28 日，政协第六次霍州市委员会第一次会议在市委新三楼会议室召开。

2011 年 6 月 26 日至 29 日，霍州市第六届人民代表大会第一次会议在霍州市影剧院隆重召开。

2013 年 4 月 7 日，在由香港《大公报》

联合美国、俄罗斯等国家驻港领事馆，以及香港30多位具有国际声望的政商界人士，共同举办的“中国最具海外影响力城市（县、区）”评选活动中，霍州市获评“中国最具海外影响力城市”，全国共有48个市（县、区）获评。

2013年5月2日至4日，由霍州市三晋文化研究会组织举办的中华霍氏文化·霍州研讨会暨首届中华霍氏宗亲代表大会在霍州市召开。

2013年12月10日至12日，霍州市举办学习贯彻十八届三中全会精神第一期专题培训班。

2013年12月26日，霍州市法学会成立暨第一次会员代表大会召开，临汾市法学会会长李平郎，霍州市委书记陈纲，市委常委、纪委书记郑效锋，法院院长杨建民，检察院检察长王华出席会议。

2014年4月21日，霍州市工业经济联合会成立暨第一届会员代表大会召开。

2014年12月16日至18日，霍州市科级干部学习讨论落实活动专题培训班第一期培训班在市委党校举办。

2015年1月6日，趴蜡庙民间鼓乐艺术协会召开首届代表大会，政府副市长朱源洪、政协副主席薛云彪出席，50余名民间鼓乐爱好者参加会议。

2015年4月21日，全市农村“领头雁”第一期培训班在市委党校正式开班。

2015年6月2日，由霍州市人民检察院主办的首届预防职务犯罪书画展在霍州煤电集团文化活动中心揭牌。

2015年7月8日，市委常委会以“严以修身”为主题，进行了“三严三实”专题教育第一次学习研讨。市委书记陈纲主持研讨会。

2016年8月5日，中共霍州市第七届纪律检查委员会第一次全体会议在市委党校会议室召开。新当选的纪委委员、纪委书记程军主持会议。

2016年8月5日，中共霍州市第七届委员会第一次全体会议在市委党校南楼报告厅召开。新当选的市委委员、候补委员参加会议，会议由市委书记崔山原主持。

2016年8月15日至19日，政协第七届霍州市委员会第一次会议在霍煤宾馆贵宾楼会议厅召开，来自全市各行业、各界别的163名政协委员齐集一堂，共商大计，共谋发展，履行政治协商、参政议政职能。市领导崔山原、黄晓君、高雅铭、陈占平、程军、牛福生等出席会议。

2016年8月17日至20日，霍州市第七届人民代表大会第一次会议在市委党校六楼会议室召开。

2016年12月15日，霍州市第一期科级干部学习贯彻党的十八届六中全会精神培训班在市委党校开班。培训班特邀请山西省委党校知名教授郑延涛、临汾市委党校副校长郑巨东授课。

2017年3月17日，新成立的霍州市监察委员会召开第一次干部大会。

2017年6月12日上午，霍州市第一期青年干部主体班在市委党校开班。市委副书记、市委统战部部长、市委党校校长高雅铭，市委常委、组织部部长牛福生，市委党校常务副校长胡韩平出席开班仪式。牛福生主持会议。高雅铭、牛福生分别作强调。

2019年6月12日，霍州市2019年市委反腐败领导小组第一次会议召开。

2019年6月21日，中共霍州市委机构编制委员会召开第一次会议。市委书记、市委机构编制委员会主任崔山原主持会议并讲话，市委机构编制委员会委员参加会议。

2019年7月4日，市委书记崔山原主持召开市委全面依法治市委员会第一次会议。市领导出席会议，市人大、纪委监委、宣传部、政法委、司法局、教科局、文旅局等部门相关部门负责人参加会议。

2019年7月4日，霍州市委网络安全和信息化委员会第一次会议召开。市领导崔山原、李青雁、郭宏生、郭丽华、计军亚出席会议。会议审议通过《中共霍州市委网络安全和信息化委员会工作规则》《中共霍州市委网络安全和信息化委员会办公室工作细则》。

2019年9月20日，市委书记崔山原主持召开市委常委班子"不忘初心、牢记使命"主题教育第一次学习交流研讨会。临汾市委主题教育第三巡回指导组联络员王杰列席会议，市领导高雅铭、郭宏生、刘国平、丁春明、郭丽华、李强参加会议。

2020年1月2日，霍州市委副书记、市长李青雁主持召开脱贫攻坚工作2020年第一次周例会，政府副市长张发宁出席会议，各乡镇（街道）及市直有关部门相关负责人参加会议。会议听取霍州市2020年脱贫攻坚工作计划，宣读脱贫攻坚督查问题整改工作实施意见及消费扶贫工作安排。

2020年4月28日，霍州市委平安霍州建设领导小组第一次会议暨全市"三零"创建工作动员部署会议召开。

2020年8月18日，霍州市召开生态环境保护委员会第一次全体会议暨把突出环境问题"清零"进行到底推进会。

2020年9月24日，2020山西霍州"农信杯"首届霍山滑翔伞邀请赛开幕。临汾市政府副市长潘海燕，临汾市体育局局长陈海平，霍州市领导李青雁、高雅铭、邢鑫伟等出席开幕会。政府副市长刘元建主持开幕会。临汾市政府副市长潘海燕宣布开幕。

2020年12月12日，霍州市卫生健康和体育局主办，市篮球、足球等协会共同承办的2020年霍州市首届全民健身"街头体育"动员会在中镇广场开幕。全市各乡镇街道、6个协会、14个单位、380余人参加。

2020年12月23日，霍州市召开归国华侨联合会成立暨第一次归侨侨眷代表大会。市委副书记、统战部部长晋红峰，市委常委、组织部部长李强出席会议。李强为霍州市归国华侨联合会授牌。

组织机构和负责人名单

中共霍州市委

书　记　李　强
副书记　李青雁
　　　　晋红峰
　　　　邢鑫伟（墩苗）
常　委　王昕光（墩苗）
　　　　王卫成（3月任职）
　　　　张可新
　　　　张伟兴（3月任职）
　　　　任　臻（3月任职）
　　　　郭丽华
　　　　吕文博
　　　　王　强
　　　　田晋川（3月离职）
　　　　李　强（组织部部长，3月离职）

霍州市人大常委会

主　任　陈占平
副主任　郭宏生
　　　　沈晓静
　　　　张云峰

霍州市人民政府

市　长　李青雁
副市长　刘国平（3月离职）
　　　　晋学斌（3月离职）
　　　　张可新
　　　　张发宁
　　　　靳阳阳（4月任职）
　　　　郭惠民（4月任职）
　　　　张强强（4月任职）
　　　　王　强（4月任职）

政协霍州市委员会

主　席　田晋川
副主席　王英才
　　　　薛云彪
　　　　杜　明
　　　　陈　英（女）

市直机关机构设置和领导人员名单

市委办公室
吕文博　主　任
陈菊菊　副主任（3月任职）
乔昌鸿　副主任（12月任职）
朱军军　副主任（12月任职）
市委组织部
李　强　市委常委、组织部部长（3月离职）
任　臻　市委常委、组织部部长（3月任职）
成卫华　副部长
郭　辉　市委党建办主任、副部长
张文轩　副部长
杨华伟　副部长
刘伟伟　副部长（7月任职）
市委宣传部
郭丽华　部　长
毋永明　副部长
马耀华　副部长
高俊春　副部长
市委统战部
晋红峰　市委副书记、统战部部长
杨　军　主持日常工作副部长（7月离职）
路　林　主持日常工作副部长（7月任职）
薛学文　副部长
市委政法委
张伟兴　市委常委、政法委书记（3月任职）
关文旗　主持日常工作副书记（3月任职）
孙　华　副书记
朱壮平　四级调研员、政法系统党委书记
市委党校
董　娟　常务副校长
吴慧平　副校长
段文洋　副校长
市委编办
张　伟　主　任（2021年2月离任）
段永存　主　任（2021年2月任职）
张倩倩　副主任
黄晓珊　运行评估中心副主任
杨　涛　研究中心主任
机关事务服务中心
刘　杰　主　任（4月任职）
陈华斌　副主任
郑　颖　副主任
王文亮　副主任
市委老干部局
张文轩　局　长
郭庆峰　书　记
卫秀琴　副局长
郭园勤　副局长
市委党史地方志研究室
杜燕忠　主　任
李宝珍　副主任
乔小安　副主任

市委档案馆

李国忠　馆　长

杨海燕　副馆长（2 月任职）

郝庆华　副馆长（2 月任职）

市政府办公室

朱文平　政府办主任

张文林　副主任

范燕琴　副主任

市民政局

张全红　党组书记、局长

张壮丽　党组成员、总支书记

杨卫华　党组成员（3 月任职）

庞瑞林　党组成员、副局长

张凌燕　党组成员、副局长

李晓红　党组成员、低保主任

市人力资源和社会保障局

付　师　党组书记、局长（4 月任职）

刘建平　党组副书记

朱予平　党组成员、副局长

安琳娜　党组成员、副局长

赵建玲　党组成员

张　峰　党组成员

市退役军人事务管理局

李晋峰　党组书记、局长（3 月离职）

薛国平　党组书记、局长（3 月任职）

李旺龙　党组成员、副局长

戴宏伟　党组成员

曹永刚　党组成员

朱莹华　党组成员

刘薛平　党组成员、中心主任

市应急管理局

胡文杰　党组书记、局长

李　红　党委成员、主任科员

闫万林　党委成员、主任科员

韩黎平　党委成员、副局长

周云龙　党委成员、副局长

张　军　党委成员、副局长

段来友　党委成员

消防救援大队

闫云龙　大队长

闫瑞杰　教导员

史晓磊　参　谋

市行政审批管理局

段小刚　局　长

高　锐　副局长

宋晓玲　党组成员

伍雅娟　党组成员

刘　瑞　党组成员

市信访局

韩腊丽　负责人

朱慧锋　党组书记

陈荣华　党组成员

市人大常委会办公室

段永存　主　任

市政协办公室

毛丽花　主　任

杜　娟　副主任

王春花　社会法制委员会主任

刘新华　社会法制委员会副主任

董云珍　经济科技委员会主任

郭永红　提案信息委员会主任

张红明　统宣文史委员会主任

张燕丽　统宣文史委员会副主任

市纪律检查委员会

王卫成　市委常委、纪委书记、监委主任（3 月任职）

张建军　纪委副书记、监委副主任

杨敬奎　纪委副书记、监委副主任

孙　华　纪委常委、监委委员

白银峰　纪委常委、监委委员（3 月任职）

刘成军　纪委常委

董　强　纪委常委

梁　栋　监委委员
关晓燕　监委委员

市人民法院

任　军　院　长（2021 年 3 月离职）
张晋君　院　长（2021 年 3 月任职）
荀杏红　副院长
沈晓静　副院长
吴国庆　工会主席
秦建华　党组成员
朱壮平　党组成员
白银峰　党组成员
陈建斌　专职委员
魏武昌　专职委员
张燕萍　专职委员

市人民检察院

张临生　党组书记、检察长
成晓林　党组成员、副检察长
郭锐华　党组成员
乔华民　党组成员、政治部负责人

市总工会

晋红峰　主　席
朱泽军　党组书记、常务副主席（4 月离职）
杨五锁　党组书记、常务副主席（4 月任职）
朱欣平　党组成员、副主席
陈晓丽　党组成员、副主席
朱军军　挂职副主席
薛忠虎　兼职副主席
蒲林珍　兼职副主席
吴国波　兼职副主席
张军丽　兼职副主席
张丽萍　兼职副主席
王雪兰　兼职副主席

共青团霍州市委

赵　涛　书　记（7 月任职）
张　洋　副书记（2 月任职）
刘军野　副书记（7 月任职）
樊春谷　副书记（7 月任职）

市妇女联合会

赵利娟　主　席
成麦珍　副主席

市科学技术协会

马　丽　主　席
高　霞　副主席
杨丽霞　副主席
孙俊芬　秘书长

市文学艺术界联合会

闫记红　主　席
贺文斌　支部书记
武文平　副主席

市残疾人联合会

安忠伟　理事长
何广文　副理事长
高　荣　党组成员
朱燕丽　党组成员（2 月任职）
何东红　理　事

市工商业联合会

陈　英　主　席（2 月离职）
刘俞平　主　席（3 月任职，11 月离职）
乔玉川　主　席（12 月任职）

市红十字会

武　翔　专职副会长（4 月任职）
薛　炜　副会长
田向东　副会长

市公安局

张强强　市政府副市长、党委书记、局长（2021 年 3 月任职）
关玉龙　党委副书记、政委
张　诚　党委委员、副局长
朱永忠　党委委员、副局长
刘雅斌　党委委员、副局长
周　鹏　党委委员
郜宗栋　党委委员、交警大队长

杨志华　局长助理
薛　强　局长助理
贾晓明　局长助理
李志毅　局长助理
贺俊锁　局长助理
张　峰　局长助理
孙安平　市纪委监委第十二派驻纪检监察组负责人

市公安交警大队

郜崇栋　霍州市公安局党委委员、党总支书记、大队长
王　力　党总支副书记、教导员
曾广平　党总支委员、副大队长
吕小环　党总支委员、副大队长
朱耀平　党总支委员、副大队长
朱　敏　党总支委员、副大队长
李玉平　党总支委员、副大队长
薛新红　党总支委员
冯建平　党总支委员

市司法局

张　伟　党组书记、局长
孙亚丽　党支部书记
杨　堃　副局长
宋根宝　党组成员、主任科员
成建忠　党组成员
李小涛　党组成员
晋秀萍　党组成员
李晓琳　党组成员

霍东分局

朱　平　负责人
杨晋生　副局长
赵峰泽　党委委员

市武装部

王　强　部　长
迟大鹏　政治委员
韩壮壮　副部长
张　文　政工科长

武警霍州中队

张旺旺　中队长
肖海鹏　指导员（8月任职）
武世栋　排　长

市发展与改革局

马建华　党组书记、局长（2月任职）
武维斌　党组成员、副局长
李建国　党组成员、副局长
胡泽军　党组成员
史　琼　党组成员
薛海莉　党组成员
刘红华　党组成员

市自然资源局

闫会波　局　长
曹光杰　副局长
李月罡　副局长
赵保平　副局长
李宏伟　副局长
曹明忠　主任科员
范晔红　党组成员
闫秀峰　党组成员

市审计局

乔桂平　局　长（2月离职）
尚海虹　局　长（2月任职）
张文莲　支部书记
李　明　副局长
赵　芳　副局长
晋明华　党组成员（7月任职）
李宝平　总审计师

市场监督管理局

李晋峰　党组书记、局长、综合行政执法队队长（3月任职）
崔世娟　党组成员、副局长
解永刚　党组成员、副局长
朱明元　党组成员、副局长

李旺民　党组成员、副局长
李俊杰　党组成员、副局长
高琴玲　党组成员、副局长
刘向东　党组成员

市统计局

时宏伟　局　长
李　英　副局长

市农业农村局

张卫东　党组书记、局长
王亚平　副局长
成志明　党组成员
徐　强　党组成员
赵建国　党组成员
马奎军　党组成员
王保平　党组成员

市畜牧中心

杜继保　主　任
韩国华　副主任
吴舟平　总　工

市农机中心

刘国斌　主　任
周进华　工会主席

市气象局

贾康民　局　长
李计萍　副局长
李晓燕　气象台长

市水利局

张　斌　党组书记、局长
王记栓　总支书记
安五达　党组成员
祁朝辉　总支副书记
乔晓东　副局长
李文忠　水资办副主任
樊荣平　水资办副主任

市林业局

赵　波　党组书记、局长（2月离职）
徐水林　党组书记、局长（2月任职）
杨红平　党组成员、副局长
高雅鹏　党组成员
王建平　党组成员

市工业和信息化局

李晓燕　党组书记、局长
范振宇　副局长
王建军　副局长
薛文林　党组成员
成慧斌　党组成员
朱建文　党组成员

市能源局

郭国彪　党组书记、局长（2月任职）
薛文斌　党组成员、副局长
朱文华　党组成员
李　军　党组成员（2月任职）

市煤炭运销

霍俊杰　经理、书记
闫斌华　副经理
杨水平　副经理
闫淑琴　副经理

国网霍州市供电公司

王　宇　党支部副书记、经理
刘锦江　党支部书记、副经理
王翼平　副经理
李海洋　副经理兼工会主席
张　健　五级职员

市中小企业服务中心

赵红宏　主　任
韩保平　副主任

市城镇集体工业联合社

陈建华　负责人
段小勇　工会主席

市商务局

董　阳　局　长（3月任职）
芦　芳　副局长

叶耀新　党组成员
乔志峰　党组成员
张志勇　党组成员

市供销社

朱朝晖　主　任
段耀峰　副主任

市石油公司

李　俊　经　理
孙黎明　副经理

市烟草专卖局

张仰宇　局长、经理（1月任职）
赵凯军　专卖副局长（7月任职）
赵　亮　营销副经理

市电信公司

张艳峰　总经理

市联通公司

冯春琴　总经理（3月免）
冯安平　总经理（3月任）
刘成杰　副总经理
卫　锐　副总经理
王晋光　副总经理
王连生　副总经理
李炎忠　副总经理

市移动公司

刘振峰　经　理
宋李敏　副经理

市邮政公司

谷建荣　总经理
张卫波　副总经理
郝政峰　副总经理

市文化和旅游局

朱泽军　党组书记、局长（4月任职）
关志红　党组成员、副局长
梁学军　党组成员、副局长
薛晓波　党组成员
刘树伟　党组成员
成笃文　党组成员
刘学军　党组成员
朱军华　党组成员
孙　炳　党组成员
董文莲　党组成员

市财政局

李新平　党组书记、局长
陈建斌　党组副书记
孙建斌　副局长
张芙蓉　副局长
王荣安　党组成员
车和平　党组成员
李　辉　党组成员
董玉萍　总会计师

市税务局

王小奇　党委书记、局长（11月任职）
马红石　党委委员、副局长
郭继宏　党委委员、副局长
朱建平　党委委员、副局长
张学军　党委委员、副局长
段海洪　党委委员、纪检组长（11月任职）

中国人民银行霍州支行

张忠民　行　长
梁亚龙　副行长
申子正　副行长

市银保监组

胡秀斌　组　长
王红斌　副组长

中国工商银行霍州支行

张　敏　党支部书记、行长（4月任职）
费　明　副行长
张　伟　副行长
田国荣　副行长
岳晓玲　副行长

中国建设银行霍州支行

秦维国　行　长

奚学勤　副行长
马红霞　副行长
郝广宏　副行长

中国银行霍州支行

张严平　行　长
刘培德　副行长
薛振峰　副行长

中国邮政储蓄银行霍州支行

王　燕　行　长
景小龙　副行长

中国农业银行霍州市支行

常元虎　党委书记、行长
陈记平　纪委书记
贾洪平　副行长
张晓瑾　副行长
拜江波　行长代理

山西霍州农村商业银行

张云清　党委副书记（主持全面工作）
杜泓江　党委副书记、行长
公衍彬　纪检书记、监事长
牛红军　党委委员、副行长
张双秀　党委委员、副行长

中国人寿保险公司霍州分公司

翟志刚　经　理
韩灵芝　副经理

中国人民财产保险霍州公司

张国齐　经　理
李红明　副经理
吴智敏　经理助理
张叶新　业务主管

中国太平洋人寿保险股份有限公司霍州支公司

续春霞　经　理

市交通运输局

荀彦龙　党组书记、局长
张晓波　党组成员、总支书记
王　震　党组成员、副局长
韦月杏　党组成员、副局长
刘　飞　党组成员、工会主席
成晓文　党组成员、运管局局长
李　民　党组成员、总工程师

市公路管理段

王海清　段　长
王建国　副段长
齐青海　副段长

霍州车站

吕亚东　站　长
樊丹丹　总支书记（2021年12月任职）
刘建明　副站长
李国荣　副站长
李　鹏　副站长
邢惠灵　工会主席

霍州东站

师记龙　站　长
毛培斌　书　记（11月离职）
张玉宝　书　记（11月任职）
毛红梅　副站长
徐文僧　工会主席

辛置车站

张作琴　站　长
李松虎　书　记
贾红卫　副站长
焦亮川　副站长
高怀玉　工会主席

圣佛车站

范东波　站　长
贾晓龙　书　记
乔学雷　副站长
闫润龙　副站长
薛　海　工会主席

市运输管理局

成晓文　支部书记、主任

刘永平　副主任
成　华　副主任
梁晓华　副主任

市住房和城建局

刘怀忠　党组书记、局长（2月离职）
刘　峰　住建局负责人、党支书记
孟祥林　党组成员、副局长
乔鹏军　副局长
董文华　副局长
房延忠　党组成员
张记锁　党组成员
段志华　党组成员
李建伟　党组成员
王惠勤　党组成员
郭建国　正科级干部

市城市管理局

刘亚明　党组书记、局长
杨生全　党组成员、副局长
郭　飞　党组成员、四级主任科员

市生态环境局

王建华　党组书记、局长（8月离职）
杨民祥　党组书记、局长（8月任职）
成周明　党组成员、副局长
薛小记　党组成员、副局长
段向党　工会主席
秦仰军　党组成员
张丽兵　党组成员
张玲丽　党组成员
陈永平　党组成员
朱水龙　副主任科员

市教科局

房文斌　党组书记、局长
董　江　党组副书记
朱志峰　党组成员、副局长
杨武锁　党组成员、副局长
赵学惠　党组成员
李海龙　党组成员
马俊岗　党组成员
王虎广　主任科员

市一中

韩彦平　党支部书记
韩学东　校　长（10月离职）
杨军伟　校　长（10月任职）
陈海平　副校长
成文安　副校长
安国华　副校长
刘光明　副校长
吕永乾　副校长
赵邸龙　副校长

市二中

李林锁　校　长
胡泽斌　副校长
李秀玲　副校长
刘守纪　副校长
白玉林　副校长
张蓉丽　党支部书记
成国军　党支部副书记

市职业中专

张　峰　负责人
刘平生　副校长

市实验中学

都福平　校长、支部书记
王耀全　副校长
安海峰　副校长
杜杏龙　副校长
刘秋平　副书记

新华书店

张文彦　经　理

老年书画协会

赵子俊　主　席
晋从华　常务副主席
张福义　常务副主席

张作文　常务副主席
傅　枫　常务副主席
王斌正　常务副主席
韦山栋　常务副主席
段新莲　常务副主席
刘九林　常务副主席
何文进　常务副主席
朱壮军　党务副主席
张美玉　秘书长
宋守宽　副秘书长
刘月虎　副秘书长
薛兆俊　副秘书长
曹曙平　副秘书长
来国保　副秘书长

老龄人才协会

李　强　名誉会长
李青雁　名誉会长
晋红峰　名誉会长
靳阳阳　名誉会长
米培人　名誉会长
郭思红　会　长
肖培芳　副会长
薛李珠　副会长
董双锁　副会长、秘书长

三晋文化研究会

段新莲　会　长
赵　利　副会长
胡中华　副会长、秘书长（兼）

老区建设促进会

李　强　名誉会长
李青雁　名誉会长
晋红峰　名誉会长
靳阳阳　名誉会长
米培人　名誉会长
郭思红　会　长
肖培芳　副会长
薛李珠　副会长
张明光　支部书记、副会长
杨辉金　副会长
任光福　副会长
朱壮军　副会长、秘书长
朱会明　副会长
吴国波　副会长
张　华　副会长

市融媒体中心

张海平　党组书记、负责人
张韦韦　党组成员、副主任
梁建峰　党组成员、副主任
关　莉　党组成员、副主任
叶革新　党组成员
杨治红　党组成员
杨燕华　党组成员

市卫生健康和体育局

崔亚峰　局　长
荀三林　副局长
李红梅　副局长
武燕平　党组成员
张　铭　党组成员
郭姣香　党组成员
张建平　党组成员

市疾控预防控制中心

孙建勇　主　任
王温良　副主任
马晓丽　副主任

市妇幼保健中心

范晔兵　负责人、书记

市医药公司

张国新　董事长、总经理
张海杏　董事、副总经理
李成文　董事、副总经理
宋永利　董事、总经理助理
刘世保　董事、总经理助理

市人民医院
乔亚明　党委书记、院长
张春生　党委专职副书记
张军丽　党委委员、院长助理
薛华刚　党委委员
吴志华　党委委员
范亚龙　党委委员
市中医院
薛华斌　院　长
马国平　书　记
孙根锁　副书记
崔素山　副院长
荀艳华　工会主席
市爱国卫生服务中心
陈菊菊　负责人（4月任职）
中国国民党革命委员会霍州总支
韩腊丽　主任委员
成　娟　副主任委员
高兴平　副主任委员
陈亚平　支部委员
刘振洪　支部委员
中国民主建国会霍州市委员会
赵忠孝　主任委员（11月离职）
段向党　主任委员（11月任职）
张黎明　常务副主任委员
成李杏　副主任委员
苗永华　副主任委员
段向党　副主任委员（11月离职）
方晓莉　副主任委员（11月任职）
郭　斌　副主任委员（11月任职）
梁文龙　副主任委员（11月任职）
安瑞锁　秘书长（11月离职）
姚　璐　秘书长（11月任职）
中国民主促进会霍州市委员会
叶励民　主　委
薛华斌　副主委
苏建东　副主委
李泽辉　副主委
张安莉　委　员
田艳华　委　员（女，11月任职）
张峰峰　委　员（11月任职）
检验检测中心
张大利　主　任
周霍龙　副主任
市医疗保障局
张文萍　党组书记、局长
李建华　党组成员、副局长
董春波　党组成员
市住房资金管理中心
胡永芳　主　任
四七五处
张小宁　党委书记、处长
霍志强　纪委书记
杜长英　副处长
韩文杰　工会主席
市华润燃气有限公司
郝文彬　总经理
李　军　副总经理
吴　涛　副总经理
王凯元　副总经理
市国新液化天然气有限公司
房　飞　党支部书记、总经理
陈丽珍　副总经理
李　萌　安全总监
庞　琦　财务总监
霍煤集团
戎生权　党委书记、董事长
李争春　党委副书记、副董事长、总经理（8月任职）
宗亮亮　专职党委副书记、董事
王建鹏　党委常委、纪委书记
张　晋　党委常委、董事、工会主席

要华伟　党委常委、副总经理
屈　平　党委常委、副总经理
赵永宁　董事、副总经理
白晓生　董事、总工程师
张文平　副总经理
侯毅柱　副总会计师

市发电厂

齐保新　厂长、党委副书记
武丽梅　党委书记、副厂长
孙林旺　党委委员、副厂长
刘志青　党委委员、副厂长（7月离职）
李宪文　党委委员、副厂长（7月任职）
陶　冶　党委委员、纪委书记、工会主席
肖劲涛　总工程师（8月任职）

兆光电厂

秦晓林　党委书记、总经理（7月任职）
许红山　党委委员、副总经理
杜　鹏　党委委员、副总经理
魏　栋　党委委员、副总经理

霍州市七里峪景区旅游开发有限责任公司

于晓艳　总经理

乡镇机构和领导名单

三教乡

党委书记　邢鑫伟
党委副书记、乡长　陈菊菊（女，2021年2月离职）
　曹艳玲（女，2021年2月任职）

师庄乡

党委书记　朱瑞华
党委副书记、乡长　朱红平

陶唐峪乡

党委书记　徐水林（2021年2月离职）
　张　斌（2021年2月任职）
党委副书记、乡长　王云平（2021年2月离职）
　陈宇鹏（2021年2月任职）

大张镇

党委书记　郭伟华
党委副书记、镇长　荀会龙

白龙镇

党委书记　王昕光
党委副书记、镇长　乔宝山
　郭　斌（2021年2月任职）

李曹镇

党委书记　王云平（2021年1月任职）
党委副书记、镇长　张　超（2021年1月任职）

辛置镇

党委书记　乔宝山（2021年2月任职）
党委副书记、镇长　成彩梅（女，2021年2月任职）

南环路街道办事处

党工委书记　马四玲（女，2021年3月任职）
街道办主任　马　琴（2021年3月任职）

鼓楼街道办事处

党工委书记　刘亚明（2021年2月离职）
　郭　辉（女，2021年2月任职）
办事处主任　马四玲（女，2021年2月离职）
　陈　鹏（2021年2月任职）

北环路街道办事处

党工委书记　孙　峰（2021年2月任职）

党工委副书记、办事处主任　刘峻林（女）

开元街道办事处

党工委书记　王丰奇（2021年2月任职）

党工委副书记、办事处主任　薛忠华（2021年2月任职）

退沙街道办事处

党工委书记　闫会滨

党工委副书记、办事处主任　杨京瑾（女）

霍州经济开发区

党工委书记、管委会主任　李　强

党工委副书记、管委会常务副主任　张卫东

党工委委员、管委会副主任　马魁东

党工委委员、管委会副主任　梁　冰

党政工作部部长　董铁柱

规划住建部部长　王慧博

投资促进部部长　李　刚

园区运营部部长　高怀斌

党政工作部副部长　刘剑英

行政审批局副局长　张兴辉

霍州市七里峪景区旅游开发有限责任公司

总经理　于晓艳（2021年4月任职）

中国共产党霍州市委员会

市委工作

【综述】 2021年，中共霍州市委坚持以习近平新时代中国特色社会主义思想为指导，深入贯彻习近平总书记视察山西重要讲话重要指示和党的十九届六中全会精神，全面落实省委全方位推动高质量发展和临汾市委“1355”战略部署，牢牢扭住“转型出雏形、率先蹚新路”总体目标，只争朝夕，真抓实干，全方位推动高质量发展迈出坚实步伐。

【全面从严治党】 2021年，霍州市委落实管党治党、全面从严治党主体责任，深入实施党建工程，加强对反腐败工作的集中统一领导，深化运用监督执纪“四种形态”，一体推进“三不”建设，推动全面从严治党向纵深发展、向基层延伸。2021年严肃查处群众身边的不正之风和腐败问题194件，处理234人，运用监督执纪“四种形态”批评教育帮助和处理544人次，分3批对15件群众身边腐败和作风典型问题进行全市通报，保持惩治腐败的高压态势。

【党史学习教育】 2021年，霍州市委强化党对意识形态工作的全面领导，落实中心组学习制度，全年组织集中学习15次，交流研讨19次，切实增强“四个意识”，坚定“四个自信”，坚决拥护“两个确立”，始终做到“两个维护”。高标准打造霍州市党群服务中心，对驻霍国有企业分离移交的10个社区活动场所进行提档升级，新建6个小区党群服务驿站，健全和完善党群服务体系。创新建立党史学习教育“七个统一”工作机制，打造党史学习教育“50＋教学点”，推出“馆藏经典”线上老照片展，形成党史学习教育实践课堂矩阵。开展“我为群众办实事”实践活动，为民办实事537项。

【换届工作】 2021年，霍州市委完成市、乡、村换届工作，形成梯次配备、搭配合理、上下贯通、优势互补的班子结构，各级党政班子的整体功能得到全面加强。优化市委班子年龄结构，实现老中青梯次配备，40岁及以下2人，41岁至50岁8人，51岁及以上2人；学历水平不断提升，大学学历7人，研究生学历5人。乡镇党政领导班子实现整体功能的提升，平均年龄37.8岁，较换届前降低1.5岁，学历和经历结构也得到进一步优化。选拔“双好双强”“五讲四有”的干部进入村（社区）“两委”班子，建制村“一肩挑”比例98.57%，社区“一肩挑”比例100%。

【安全稳定】 2021年，霍州市委坚持和发展新时代“枫桥经验”，落实市级领导定期接访、约访、下访制度，重复信访事项办结率100%。开展政法队伍教育整顿，强查处动真碰硬，严整治顽疾清零。常态化开展扫黑除恶专项斗争，打击各类黑恶势力违法犯罪活动，铲除黑恶势力“保护伞”。防范金融领域风险，守住不发生区域性系统性金融风险的底线。深入推进安全生产专项整治“三年行动”，连续13年未发生较大以上生产安全事故。

【文旅融合】 2021年，霍州市举办“中镇霍山·华夏州署”第11届文化旅游月，精心打造州里街特色美食文化一条街，《石兰峰》《廉吏曹端》《霍州面塑》等影视作品成功上映，千佛崖摩崖造像重新完整面世，深入挖掘霍山、霍国、霍姓、霍窑等文化资源，“天下霍姓出霍州”展陈成功开展，霍州荣膺第五届全球书画传播五强城市。大力发展现代商贸服务业，网络交易额增长30%，霍州成功入选2021中国县域电商竞争力百强榜，名列第73位。

【县域经济】 2021年，霍州市地区生产总值完成100.53亿元，同比增长5.3%；固定资产投资完成26.41亿元，同比增长13.3%；规模以上工业增加值同比增长4%；社会消费品零售额累计完成37.96亿元，增速为16.4%；一般公共预算收入完成5.59亿元，同比增长14.71%；全市城镇常住居民人均可支配收入预计完成3.7万元，同比增长8.5%；农村常住居民人均可支配收入预计完成1.8万元，同比增长11%。坚持以开发区建设为龙头，以项目扩投资，以投资稳增长，2021年参加全省“三个一批”活动4次，“签约一批”项目4个，签约开工率75%；“开工一批”项目5个，开工投产率60%；“投产一批”项目3个，投产达效率100%，促进开发区发展。

【建党百年系列活动】 2021年，霍州市委召开庆祝中国共产党成立100周年暨“两优一先”表彰大会，对优秀共产党员、优秀党务工作者和先进基层党组织进行集中表彰，为1129名老党员发放“光荣在党50年”纪念章。举行“党旗在基层一线高高飘扬”“党课开讲啦”“学习身边榜样”“重温入党誓词”等系列活动，传承红色基因、激扬奋进力量。

【灾后重建】 2021年10月，霍州市遭遇洪涝灾害后，第一时间成立防汛抢险应急指挥部，开展抗灾自救工作，紧急避险转移8652人，保障人民群众生命安全、减轻灾害损失。抽调50多名骨干力量组建灾后重建工作专班，统筹安排、每日调度，成立5个督导组一线督导、跟踪问效，确保全市灾后恢复重建工作高效推进。所有需重建的117户于11月27日全部完工，加固修缮的1545户于12月6日全部完工。

【疫情防控】 2021年，霍州市委坚持“外防输入、内防反弹”方针，压紧压实“四方”责任，落实各项防控措施，加强重点人群和重点场所管控，紧盯进口冷链物流管理，推进疫苗接种工作，做好疫情防控各项工作，疫情防控取得战果。

【污染防治】 2021年，霍州市开展创建国家卫生城市、靓城提质、农村“六乱”整治等行动，对市容市貌、村容村貌进行整治。实施清洁取暖，农村“煤改气”3231户，完成率82.59%；“煤改电”3111户，完成率104%，超额完成目标任务。治理涉气企业46家，31家工业企业实行错峰生产，全力推进“公转铁”工作，全市铁路运输量达到货物总运输量的90%。推进散煤整治，对19家企业“两断三清”，实现“散乱污”企业动态清零。2021年全年优良天数达226天，连续三年不断提高，$PM_{2.5}$年累计浓度46毫克/立方米，同比下降19.3%，改善空气质量。

【群众福祉】 2021年，霍州市委精心举办“天下霍姓出霍州”展陈，邀请霍氏族人畅叙血脉亲情，共商发展大计。完善动态监测和精准帮扶机制，巩固拓展“两不愁三保障”，坚决消除返贫致贫风险。市教科局、北环路小学完成整体搬迁，西张小学入驻新校园，北京培文教育集团对霍州一中进行整体托管，大张第一小学、西张小学分别以传承项目“威风锣鼓”“腰鼓”荣获第三批全国中小学中华优秀传统文化传承学校。全民健身中心、疾控中心正式投入使用，推进新人民医院、妇幼保健院建设。“霍嬷嬷”（区域公共品牌）多次荣登中央电视台，成为霍州的金字招牌。技工学校技能鉴定合格达5000余人，推动“人人持证、技能社会”提质增效。（李晓云）

中共霍州市委办公室

【文秘工作】 2021年，霍州市委办公室起草领导讲话、典型材料、总结报告200余篇，印发文件70余份，收集采编《霍州信息》140余期、200多条。拓宽决策服务领域，围绕经济社会发展重点工作和事关群众利益的热点难点，开展调研，提出一系列意见建议，当好党委的“千里眼、顺风耳”，为党委决策提供有价值的参考，发挥以文辅政、凝聚人心、指导工作的作用。

【综合政务】 2021年，霍州市委办公室完成党代会、全委会、经济工作会、天下霍姓出霍州展陈等各项大型会议和活动筹备。坚持重要会议办出质量，日常会议办出效率，对外交往会议办出形象，控制会议次数及规模，组织承办重要会议80余次。做好会议安全防护工作，做好会场疫情防控，控制参会人数，确保各类会议安全进行。加强与上下级党委的纵向联系，加强与各大班子办公室、机关各部门之间的横向联系，确保市委运转流畅、政令畅通。

【督查工作】 2021年，霍州市委办公室采用“跟踪、一线、联动、调研”等方式，对省巡视组反馈问题、市委重大决策、领导批示和群众反映等事项，开展督查督办，全年开展创国卫、重点项目、安全生产、环境卫生、灾后重建等重点工作督查30余次，编发《督查简报》20余期，了解情况、反馈信息、提出建议。2021年，受理并予以解决98件社情民意通道民生问题。

【机要保密】 2021年，霍州市委办公室开展密码通信“精品年”活动，执行密码通信主渠道安全保密管理规定，遵守24小时值班纪律，强化保密宣传教育和业务培训，加大对涉密网络的管理和检查力度，形成“保密就是生存，保密就是发展”的共识。全年未发生一起压报、漏报、误报、错发事件，高效及时、准确无误地完成各种文件、信函、电传的收转工作，做到绝对安全、绝对畅通，保障与上级党委机关的工作联系和信息畅通。

【党务内网】 2021年，霍州市委办公室强化电子办公应用，搭建党务内网平台，确保大组工网、纪检专网及全省编办网络终端的正常运行。坚持实时实地监控，加强密码、密钥、密码机管理和内网计算机联网操作管理，无泄密事件和重要数据丢失现象发生。利用各种新兴媒介，对重大方针、政策及市不同阶段中心工作进行全方位宣传，发布各类通知。

【档案管理】 2021年，霍州市委办公室坚持抓好档案资源体系、档案利用体系、档案安全体系建设，提高档案保管质量和科学管理水平。举办“霍州地图文献展”“霍县工业老照片展”“石兰峰影像档案展”“百年党史看霍州”等文献展。

【国安工作】 2021年，霍州市委办公室坚持党对国家安全工作的绝对领导，学习贯彻习近平总书记关于国家安全观和防范化解重大风险的重要论述，贯彻落实中央和省、市各级重要会议精神，按照上级的统一部署，通过强化责任、细化措施、健全工作机制、压实工作责任等举措，推进国安各项工作取得成效。（李晓云）

组织工作

【概况】 中共霍州市委组织部（以下简称市委组织部）是市委主管组织、干部和人才工作的职能部门，担负着全市各级领导班子和基层组织建设、干部选拔任用、干部教育监督、人才工作、年度目标责任考核等任务。市委组织部下设办公室、研究室、干部一室、干部二室、干部三室、组织一室、组织二室、组织三室、干部教育室、干部监督室、人才工作室、目标责任考核室12个科室；下属事业单位党建综合服务中心。

【领导班子建设】 2021年，霍州市委组织部结合乡镇换届工作要求，调整科级干部13批次、198人次，其中，提拔正科级干部13人，提拔副科级干部25人，使用干部28人，交流干部80人。特别是在乡镇换届工作中，配备“五方面人员”11名，乡镇领导班子平均年龄37.8岁，较换届前降低1.5岁，女干部较上届增加12人，具有2年以上乡镇工作经历的占到领导班子总数的77.9%，优化乡镇干部队伍的比例结构。配合做好政法队伍教育整顿，对政法系统5家单位2018年1月以来选人用人情况进行专项检查、对84名政法干警进行集中交流轮岗，推动教育整顿工作开展。在市委党校举办了第七期、第八期科级干部学习贯彻习近平新时代中国特色社会主义思想读书班，通过集中授课、党性教育、学习讨论、实地参观、考试考核等形式，对60名科级干部进行为期1个月的系统培训，赴延安、梁家河、永和县东征村实地参观学习，接受党史学习教育、革命主义教育，坚定理想信念，筑牢初心使命，弘扬优良传统。组织市委党校12名教师完成网络集中培训，为263名乡村干部开通基层干部微课堂账号。组织9名县处级领导干部、7名科级领导干部参加上级组织的调训工作。完成学历学位认定32人，建立工作台账，移交相关档案资料，促进规范管理。强化干部选任监督，落实“凡提四必”和“六查”要求，对拟提拔和调整的干部，全部征求市纪委监委、公检法等执纪执法部门的意见，实行“双签字”制度，坚决防止干部“带病提拔”。畅通“12380”监督举报渠道，利用举报电话、信访、网络和短信“四位一体”的综合举报受理平台，在村（社区）“两委”换届工作中，接收上级批转或直接受理举报件11件，全部办结。落实《霍州市科级干部“八小时外”监督管理实施办法》，拓宽科级干部监督管理渠道，构建起科级干部日常监督管理单位、个人、家庭、社会“四位一体”监督体系。开展违规办理和持有因私出国（境）证件专项治理工作，对31名新提拔（录用）的人员进行登记备案，为1名退休干部办理撤销登记备案。

【基层党建】 2021年，霍州市委组织部完成村（社区）“两委”换届选举工作。全市建制村“一肩挑”比例达到98.57%，社区“一肩挑”比例实现100%。党组织书记平均年龄45岁，较上届降低5.9岁；大专及以上学历112人，占比71.34%，较省市要求提高31.34个百分点，较上届提升41.8个百分点，实现“一降一升一肩挑”且信访量较往届大幅下降。换届后，开展履职尽责办好“开门一件事”、离任干部“暖心”等“八大行动”，实现换届平稳过渡、有效衔接。公开招聘80名优秀大学生到农村工作，覆盖率达57%。按照“四必访”“三必问”要求，26名市级领导遍访包联乡镇（街道）所辖村（社区），村村见干部、听意见、“过筛子”。对排查出的16个软弱涣散党组织。按照“整顿不到位不得换届”要求，落实“4个1”“五包三联”“挂牌督办”“以强带弱”等措施，一个问题一个对策，一个党组织一个方案，跟进解决存在问题，9月完成评估验收，实现基层党组织晋位升级、整顿转化提升。联合市财政局、农业农村局对2018年以来中央、省、临汾市及霍州市财政资金扶持的村级集体经济项目进行监督检查；聘请第三方对2020年涉及中央及省财政资金扶持的20个村16个集体经济项目进行专项审计。坚持以点带面、示范引领，充分发挥扶持项目带动作用，全市村集体经济收入全部达到5万元以上，占比100%，其中10万元以上的村99个，占比71.22%，超额完成临汾市下达目标任务。邀请临汾市乡村振兴局党组成员、副局长张友邦，对各乡镇（街道）党（工）委书记、分管副职、第一书记、“两不愁三保障”重点部门、各帮扶工作队队长、市干部帮扶办相关工作人员等160余人进行集中培训，对帮扶工作队长进行闭卷测试，确保帮扶工作队熟悉掌握政策。完成21名任职满6个月的第一书记和9名大学生村干部（选调生）年度考核，3名大学生村干部（选调生）和17名第一书记期满考核。新招录2名大学生村干部到村任职。

【项目建设】 2021年，霍州市委组织部投资400余万元，打造霍州市党群服务中心，设置2厅1馆共10个功能室，全年接待参观学习193批次20368人次。投资725万元，对驻霍国有企业分离移交的10个社区活动场所进行提档升级；新建6个小区党群服务驿站。按照“三岗十八级”岗位等级绩效薪酬制度，将专职社区工作者工资551.6892万元纳入财政预算。分批组织专职社区工作者赴信访局进行每期3个月的锻炼。公开招聘80名大学毕业生到村（社区）工作，充实基层工作力量。学习借鉴发达地区先进经验，探索成立霍州市物业服务行业党委，依托永泉物业公司，高标准建成物业服务行业党群服务中心，打造集红色物业管理、党支部管理、社区宣传、邻里圈、数据分析于一体的信息平台，利用电脑网页、手机APP、微信公众号等，通过线上线下结合、共享共建，拓展红色物业服务的触角和覆盖面，提升物业行业服务党员群众的质量。深化“六化六动”城市党建大联盟品牌。街道、社区、驻区单位采取“党建工作联创、公益事业联办、文体活动联谊、服务资源联用、环境卫生联搞”的“五联”举措，建立需求、资源、项目“三个清单”，实行“四个双向”机制，推动驻区单位党组织主动融入属地中心任务和党建工作。全市签订共驻共建协议236份，健全需求清单、资源清单、项目清单963条，在职党员到社区报到开展志愿服务3958次。推进“两新”组织“三整一提升”行动。组建完成互联网行业党委、物流快递行业党委、物业服务行业党委的基础上，通过前期摸排、实地走访、资料审核，拟由霍州市新申通物流有限公司联合4家物流快递企业组建联合党支部，做好快递小哥等新就业群体的党建工作。为68个“两新”党组织发放经费21.76万元，保障“两新”党组织活动正常开展。

【干部队伍】 2021年，霍州市委组织部围绕庆祝建党100周年，开展“两优一先”评选表彰活动、“光荣在党50年”纪念章颁发活动、主题党日活动等“十个一”系列活动，集中表彰优秀共产党员、优秀党务工作者、先进基层党组织各100个，为1129名老党员颁发“光荣在党50年”纪念章，走访慰问困难党员221人，讲授专题党课600余次，深入党支部工作联系点解决突出问题400余个，拨付山西省、临汾市及霍州市“两优一先”表彰奖励32.1万元。评选1个全省先进基层党组织、1名全省优秀共产党员；10个临汾市先进基层党组织、9名临汾市优秀共产党员、9名临汾市优秀党务工作者。做好各级党代会代表推荐和选举工作，选出霍州市党代表395名、临汾市党代表25名、省党代表推荐人选55名，达到省市规定的各项结构和比例要求。开展“党员进党校”和日常培训工作，举办各类培训班20余期，培训党员干部9500余人次，拨付山西省、临汾市2020年度党员教育培训财政配套经费22万元。做好2021年度发展党员工作，年底完成上级下达全部指标任务。指导各基层党组织完成2021年度书记抓基层党建工作述职评议、民主生活会、组织生活会和民主评议党员等工作。

【人才工作】 2021年，霍州市委组织部树立“人才是第一资源”理念，实施“人才强市”战略。霍州市抢抓全省推进省校合作重大机遇，发挥区位、资源、产业、环境等方面比较优势与高校共建“12大基地”。与北京科技大学、太原理工大学等省内外10余所高校，在项目开展、技术攻关、转型发展等方面深度合作链接，第一时间按下省校合作“加速键”，蹚出高质量转型发展“加速度”。结合乡村振兴、基层治理、教育发展、事业单位改革等方面需求，继2020年公开招聘中小学教师130名、事业编制人员20名后，2021年再招聘到村（社区）工作大学毕业生80名，为基层干部队伍建设注入“源头活水”。实现乡村振兴，举办2021年霍州市人才工作成果展暨霍州市秋季招聘系列活动，招聘岗位涉及洗煤、医药、教育等20多个行业，包括市场营销、电子商务、医药科技等40多个专业，提供就业岗位1300余个。

组织全市各级各类人才在党史学习教育“50＋教学点”开展红色教育和国情教育活动。霍州市技工学校全年培训实用技术人才1200余人，就业率保持在98%以上，推进“人人持证、技能社会”建设。向认定的27名全日制本科、硕士研究生发放人才津贴30余万元；给予认定695名企业高层次人才发放人才生活津贴135.71万元。对省校合作到霍州实习实训大学生给予1500元/月、硕士研究生2000元/月、博士研究生2500元/月的生活补贴，免费安排食宿、开展核酸检测，报销往返交通费，购买意外伤害保险，提供一站式服务、匹配式分岗、手把手教带。组织“三晋英才”、市委联系高级专家免费体检。征订《中国人才》杂志84套。在中秋节之际，市委人才办慰问13名优秀人才。

（朱翔翔）

宣传工作

【概况】 中共霍州市委宣传部是市委主管意识形态工作的职能部门，为正科级建制，对外加挂霍州市委网信办、霍州市政府新闻办公室、霍州市新闻出版局、霍州市互联网信息办公室。主要职责：宣传党的路线、方针、政策，主抓全市理论学习和舆论宣传，协调全市通联工作，监管和研判舆情信息，负责全市精神文明创建以及广播、电视、新闻、出版、电影、文化、文艺创作、精神文化产品等方面的工作。内含办公室、通讯组、精神文明建设股、理论股、出版股、宣传股、党建办6个股室，下设副科级建制单位1个：网络舆情中心。

【党史学习教育】 2021年，市委常委会召开专题研究意识形态工作会议3次，专题学习3次。通过"关键少数"领学、红色基地讲学、办实事助学，确保活动的整体推进。创新建立党史学习教育"七个统一"工作机制；打造并对外开放李光杰故居、张鉴故居等党史学习教育"50＋教学点"；推出为民办实事"访定查评总"五步工作法；深入开展"争先、进位、崛起"解放思想大讨论活动。全年，市、乡、村三级开展集中统一视频学习12次，交流研讨19次，征订各类学习资料2万余套，发放党委（党组）中心组学习笔记本5000余本，发布微信学习内容600余条，编发基层简报670余篇，在省、临汾市级以上媒体发稿30余篇，各级各部门为民办实事537项。鼓楼办"四个课堂"党员教育模式、大张镇我为群众办实事"四个一"工作法等做法和经验，提升党史学习教育实效。

【理论武装】 2021年，霍州市委宣传部以理论武装"3573"工作法为统领，坚持理论武装力度不减、理论宣讲多点开花，把党的创新理论学习宣传推向新高地。落实《党委（党组）理论学习中心组学习规则》及《实施细则》，抓好市、乡、村三级中心组学习的服务和指导工作。全年市委中心组共开展集中学习15次。推广省级"双百"理论宣讲基地建设经验，创建申报市委党校理论宣讲示范点和开元办中心组学习示范点；举办干部大讲坛4期，培训干部2500余人次。全年开展各类基层宣讲、党员讲党课700余场，受众突破3万人次。

【舆论宣传】 2021年，霍州市委宣传部开展庆祝建党百年系列宣传教育活动，"七一"期间举办"百年恰是风华正茂"庆祝中国共产党成立100周年文艺演出。"十一"期间组织举办"永远跟党走"专题文艺晚会及农民丰收节等7场大型活动。做好重大主题主线宣传，全年，在临汾市级以上发稿565余篇（条），其中，中央级主流媒体28篇（条）。《霍州"五一盛宴"激活全域文旅资源》等3篇新闻稿在中央电视台《新闻联播》进行报道；三教乡、北环办、南环办创办视频号、一周动态等，形成全市大宣传格局。汛情和灾情期间，启动应急宣传预案，融媒体中心强化责任担当，制作和发布各类防汛抗灾和灾后重建新闻作品232条。

【文明创建】 2021年，霍州市委宣传部创建各级文明单位、村镇（社区）、校园、家庭140个。许村、霍州市实验小学分别荣获全国文明村、文明校园荣誉称号，全市省级文明城市创建工作成功接受届中测评。实施"三重三化"举措，全面构建"1＋12＋12＋12＋N"的志愿服务网络，创新推出"点单"服务，全面推进新时代文明实践中心建设工作。加强未成年人思想道德建设，实验小学倪熙媛同学荣获第二届“新时代临汾好少年”称号。全年开展各类志愿服务活动600余次，全市各单位、社会各界近3万名志愿者参与其中。

【文化惠民】 2021年，霍州市委宣传部实施文化建设工程，与上海美术学院共同举办平阳木版年画原刻板展，电影《锣鼓》顺利杀青，弘扬优秀的传统文化；围绕党的百年华诞主题，电影《石兰峰》在山西省委党校举行首映礼，高规格组织第三届全省教师书法展等大型活动，策划举办2021“异域同庆·霍霍升腾”线上“云春晚”，举办20项涵盖滑翔伞、莺歌大赛、锣鼓大赛等集传统文化、美食品鉴、地域风采、文艺会演于一体的文体系列活动，白龙镇、李曹镇、师庄乡等乡镇本土特色文化有效展示。全年开展涉及党史知识、篮球、足球、围棋、广场舞大赛等各类文体赛事50余场，完成“送戏下乡”56场、山西省文化惠民工程演出2280余场。市文旅局、文联、党史办积极参与，通力协作，为全市人民群众创造高品质的精神文化生活。举办“中镇霍山·华夏州署”第11届文化旅游月暨“寻根、铸魂、悦生活”系列活动，打造“天下霍姓出霍州”展陈馆；挖掘整理推广霍州特色小吃，精心制作宣传片、宣传册，开展线上线下同步宣传推广。

【意识形态工作】 2021年，霍州市全面开展“正道”“新风”集中行动，加强出版物市场日常检查，实现139个基层“扫黄打非”站点建设全覆盖。

【宣传基层组织建设】 2021年，霍州市委宣传部在全市12个乡镇（街道）、139个建制村选优配齐宣传委员和宣传员，网信办组建了69人覆盖市、乡、村三级的网络舆情员和评论员队伍，协调霍州市委组织部、人社局为霍州融媒体中心新增8名事业编制的技术型人才，充实干部队伍建设，增强基层意识形态工作的组织落实力度。抓好“一条例两纲要”《若干措施》的落实，巩固宣传“一盘棋”工作格局，抓好增强“四力”实践教育，开展全战线大学习、大调研、大练兵，培养一批坐下来能写、站起来能讲、走出去能干的行家里手。 （杨建骁）

统一战线工作

【概况】 2021年，中共霍州市委统一战线工作部内设办公室、民主党派和党外干部股、非公有制经济股、宗教工作股，另设霍州市统战联络中心（副科级事业建制）。行政编制10名，其中，部长1名（由市委副书记兼任），副部长3名（其中主持日常工作的副部长1名，副部长2名），股级4名，工勤1名。事业编制6名。

【党派工作】 2021年，中共霍州市委统一战线工作部强化多党合作，在加强中国特色社会主义参政党建设上实现新突破。完成民革霍州支部、民建霍州市基层委员会、民进霍州总支换届工作。采取多种形式创新开展党派活动。

【非公经济服务】 2021年，中共霍州市委统一战线工作部增强服务能力，在促进非公经济“两个健康”上实现新突破。打造“六最”营商环境新高地。坚持以经济技术开发区鼓励投资优惠办法23条等惠企政策为重点优化市场投资环境，以深化“放改服效”改革工作为重点优化政务服务环境，以营商环境专项巡察工作为重点优化市场法治环境。发挥“全国五好工商联”的职能作用，开展“万企兴万村”行动，夯实制度保障，营造服务“软环境”。

【宗教工作】 2021年，中共霍州市委统一战线工作部坚持依法管理，在维护民族宗教领域和谐稳定上实现新突破。调整市统战及宗教工作领导小组成员，完善联席会议制度。更新市乡村三级宗教工作网络，落实落细三级网络两级责任制，提升基层宗教事务管理制度化水平。加强宗教活动场所规范管理，在宗教界开展“爱党爱国爱社会主义”主题教育活动，开展佛教、道教商业化专项治理，巩固基督教私设点及非法活动治理成果，掌握天主教工作主动权。帮扶救助受疫情影响生活困难的宗教场所和教职人员，同时鼓励宗教界自觉投身各类公益慈善、中华优秀传承等活动。

【海外统战】 2021年，中共霍州市委统一战线工作部发挥霍姓根祖文化这一统战品牌的优势，凝聚血脉亲情。围绕“根魂梦·家国情”，通过海内外霍氏宗亲，拓展海外统战工作“渠道”，与多国侨界社团建立友好联系，为凝聚侨心侨力同圆共享中国梦、开展好海外统战工作提供霍州实践。

（李浩）

机构编制

【概况】 中共霍州市委机构编制委员会办公室成立于2002年6月，是中共霍州市委机构编制委员会的办事机构，承担市委编委的日常工作，为市委工作机关，正科级，归口市委组织部管理。主要职能是贯彻执行党中央、国务院、省委、省政府、临汾市委、临汾市政府、市委、市政府有关行政管理体制和机构改革以及机构编制管理的政策和法律法规；负责全市各级党政机关、人大、政协、法院、检察院、各民主党派、人民团体机关（以下简称党政群机关）及事业单位的机构编制管理工作；研究拟定全市行政管理体制与机构改革总体方案等等。

【事业单位改革】 2021年，中共霍州市委编办围绕部门主责主业和公共服务职能，对市直现有230个事业单位进行重塑重构和功能再造，推进职责任务相近的机构跨部门整合，调整优化规模过小、功能萎缩、分散重复设置的事业单位，控制行政执法机构数量，统筹推进相关专项改革，提升事业单位整体服务保障效能，控制机构编制规模。改革前全市涉改事业单位230个，改革后全市除学校、医院、乡镇所属事业单位和行政执法机构外有涉改单位83个，其中，直属事业单位10个、部门所属科级事业单位33个、股级事业单位40个。涉改事业单位由230个精简至83个，精简比例为64%。霍州市原有事业编制数7034名，改革后涉改事业单位有编制数5501名，事业编制总量精简1533名，精简比例为22%。

霍州市新组建单位主要领导配备，涉改单位办公用房调整、新组建单位挂牌、涉改人员调整转隶和离退休人员划转、涉改单位资产处置、涉改单位档案交接、编制周转池管理办法、实名制系统中更新完善相关信息、各部门的科级事业单位“三定”规定印发等工作已经基本完成。申请变更、注销事业单位法人正在同步推进中。为规范所属事业单位编外聘用人员，已对编外聘用人员进行摸底统计。

【乡镇（街道）改革】 2021年，中共霍州市委编办按照强基层、强治理、强服务、促发展、保稳定的目标，结合优化行政区划设置、推进城乡融合发展，持续深化乡镇机构改革，规范机构设置，理顺职责关系，推动资源整合、力量下沉，建立科学规范、运行高效、权责一致的乡镇（街道）机构职能体系。完成乡镇（街道）机构设置和职能配置及挂牌工作；规范设置乡镇（街道）派驻机构；与改革相关各部门相互协作，建立完善基层综合行政执法体制机制、厘清市乡职责关系、加强基层便民服务体系建设、健全完善基层网格化管理体系、优化乡镇（街道）基本公共服务资源配置等主要工作。

【入编手续办理及时规范】 2021 年，中共霍州市委编办加强对机构编制的控制和管理，严肃机构编制纪律。按照规定程序，截至年底为 269 人办理入编手续。其中，霍煤幼儿园移交教师 51 名，省考招录公务员 34 名，2020 年教师招聘 127 名，2020 年事业单位招聘 18 名，定向医学生招录 2 名，公立医院招聘 25 名，选任制公务员 3 名，“三支一扶”期满人员 4 名，武装部分流人员 1 名，选调生 2 名。

【事业单位登记管理】 2021 年，中共霍州市委编办创新工作机制，优化工作流程，提升事业单位年度报告服务水平。对网上提交材料不全、填报不规范的单位，退回修改并电话指导补正。采取各种有效措施，促使事业单位在政策规定时间内完成年度报告工作。2020 年度，霍州市符合年度报告报送条件的 135 家事业单位，完成年度报告报送的有 126 家，完成报送率 95%。2021 年办理变更登记 30 家，办理注销登记 7 家，新设立登记 8 家。按照“双随机、一公开”抽查工作要求，按 5%的比例随机抽取 6 家事业单位为核查对象。

【实名制系统管理】 2021 年，中共霍州市委编办按照实名制管理有关规定，更新机构编制台账和完善机构编制实名制数据管理系统，对人员任免职、新录用人员、调动人员、退休人员等信息在台账数据和机构编制实名制数据系统及时调整和更新。

（郝兰兰）

机关事务服务

【概况】 2021 年，根据霍州市委编办《关于规范市直属机关事务服务中心名称通知》文件精神，霍州市直属机关事务服务中心更名为霍州市机关事务服务中心。负责市委办公室、市人大常委会办公室、市政府办公室、市政协办公室、市直党政机关事业单位集中办公区以及新组建部门（单位）办公区的机关事务工作。负责市委、市人大、市政府、市政协的公务接待工作，大型会议和重要活动的接待保障、服务和经费管理工作；负责上级领导和来宾参观、考察、洽谈等活动的食宿安排；负责全市内接待经费的统一管理使用；负责协调市主要领导外出公务的联络工作。负责市级公务接待和市直党政机关事业单位办公用房维修、公务用车、公共机构节能等专项经费的管理。按规定负责办公用房的规划编制、权属登记、使用调配、处置维修、物业管理等工作；负责办公用房建设的立项报批、计划编制、建设监管；负责市直党政机关事业单位及所属单位用地管理工作。负责市级干部周转房、霍州市人才公寓、市民中心等处办公用房的调配、处置、管理、保障、服务工作。负责公务用车平台和市直党政机关事业单位公务用车的编制、配备、更新、处置工作。

承担全市公共机构节能推进、指导、协调、监督、检查等具体工作，会同有关部门制订规划、规章制度并组织实施；按规定负责市直党政机关事业单位国有资产（含不动产）管理工作；负责市直党政机关事业单位机构调整、撤销、合并后的资产管理工作；负责市直党政机关事业单位经营性用房的清理整合和集中管理工作；负责市直党政机关事业单位依法收缴的罚没土地、房产、车辆等实物资产的接收和处置工作。

【办公用房管理】 2021 年，霍州市机关事务服务中心按照创国卫要求拆除违规建筑，在原广电中心彩钢房演播大厅整体拆除之后，楼顶裸露，为楼层住户单位造成雨天渗水，引发楼层住户多次上访，为及时消除安全隐患，改善办公环境，稳控上访群众，主动与住户积极沟通制订施工方案，按时完成施工；霍州市创国卫项目——老旧设施改造工程涉及前进街旧招待所、原检察院和影剧院、旧看守所三个地块，总占地面积 16648.7 平方米，拆除既有老旧建筑设施 11359.79 平方米，建设公厕、停车场及街心公园、社区小游园等；完成霍州市教科局地块，霍煤一中固定资产的移交工作。

【公务用车管理】 2021 年，在公务用车平台所有车辆上配备医用急救箱。

【节能资产管理】 2021 年，霍州市机关事务服务中心完成霍州市 16 家单位节约型机关创建工作；以全国节能宣传周等活动为契机，开展“节电、节油、节水、节约办公用品、垃圾分类、制止餐饮浪费、停止使用不可降解一次性塑料制品”等为重点的宣传活动，中心自编自导拍摄《“节”大欢喜》节能微电影，宣传公共机构节能知识。

【公务接待】 2021 年，在山西省、临汾市率先建立“突发事件应急保障食物供给仓”，精选十种速食套餐，第一时间为霍州市应对突发事件提供坚强的送餐保障；建立“点对点、一对一、人对人”保姆式公务接待模式，特别是设计的“一张餐牌”镂空鼓楼书法餐牌受到了省管局局长毛益民和市管局的高度表扬、学习借鉴；完成党代会、人民代表大会、技能大赛、七里峪森林音乐节、“天下霍姓出霍州”、“五一”、国庆高速服务区展销、省委书记楼阳生调研、汾河溃坝抢险、冯南垣灾后重建中央、省、市主要领导考察等重大接待任务；三天半时间 1000 余平方米的技校厨房餐厅从无到有，高标准打造，如期保障党代会、人民代表大会、技能大赛胜利召开；10 个小时将荒废数十年的旧色织厂宿舍打造成标准化参训学员休息房间，确保全市党史学习教育轮训的正常举行；3 个小时在午夜配合全民健身中心将旧板房拆除，顺利转移安置 80 余名农民工及家属儿童；完成全市 5000 人党史学习教育轮训食宿行保障任务。

老干部工作

【概况】 中共霍州市委老干部局成立于 1983 年，是市委主管离退休干部（不含企业退休干部）工作的职能部门。2019 年 3 月机构改革后，根据《中共霍州市委办公室、霍州市人民政府办公室关于印发〈霍州市机构改革实施方案〉的通知》制定《中共霍州市委老干部局职能配置、内设机构和人员编制规定》，霍州市委老干部局是市委的工作机关，归口市委组织部管理，为正科级建制。内设机构有：办公室（机关党组织办公室）、老干部待遇股、活动指导股。行政编制 6 名，设局长 1 名，副局长 2 名，股级职数 3 人。

老干部局下设霍州市老干部活动中心（加挂霍州市老年大学牌子）、霍州市关心下一代工作站两个事业单位。

【两项待遇】 2021 年，中共霍州市委老干部局落实离退休干部政治待遇，完善和落实离退休干部阅读文件、听取报告、通报重要情况、参加重要会议、参观考察、走访慰问、送学上门等制度。

春节、“七一”等重大节日，市级党政主要领导走访慰问 30 名实职副县级以上离退休干部，听取他们对霍州发展的意见建议。全年走访慰问老干部 210 人次，发放慰问品 6 万余元。为 30 名副县级以上离退休干部订阅《人民日报》《山西日报》《临汾日报》等党报 30 份，为离退休干部订阅《中国老年》《山西老年》《老同志之友》各 2900 份，《老同志之友》150 份，并直接邮寄到家。

完善离退休干部生活医疗保障。开展“庆生日、送祝福”活动，为 31 名离休干部送生日寿桃馍，祝福老同志们健康长寿。将离休干部离休费、生活补贴、护理费、抚恤金、取暖费等生活待遇都纳入财政，按要求提高离休干部遗属补助费标准。完善离休干部医疗保障体系，采取由市财政按人头拨到市人民医院的办法，保障离休干部医药费全额报销。建立离退休干部身体健康档案，2021 年，以单位分组分批开展离退休干部体检工作，从 5 月 25 日至 8 月底，为 900 名离退休干部进行健康体检，投入资金 26 万余元。

加强离退休干部特困帮扶经费管理，加大对多病、失能特困离退休干部的关心关爱力度，2021 年为 54 名特困离退休干部发放帮扶资金 5 万元，确保特困离退休干部得到精准帮扶。

【三项建设】 2021 年，中共霍州市委老干部局落实离退休干部“不忘初心，牢记使命”长效机制，以离退休干部党校和党支部为主阵地，采取专题辅导、集中培训、座谈交流、主题党日、网上学习等方式，学习习近平新时代中国特色社会主义思想、习近平总书记视察山西重要讲话重要指示精神。2021 年，发挥线上工作机制作用，利用“学习强国”、“山西好干部在线学院”学习平台、“离退休干部工作”、“山西老干部”、“中共临汾市委老干部局”等微信公众号，深化对党史内容的学习掌握。

5 月，组织离退休干部参加全省“百年奋斗路银龄心向党”党史学习教育线上知识竞赛活动，市 18 名老干部获得个人优胜奖。组织收看离退休干部网上专题报告会 4 场，参与老干部 2800 余人次。

落实党组织工作经费和离退休干部党支部书记工作补贴 20 余万元，老干部党组织规范化、标准化水平得到提高，有 5 个离退休干部党支部被临汾市局命名为“平阳火炬支部”，10 名老干部被市局命名为“平阳火炬手”，2 个涉老组织被市局命名为“平阳火炬事业”单位。

各离退休干部党支部按照霍州市委组织部确定的主题，开展 9 次主题党日活动。局机关党支部深入李曹镇、永康社区、文庙社区、老促会、老年大学书画班等老干部党支部、参与指导主题党日活动，为离退休干部党组织政治生活规范化、经常化开展起到促进作用。

组织 500 余名离退休干部观看电影《石兰峰》霍州市首映式和由山西省曲艺团在霍州市演出的《初心之路》话剧。

【编纂整理】 2021年，中共霍州市委老干部局编纂出版《霍州市革命老区发展史》。由霍州市老促会编纂整理的《霍州市革命老区发展史》一书，于“七一”前夕，缀辑成册，付梓面世，为中国共产党百年华诞献上一份珍贵的礼物。本书采用编、章、节、目的传记文体，横排门类，纵述史实，上溯“五四”运动初始，下迄“十三五”规划的收官，以时间先后为顺序，按照详今明古的原则记述。全书分《党的创建和大革命初期》《土地革命战争时期》《抗日战争时期》《全国解放战争时期》《社会主义革命和建设时期》《改革开放和社会主义现代化建设新时期》《奋进新时代》七大编。

【红色教育】 霍州市北顶庙是中共山西临时省委扩大会议召开的旧址。霍州市老促会经多方协调，对这一旧址革命文化进行挖掘整理、修缮布展，塑立毛泽东像，举行“霍州市红色教育基地”“中共山西临时省委扩大会议会议室旧址”挂牌仪式，为霍州市开展党史学习教育开辟第二课堂。开展红色故事进校园活动。霍州市老促会和关心下一代工作委员会联合开展红色故事进校园活动，到霍州市一中、二中、三中、四中等学校宣讲党史和革命故事，受众1000余人。

【征文活动】 2021年，中共霍州市委老干部局以“光荣在党故事”为主题，围绕“我的入党故事”“党在我心中”“向党说句心里话”等，忆建党百年峥嵘岁月，谈变化、话发展、献良策，积极创作，踊跃投稿，征集征文50余篇，上报市局40篇。其中，王锅拴的《我入党无效的风波》获三等奖；张俊耀的《亲爱的党啊，我的再生父母》获三等奖；贾王广的《点亮心路的明灯》获优秀奖。霍州市委老干部局荣获“优秀组织奖”。

【文体活动】 2021年，霍州市老体协举办“庆祝建党100周年门球赛”。老年大学书画诗词班利用农村（社区）庙会，深入全市10余个农村（社区）开展“文化下乡”活动，进行书画作品展，红色诗词作品展。老年书画协会举办书画作品展，展出作品100余幅，组织离退休干部参加全省离退休干部庆祝建党100周年主题作品网络展演活动，上报24幅书画作品。霍州市获得山西省优秀组织奖，1名老干部获得书法类一等奖，1名老干部获得书法类二等奖，1名老干部获得书法类三等奖，1名老干部获得绘画类三等奖。

老年大学音乐班举办庆祝建党100周年网上文艺汇演。通过个人和小集体表演方式举办两期，演出节目30个。

老年书法家协会在重阳节举办成立30周年庆祝大会，进行书画作品展览，在霍州署广场举办庆祝霍州市老年书画家协会成立30周年“文旅”笔会，庆祝建党百年，助力霍州文旅。

举办霍州市离退休干部第29届运动会。

【自身建设】 2021年，中共霍州市委老干局完成全市离退休干部数据库信息采集工作，完善离休干部保障措施，研究制定精准服务离休干部实施方案，建立“服务离休干部一人一策”清单，局单位13名同志与全市26名离休干部建立“结对服务”关系，帮助他们解决医疗护理、紧急救援、家政服务、精神慰藉等方面实际问题。（逯点点）

党校工作

【概况】 中共霍州市委党校是市委直

属事业单位，是学习宣传习近平新时代中国特色社会主义思想的主阵地，承担着全市党员干部培训、轮训任务，下设办公室、教务科、党建理论研室、总务科、信息科、培训科、对外合作交流中心等 7 个职能科室。

2021 年，中共霍州市委党校全体教师撰写调研文章 15 篇，省级报刊发表文章 7 篇，其中，3 篇理论文章在临汾市委党校获奖，3 篇在省委党校获奖。

【队伍建设】 2021 年，中共霍州市委党校加强教师队伍建设，12 名教师入选临汾市党校系统师资库。7 名教师参加临汾市委讲师团、临汾市委党校举办的师资培训班。有 11 名教师参加霍州市委组织的建党 100 周年宣讲团，深入机关农村社区宣讲 60 余场，受益人员达 3000 余人。

【干部培训】 2021 年，中共霍州市委党校围绕中共十九大和历次全会精神、习近平总书记建党 100 周年讲话、山西讲话精神等内容，以《党校（行政学院）工作条例》为准则，举办各种类型的培训班。举办 8 期“党员进党校”培训班、农村“两委”骨干培训班、发展对象培训班等，培训人员 5000 余人。举办两期为期一个月的学习贯彻习近平新时代中国特色社会主义思想科级干部读书班。每期读书班 30 余人，大部分是新提拔的年轻的科级干部。两期读书班采取党性教育、参观交流、社会调查、论文答辩等多种形式，赴永合、延安、梁家河、曲沃石桥堡、侯马彭真纪念馆、安泽等地开展拓展培训。按照市委组织部门的要求，与临汾市广播电视大学共同开设农村干部大专班霍州班，招收 50 余名农村干部参加学习。为农村干部提升奠定基础。（段文洋）

党史地方志研究

【概况】 中共霍州市委党史研究室（霍州市地方志研究室）成立于 2019 年 3 月，有干部职工 10 人，设办公室、党史编研股、年鉴股、方志股、资料征集股。

【修志工作】 2021 年，中共霍州市委党史研究室坚持修志工作的政治性，完成霍州市二轮修志工作，在山西省二轮修志工作中走在前列，为完成“志鉴”两全目标奠定基础，为第三轮修志做准备工作。

【年鉴编纂】 中共霍州市委党史研究室连续出版 7 册《霍州年鉴》，《霍州年鉴（2011—2012）》《霍州年鉴（2013—2014）》为内部出版，《霍州年鉴（2016）》《霍州年鉴（2017）》《霍州年鉴（2018）》《霍州年鉴（2019）》由方志出版社正式出版，《霍州年鉴（2020）》由三晋出版社出版。《霍州年鉴（2021）》更新原来编纂体例，为争创山西省级精品年鉴打好基础。

【部门志、村志编纂指导】 2021 年，中共霍州党史研究室为贯彻省委宣传部关于建设地市和区县两级“纪录小康工程数据库”的具体要求，按时完成《霍州市全面建成小康社会大事记》的电子版供稿任务。宣传地方志书的功能和作用，鼓励和引导基层乡村抓村志和部门志修编工作，其中，《许村志》经该室评审后正式印刷成书，《义城志》形成初稿，待评审。

【党史编研】 2021 年，中共霍州市委党史研究编纂完成《中国共产党山西霍州历史（1926—1949）》第一卷；编撰完成出版《中国共产党霍州历史百年大事记》。

【党史宣传】 2021 年，中共霍州市委党史研究室利用办公区楼道制作悬挂中国共产党第十九次全国代表大会内容图展，宣传党百年来的历史功绩和重大关头的历史经验。配合市委、市政府及相关部门打造50+党史学习教育现场教学点，深入挖掘并提供资料，为师庄乡山头村清风寨、三教乡干节村抗日县政府驻地、陶唐峪乡抗日英雄周福水故居、大张镇李光杰故居等教学点挂授霍州市党史学习教育基地牌匾。选题出题仲裁，配合市妇联、市委统战部等部门联合举办党史知识竞赛，推进党史学习教育走深走实，激发全体党员干部爱党爱国热情，与市档案馆联合举办“百年党史看霍州”图片展，使广大党员干部知党爱党，知党爱国，坚定信仰信念，锤炼党性修养。配合文旅部门开展红色文化遗址调查，完成革命烈士纪念设施普查等工作。在霍州广播电台和《今日霍州》开设专栏，宣传报道14期霍州早期党史人物，为赓续红色血脉，传承红色基因，引申党史学习教育奠定基础。（王晓英）

档案馆工作

【概况】 霍州市档案馆为国家二级档案馆，是永久保管国家档案的基地和进行爱国主义教育的基地，是霍州市已公开现行文件利用中心、政府信息公开查阅中心和档案信息资源开发利用中心。履行发挥爱国主义教育基地功能、发挥档案安全保管基地功能、发挥档案利用服务中心功能、发挥政府公开信息查阅中心功能、发挥电子档案备份管理中心功能。

霍州市档案馆在2019年霍州市机构改革中局馆分离，由市政府直属事业单位调整为市委直属事业单位。内设机构包括办公室、档案管理利用股、档案史料编研股（档案陈展室）、档案收集征集股、电子信息股、现行文件利用股。在职人员16人，有高级专业技术职称1人，中级1人，初级2人。

【档案移交征集利用工作】 2021年，霍州市档案馆开展对全市抗疫教学档案整理工作进行指导并接收进馆；收集整理“人人持证·技能社会”2021年霍州市春季职业技能大赛开赛档案资料进馆；收集整理政协第八届霍州市委员会第一次会议、霍州市第八届人民代表大会第一次会议、中国共产党霍州市第八次代表大会档案资料进馆。征集《侵华日军在霍县》系列老照片进馆；征集抗战老兵董汉雄个人档案进馆。全年共接收霍州市人民政府会议记录、霍州市教科局抗疫教学档案、霍州市公安局敌伪档案、霍州市精准扶贫档案、梁衡名人档案5108卷、5821件。2021年接收进馆报纸、期刊、图书等资料361册，接收35家单位现行文件2100余份。接待查阅利用者1500人次。

【档案业务建设】 2021年，霍州档案馆做好霍州市国有企业退休人员人事档案移交工作，结合霍州实际，国有企业退休人员地方档案馆规范整理数字化服务项目于2021年初采购备案。该项目经评审委员会评定山西三友和智慧信息技术股份有限公司负责数字化加工，该项目2021年3月通过验收，完成17个企业2132卷档案接收进馆。于2021年12月完成霍州煤电集团有限责任公司2020年底前退休人员人事档案12386卷的整理、录入及数字化加工，并接收进馆。

按照因灾受损农房重建修缮“一户一档”精准管理要求，对接住建、农业农村、乡镇（街道）等单位，对受灾户基本情况、农房受损情况、房屋安全鉴定报告、新建或修缮方案、竣工验收等信息建立“一户一盒”档案，独立成册并及时更新数据，确保每户档案资料真实、准确、齐全、完整。

霍州市档案选择第三方公司完成精准扶贫档案规范整理和数字化加工，4671卷5821件于2021年9月全部接收进馆。

霍州市档案馆于2021年9月派专人赴江西省宜春市档案馆对馆藏重要档案数据进行异地备份。宜春市档案馆与霍州市档案馆签订异地备份协议，此次异地备份数据内容包括：霍州市精准扶贫档案文件级目录84923条，档案扫描件345419页，1个移动硬盘（514GB），14张光盘（514GB）。

【档案宣传】 2021年，霍州市档案馆在市民中心举办“霍州地图文献展”，在经济技术开发区举办“霍县工业老照片展”，在高速霍州服务区、省委党校分别举办“石兰峰影像档案展”，在高速霍州服务区举办“百年党史看霍州”档案图片展，在市文化活动中心举办“霍州经典老照片展”等。

霍州市档案馆通过公众号和小特色基地两大平台，采取线上线下陈展的方式，对广大党员和干部进行“追寻初心、勇担使命”革命传统教育。展览期间，800余名党员干部走进档案馆接受红色教育。

霍州市档案馆征集收集1921年党创立以来，在领导霍州人民进行革命和建设实践中形成的，反映党的重要活动、重要事件和重要人物的各种类型的档案及文献史料，反映自建党以来各个时期经济社会发展和人民生活变化的历史照片。霍州市档案馆抽调精兵强将成立工作专班，牺牲节假日，从5月12日开始，每天在“霍州档案”视频号推出一期“开展党史学习教育，助力乡村振兴”霍州市党史学习教育50＋教学点的视频介绍，陆续推出“张英烈士故居、朱华烈士故居、董汉雄故居、中共七大代表张鉴故居、杜苏沟晋冀鲁豫军区第四纵队司令部旧址、坡底堡县委扩大会议遗址、中共山西临时省委扩大会议旧址、石鼻抗日县政府旧址”等51期精彩内容，浏览量达27.4万人次。档案馆利用档案工作独特魅力，发挥“霍州档案”视频号作用，大力营造浓郁档案文化氛围，不断扩大档案文化教育的影响力和感染力，把50＋党史教学点建设成了理想信念的“加油站”，党史学习教育的“大学堂”。

6月9日，霍州市档案馆在州署广场组织开展以“档案话百年”为主题的宣传活动，庆祝第14个国际档案日。向群众发放长江支队宣传折页及各种档案宣传资料等，制作印有“档案话百年”的宣传袋和“百年恰是风华正茂”党史展宣传海报，通过扫描海报上的二维码可以进行线上参观党史展。

霍州市档案馆、市教科局在全国文明校园——霍州市实验小学共同举办“建党百年藏梦想·当好革命接班人”梦想存档主题活动。

“霍州档案”微信公众号“党史故事100讲”“红色档案”“初心映红心，励志为人民”“奋斗百年路全民学党史——霍县抗战故事”等栏目。连续4个年度获“全国档案微信公众号排行榜”年度百强。霍州市档案馆结合档案工作政治属性、社会属性、文化属性、宣传属性，确保公众号运行的稳定性和信息输出的持续性，开拓霍州档案宣传新阵地，全年推送文章259期。 （杜黎明）

霍州市人民代表大会

综　　述

霍州市八届人大常委会成立于2021年4月。市第八届人民代表大会第一次会议选举出人大代表194名、2个专门委员会，即法制委员会、财政经济委员会。常委会组成人员31人，其中主任1人，副主任3人，委员27人。人大常委会内设六委一室一中心，即内务司法工作委员会、财政经济工作委员会、城建环保工作委员会、教科文卫工作委员会、农村工作委员会、人事代表工作委员会、办公室和法律法规调研中心，另有5个派出机构，即各街道人大工作委员会。

【人事任免】　2021年，霍州市人大常委会依据相关法律法规任免国家机关工作人员52名；1名常委会组成人员因工作变动，辞去人大常委会组织人员职务。

【监督工作】　2021年，霍州市人大常委会坚持把人大工作放在全市发展大局中来考量，突出问题导向，遵循依法原则，在监督中强化支持，在支持中精准监督，形成推动工作的合力。听取和审议了市政府关于年度财政计划、预决算执行、国有资产管理以及审计查出问题整改情况等方面的报告，督促市政府在重大政策措施落实、民生项目和公共资金支出等方面规范管理，推动财政预算从注重投入到注重效果的转变。加大预算联网监督平台建设力度，为提高人大预算审查监督的针对性和时效性奠定基础。听取和审议了卫生整治、教育事业发展、医疗卫生保障、脱贫攻坚等方面的工作报告，制定出台《市人大常委会关于开展市乡两级人大代表城乡环境卫生整洁行动专项监督的工作方案》，组织开展多层次、多方位、多形式的专项视察、专题调研工作，推动民生事业有效改善。听取和审议《刑事审判工作报告》《适用认罪认罚从宽制度报告》《关于扫黑除恶工作报告》等报告，提出强化队伍建设、严格依法办案等方面的意见建议，推动司法行政机关改进司法工作、提高执法效能。重视执法检查，推动法律法规在霍州市的正确实施。

人大常委会会议5次，听取和审议“一府两院”专项报告13项，依法作出决议决定、审议意见10项，组织开展专题调研、专项视察等活动9次，配合省人大、临汾市人大开展立法调研和执法检查活动15次。

【代表工作】　2021年，霍州市人大常委会尊重代表主体地位，加强和改进代表工作，做好代表的教育、引导、管理。通过邀请专家解读、组织专题辅导等方式，就党的十九大精神、《中华人民共和国民法典》等内容进行培训，提高代表的综合素质、业务水平和履职能力。开展主题调研活动，组织部分委员和代表到中西部省份学习调研成功做法和有益经验，提出各类意见建议，形成高质量调研报告，为市委决策部署提供重要参考。围绕省委人大工作会议精神和《山西省人大常委会关于加强全省人大代表联络站建设的指导意见》等文件要求，完成全市12个代表联络站建设任务，研究制定代表履职考核实施办法，创新方式招用专职工作人员，为促进代表联络站各项工作的规范化、制度化、常态化打下了坚实基础。

重要会议

【八届人大一次会议】 八届人大一次会议于2021年4月13日至16日，在霍州大剧院召开。会议听取和审议霍州市人民政府工作报告；审查《霍州市国民经济和社会发展第十四个五年规划和二〇三五年远景目标纲要（草案）》；审查霍州市人民政府关于2020年国民经济和社会发展计划执行情况与2021年国民经济和社会发展计划（草案）的报告；审查霍州市人民政府关于2020年财政预算执行情况及2021年财政预算（草案）的报告；表决霍州市第八届人民代表大会监察和司法委员会、财政经济委员会、社会建设委员会组成人员名单；听取和审议霍州市人大常委会工作报告；听取和审议霍州市人民法院工作报告；听取和审议霍州市人民检察院工作报告；选举市人大常委会主任、市人民政府市长、市监察委员会主任、市人民法院院长、市人民检察院检察长；选举市人大常委会副主任、市人民政府副市长；选举市人大常委会委员。

【议案情况】 八届一次人民代表大会收到人大代表议案和建议、批评、意见84件（以议案形式提出的11件，以建议、批评、意见形式提出的73件），其中，涉及城建交通方面31件，农林水利方面20件，教科文卫方面16件，社会民生方面11件，经济环保方面6件。根据《霍州市第八届人民代表大会关于代表议案的提出和处理办法》规定，经大会秘书处议案办理组研究审定，对10人以上代表联名提出的11件议案，全部改按建议、批评、意见处理。

【代表建议】 八届一次人民代表大会代表提出的议案和建议、批评、意见84件，较2020年的62件多22件。涉及城建交通方面有31件之多，占总数的36.9%；农林水利方面20件，占总数的23.8%；社会民生、教科文卫等方面27件，占总数的32.1%，说明广大代表对社会民生事业更加关注，对加快社会民生发展起到推动作用。 （王敏）

霍州市人民政府

综　　述

【概况】 2021年，霍州市人民政府坚持以习近平新时代中国特色社会主义思想为指导，深入贯彻中共十九大和十九届历次全会精神、习近平总书记视察山西重要讲话重要指示精神，全面落实山西省第十二次党代会、临汾市第五次党代会精神，在市委的坚强领导下，在市人大常委会、市政协的监督支持下，聚力攻坚、勇毅前行，高质量发展迈出坚实步伐。

【经济发展】 2021年，霍州市地区生产总值完成100.53亿元，比上年同期增长5.3%；固定资产投资完成26.41亿元，同比增长13.3%；规模以上工业增加值同比增长4%；社会消费品零售总额累计完成37.96亿元，增速为16.4%；一般公共预算收入完成5.59亿元，同比增长14.71%；全市城镇常住居民人均可支配收入预计为37177元，同比增长8.5%；农村常住居民人均可支配收入预计为17785元，同比增长11%。全市经济社会持续平稳健康发展。

【产业转型】 2021年，霍州市新增规模以上企业4家，“四上”企业24家。经开区建设有序推进，储备“标准地”31.20公顷，新建标准化厂房32000平方米，全年工业投资完成5.2亿元，增速30.7%，规模以上工业增加值完成9.94亿元，转型项目完成投资占比达94.7%。紫晟煤业矿井充填开采项目有序推进，霍州电厂长输供热工程启动，光伏＋储能融合发展示范项目进展顺利，康宝生物医疗综合体项目建成投产，科技智创园标准厂房及医药用品制造项目、辛能电力环保建材石膏生产线建设项目快速推进。全年签约项目16个，总投资85.48亿元。推动40万千瓦的国电、兆光、华得宇、国盛集中式光伏发电项目和6万千瓦屋顶分布式光伏发电项目落地建设，打造新能源产业集群和示范基地。

【疫情防控】 2021年，霍州市疫情防控科学精准，流调溯源、核酸检测、集中隔离、院感防控、多点触发监测预警、基层防控等能力全面提升。推进疫苗接种工作。核酸检测应急演练、网格化管理实战演练取得良好效果，采取果断措施，严格重点人员排查、重点场所防控，坚决遏制疫情传播蔓延，全市无一例确诊和疑似病例，守好霍州阵地。

【城乡品质建设】 2021年，霍州市推进靓城提质，拆除各类违建165处、取缔店外经营摊点185处、清理流动摊点1000余处，对滨河路、南外环等街道进行环境整治，新增城市绿化面积15万平方米。形成鼓楼周边和开元街等多个城市新街区。全民健身中心建设完成，汇元小区、丽景·中央公园等房产项目稳步推进，城市品质大幅提升。乡村振兴提质增效。推动巩固拓展脱贫攻坚成果同乡村振兴有效衔接，114户“三类户”消除风险72户，落实衔接资金1248万元，发放小额信贷400余万元，实施乡村振兴项目16个。完成333.32公顷高标准农田建设和666.67公顷农业生产托管。农业现代化步伐加快，农产品加工销售收入完成5.59亿元。农村“六乱”整治深入推进，生活垃圾收运处置体系实现村庄全覆盖，农村改厕完成2050座，改善人居环境。农村建房“四办法一标准”管理办法取得成效。

【环境质量】 2021年，霍州市46家涉气企业完成深度治理，31家工业企业实行错峰生产和运输管控。清洁取暖改造1632户，超额完成年度任务。“清洁煤”补贴标准达1100元，为历史最高，保障群众温暖过冬。全年优良天数达226天，空气质量综合指数5.04，取得“十三五”以来最好成绩。汾河干支流河道“清四乱”2万余立方米、拆违建2000余平方米，推进汾河流域生态修复治理工程，改善水环境质量。

【文旅商贸】 2021年，《霍州市全域旅游发展规划》《霍州署创建国家4A级景区规划》编制完成，七里峪景区通过“省级旅游度假区”复核验收。“霍州市游客集散中心”建成启用，七里峪村至尉候村路段全线通车。千佛崖考古有重大发现，摩崖造像重新完整面世。电影《石兰峰》在省委党校首映，电影《锣鼓》摄制完成，蒲剧《廉吏曹端》精彩亮相。“礼享生活·晋情消费”霍州文旅商贸推介活动、“中镇霍山·华夏州署”第十一届文化旅游月暨“寻根·铸魂·悦生活”等系列活动精彩纷呈。完成“天下霍姓出霍州”展陈，启动霍氏文化产业园项目，召开“迎宗亲·兴霍州·携手筑梦”2021年招商引资推介会。红星美凯龙进驻霍州，香江广场商业综合体开业在即，霍州年馍、每日坚果、鸣梦粗布等特色产品销售额实现新突破，电商产业网络交易额增长30%，成功入选2021中国县域电商竞争力百强榜。

【改革创新】 2021年，霍州市深化“放管服”改革，推开“一件事”集成服务改革，全年办理事项516件，营商环境不断优化。“跨省通办”改革取得实效，“证照分离”改革不断深化。“一网通办”政务服务事项全程网办率达90%以上。开发区行政管理事项授权新增67项，要素保障全面提升。国企国资改革持续深化，“三供一业”维修改造完成，18家国企退休人员实现社会化管理。霍州市国有资产投资运营有限公司挂牌运营。

【民生福祉】 2021年，霍州市接力举办第13届爱心助学活动，筹集资金155万元，资助困难学生236名。积极推动教育教学改革，聘请北京培文国际教育科技集团管理团队入驻霍州一中，创新教学管理机制。西张小学建成投用，新人民医院、妇计中心项目有序推进，中医院升二甲，技工学校获批“山西省省级高水平中等职业学校”和“高技能人才实训基地”，全市职业技能培训5814人，从业人员持证87570人。全年发放各类社会救助资金2852.44万元，医保参保人数达27.87万人，参保率99.38%。城乡居民养老保险参保人数完成99147人，完成率101.09%。邮储银行投放创业担保贷款2128万元。全市新增城镇就业5630人，城镇登记失业率控制在3.03%以内。深入推进安全生产专项整治三年行动，开展全领域安全生产隐患排查整治，严格安全监管执法，全年未发生较大以上安全事故。常态化抓好信访维稳、社会治安、扫黑除恶等工作，社会和谐稳定局面不断巩固。

（梁晓静　姚芳芳）

政府工作办公室

【文秘工作】　2021年，霍州市人民政府办公室撰写各类讲话稿、汇报、总结等材料800余篇、90万字。开展调研活动128次，撰写各类综合调研文章35篇，为领导科学决策提供基础材料和决策依据。

【政务公开】　2021年，共新增公开各类政府信息2650条。上报信息198条，完成临汾市约稿55篇。开展政务新媒体整顿工作，关停注销无设立必要、无规范运维的政务新媒体28个，推动政务新媒体规范化发展，完成市政府门户网站升级改版。

【机要工作】　2021年，霍州市人民政府办公室加大机要保密工作力度，文印室、机要室一律不准闲杂人员滞留；涉密文件严格登记程序，呈送领导，传达落实领导批示；公章管理实行先签后盖，盖后登记，杜绝偷盖误盖现象发生，更不准将公章私自带出，维护政府工作的严肃性和权威性。2021年，政府办未发生任何涉密、泄密事件。

【督查工作】　2021年，霍州市人民政府办公室重点抓好《政府工作报告》分解任务、政府全体会议、常务会议、办公会议和专题会议决定事项、重点项目和议案提案等工作的督查督办，有力地推动全市各项重点工作和目标任务的落实。全年开展领导批示、重点工程、疫情防控、防汛减灾、清洁取暖、散煤整治、民生保障等各类督查120次，受理随手拍问政帖26件，做到事事有落实，件件有回音。全年承接临汾市交办事项23件，办结23件，办结率100%。协调督办市人大建议84件，政协提案108件。

【应急工作】　2021年，霍州市人民政府办公室执行24小时值班制度和领导干部带班制度，加大值班值守抽查力度，及时处置上报各类应急突发情况，做到政令畅通。全年累计电话抽查值班情况234次，处理各类事件618起，处理各类突发事件15起，上报疫情防控材料52份，统计汛期文件300余份，上报防汛数据78份。

【事务工作】　2021年，霍州市人民政府办公室审核、起草、分发各类文件132余件，未出现错发、误发或漏发现象。推进公文流转规范化建设，全年共收到上级来文来函1919件、明电39件、涉密文件6件，未出现延误现象。完善办会制度，规范会议流程，全年共组织各类会议1675次，从未出现失误。

（梁晓静　姚芳芳）

退役军人事务管理

【概况】　根据《中共霍州市委办公室、霍州市人民政府办公室关于印发〈霍州市机构改革实施方案〉的通知》（霍办发〔2019〕1号），2019年2月27日挂牌成立霍州市退役军人事务局。5月31日市服务中心挂牌成立，12个乡镇（街道办），207个乡村、社区服务站挂牌组建。霍州市退役军人事务局是市人民政府的工作部门，为正科级建制。局内设办公室（机关党建办）、思想政治和权益维护股（政策法规股）、退役人员安置和就业创业股、拥军优抚股4个股室。

【建强体系】　2021年，霍州市退役军人事务局推动退役军人服务机构实现从“有”到“优”，通过创新提高，市、乡两级13家服务中心（站）示范创建达到“全覆盖”，300人以上的村（社区）退役军人服务站达到国家示范型标准。

【思想引领】 2021年，霍州市退役军人事务局引导退役军人主动参加社会志愿服务，参与红色文化教育、爱心助学、扶危济困、乡村治理、抢险救灾等社会事业，全市培养退役军人志愿队41支，志愿者队伍人数达到500余名以上。

【阳光安置】 2021年，霍州市退役军人事务局推进“直通车”式安置，推行“阳光安置”，完成2021年度符合政府安排工作5名退役士兵安置选岗工作。

【强化技能】 2021年10月，霍州市退役军人事务局组织41名退役军人参加培训班，培训扶持引导退役军人适应社会、融入社会，学习掌握职业技能和实用技术，实现稳定就业。

【发放补助】 2021年，霍州市退役军人事务局发放抚恤金10865251元、入伍义务兵家庭优待金6574000元、大学生入伍奖励金384000元、退役士兵自主就业一次性补助金1111500元。

【拥军优抚】 2021年，霍州市退役军人事务局完成全市残疾退役军人新版残疾证件换发工作；走访慰问驻霍部队、立功受奖现役官兵家属和困难退役军人，发放慰问金28.66万元。

【规划编制】 霍州市退役军人事务局抓好“十四五”规划编制实施，将南塔烈士陵园提质改造和霍州市革命纪念馆列入省、市级专项规划，完成南塔烈士陵园提质改造工作和霍州市革命纪念馆选址工作。（李川）

应急管理

【概况】 根据2019年2月13日《中共霍州市委办公室、霍州市人民政府办公室关于印发〈霍州市机构改革实施方案〉的通知》，霍州市应急管理局是市人民政府工作部门，为正科级，加挂霍州市地方煤矿安全监督管理局牌子。承担霍州市安全生产委员会办公室以及霍州市应急救援总指挥部（市减灾委员会）、霍州市抗震救灾应急指挥部、霍州市森林草原防灭火应急指挥部、霍州市防汛抗旱应急指挥部、霍州市地质灾害应急指挥部、霍州市生产安全事故应急指挥部、霍州市煤矿生产安全事故应急指挥部7个指挥部办公室的职责。下设9个股室、1个大队和培训中心，分别是办公室、综合协调股、煤矿管理股、危化管理股、非煤工贸股、防灾减灾股、应急救援股、教育培训股、行政审批股、安全生产监察执法大队和霍州市安全生产职业教育培训中心。负责组织和指导乡镇（街道）、县级部门应对安全生产类、自然灾害类等突发事件和综合防灾减灾救灾工作。负责安全生产综合监督管理和工矿商贸行业安全生产监督管理工作。拟订全市应急管理、安全生产等政策措施，组织编制应急体系建设、安全生产和综合防灾减灾规划，组织实施相关地方性法规、规章和标准。负责组织、指导全市应急预案体系建设，建立完善事故灾难和自然灾害分级应对制度，组织编制全市综合防灾减灾预案和安全生产类、自然灾害类专项预案，负责应急预案衔接工作，组织开展预案演练，推动应急避难设施建设。牵头建立全市统一的应急管理信息系统，负责信息传输渠道的规划和布局，建立监测预警和灾情报告制度，健全自然灾害信息资源获取和共享机制，依法统一发布灾情。负责组织、指导、协调安全生产类、自然灾害类等突发事件应急救援，承担县级应对一般及以上灾害指挥部工作，综合研判突发事件发展态势并提出应对建议，负责组织一般及以上灾害应急处置工作。统一协调指挥各类应急专业队伍，建立应急协调联动机制，推进指挥平台对接，提请衔接解放军和武警部队参与应急救援工作。2021年，霍州市发生生产安全事故10起，死亡9人，均为一般生产安全事故。连续19年未发生较大以上生产安全事故。

【安全执法】 2021年，霍州市应急管理局重点对矿山、危险化学品、人员密集场所、道路交通等方面非法违法、违规违章行为进行集中打击和整治。全年出动安全监督检查人员1038人次，检查企业319家次，发现隐患792项，全部为一般隐患已全部整改完成，行政处罚17起，罚款47.72万元，已结案。

【煤矿安全】 2021年，霍州市应急管理局以煤矿、涉煤企业日常安全监管和重点专项整治为主，落实“安全第一、预防为主，综合治理”的安全方针，深入推进监管企业安全生产坚定向好发展。全年安全检查、复查55次，发现各类事故隐患252条，全部为一般隐患，已全部整改，行政处罚1起，罚款19万元。

【非煤矿山】 2021年，霍州市应急管理局以非煤企业和冶金工贸企业的日常监管和专项整治为主，坚持高标准、严要求抓安全，围绕开展的专项行动查隐患、促安全。全年开展非煤矿山检查指导43家次，发现隐患186条，已全部整改。行政处罚5起，罚款8万元。

【危化治理】 2021年，霍州市应急管理局针对以往加油站事故发生的特点，开展危险化学品安全综合治理、油气罐区专项治理行动，帮助完成三级标准化自评申报工作。全年检查企业110余次，下达各类执法文书36份，查出一般隐患80条，全部整改。行政处罚4起，罚款6万元。对全市11家腐殖酸肥料加工企业全部完成安全“设计诊断”。

【安委办工作】 2021年，霍州市应急管理局出台《霍州市人民政府关于做好2021年安全生产工作的通知》，奠定全年安全生产工作基调，汲取事故教训，筑牢安全防线。配合市委、市政府每年对各行业主管部门进行指标考核，逐年加大安全指标权重，实行安全生产“一票否决”，确保安全管理措施落实到位。推进安全生产专项整治三年行动和“零事故”单位创建工作落实，细化制定安全生产专项整治三年行动2021年重点工作任务清单，明确2021年安全生产专项整治工作任务，开展专项整治活动。

2021年，参与组织召开十二次全市安全生产工作例会。组织开展全市安全生产集中检查，非煤矿山专项整治、燃气管道专项排查整治、燃气灶具和LNG杜瓦瓶排查整治、煤矿顶板专项整治，一通三防专项检查、建筑领域专项整治、道路运输一客两危专项整治等一系列专项整治活动。

【安全宣传】 2021年，霍州市应急管理局安全生产月期间，深入基层一线，进厂矿、到一线宣安全、查隐患、解疑难，取得效果。通过开展“五进”宣传活动、开设“安全标语墙”，开辟《安全在线》专栏、播放“安全宣传及警示教育短片”，设立“安全宣传咨询台”“安全知识展板”，发放“安全宣传资料”等方式，开展各种实效性强的安全宣传活动。活动开展以来，出动宣传人员150余人次，发放安全生产法律、法规及安全知识等宣传资料1万余份。

【防灾减灾与应急工作】 2021年10月2日至7日，霍州市遭遇1972年有气象记录以来的最强降雨，汾河水位达到历史第二高，流量达1150立方米每秒，市应急局成立工作专班，把灾后恢复重建工作作为当前第一要务，抢抓时机，压实责任，多措并举，做好各项工作，确保推进灾后恢复重建工作。在灾后重建工作中，接收调拨物资4批次，发放救灾棉被褥2100套，大米590袋，方便面180箱，洗手液、消毒液等卫生用品1000余件，各种饮用品及饼干5000余件。

全年扑灭森林火情3起，处理危险化学品车辆泄漏事故2起，开展各种应急演练9次，组织大规模紧急救援四次，发动政府、企业及社会各级救援力量1500余人次，完成所有救援任务，做到抢险救援零伤亡。

（宁虎）

行政审批工作

【概况】 霍州市行政审批服务管理局成立于2019年，是霍州市人民政府的工作部门，为正科级，加挂霍州市政务信息管理局牌子。局机关内设11个股室，分别为办公室、政务改革管理股、政务信息管理股、政务监督股、财务审计和费管股、工程建设股、投资项目股、商事登记股、城管交通股、涉农事务股、社会事务股。总编制75名，其中，行政编制15名，事业编制60名。截至2021年底，全局共43人，行政编制13人，事业编制30人。

【营商环境优化】 2021年，成立营商环境工作领导小组，完善协调配合机制与联席会议制度，多次组织召开营商环境专项研究会议、牵头单位碰头会。发挥审批局牵头作用，召开2021年全市营商环境评价动员部署工作会议。结合霍州市2020年度评价得分居全临汾市第7名、全省第54名的现状，组织专人研究分析10项指标存在的差距和不足，召集相关单位集中开展营商环境指标评价推进会，冲刺2021年的指标评价工作。

【“好差评”服务】 2021年，霍州市行政审批局组织召开霍州市政务服务“好差评”能力提升会议，要求各单位完善评价方式，实现政务服务事项“一事一评”，提高评价数据汇聚量、评价事项覆盖率、评价满意度、评价整改率。在政务服务平台录入主项609项，评价覆盖事项161余项，基本实现有办件事项的评价全覆盖。

【“互联网＋”政务服务】 2021年，霍州市行政审批局提升办事指南精准度和梳理事项最小颗粒度。重点核实办事指南的网办深度、到现场次数、办理形式、申请材料、办理时限等要素，完善政务服务事项办事指南的精准度。在“山西省政务服务事项动态管理平台”发布6类办理事项2165项，公共服务事项775项。部分高频事项按照不同类型细化了办事情形，力求达到“最小颗粒度”，提升“一次性告知”准确性。推行“一件事”集成套餐服务改革，已在山西省政务服务网发布116项“一件事一次办”事项清单。加快推进电子证照和电子印章应用，梳理证照目录及证照样式，制作各类证照的电子模板，归集各类证照许可46类，生成证照17000余个。

【市长热线】 2021年，根据省、市“12345”政务服务便民热线整合归并要求，进行霍州市的热线整合归并，按照上级要求组织开展三级热线服务工作站建设工作，已建立三级工作站63个，涉及12个乡镇、48个市直单位和水、电、气、暖等部门。实行回访、催办、反馈等工作机制，变被动服务为主动服务，定期统计总结，推进热线平台的顺畅运转。截至2021年底，受理工单9392件，其中，坐席直接回复工单3001件，转办霍州平台处理6391件，全部按期处理。

【“互联网＋”监管】 2021年，霍州市行政审批局组织召开“互联网＋监管”工作推进会和系统使用操作培训会；联合市政府督查室对各监管单位数据录入进行督导，通过发放通报函、群内周通报等方式对工作情况进行督促，推动各单位提高数据录入质量。截至12月27日，霍州市各监管单位通过山西省“互联网＋监管”系统报送监管行为数据32443条，监管行为数据覆盖率76.68％，达到国办“70％”的要求。

【数据资源整合共享】 2021年，霍州市行政审批局落实省、市相关要求，承担全市政务数据共享议事协调职能，组织36个相关部门召开政务数据资源目录编制工作会议，成立工作群，配备技术人员，及时与省、市做好衔接。截至年底，政务数据共享工作取得重要进展，在山西省政务数据资源目录管理系统发布资源目录1518条，在临汾市政务信息共享网站发布资源目录974条，挂载各类数据资源12900条。

【“证照分离”改革】 2021年，霍州市行政审批局利用“直接取消审批，审批改为备案，实行告知承诺，优化审批服务”4种方式将改革工作做实做好。对涉企行政审批事项，按4类改革方式办理，直接取消审批6项、审批改为备案4项、实行告知承诺17项、优化准入服务22项，化解企业“准入不准营”顽疾，惠及企业和各类市场主体3000余户。

【“一网通办、全程网办”】 2021年，霍州市行政审批局出台《霍州市政务服务“一网通办”实施方案》，推动政务服务事项全程网办，实现全流程不见面审批，提升“一网通办”办事效能。在市政务大厅设立“跨省通办”“全省通办”窗口，梳理出霍州市6家单位27项跨省通办事项。在山西省政务服务平台开通“跨省通办”栏目、全国一体化政务服务平台跨省通办专区和“黄河金三角”跨省通办专区等页面，涉及“跨省通办”事项共计2500余个事项，与政务服务跨省通力合作联盟沟通和联系，按照“统一标准、相互授权、异地受理、远程办理、协同联动”的机制，有效解决劳动力输出地和前来投资的企业和群众的“折返跑”“来回跑”等难题。

【施工许可】 2021年，霍州市行政审批局以工程建设项目审批制度改革为抓手，优化工程建设项目审批流程，依据《山西省优化营商环境条例》和工程建设项目审批制度改革领导小组相关文件精神，参照先进地区经验做法，梳理再造建筑工程施工许可办理流程，制定《霍州市建筑工程项目分阶段施工许可实施办法（试行）》，缩短建设周期1～3个月，促进霍州市工程建设项目早日开工早日落地。

【商事制度改革】 2021年，霍州市行政审批局设立企业开办专区，实行全程网办，将营业执照、社保、公章刻制、税务窗口整合在一起。为新开办企业免费提供四枚刻制印章，7月30日至今新设立企业332家，为企业免费刻制印章1280枚，全年为企业减负80余万元，做到为企业持续减负。推行简易注销改革，实现企业注销减少材料、优化流程、快速退出，让企业在开办快捷的同时退出也便利。2021年，注销各类企业375余家，其中简易注销340余家。通过简易注销便利退出企业占比90%以上，推动市场主体“新陈代谢”和结构优化，提升经济运行质量，对释放市场经济活力起到促进作用。

【乡镇便民服务中心】 2021年，12个乡镇（街道办）均建成“互联网＋政务服务”乡镇平台，配备平台建设相关设备，44个村、居委会配备移动平板终端设备。根据省级要求，与平台建设方以及多家技术服务机构深入研究，尽早将155项乡镇社区村基层政务服务事项录入12个“互联网＋政务服务”乡镇平台，加快对乡镇便民服务中心工作人员的培训工作，推动就近办在全市各基层全面铺开。（赵文靖）

信访工作

【概况】 霍州市信访局成立于1987年（原为信访办公室）。2019年机构改革，归为市人民政府工作部门，为正科级，设股室3个，行政编制6名。下属事业单位为信访服务中心，副科级建制，公益一类。主要职责是负责处理群众来信，接待群众来访，保证信访渠道畅通。及时、准确地向市委、市政府反映信访中提出的重要建议、意见和问题。提出制定有关方针、政策的建议；承办临汾市委、市政府和临汾市信访局交霍州市委、市政府及本局办理的信访事项。承办市委、市政府交办的信访事项。向十二乡镇（街道）和市直部门交办信访事项，督促检查重要信访事项的处理和落实；指导全市信访业务工作。协调处理跨地区、跨部门的重要信访问题。协调处理异常、突发信访事件。负责信访工作的宣传和信息发布，总结推广经验，提出改进和加强信访工作的意见和建议。了解并掌握信访工作队伍建设情况，负责信访队伍的业务培训；完成市委、市人民政府交办的其他任务。

【信访接待】 2021年，霍州市信访局强化市、乡、村三级干部接访下访，重要时期实行无假日接访，市党政班子成员、人大政协“一把手”轮流到市信访局接待室接访，且按照市级领导接访时间表顺序提前一天短信提醒接访领导。各乡镇、各部门班子成员在本单位接访，村（居）“两委”主干，随时接访下访，及时回应群众关切。领导带头接访、带头下访、带头包案、带头解决问题，推动问题有效化解。2021年，市级领导接待来访群众116批185人次。

【多元共治】 2021年，霍州市信访局自“三访”对接以来，法律工作者共接待信访群众120余人次，导入司法渠道信访件34件，通过向信访人以案释法，讲法律谈法规，依法调解后26名信访件当事人不再上访，减少信访存量。

【畅通渠道】 2021年4月13日，霍州市信访局在州署广场参加市委政法委举办的“共创‘三零’·共建平安”主题宣传活动启动仪式。5月20日发动乡镇（街道）、市直相关单位开展“循法信访、依法办访”宣传周活动，通过在融媒体公开报道、广场等大屏幕滚动播放“循法信访、依法办访”信访法治宣传教育片等大力宣传。6月，组织开展信访宣传月活动，到大街小巷、商铺、企业等开展宣传活动。为推广霍州市典型经验做法，使群众真正了解全市信访工作，霍州市信访局撰写典型经验做法向省一级投稿，《山西法制报》刊登《霍州市深入推进“三访”对接机制》《着力解决群众“微诉求”——创新完善市民指挥综合服务平台小程序》等刊物，《山西日报》刊登的《霍州创新“三个一”排查化解矛盾》。

【“数治”模式创新】 2021年，霍州市信访局为适应新形势的信访工作，贯彻落实党中央、国家信访局的“互联网＋信访”战略决策部署，结合全市信访量基数大、群众上行上访量大的实际，建设市民服务平台信访微信小程序，做到让群众足不出户就可以反映问题，并形成可登录、可查询、可跟踪、可督办、可评价的信访工作流程和办法。所有信访事项，专人录入和转交责任单位，定时抄送单位一把手，定时上报市级包案领导进行督促。提高信访工作效率。此平台有347件信访事项，初信初访办结率达97％，群众评价和认可率很高，减少重复上访的发生。

【专项工作】 2021年，霍州市信访局“集中治理重复访、化解信访积案”专项活动分两批交办，第一批交办134件、第二批交办30件，为更好地化解群众的信访问题，建立重复信访案件“动态台账”，及时跟进，倒排时间，采取“六个一”和“五个多法破题”的办法，邀请临汾市信访局专程指导，督包案领导和督责任单位等多种方法措施，强力化解，年底时第一批交办案件化解清仓见底。第二批交办案件按要求化解了50％。

【办实事活动】 2021年，霍州市信访局推动集中治理重复信访专项工作、“控新治旧”抓化解工作取得明显效果，7月，霍州市信访局开展第一批由市级领导包案的“学党史践初心、我为群众办实事”信访事项化解专项工作主题活动，将14件疑难信访案件分包至每位市级领导，并全部化解。

【全科网络化】 2021年，霍州市信访局为及时发现矛盾隐患、及时消化，防患于未然，推行全科网格化，采取“三个一”办法，即：一名网格员、一名党员、一个组织，关口前移，排查化解矛盾，提升基层治理效能。每个村和社区都至少有一名网格员，每天关注网格区域内的矛盾，随有随调。

【信访保障】 2021年，霍州市信访局在重要节点期间，统筹疫情防控和应急管理，加强应急值班值守，压紧压实责任措施，细化应急备勤安排，所有单位在规定时间全部由领导带班无假日24小时备勤值班，各自根据实际，完善信访突发性群体事件预警处置预案，有效防范化解重大安全风险，在重要节点期间，无人员失控现象。

（王力冉）

政协霍州市委员会

综　　述

2021年，霍州市政协党组在市委的坚强领导下，自觉服从服务于全市工作大局，立足政协专门协商机构性质定位，主动肩负起“落实下去、凝聚起来”的政治责任，坚持发扬民主和增进团结相互贯通，建言资政和凝聚共识双向发力，实现本届政协工作的良好开局。

委员会工作

【政治学习】 2021年，霍州市政协常委会把开展党史学习教育作为贯穿工作的主线，结合政协实际，创造性提出党史学习教育“四两工作法”，坚持党史学习教育与人民政协史学习相结合，与委员界别活动和调研视察相融合，与落实市委决策部署相贯通，引导广大政协委员、机关干部从党的百年伟大奋斗历程中汲取精神力量，学思践悟，筑牢信仰之基，确保政协事业沿着正确政治方向前进。组织党史学习教育集中专题学习20余次、讲专题党课3次、观看微视频9次，开展系列主题活动12次，召开研讨会5次，为群众办实事22件。

【抗疫救灾】 2021年10月，霍州市遭受自1972年有气象记录以来最大强降雨灾害，面对灾情，市政协第一时间向全市政协委员发出行动倡议，动员广大委员投身抢险救灾，助力灾后重建。其间，组织政协委员和机关人员累计捐款捐物20余万元支援救灾一线和灾后重建，及时组织政协委员开展市场稳价保供、受灾危房改造重建、公共卫生防疫等重要协商，深入受灾群众和中小微企业调研走访，协调解决具体困难，提交社情民意信息30余条。

【履职能力建设】 2021年，霍州市政协常委会围绕市委、市政府中心工作，精心制定年度协商计划，主动向市委汇报重大事项、重点工作、重要情况，高质量履职尽责。市政协党组班子成员带领各专委会、各界别接续调研、持续发力，从“三下乡”活动到农村“两委”换届选举，从排查安全隐患到灾后恢复重建，从安全维稳到疫情防控，从环境治理到入企入园服务，深入一线，现场督导20余次，把政协工作纳入全市“一盘棋”。

【搭建履职新载体】 2021年，霍州市政协常委会开展“书香政协”活动，在政协办公楼二楼全力打造协商议政服务中心和书香政协委员之家，营造多读书、读好书、善读书的氛围。多次组织委员和机关干部参加上级政协举办的业务培训、“政协大讲堂”等活动，组织开展“传承红色基因”诵读经典活动。经过挖掘整理，完成临汾政协《地名录》霍州部分的撰稿；配合省政协、临汾市政协开展4项专题调研，接待广东佛山政协、乡宁政协等多个兄弟县市政协到霍调研交流，多方式、多渠道、全方位推介霍州、宣传霍州。

【引领定向领航】 2021年，霍州市政协构建党组成员带头学、常委会会议专题学、委员培训集中学、机关干部及时学、“学习强国”天天学的常态化学习机制，推动十九届六中全会精神和山西省市党代会精神深入界别、深入委员，开展“争先、进位、崛起”解放思想理论研讨，召开2次反映社情民意信息工作经验交流，20余人次在工作经验交流会上作重点发言。2021年，围绕“高层建筑消防安全情况、推进霍州市中小微企业发展、叫响区域公用品牌”等多个议题开展3项专题协商，6项对口协商，7项界别协商，形成4篇有质量的调研报告。围绕交通建设管理、教育事业发展、食品安全、城区公交便民、创国卫等民生领域问题，报送社情民意信息130多条，征集提案179件，审查立案115件，分别交由29个单位办理，对“关于加大城市停车场建设力度的建议”“关于城市公厕管理的建议”等8件提案进行重点督办，助推民生改善。

【思想理论】 2021年，霍州市政协党组始终把坚持党的领导作为首要政治任务，全年召开13次党组（扩大）会议，召开政协常委会会议2次，邀请专家3次，对全市政协委员进行政治理论专题辅导。市政协党组主动扛起市政协机关全面从严治党政治责任，制定主体责任清单，加大对党风廉政建设的研究部署，将廉政教育纳入理论学习计划，3次开展党员干部警示教育。市政协党组贯彻落实市委关于意识形态工作的决策部署，组织机关党员干部到长江支队霍州纪念园、石兰峰纪念馆、市档案馆、临汾博物馆等地接受党性教育，加强政协机关干部和政协委员“两支队伍”建设，保持“严细深实”的工作标准，各项履职活动更加求实务实，政协工作全面提速提质提效。

主要会议

【政协会议】 八届一次会议　中国人民政治协商会议第八届霍州市委员会第一次会议，于2021年4月12日至15日举行。会议审议批准了薛泽会代表七届市政协所作的常务委员会工作报告，审议批准薛云彪所做的提案工作报告。委员们列席市八届人民代表大会第一次会议，讨论并赞同李青雁所作的《政府工作报告》及其他工作报告，会议选举产生八届市政协主席、副主席、常务委员。

七届二十九次常委会会议　2021年4月9日召开，七届市政协主席薛泽会主持会议，会议听取讨论并通过八届市政协换届工作方案和八届市政协委员产生情况的说明；听取讨论并通过《政协第七届霍州市委员会常务委员会工作报告》和《政协第七届霍州市委员会常务委员会提案工作情况的报告》（草案）；听取并讨论《政府工作报告》（草案）；听取市委办、政府办关于提案办理情况的通报；协商通过市政协八届一次会议有关事项。

八届一次常委会　2021年10月20日召开，市政协主席田晋川，副主席王英才、薛云彪、杜明参加会议，市政协党组成员、机关各委室主任列席会议。市政协党组副书记、副主席王英才主持会议。杜明副主席通报八届一次会议以来市政协反映社情民意总体情况，对下一阶段社情民意信息工作做出安排部署；薛云彪副主席安排八届市政协文史资料征集工作；王英才副主席就政协委员投身防汛救灾及灾后恢复重建工作提出倡议和号召。常委会上，市政协党组书记、主席田晋川就如何开展常委会工作做重要讲话。

八届二次常委会　2021 年 12 月 29 日召开，霍州市政协主席田晋川主持会议，会议听取市政府 2021 年全市经济和社会发展情况的通报，听取市人民检察院、人民法院、市公安局 2021 年工作情况的通报。会议由市政协副主席杜明主持，主要议程为学习中共十九届六中全会精神，学习省、临汾市党代会精神和临汾市委政协工作会议精神、通报霍州市政协外出考察社情民意信息工作情况，宣读《霍州市政协反映社情民意信息工作考评办法》；就如何做好市政协反映社情民意信息工作进行交流发言；田晋川主席讲话。

【主席会议】　七届二十五次主席会议 2021 年 4 月 1 日召开，会议由七届市政协主席薛泽会主持，副主席薛有生、沈晓静、薛云彪、王英才出席会议。会议主要议题是研究安排 2021 年工作。会议审议通过七届二十九次常委会会议议程、召开时间和地点，研究通过市政协换届工作方案，通过委员产生情况说明，研究通过市政协八届一次会议有关事项。

八届一次主席会议　2021 年 7 月 19 日召开，会议由市政协主席田晋川主持，副主席王英才、薛云彪、杜明、陈英出席会议，市政协党组成员和委室负责人列席会议。会议的主要议题是研究部署 2021 年市政协开展专题调研的提纲，并确定为常委会议题，会议研究确了 2021 年重点督办提案。

八届二次主席会议　2021 年 10 月 28 日召开，会议由市政协主席田晋川主持，副主席王英才、薛云彪、杜明、陈英出席会议，市政协党组成员和委室负责人列席会议。会议主题是研究开展常委会协商议政的有关事宜。

八届三次主席会议　2021 年 12 月 4 日召开，会议由市政协主席田晋川主持，副主席王英才、薛云彪、杜明、陈英出席会议，市政协党组成员和委室负责人列席会议。会议主题是研究八届二次全委会有关事宜。

重要活动

【市政协召开党史学习教育动员大会】　3 月 4 日，霍州市政协召开党史学习教育动员大会，深入学习贯彻习近平总书记在党史学习教育动员大会上的重要讲话精神和全省、全市党史学习教育动员大会精神，结合市政协工作实际，动员部署机关党史学习教育工作。市政协党组书记郭宏生主持会议并作动员讲话，副主席王英才、薛云彪、沈晓静及党组成员和全体机关工作人员出席会议。

【佛山市高明区政协组团到霍州观摩】　5 月 12 日，佛山市高明区政协副主席吴文硕带领的观摩团到霍州市，对霍州市在“交通安全管理工作”中的先进经验和做法进行观摩。

【市政协下沉村户开展防电信网络诈骗宣传】　6 月 3 日，市政协结合党史学习教育，深入开展“我为群众办实事”实践活动，市政协王英才、陈英副主席带队，组织机关党员干部和部分市政协委员深入李曹镇开展平安建设暨防诈反骗宣传活动，邀请霍州市公安局对群众进行防诈骗宣讲，提高广大群众对电信网络诈骗的防范和辨别能力。

【临汾市政协副主席杨忠华到霍检查工作】 6月24日，临汾市政协副主席杨忠华带领临汾市安委会第二检查组来到霍州市，就霍州市安全生产工作进行检查。市政协领导田晋川同政府有关部门负责人陪同。

【市政协主席田晋川“七一”前夕慰问老党员】 6月29日，“七一”前夕，市政协主席田晋川带着党和政府的温暖，到南环路街道龙口村困难党员张全杏和赤峪村困难党员韩小梅家中，为他们送上节日的问候和祝福。

【市政协召开政协搭台部门协作助推民营经济发展座谈会】 6月29日，市政协召开政协搭台部门协作助推民营经济发展座谈会。市政协副主席陈英出席会议，市直相关职能部门负责人、部分民营企业界别政协委员参加会议。市直相关职能部门负责人围绕如何服务民营企业发展进行详细汇报。部分民营企业界别政协委员紧扣加速民营经济健康发展主题畅所欲言，建言献策。

【市政协机关看望慰问离退休老党员】 6月29日，市政协党组书记、主席田晋川带领机关职工一同走访慰问党龄50年以上的老党员同志，代表机关全体党员向老同志致以崇高敬意和节日祝福。田晋川一行登门看望孙玉安等离退休老党员，为他们佩戴“光荣在党50年”纪念章。

【市政协开展入企入园入区服务调研】 2021年9月2日，霍州市政协副主席杜明、霍州经济技术开发区管委会副主任梁冰，投资促进部部长李刚深入霍州科技智创园标准厂房及医药用品制造项目现场开展入企入园入区服务活动

【市政协视察市全民健身及三级公共体育设施网络建设工作】 10月29日，市政协副主席王英才带领部分市政协委员，就霍州市全民健身及三级公共体育设施网络建设工作进行视察。

【市政协对市生态环境保护暨秋冬防大气污染防治专项视察】 11月10日，市政协副主席王英才带领部分政协委员对霍州市生态环保工作进行专项视察。视察中王英才一行到霍州市鑫晟煤业有限公司、何红马砖厂、李雅庄选煤厂、隆旺佳豆制品有限公司、山西建筑产业现代化霍州园区、山西兆光发电有限责任公司，通过实地查看、听取汇报等方式，详细了解了霍州市生态环境保护暨秋冬防大气污染防治工作的情况。

【市政协召开开展“争先、进位、崛起”解放思想大讨论动员会】 11月22日，霍州市政协主席田晋川主持召开“争先、进位、崛起”解放思想大讨论动员会，全面贯彻省第十二次党代会精神，落实市第五次党代会“全方位解放思想”的重大要求，推动人民政协事业高质量发展。

【市政协视察灾后修缮重建工作进展情况】 11月18日，市政协副主席陈英带领部分政协委员视察灾后修缮重建工作进展情况。视察中，陈英一行到李曹镇李曹村、辛置镇北益昌村进行实地查看。（毛丽花）

纪检监察

综　述

中国共产党霍州市纪律检查委员会是党内监督专责机关，职责是监督、执纪、问责；霍州市监察委员会是行使国家监察职能的专责机关，依法履行监督、调查、处置职责。霍州市纪委监委有班子成员 9 人。霍州市纪委监委机关内设 15 个行政室，下设 3 个事业单位，核定室主任 18 名。2021 年，在临汾市纪委监委和霍州市委领导下，霍州市纪委完成换届任务、实现工作贯通，用党的百年奋斗重大成就坚定信念，团结带领全市纪检监察干部围绕中心、服务大局，发挥监督保障执行、促进完善发展作用，坚定不移推进全面从严治党、党风廉政建设和反腐败斗争向纵深发展，纪检监察工作高质量发展迈出新步伐、取得新成效。

党风政务监督

【政治监督】　2021 年，霍州市纪委监委开展监督检查 173 次，深入一线调研 117 次，主动约谈被监督单位领导班子成员、重点岗位人员 230 人次。对党的领导弱化、党的建设缺失、全面从严治党主体责任落实不到位的党组织和党员领导干部，查处履行“两个责任”不力问题 7 件，采取组织措施 4 人，给予党纪政务处分 5 人。紧盯县、乡、村三级换届工作，廉政审查 53 批 2405 人次，提出暂缓或否定意见 28 人，开展监督检查 20 次，处置反映问题线索 10 件，给予组织处理 2 人，党内严重警告 2 人。“大棚房”整治，督促县、乡、村三级开展摸排，排查设施农业用地 144 个，占地总面积 197.06 公顷。开展两轮次的抽查检查，确保不存在“大棚房”问题。重视灾后恢复重建工作，开展现场监督检查 43 次，下发工作提醒函 2 次，实地检查 52 个村，走访 514 户 1038 人次，发现问题 45 个，并督促整改落实到位。落实疫情防控责任，建立疫情防控常态化监督机制，对重点场所、物资储备等关键环节开展监督，发现问题 23 个，督促立行立改。安全生产领域工作，开展监督检查 15 次，发现问题 14 个，约谈提醒 8 人，督促整改问题 6 条。通过政治监督具体化常态化开展，督促党员干部把“两个维护”落实在具体行动上。

【廉政监督】　2021 年，霍州市纪委监委接收信访举报 356 件次，其中检举控告类 300 件次。处置反映问题线索 504 件，给予组织措施 145 人。严把廉政审查关，党风廉政意见回复 3617 人次，提出暂缓或否定性意见 70 人。报请或会同党委（党组）召开党风廉政建设专题会议 60 次，参加监督单位民主生活会或专题组织生活会55次。加强对派驻组的直接领导和统一管理。实施“室组”“组组”联动，明确工作职责，完善监督检查、线索研判和案件协作等工作制度，破解派驻组人员少、力量薄、监督弱的难题，提升派驻专业水平和监督质效。全年派驻组立案34件，谈话函询77人，处分26人，彰显“探头”和“前哨”作用。全市运用监督执纪“四种形态”批评教育帮助和处理545人次。其中，第一种形态349人次，占比64%；第二种形态153人次，占比28%；第三种形态27人次，占比5%；第四种形态16人次，占比3%，监督执纪不断由“惩治极少数”向“管住大多数”拓展。

【纠治“四风”】 2021年，霍州市纪委监委落实中央八项规定及实施细则精神，在纠“四风”、树新风实效上用力。全年共查办违反中央八项规定精神和“四风”问题案件67件，位居临汾市前列，处理120人，其中，党纪政务处分69人，采取组织措施51人，处理乡科级领导干部49人，一般干部71人。严肃查处了一批社会影响较大的“四风”问题案件，形成有效震慑。针对大操大办婚丧喜庆事宜有所反弹，违规操办奢华“升学宴”“谢师宴”等问题有所抬头的情况，下发《关于弘扬新风正气规范婚丧喜庆事宜办理的规定》和《党员干部和公职人员办理子女生日、升学等事宜“四严禁、五倡导”的通知》，实现监督关口前移、事前监督，及时制止可能发生的大操大办违纪事件。

专项问题整治

【“三不”机制推进】 2021年，霍州市纪委监委一体推进“三不”，彰显反腐成效。落实《关于一体推进不敢腐、不能腐、不想腐的实施办法》，推动惩治震慑、制度约束、提高觉悟同向发力、同时发力，形成叠加效应、综合效能。保持“惩”的有力震慑。全年立案211件，给予党纪政务处分198人，其中，乡科级干部39人，一般干部25人，农村、企业等其他人员134人。涉嫌犯罪移送检察机关7人，留置5人。严肃查处市住建局下属市容局党支部原书记秦树义、市公安局法制大队原大队长陈平、陶唐峪乡琵琶垣村村委会原主任梁华军、常鑫陶瓷有限公司负责人吴国波等一批严重违纪违法案件。强化“治”的综合效能。把制度建设贯穿监督全过程，针对共性问题、突出问题，梳理监管盲区，发现制度漏洞，下发纪检监察建议6份，有效督促有关部门完善制度机制。夯实“防”的治本基础。对169名受处分人员进行教育回访，实现治病救人、教育挽救的初衷。为受到诬告陷害和不实举报的6名干部澄清正名。以临汾市统筹推进“不想腐”工作示范点为契机，升级打造霍州署廉政文化馆。精心编排大型廉政蒲剧《廉吏曹端》，先后在临汾、霍州上演30余场，6000余名干部群众观看并接受廉政教育。

【案件查处】 2021年，霍州市纪委监委开展民生领域专项整治。紧盯群众反映强烈的突出问题，查处群众身边腐败和作风问题案件194件，批评教育帮助和处理234人。推进房屋产权登记确权颁证清零行动，转移登记完成4810套，完成率88%。开展公共停车管理行业贪腐问题专项排查治理工作，督促相关单位制定下发《霍州市停车设施项目备案办法（试行）》，出台公共停车设施政府定价和政府指导价标准。推进重点领域专项治理。开展政法队伍教育整顿，处置反映问题线索119件，已办结109件，给予组织措施53人，给予党纪政务处分21人。推动党政领导干部违规入股企业专项清理，29人主动申报违规入股企业情况并在规定期限内主动退出，上缴违规获益54.1万元，受理移交问题线索8件，立案处分4人。开展粮食购销系统腐败问题专项整治，处置反映问题线索19件，立案7人，受到开除党籍处分2人。开展供销合作社系统腐败问题专项整治，处置反映问题线索14件，立案8件。给予组织处理2人，党纪政务处分9人。开展能源领域反腐败专项行动，处置问题线索6件（2019年专项行动开展以来），查实5件，查否1件，立案4件，给予党纪政务处分4人，移送司法1案7人。统筹抓好其他专项工作。开展党员领导干部利用开发区资源谋取私利问题专项整治、党政机关信息化项目建设领域问题专项整治、自然保护区范围内违规违建专项监督、历史文物保护工作开展专项监督检查等工作。

【政治巡察】 2021年，霍州市纪委监委开展供销系统专项巡察，发现共性问题9条，整改完成6条，长期整改3条。督促制定修订制度40条，开展警示教育3次。移交问题线索9件，已办结6件，给予党纪政务处分7人，组织处理1人，补缴党费0.75万元。高质量完成对行政审批管理局等13家单位营商环境专项巡察。向相关单位反馈共性问题86条，已整改72条，长期整改6条，正在整改8条。移交问题线索23件，已办结9件，给予组织处理3人。做深做实巡察整改“后半篇文章”，督促落实省委第八轮巡视整改任务，对巡视反馈意见29条具体问题，完成27条，完成率93%；对巡视移交信访件149件，全部办理；对巡视移交问题线索198件，已办结194件，暂存待查4件，办结率98%。给予组织措施42人，党纪政务处分57人。把制度机制健全完善贯穿于巡视整改中，采取整改措施131条，制定和修订制度13项，开展专项治理5次，促进改革4项，清理规范违规违纪资金665.06万元。

【制度建设】 2021年，霍州市纪委监委健全完善党委反腐败领导小组运行规则，召开三次市委反腐败领导小组会议，专题研究部署反腐败工作，听取工作情况汇报，审议通过纪检监察与财会监督、统计监督、自然资源监管、市场监管联动工作办法（试行）4个文件。建立健全向同级党委请示报告制度，向市委书面请示报告工作68次，报请市委审核批准立案39人，初核15人，谈话2人，诫勉谈话2人。推进规范化、法治化、正规化建设。开展“基层基础建设年”活动，提升硬件建设水平。机关本级信访场所升级完善，谈话场所建设规范；配合完成霍州留置分区水电暖等后续配套工程；12个乡镇（街道）纪（工）委“三室”或“四室”建设高标准完成。组织开展依规依纪依法安全文明办案暨基层基础建设档案资料集中评查，发现问题，整改完善，促进规范。召开依规依纪依法安全文明办案约谈会，针对案卷评查活动中发现的各类问题，对相关案件承办组负责人进行约谈，督促落实安全文明办案规范化、法治化、正规化。

民主党派

中国国民党革命委员会霍州市委员会

【概况】 2021年底，有党员43人，其中行政事业单位17人，教育界7人、医药界5人、其他14人。本科以上学历20人，大专以上学历15人。

【政治理论学习】 2021年，民革霍州支部全体党员坚持以习近平新时代中国特色社会主义思想为指导，全面贯彻中共十九大和十九届历次全会精神，学习习近平总书记视察山西重要讲话重要指示精神，落实民革中央、省、临汾市等重要会议及相关精神，以强化参政议政工作为重点，创新工作机制，提高服务水平，加强自身建设，提升党员的政治理论水平和参政意识。

【组织建设】 2021年，民革霍州支部建立学习制度，为全体党员订阅《团结报》，方便大家了解、掌握有关信息，扩大视野，提高支部党员的政治修养和思想素质。完善科学的量化考评制度，激发支部党员踊跃参加活动、发挥党员作用的积极性和主动性，提升支部工作和党员素质。

【参政议政】 2021年，民革霍州支部政协委员做好体察民情、反映民意、集中民智等工作，发挥参政议政、民主监督职能，就全市重大事项和重大决策发表意见，提出建议。参与政协组织的调研活动5次，撰写调研报告3篇。参与小组活动6次，在各级人大、政协例会中提交集体提案3件，个人提案16件，社情民意27篇，其中霍州市采纳并督办提案11件，临汾市采纳社情民意8篇，提交临汾市议政发言2篇。

【社会服务】 2021年，民革霍州支部捐助2名贫困学生，解决他们上学的后顾之忧；民革党员刘振洪创办的裕鑫博康企业吸收困难群众20余人，就业扶贫2人（其中残疾人1人），收购脱贫户核桃100余户32吨，为他们带来脱贫致富和战胜困难的信心。

【祖国统一工作】 实现祖国统一是民革肩负的重大历史使命，以和平方式实现统一，最符合包括中国台湾同胞在内的中华民族的根本利益。2021年，支部鼓励广大党员向台籍亲属多渠道宣传祖国大陆推行的各项方针政策和取得的巨大成就、巨大变化，邀请他们回乡观光考察、投资兴业。做好与台胞的情感纽带联系，拉近他们和祖国大陆的情感距离。

【换届工作】 2021年11月9日，民革市委完成换届选举工作，大会审议通过刘光明同志代表民革霍州支部第七届委员会所作的《工作报告》；选举产生民革霍州支部第八届委员会，通过大会政治决议。

（成娟）

中国民主建国会霍州市委员会

【概况】 2021 年，民建霍州市基层委员会内设 6 个支部，2 个专委会，有会员 104 人。民建霍州市基层委员会发挥密切联系经济界的特点和优势，团结依靠会员，围绕中共霍州市委、市政府中心工作，履行参政党职能，为推进霍州社会经济发展作出贡献。

【思想建设】 2021 年 5 月 10 日，民建霍州市基层委员会召开党史学习教育会议。9 月 10 日，民建霍州市基层委员会召开新《中国共产党统一战线工作条例》学习会议。

【会务活动】 2021 年 3 月 7 日，学习宣传《民法典》，促进全民知法、懂法、守法、用法，民建霍州市妇女委员会联合霍州市公证处，组织以“学习民法典，护航新时代美好生活”为主题的宣传活动。6 月 12 日，民建霍州市基层委员会拓展学习内容、创新学习方式、丰富学习载体，组织会员开展党史学习教育。10 月 14 日，民建霍州市基层委员会开展“健康讲座”主题座谈会。11 月 10 日，民建霍州市基层会员会召开第二次会员代表大会。

【社会服务】 2021 年 5 月 10 日，临汾市政协副主席，民建临汾市主委蔡志强在霍州就基层组织建设和民建会员企业发展进行调研，蔡志强一行到民建霍州市教育支部实地查看基层组织建设，参观霍州市城市公交有限责任公司、宏昱设备供应站、新华五交化商场会员企业的发展情况，详细了解企业发展过程中遇到的困难和问题，并提出指导性的意见和建议。 （姚璐）

中国民主促进会霍州市委员会

【概况】 2021 年底，民进霍州总支有 4 个支部，会员 70 人，民进总支发挥界别优势，团结和依靠广大会员，围绕中共霍州市委、市政府中心工作，积极参政议政，为推动霍州市文教、卫生事业发展作出贡献。

【思想建设】 2021 年 6 月 4 日，民进霍州总支召开“学党史，明初心，知使命，开新局”专题座谈会，民进临汾市委会主委王金珍，霍州市委副书记刑鑫伟，霍州市人大常委会主任陈占平参加会议，会上，全体参会人员共同学习中国共产党党史和“五一口号”，会员代表围绕学习内容畅谈心得体会。

【参政议政】 2021 年，民进霍州总支政协委员发挥委员职能，就霍州市经济发展、文化教育、卫生环保、城市建设建言献策，提交提案 10 件，社情民意 12 件，其中，苏建东委员的《关于在香港澳门地区发放中华人民共和国居民身份证的建议》被上级部门采用。刘小洁委员的《关于减少使用塑料袋的建议》；薛华斌的《关于加强基层法制宣传教育工作的建议》；张安莉的《关于健全社会心理服务体系的建议》被霍州市政协采用。 （叶励民）

群众团体

霍州市总工会

【概况】 2021年，霍州市总工会内设机构有组织宣传部、经济技术部、权益保障部、财务资产部、办公室5个部室。下属事业单位2个即霍州市职工服务中心和霍州市职工俱乐部。

【思想政治建设】 2021年，霍州市总工会组织全体人员集中参加每周二组织的党史学习教育集体学习，自己抽空自学，做好学习笔记；组织机关全体工作人员观看2021年“百名法学家百场报告会”法制宣讲活动；每日按时完成“中国普法”知识竞赛答题。开展“我为群众办实事”主题实践活动。深入华润燃气有限公司组织免费发放“进企业”安全知识手册等安全宣传书籍200余册，现场讲解安全生产、工会法律法规方面的相关知识。高考期间，在高考点开展爱心助力高考志愿服务活动，为考生、家长和服务一线的职工送去一抹清凉，助力考生在筑梦路上扬帆起航。对12个乡镇的年馍加工点进行摸底，对花馍的加工流程进行拍摄，于6月上旬将霍州花馍专题片上报至山西省烹饪餐饮饭店行业协会换届大会进行宣传。5月8日，在辛置镇辛置村举行的全市2021年“文化、科技、卫生”三下乡活动启动仪式，并捐赠价值4500元的电脑一台。扶贫工作队在春节和端午期间，走访慰问贫困户，为贫困户分别送上节日慰问品及节日的祝福，为扶贫工作队员办理团体意外伤害保险。防汛救灾期间，对4处安全隐患巡查点、2个防汛救灾抢险点、5个沿河街道办、4个基层企业进行走访慰问，发放慰问品价值达3万元。扶贫工作队对包联的三教乡史家庄村130户农户院子进行逐户排查，对沿途道路进行巡视，了解村民生产生活状况，及时将排查情况进行上报。发挥机关党员先锋模范作用，对俱乐部东侧下水堵塞排水不畅的问题进行改造。争取中国职工发展基金会为受灾职工捐赠15万元，首期10万元已到账。其中5万元用于师庄乡周村灾后重建，其余10万元用于受灾职工帮扶救助。

开展“为民办实事、永远跟党走”主题党日活动，5月25日，组织全体人员赴红色革命教育基地——长江支队纪念处，重温入党誓词，讲述长江支队的故事。

开展“基层基础保密工作强化年”活动，制定市总工会保密工作实施方案、保密制度，成立保密工作领导小组，并指定专人进行管理，确保涉密文件、记录、信息等在传递、使用过程中的绝对安全，坚决杜绝失密、泄密问题。

【劳模管理】 2021年，霍州市总工会对本市1名“省级劳动模范”和1名技能人才进行走访慰问，为21名省级劳模发放春节慰问金21000元，为3名省级生活困难劳模发放困难补助费9000元；“五一”期间，5名个人、1个集体和2个单位分别获得临汾市“五一奖章”“工人先锋号”和“五一奖状”等荣誉；10月，为5名临汾市“五一奖章”获得者每人发放奖金2000元；利用市总工会公众号、微信等媒体对近年来受省、临汾市、霍州市五一表彰的1个集体和5名个人的专题片和事迹进行宣传；组织临汾市劳动模范、霍州工匠等同志深入单位企业宣传劳模和工匠事迹；推荐市总工会常务副主席杨五锁、省“五一劳动奖章”获得者市人民医院张军丽为山西省工会十四大代表并出席会议；上报市家具装饰行业工会联合会主席吴国波、教科局工会主席陈保明、鼓楼街道办事处工会联合会干事李静三人被评为临汾市2020年度工会工作先进工作者。

【工作室创建工作】 2021年，霍州市韦泰星职工创新工作室被临汾市总工会授予“职工创新工作室”授牌，奖励补助资金30000元。对山西裕鑫博康食品有限公司刘振洪职工创新工作室、霍山酒业李巍传统手工艺创新工作室和市人民医院张军丽职工创新工作室等3个霍州市级职工创新工作室命名并挂牌。申报临汾市级创新工作室。

【“五小”竞赛】 2021年，霍州市总工会收集5个基层工会开展的“五小”竞赛5个项目的工作资料，上报参加临汾市总的评选工作。其中，紫晟煤业、力拓煤业2个项目被推荐到山西省“五小”创新大赛优秀成果管理平台，参加省总评选。

【职工劳动保护】 2021年，霍州市开元街道办事处、社会办医行业、自来水公司、供电公司、辛能电力实业有限公司等单位分别开展安康杯竞赛活动。按照临汾市《职业病防治法》宣传周活动有关文件要求，市总工会在基层工会开展以《共创健康中国、共享职业健康》为主题的宣传教育活动，提高劳动者对职业病防护知识及健康维权的意识，保护和预防劳动者的身体健康。市总工会于4月29日参加霍州市社会办医行业工会联合会举办的《职业病防治法》宣传活动，现场发放宣传资料并为职工群众答疑解惑。组织基层工会按照中华全国总工会下发的文件要求，参与开展“职业健康达人”show短视频征集活动，有3个视频作品获山西省优秀奖。联合卫体局深入企业开展“职业健康百日检查”和职业病预防调研，撰写调研报告2篇。利用“暖心助航、就创青春”秋季招聘暨人才工作成果展，现场开展职工劳动保护法律法规宣传，发放《中华人民共和国工会法》《中华人民共和国劳动法》等各类宣传资料1000余份，促进劳动保护工作的深入开展。

【宣传教育】 2021年6月上旬，霍州市总工会按照霍州市《关于开展2021年“安全生产月”活动的实施方案》的文件要求，印发《中华人民共和国工会法》《中华人民共和国劳动法》等活动宣传资料，同时深入华润燃气公司、康宝生物公司进行宣传。在6月16日第20个全国“安全生产月”活动期间，参加以“落实安全责任，推动安全发展”为主题的“安全生产月”宣传咨询活动。开元办、市场监管局、社会办医行业、农商行、辛能电力实业公司分别开展观看《生命重于泰山》专题片、发布警示教育片以及制作公益广告、普及家用燃气安全知识、应急演练等不同形式的安全宣传教育活动。

【文化建设】 2021年，霍州市总工会在全市选拔出12名优秀职工篮球队员参加临汾市总工会篮球赛；组织来自基层工会的35支参赛队140余名职工，参加全市职工党史知识竞赛，并选拔优秀选手6名参加临汾市总工会组织的党史知识竞赛，获团体三等奖，个人三等奖1名、优胜个人奖1名；组织举办全市女职工插花培训，共6期180余人参加；市总女职工委员会在全市范围内开展“玫魂书香”女职工主题阅读活动；举办全市工会干部“智慧工会”培训班；选拔2名职工赴临汾参加全市劳模工匠事迹演讲网上展播比赛；在工商广场开展以“网聚职工正能量、争做中国好网民”为主题的网络安全宣传活动。

【基层组织建设】 2021年，霍州市总工会推进货车司机等“八大群体”入会，较2020年度相比，企业建会率和职工入会率均在55%以上，完成中通、新申通、圆通等3个快递企业的工会成立工作，由私营企业工会联合会牵头对全市快递行业职工状况进行摸底调查和成立快递行业工会联合会可行性研究工作。“两新”组织工会组建扩面提质，50人以上未建会企业，10月底前动态清零，并向25人以上未建会企业拓展。在民政部门登记的社会组织和民办医院、学校、幼儿园筹建会取得突破。乡镇（街道）工会、开发区（工业园区）工会全部达到“六有”标准，全市基层工会“六有”达标率85%以上。组织2017年以来获得省级以上“模范职工之家”称号的霍州市农村信用合作联社工会委员会、国网山西省电力公司霍州市供电公司工会委员会与家具装饰行业工会联合会、公安局交通警察大队工会进行结对共建。打造“互联网＋工会”新模式。职工e食堂方面，由霍州市总工会主办，霍州市餐饮行业工会联合会、市烹饪餐饮饭店协会承办，组织搜集霍州市餐饮名人、民间艺人、餐饮企业亮绝活、晒精品，拍摄职工e食堂作品36期，在《山西工人报》“职工e食堂”栏目和市总工会微信公众号等媒体上进行播放刊发。在各基层工会干部、广大会员、霍州籍在外创业者工会联合会会员以及在五小竞赛、创新工作室、劳模、工匠、五一表彰中涌现出的集体和个人中，选出13名代表，拍摄优秀工会会员风采作品10个，对他们的优秀事迹进行宣传。

【职工维权】 2021年，霍州市总工会在全市范围内开展以服务职工为主题的送温暖活动，筹集送温暖资金3.5万元，对1家困难企业、1名省级劳模、1名困难职工、1名技能人才进行走访慰问。深入重点项目、重点工程，重点对高温作业、高空作业、有限空间作业、露天施工、危险品储运等存在较大危险的作业场所的职工进行慰问，为受高温、疫情双重考验的职工送去清凉和健康。活动向康宝生物公司、交警大队、华润燃气、交通局、城市绿化队、环卫公司等6家基层工会的1060名一线职工，发放慰问品白糖、茶叶、矿泉水等，慰问资金累计6.90万元。

开展人才交流招聘会，为下岗失业人员提供就业援助。4月、11月，参与以“技能圆梦想，就业有‘位’来”、“暖心助航、就创青春”专场招聘活动，来自霍州市及周边县市的90余家公司和企业，主要涉及金融、医疗、教育、机械制造等20多个行业，有市场营销、电子商务、医药科技等50多个专业、2300余个就业岗位，现场发放各类宣传资料1000余份，约400人与用人单位达成就业意向。

在全市各乡镇（街道）、行业工会积极组织本辖区职工开展工资集体协商工作，签订工资集体合同，提升职工工资收入水平，保障职工的合法权益。

新建“北环路户外劳动者爱心驿站”一处，由市总工会与市教科局共同建设，驿站配备空调、饮水机、微波炉、电子报刊、学习资料等，是户外职工的落脚点、补给处、休息室。全市共建爱心驿站3个，其中东大街工商广场爱心驿站、观坡街小游园爱心驿站为达到省政府标准的爱心驿站。

市总工会与妇幼保健院、志新牙科医院分别签订优惠协议，为全市工会会员提供免费体检服务。7月，向各基层工会传达建党100周年工会会员普惠活动精神，组织2000多名已办理建行普惠卡的工会会员及时参加普惠活动。

组织全市基层工会参加第15期大病互助工作，有105家单位参保，职工总数7271人，缴纳互助金261756元。第14期大病互助年内共有34名职工获得补偿，补偿金额86693元。市总工会对2户申请大病互助的职工进行慰问，为他们提供上门大病资料报销及审核服务。

经霍州市总工会的推荐和申报，霍州市劳动人事争议仲裁院院长张晓明被评为第三届临汾市维护职工合法权益卫士评选活动的“维权卫士”，并为其发放证书和奖杯。

6月，发动和动员企业参与关于在全市能源行业开展创建模范劳动关系和谐企业和争当创建模范劳动关系和谐企业优秀企业家活动，经申报后，确定紫晟煤业董事长霍诚为劳动关系和谐企业优秀企业家。

【财务经审】 2021年，霍州市总经审会开展对工会预算执行情况和财务收支情况的审计和对下级工会的审计调研，加大对各类专项资金的审计力度，加强对基层工会经费的收缴、使用和管理工作。（杨丽丽）

共青团霍州市委员会

【概况】 2021年，共青团霍州市委贯彻落实市委、市政府和临汾团市委的部署要求，把握保持和增强政治性、先进性、群众性的前进方向，围绕县域共青团改革目标任务和团的根本任务、政治责任、工作主线，锐意进取、主动作为，推动团的各项工作取得新发展，完成市第七次团代会确定的各项目标和任务。

【思想政治】 2021年，共青团霍州市委在全市青年中开展“党史知识快问快答”系列活动，少先队员中开展“红领巾讲党史故事”系列活动，凝聚起广大青少年向党靠拢的强大向心力。开展“学党史、强信念、跟党走”青少年竞演讲述活动、“学党史、强信念、跟党走——记忆中的火花”示范性主题团日、“青春心向党　奋斗新征程”离队入团仪式、“请党放心、强国有我”主题团日活动等30余场。将“青年大学习”网上课堂纳入团员学习内容，专题召开“青年大学习”推进会，发动青年文明号集体、青年之家、机关青年等群体参与学习，利用每次基层活动机会，推介“青年大学习”。开展“我与祖国共奋进”“青春心向党·建功新时代”“争做新时代好队员”“缅怀革命先烈　争做合格团员”“红领巾心向党”“争做新时代好队员——集结在星星火炬旗帜下”、纪念五四运动99周年示范活动暨离队入团仪式、“红领巾相约中国梦——我的红色报国梦”等主题教育活动，覆盖团员青年一万余名，少先队员八千余名。坚持每周打造网上特色活动，把团属平台“霍州青年”打造成共青团联系、服务、引导青少年的新途径、新载体。

【服务活动】 2021年，共青团霍州市委驻村工作队主动与有关部门密切配合，帮助贫困户发展养殖土鸡，通过售卖鸡蛋保障收入稳步增加。响应市委创建国家卫生城市号召，联合北环街道办组织青年志愿者对永泉社区复工复产门店进行创国卫宣传，号召广大市民参与到创国卫的行动中来，共同打造干净、整洁的人居环境；联合城市管理局开展“青春聚力创国卫、齐心扮靓一座城”卫生清洁行动；联合青年之家开展“井盖变‘景’盖，创意涂鸦为城市添色”主题活动。

【关爱青少年】 2021年，共青团霍州市委帮助青年解决操心事、烦心事，服务青年成长成才、推动青年创业就业、维护重点群体权益，让共青团真正成为广大青年想得到、找得到、靠得住的力量。关爱青少年成长成才，连续四年开展“青春兴晋”大学生暑期实践活动，征集20多个党政机关、企事业单位实习岗位，100余名在校大学生上岗实践，为在校大学生提供了解家乡、回报家乡、宣传家乡的机会。维护青少年合法权益。在禁毒宣传日、艾滋病日、宪法日等重要节点，积极开展“青春传递正能量，‘禁毒防艾’我先行”宣教活动、“宪法宣传周”活动。

【从严治团】 2021年，共青团霍州市委按期完成县、乡、村三级团组织换届工作。按照“青年在哪里，团组织就建在哪里”的要求，推进“两新”组织团建工作。坚持“党建带团建”，推进团支部整顿、对标定级、基层团组织书记述职考评等工作，促进基层团组织规范化建设。全市成立18家中学（中职）团校，实施团组织“活力提升工程”。推进“三会两制一课”等团的制度开展，指导全市各级团组织按照规定召开团支部大会、团支部委员会会议、团小组会，开展团员教育评议和年度团籍注册工作。按照发展团员“坚持标准、控制规模、提高质量、发挥作用”总要求，严把发展团员入口关、质量关、程序关，确保初高中毕业班团学比远低于控制红线。开展违规发展团员核查整改及团员档案规范化核查工作，重点核查不满14周岁入团、无编号入团及发展程序不规范的问题，对发现的各类问题，督促各学校团委全部完成整改。做好团籍管理、组织关系转接、团费收缴等基础工作。做好推优入党工作，激发广大团员的政治热情，增强共青团组织的吸引力和凝聚力。

【少先队建设】 2021年，共青团霍州市委开展“红领巾心向党”“争做新时代好队员”等主题活动，引导少先队员参与，引导少年儿童厚植爱党爱国的家国情怀。开展队前教育和仪式教育，带领少先队员重新学习佩戴红领巾、出队旗、行队礼等基本规范，增强少先队员光荣感、使命感。促进少先队工作规范化，构建党团队一体化的红色链条；规范队礼、出旗、呼号等少先队活动礼仪，强化队室、红领巾广播站、宣传栏中队角等阵地建设；加强少先队员辅导员队伍建设，实现霍州市学校少先队辅导员全覆盖。

（薛静）

霍州市妇女联合会

【概况】 霍州市妇女联合会成立于1949年，至2021年底，有干部职工6人，其中党员6人，大专以上学历6人，主席1

人，副主席1人、兼职副主席6人、挂职副主席1人。内设机构有办公室、组织宣传部、权益工作部、妇女发展部、家庭和儿童工作部。

【思想建设】 2021年，霍州市妇女联合会开展以“巾帼学党史·牢记殷切嘱托·喜迎建党百年”为主题的学党史活动，缅怀革命先辈，传承红色基因。举办“永远跟党走——百城舞动党旗红，万人唱响爱国情”群众性主题宣传教育系列活动，营造共庆祖国华诞、共享祖国荣光、共铸复兴伟业的热烈氛围；开展党史学习教育，让党史教育覆盖每一名党员、群众。市妇联党支部给机关每位党员都定购指定学习材料和专用学习笔记本，做到人手一套，结合学习计划，采取集中学习和自学、集中研讨、外出参观、支部书记讲党课等多种形式组织党员认真学习；举办霍州市“巾帼心向党　奋斗新征程”党史知识竞赛（初、决赛）活动，以赛促学、以学促用，全面掀起党史教育新热潮。“七一”前夕，走访慰问党龄30年以上的71名妇联干部，送去政治生日贺卡及慰问品；开展“奋斗百年路·启航新征程”主题党日活动；在中共山西临时省委（扩大）会议——“霍州会议”旧址，集中开展入党宣誓活动；开展第200期以“永远跟党走——百名巾帼大宣讲·家庭教育迎新风”为主题的家庭教育读书会。

【组织建设】 2021年，霍州市妇女联合会打造新领域妇联组织建设示范点、乡镇妇联区域化建设示范点、有特色和影响力的“妇女微家”示范点。建成32个“妇女微家”示范点、2个乡镇（街道）“妇女之家”示范点、12个村级“妇女之家”示范点、3个市直单位“妇女之家”示范点和2个非公组织“妇女之家”示范点，实现妇联组织创建全、影响强、形象靓，形成党建与妇建统一管理、带建结合、同步推进的工作局面。

【队伍建设】 2021年，霍州市妇女联合会推进女性进“两委”和村（社区）妇联组织同步换届工作。市妇联深入各乡镇开展实地调研督导村（社区）妇联换届选举工作，以听取汇报、座谈交流、实地查看、查阅资料、入户走访等方式，确保换届工作方向不偏离，主动与各乡镇党委负责同志沟通交流，协调解决妇联在换届中存在的问题和困难，及时落实整改，确保100%的村有妇女参选，100%的村有妇女当选；实施“基层妇联领头雁培训计划”，将基层妇联“领头雁”培训下沉到村级妇联，开展妇联干部素质能力提升培训，实现市、乡、村三级妇联执委培训全覆盖，全面提升广大妇联执委的政治素养和履职能力；开展三期“女性文化学堂”霍州专场——公务礼仪培训班，通过公务形象和职场礼仪学习，提高大家的公务礼仪能力和水平。

【维权工作】 2021年，霍州市妇女联合会借助法院家事审判改革契机，构建家事纠纷协调解决机制，解决婚姻家庭矛盾隐患，实现维权在源头、在基层、在妇女群众身边；开展普法宣传。利用“三八维权周”“三下乡”等重要契机，开展宣传、咨询、维权服务，发放宣传资料1万余份，提高妇女群众的法治意识和维权能力。健全基层维权网络，通过“12338”妇女维权热线和妇联微信公众号平台，实现线上、线下维权互动，将婚姻家庭矛盾排查化解工作纳入综治考核，年底化解婚姻家庭矛盾9起，建立全市乡镇（街道）、村（社区）重点人群和高风险家庭台账，调解婚姻家庭矛盾纠纷“五色”分级预警处置个案2例；市妇联联合市民政局筹备成立霍州市婚姻家庭辅导中心，该中心有“志愿者工作小组”14人，由心理咨询师、家庭教育指导师、亲子辅导员、司法专业人士、律师等不同层面的志愿者组成，共同做好志愿者的排班轮值、档案的整理、辅导回访等活动，创新开展婚姻家庭服务工作模式，促进家庭和睦、家风和美、社会和谐，使之成为护航全市广大妇女和家庭和睦的温馨港湾。

【发展工作】 2021年，霍州市妇女联合会打造“为民服务零距离”的新理念、探索建立服务基层居民群众的新模式，市妇联围绕市委市政府关于实施“六个十工程”，推进“人人持证，技能社会”的建设意见，借时、借势、借力，促进霍州市妇女就业创新发展，临汾市妇联“她美好　整理收纳师”千名妇女技能培训暨霍州市开班仪式在霍州市技工学校启动后，市妇联先后联合市技工学校、霍州市博圣源职业培训学校举办2期“整理收纳师”99名妇女技能提升培训班，其中30名妇女取得“家政服务员”初级证书；依托馨晨康养（霍州月嫂）家政服务公司举办11期“母婴护理师”培训班，其中参加创业培训318人，取得上岗证的有160人。联合巾帼创业创新示范基地——市鸣梦老粗布有限公司建成粗布技能孵化实训车间，解决150名妇女就近就地就业需求。以美丽家园创建为引领，坚定不移贯彻“创新、协调、绿色、开放、共享的新发展理念”，组织开展美丽家园巾帼志愿服务活动和“四比四看”美丽庭院评选等活动。全市创建各级美丽庭院120户，其中，“山西省美丽庭院示范户”1户、“临汾市美丽庭院示范户”24户、“霍州市美丽庭院示范户”96户。

【家庭儿童工作】 2021年，霍州市妇女联合会举办家庭教育线上线下讲座40余场次，覆盖人群上万人次，推进涵养好家教，以好的家风带乡风促民风；发挥亲子阅读体验基地和巾帼志愿者的作用，举办亲子阅读活动70余场，受益人数超过两千余人次。其中，“书香飘万家——颂百年风华·传红色基因”家庭亲子阅读活动和纪念抗战胜利76周年亲子阅读宣传教育活动。

【精准扶贫】 2021年，霍州市妇女联合会为全市4066名农村妇女进行“两癌”免费检查；为6名贫困妇女每人发放救助金1000元；为1名贫困“两癌”妇女发放“紫气东来　幸福启航”项目帮扶资金2000元；为3名贫困母亲“两癌”患者各发放救助专项基金1万元。

【防洪救灾】 2021年，霍州市妇女联合会通过霍州市微信公众号提醒全市广大妇女及家庭进入汛期，如遇山洪、泥石流灾害，要保持冷静，科学应对。关注天气预报和预警信息，如遇暴雨天气要尽量避免外出，注意居家安全。向全市妇女姐妹送上：巾帼勇担当　携手渡难关——霍州市妇联致全市各级妇联组织及广大家庭的一封信，为全市抗洪救灾工作营造浓厚的氛围。12个乡镇（街道）的358名执委、驻村工作队109名妇女干部、16名青空救援队巾帼志愿者组成巾帼志愿服务队开展防汛排查工作，第一时间深入辖区内开展防汛巡查，帮助受灾群众清理室内及周边淤泥，进行全面排查；开展慰问帮扶受灾群众志愿服务活动。组织巾帼志愿者到福馨苑孤寡老人安置点、白龙镇寺庄村受灾群众安置点，为他们送去方便面、香肠、面包和水等急需物品；组织巾帼文艺团队给师庄乡周村安置点的20余名受灾群众送上精彩的文艺表演，丰富集中安置点群众的文化生活。（刘晓丽）

霍州市科学技术协会

【概况】 霍州市科学技术协会是由市级协会、乡镇科协、村科普小组组成的人民团体，是党和政府联系科学技术工作者的桥梁和纽带，是国家推动科学技术事业发展的重要力量。霍州市科协的内设机构有办公室、普及部、青少部、咨询部。有干部职工6人，主席1人，副主席2人，秘书长1人，一般人员2人。

【科普网络建设】 2021年，霍州市科协建立健全12个乡（镇、街道）、199个村（社区）科协组织，配齐“三长”，吸收乡镇卫生院院长、学校校长和农技站站长进入乡镇科协组织担任兼职副主席，壮大基层组织，为霍州市经济社会发展提供科学普及知识和科技服务。

【科普阵地建设】 2021年，霍州市科协建有市青少年活动中心、中镇文化广场、永和公园等综合性科普活动场所，设立永和公园科普文化长廊和6组仿古式科普画廊；在开元街安装10组科普宣传栏，建设开元“科普一条街”。实施全国科普活动站、科普宣传栏、科普员（简称全国科普“站栏员”）建设，每月更换一次内容；城区各社区都建有科普画廊。街道、乡镇全部建有科普活动室（站）、科普画廊（宣传栏）等设施，配有科普宣传设备。市区中小学校都建有科技活动室。每个协会都吸引3至5名科技带头人。

【全国科普示范市】 2021年7月，霍州创建山西省科普示范市。8月，市科协根据中国科协2021—2025年度全国科普示范县（市）评分细则要求，组织全民科学素质成员单位，逐项逐条按照申报细则，高质量上报各项工作资料，把霍州市党委、政府重视科普工作，广大群众积极参与科普工作，社会各界支持科普工作，展示出来全社会树立讲科学、爱科学、学科学、用科学的社会氛围和科普氛围。500多页的合订本上报资料，更是受到中国科协及第三方评审单位的高度评价。霍州市被中国科协评定为2021—2025年度全国科普示范市，再次为霍州市获得“国”字号荣誉称号。

【科普服务】 2021年5月，山西省科协“学党史、悟思想、办实事、开新局”科普助力乡村振兴推进会在霍州市召开，省科协副主席张秀亲，普及部部长刘子良，素质部部长刘晓舟，普及部副部长、国际部负责人郑志忠，临汾市科协主席赵素丽同霍州市委副书记、市长李青雁，政府副市长靳阳阳出席会议。来自全省各市、县科协主席、科普工作相关负责人100余人参加会议。会上，霍州市作为全省唯一的县级科协作典型发言，山西省临汾市领导观摩霍州市山西省裕鑫博康科普惠农中心服务站、山西省优秀科普示范社区永泉社区、山西省科普教育基地霍州市实验小学、临汾市科普教育基地霍州市技工学校、永和公园科普长廊、霍州市廉政教育基地。

【科普直播活动】 2021年12月2日，霍州市科协开展“人人持证提升全民科学素质，揽才引智打造霍州技能品牌，走进霍州市技工学校”的科普直播，在线观众达6万余人次。

【科普日宣传活动】 2021年“全国科普日”活动的主题是“百年再出发，迈向高水平科技自立自强”，结合党史学习教育“我为群众办实事”实践活动，市科协动员全市全民科学素质各成员单位、乡村两级科协组织、各基层协会、科普教育基地以及社会各界力量，打造线上线下结合的重点活动圈，以“1＋1＋N”架构形式，开展多阵地、多战线、广覆盖、齐参与的五大板块“科普服务五走进”科普小视频，全民科学素质网络答题，惠农科普讲座等系列科普活动，为广大群众带来一场科普盛宴。以“科普服务五走进”（进机关、进农村、进社区、进企业、进学校）为载体，线上线下广泛开展社会需要、群众欢迎、服务面广的科普活动。

【全国科技工作者日宣传活动】 2021年5月28日，在第5个全国科技工作者日到来之际，霍州市科协到北环办永泉社区开展“众心向党　自立自强　全国科技工作者日”宣传活动。

【社区益民】 2021年，霍州市图书馆、技工学校、消防救援大队成功创建临汾市级科普教育基地；霍州市图书馆、霍州市消防救援大队、霍州市实验小学被山西省科协认定为山西省科普教育基地。霍州市鼓楼办前进社区获山西省优秀科普示范社区称号，获得省级4万元的社区益民计划奖励资金。截至年底，霍州市有5个山西省优秀科普示范社区获上级资金支持：北环办北兴社区获得15万；北环办永泉社区、鼓楼办的文庙社区各获得4万元；开元办永康社区获得4万元。

【科普队伍建设】 2021年，霍州市科协建立科技志愿队，线上线下招募科技志愿者3500余人，社会公众科普员认证达2500余人，招募科技志愿者3500余人，该项工作不仅在临汾市位居第一，在全省也名列前茅。

【青少年科技创新教育】 2021年，在临汾市第36届科技创新大赛上，霍州市参赛的800余件科技创新作品中，有331件作品获奖，在兄弟县市中独占鳌头，在第16届山西省宋庆龄少年儿童发明比赛中，有5件作品荣幸入围全国甄选赛。组织开展第37届科技创新大赛，上报作品1402件，在2021年临汾市第七届机器人比赛中，霍州市派出8支队伍参赛，均取得优异成绩。其中获得一等奖1名，二等奖3名，三等奖4名。

【科普活动和科技服务培训】 2021年，为拓宽科协科普服务领域，提升科普服务水平，促进霍州市农民增产增收，为发挥霍州市唯一一家省级科普惠农中心服务站山西裕兴博康枣夹核桃食品有限公司的惠农作用，以培育有文化、懂技术、会管理、善经营的新型农民为宗旨，多渠道、多领域、多方式搭建平台为抓手，以提高广大农民科技致富本领为目的。11月13日，霍州市科协依托山西省科普惠农中心服务站举办全市新型农民科技致富培训班。此次培训邀请山西农大教授武志明和马红梅分别为大家讲授植保无人机现状与施药技术规范和土壤科学施肥。

（杨丽霞）

霍州市工商业

【概况】 中华全国工商业联合会是中国共产党领导的面向工商界、以非公有制企业和非公有制经济人士为主体的人民团体和商会组织，是党和政府联系非公有制经济人士的桥梁纽带，是政府管理和服务非公有制经济的助手。工商联工作是中国共产党统一战线工作和经济工作的重要内容。截至2021年底，霍州市工商业联合会会员765个（其中企业会员21个，个人会员733个，团体会员11个），有基层商会11个，其中乡镇街道商会7个（白龙商会、辛置商会、鼓楼商会、李曹商会、开元商会、三教乡商会、南环办商会），市场商会2个（唐荣商会、居然商会），行业商会2个（现代装饰家具商会、烹饪餐饮饭店协会），驻会人员5人，其中党员4人。2018年至2021年连续四年被评为“全国五好工商联”。

【政治学习】 2021年，霍州市工商联结合“党史学习教育”，学习贯彻习近平新时代特色社会思想，习近平总书记系列重要讲话精神和中共十九大、十九届历次全会精神，指定学习书目，学习领会中央、省、市、县委重要会议、文件精神，深刻贯彻省第十二次党代会、临汾市第五次党代会、霍州市第八次党代会精神，增强“四个意识”，坚定“四个自信”，做到“两个维护”，推动民营企业健康发展和非公经济人士健康成长取得实效。

【基础建设】 2021年，霍州市工商联抓好领导班子建设，发挥党组核心作用。坚持开展经常性的教育学习活动，提高领导班子成员的政治把握能力，组织协调能力，合作共事能力，战略思维、创新思维、辩证思维能力和科学决策水平。10月，工商联主席、副主席参加为期一周的工商联干部专业化能力提升培训班，培训结束后，组织执委对培训内容进行转培训，引导非公有制企业开阔视野、转变观念、创新思维，提升工商联执委的综合素质和履职能力，推动自身企业实现高质量发展。12月，召开市工商联（总商会）第六次会员代表大会，选举产生第六届工商联（总商会）领导机构和领导班子，实现新老交替、政治交接。选举执委65名；主席（会长）1名；专职副主席（副会长）1名；兼职副主席10名；兼职副会长14名；秘书长1名。配齐配强领导班子，配备专职副主席1名，党组成员1名，招2名公务员，壮大机关人员队员。联系对接市发改、科技、工信、农业农村、市场监管等行业主管部门，获取这些部门评选出的本领域的各类优秀民营企业和民营企业家的名单及其信息并在人才库系统进行补充完善。

【非公经济服务】 2021年，霍州市工商联组织开展“大走访、送服务”活动，工商联班子及机关工作人员先后到晋丰生物科技有限公司，霍州市同兴禽业有限公司、霍州市鸣梦老粗布有限公司、霍州市喜来顺餐饮等多家企业开展实地调研，把“我为群众办实事”实践活动作为开展党史学习教育的基本着力点，详细了解各企业在生产经营过程中遇到的困难和问题，摸清企业生产经营中的难点、痛点，听取企业家心声，解决好人民群众的操心事、烦心事、揪心事，征求企业负责人对工商联工作的意见建议。组织晋丰生物科技有限公司、霍州市霍宴餐饮管理有限公司、益智幼儿园等多家会员企业参加霍州市“暖心助航、就创青春”2021年秋季招聘会，发挥桥梁纽带作用，增强做好就业创业工作的责任感和使命感，利用招聘平台，帮助会员企业解决用工和人才招聘难题，助力企业健康发展。

加大法律服务力度，维护广大民营企业家的合法权益，开展“送法入企　法治护航”活动，发挥市人民检察院驻工商联联络站的作用，推动构建亲清政商关系。9月召开企业家工作座谈会暨民法典专题宣讲会。工商联及司法局领导干部、法律服务人员通过对接包联、结对服务，与包联企业进行工作对接，通过现场座谈了解企业生产中存在的困难及司法需求，并给予答疑解惑。现场赠送《中华人民共和国民法典》书籍，宣讲《民法典》与企业权益保护相关法律法规。11月，司法局领导干部、法律服务人员深入同兴禽业、喜来顺餐饮、唐荣市场等企业了解企业存在的法律难题，让律师现场解答，为打造法治化营商环境，促进民营经济健康发展。

【光彩事业和公益事业】 2021年10月汛期期间，霍州市工商联组织会员企业献爱心，携同利商贸有限公司向红十字会捐赠面粉、大米、食用油、被褥、衣服、塑料布、手电筒、方便面等物资价值7700余元。驻五里垣村工作队排查到脱贫户李巧连老人窑洞漏雨、后靠倒塌，为其购买并铺设防雨设备，帮助老人搬至其女儿家暂住，确保汛期老人的生命财产安全。实地慰问五里垣村受灾群众，向五里垣受灾群众捐助被褥、食用油、方便面等应急物资。工商联兼职副主席刘用渠、朱小海连续多年，每年资助贫困学生10万元。 （郑越）

霍州市文学艺术界联合会

【概况】 霍州市文学艺术界联合会（简称霍州市文联），是中共霍州市委宣传部主管的群众团体，是党和政府联系全市广大文艺工作者的桥梁和纽带。霍州市文联成立于1985年5月，2021年，有工作人员7人。设主席1人、支部书记1人、副主席1人，干事4人。市文联有作家、书法、音乐、舞蹈、美术、戏剧、曲艺、摄影、民间文艺等九个下属协会，各类会员320余人。

【刊物发行】 2021年，霍州市文联同《霍山》编辑部完成四期《霍山》杂志出版发行任务。杂志刊用小说10余篇、散文40余篇、诗歌60余篇。在建党100周年之际，特办庆祝中国共产党成立100周年《霍山》专刊。配合山西省《九州诗文》杂志编辑出版霍州行专辑。编辑出版《天下霍姓出霍州》文辑和《庆祝建党100周年书画美术摄影展》作品集。

【文化工程】 2021年，霍州市文联策划实施“天下霍姓出霍州”展览体验馆和配套场馆工程（七里峪景区中镇山门一、二层）。在技术上采用国内目前展馆最先进的声光电、沉浸式体验技术；在展馆主题特色的把握上，以“天下霍姓出霍州”为主线，呈现霍州深厚的历史文化底蕴，全面贯彻新时代中国特色社会主义思想对弘扬中华传统优秀文化的内在要求。此工程已成为展示霍州文旅发展的新地标。

【艺术活动】 2021年，霍州市文联组织一支小型文艺志愿者队伍编排节目深入基层宣传党的十九届六中全会精神。与上海美术学院版画系合作在太原省文联大厦展厅举办“平阳木版年画原刻版展”。各级领导、专家学者及来自全省的木版年画传人、古籍印刷专家参加开幕会，中央电视台书画频道、新华社、中新网、《山西日报》、《临汾日报》的记者参加会议并进行宣传报道，通过展览宣传“天下门神源霍州”历史文化品牌，从而提升霍州的知名度。举办霍州市庆祝建党100周年大型书法、美术摄影展。与山西省教育学会书法教育专业委员会合作，在霍州市共同举办山西省第三届教师书法获奖作品展。与山西师大美术学院合作，在中镇霍山七里峪举办山西师大美术学院教师“霍州行”油画写生展。与市老年书画协会举办庆祝老年书画协会成立三十周年书法美术展和州署广场书法笔会。举办霍州市第三届书法临摹展。

【协会建设】 2021年，霍州市文联调了作协、书协、美协、舞协、摄协部分组成人员，吸收新鲜血液，关注“两新”人员。引导各协会围绕中心和群众需求开展工作。

【驻村帮扶】 2021年，霍州市文联包联陶唐峪乡曲坡村五户贫困户，工作队深入调查研究，与乡村干部制定脱贫巩固计划和乡村振兴规划。截至年底，组织文艺工作者进村慰问演出。

【文化交流】 2021年5月，霍州市文联联系山西省《九州诗文》杂志社，组织50余人的采风队伍到霍州采风。来自全省各地的作家、诗人实地参观霍州市的霍州窑、霍州署、七里峪、州里街、党群服务中心和石兰峰纪念馆。

【文艺创作】 2021年，霍州市文联结合实际组织创作一批文艺作品，其中，张翠平诗歌《暮春》获临汾市2020—2021年度精神文明建设“五个一工程奖”。李达鹏创作的摄影作品《残疾人养殖脱贫》获山西省贫困残疾人脱贫攻坚主题摄影作品评选一等奖。梁庆平创作的霍州干口《喜庆党建一百年》获省文旅厅三等奖。闫记红撰写的《民间艺术珍品平阳木版年画》、文联组织的《临汾霍州市——让党的十九届六中全会精神进基层入民心》均被推送到“学习强国”平台进行宣传。（武文平　李达鹏）

霍州市残疾人联合会

【概况】 霍州市残疾人联合会是代表残疾人利益，维护残疾人合法权益，团结教育残疾人，为残疾人服务，管理和发展残疾人事业的人民团体。主要职责：宣传贯彻《中华人民共和国残疾人保障法》，维护残疾人权益，开展各项业务和活动，为残疾人服务，承担政府委托的部分行政职能，管理和发放中华人民共和国残疾人证，管理和指导各类残疾人群众组织，培养残疾人工作者，发展和管理残疾人事业。

【康复工作】 2021年，霍州市残联完成205名听力残疾人摸底调查及服务工作。与市医疗集团、康之声助听器中心、同德医院、济民医院共同开展爱眼日、爱耳日、助残日、残疾预防日宣传活动。完成0～6岁儿童残疾筛查15名和儿童抢救性康复救助33名。联合各定点儿童康复机构下乡入户进行宣传，确保每名残疾儿童得到早期干预与训练。为11名残疾人假肢装配取型。为残疾人发放各类辅助器具338件，其中，轮椅136辆、手杖65副、腋杖24副、坐便椅21把、助行器16件、助听器29件、防褥疮垫9件、盲杖34件、助视器4件。

【残疾人证办理】 2021年，霍州市残联增加上门办证服务的次数，为出行不便的残疾人解决实际困难，全年上门7次，办证172份。开通残疾人证跨省通办业务。对工作人员进行全面优质服务培训，严格办证、换证流程，新办证331份，到期换证437份。

【教育工作】 2021年，霍州市残联和市教科局密切协作，落实《山西省第三期特殊教育提升计划实施方案（2021—2025）》文件精神，推动实施“一人一案”，2021年安置残疾适龄少年儿童186人，其中幼儿园7人，普通学校随班就读125人，送教上门54人。由市政府分管副市长牵头成立霍州市残疾人教育专家委员会。中央彩票公益金学前助学资助残疾儿童6名，山西省彩票公益金扶残助残项目资助残疾大学生1名，残疾人家庭子女大学生1名，临汾市彩票公益金扶残助学项目资助残疾大学生1名，残疾人家庭子女大学生4名。

【就业工作】 2021年，霍州市残联完成残疾人就业实名制系统录入，录入城镇新增残疾人就业65人，农村新增残疾人就业46人，城乡残疾人新增培训62人，已完成目标任务。全年向省级输送培训残疾人4人，市级输送培训残疾人9人，其中计算机组装与维修2人，汽车美容师1人，护理1人，保健按摩1人，电子商务4人，小儿推拿2人，驾驶员2人。以政府购买服务的方式，委托文平职业培训学校培训40名残疾人学习剪纸。完成残疾人就业保障金审核工作，对9家吸纳残疾人就业的企业进行审核工作，征收残保金595.457009万元。

【维权工作】 2021年，霍州市残联为16名残疾人发放机动轮椅车燃油补贴，每人每年补贴260元。受理残疾人来电来访200余人次，答复率100%；化解矛盾50起，无越级上访。贫困残疾人家庭无障碍改造工作。自筹资金，为全市65户农村建档立卡户、城市低保户残疾人家庭进行无障碍改造，改善残疾人日常生活状况，使无障碍设施落到实处。提升残联干部依法行政水平。以建设服务型、法治型机关为目标，推进依法行政工作，加大残疾人法律、法规宣传工作。发挥网站、报纸等传统新闻媒体和微信等新媒体的作用，重点做好残疾人优惠政策的宣传工作，残疾人政策让残疾人应享尽享。加强残疾人政策法规知识培训，特别是《中华人民共和国残疾人保障法》等法律法规，提高依法行政意识和残疾人法律意识、维权意识。

【调查工作】 2021年，霍州市残联开展全国残疾人基本状况调查霍州市调查工作，成立调查工作领导组，制订工作方案，明确基本状况，调查工作的目标、任务、方法、步骤及各项任务的完成时间节点、具体要求。面对5886个调查对象，做到乡不漏村、村不漏人。在入户调查阶段，每个调查员对每个调查项目要做到解释到位，对每个调查对象的服务状况和需求要做到了解详尽，询问细致。入户登记5429人，电话登记237人，注销142人，78人因故未参与调查。

（杨泽艳）

霍州市红十字会

【概况】 红十字会是从事人道主义工作的社会救助团体，保护人的生命和健康，维护人的尊严，发扬人道主义精神，促进和平进步事业。主要职责是开展救援、救灾的相关工作，建立红十字应急救援体系。在战争、武装冲突和自然灾害、事故灾难、公共卫生事件等突发事件中，对伤病人员和其他受害者提供紧急救援和人道救助；开展应急救护培训，普及应急救护、防灾避险和卫生健康知识，组织志愿者参与现场救护；参与、推动无偿献血、遗体和人体器官捐献工作，参与开展造血干细胞捐献的相关工作；组织开展红十字志愿服务、红十字青少年工作；参加国际人道主义救援工作；宣传国际红十字和红新月运动的基本原则、日内瓦公约及其附加议定书；依照国际红十字和红新月运动的基本原则，完成政府委托事宜；依照日内瓦公约及其附加议定书的有关规定开展工作；协助政府开展与其职责相关的其他人道主义服务活动。

【募捐救灾】 2021年，红十字会募集“博爱一日捐”捐款63117元，用于全市“因病致贫”及“因灾致贫”的困难家庭，开展“博爱送万家”活动。截至12月底，霍州市红十字会接收爱心捐款累计177250元，各类救灾物资累计价值310720元；接收山西省、临汾市红十字会下拨霍州市救灾物资价值2538103.4元、洪涝灾害捐赠资金9550000元。霍州市红十字会接收的爱心捐款，发放各乡镇129500元，余47750元，使用率73%；接收各类救灾物资，发放至各乡镇284068元，余26652元，发放率91%；山西省、临汾市红十字会下拨霍州市洪涝灾害捐赠资金9550000元、救灾物资价值2538103.4元全部发放至各乡镇，使用率100%。

【石兰峰纪念馆恢复重建】 红十字会全面负责石兰峰纪念馆的恢复重建工作。2021年11月，新建高标准石兰峰纪念馆展览厅，建筑面积280平方米，包括展览厅、电影放映室，完善《石兰峰》电影拍摄基地各项设施。作为霍州市的一处红色教育基地，纪念馆对全社会进行开放，特别是清明节期间、民族传统节日、建党建国等节日，广大党员干部、当地学生、医务工作者、亲属及患者家属、社会各界人士都积极参观石兰峰纪念馆，为石兰峰扫墓，开展纪念活动，重温石兰峰事迹，弘扬石兰峰精神，赓续红色基因，践行社会主义核心价值观。

【应急救护培训】 2021年，红十字会普及应急救护知识，开展应急救护培训，提高全市各级领导干部和广大群众的防灾减灾意识和应急救护技能，营造“人人学急救，急救为人人”的社会氛围。完成2021年中央彩票公益金支持红十字事业发展项目、霍州市红十字志愿者初级救护员应急救护培训工作，培训李曹镇、市审计局、市卫体局职工、曙光救援队及霍州市长跑协会志愿者共100余名，培训内容包括红十字运动的起源、救护概念、心肺复苏、常见疾病应急处理、意外伤害及消防知识等。（薛炜）

法　　治

政法委及综治

【概况】 霍州市委政法委下设11个科室，办公室、政工室、调研宣教室、执法检查室、案件督办室、督察室、综治督导室、基层社会治理室、维稳指导室、反邪教协调室、政治安全室。主要职责是以习近平新时代中国特色社会主义思想为指导，深入贯彻习近平法治思想，认真落实习近平总书记重要指示和中央政法委、省委政法委及市委的决策部署，坚持党对政法工作的绝对领导，坚决维护党中央权威和集中统一领导；贯彻中央要求、省委决定和市委部署，对全市政法工作研究提出全局性部署，推进平安霍州、法治霍州建设，坚决维护国家政治安全、确保社会大局稳定、促进社会公平正义、保障人民安居乐业、服务经济社会发展。指导政法部门做好媒体网络宣传工作；监督和支持本市政法各部门依法行使职权，指导和协调本市政法各部门密切配合，研究和协调重大、疑难案件，提升执法司法公信力；深化政法领域全面改革工作；指导推动全市政法系统党的建设和政法队伍建设，统筹推动政治督查和政治轮训。

【总体部署】 2021年，霍州市委政法委围绕霍州市委七届十次全体会议暨市委经济工作会议确定的“转型出雏形、率先蹚新路”总体目标，紧盯“三件大事”，巩固拓展疫情防控和经济社会发展成果，护航高质量高速度发展，坚持党对政法工作的绝对领导，坚持以人民为中心的发展思想，坚持稳中求进工作总基调，坚持统筹发展和安全，以政治建设为统领，以推动政法工作高质量发展为主题，以抓基层、强基础为主线，以为建党100周年创造安全稳定的政治社会环境为目标，以“三零”单位创建为牵引，以三大领域专项打击整治、落实“两工程一机制”、推进扫黑除恶常态化、市域社会治理现代化、创优法治化营商环境、政法领域改革、政法队伍教育整顿为重点，全面推动政法工作高质量发展。

【政治安全工作】 2021年，霍州市委政法委坚持把落实“护城河”工程、“雷达”工程和战时工作机制作为维护政治安全的基础。围绕建党100周年安保维稳工作，紧盯各类风险隐患，推进“铸墙”“净土”“攻心”“反制”四大工程建设，坚决守住维护国家政治安全和社会稳定的底线、红线。加强邪教组织侦查打击和教育转化攻坚。对重点人员包保转实行动态管理，确保不漏管、不失控，确保盯死看牢。组织开展网上网下摸查排查，对印刷店、复印店进行巡查突查，清理邪教书籍及有害信息，打击邪教组织非法出版传播活动，加大对有害出版物的封堵清缴。在重大安保和敏感节点，加强重点人、事、物以及重要线索核查指挥调度，“大型活动安保维稳协同指挥作战平台”纳控15类重点人员，保证各项安保工作万无一失。

【扫黑除恶】 2021年，霍州市委政法委坚持除恶务尽，在各行业、领域监管部门建立健全线索移交机制，开展涉黑涉恶案件倒查工作，推进信息网络、自然资源、交通运输、工程建设四大行业领域整治，下发四大行业领域风险提示函。坚持24小时网上巡查，集中开展“拉网式”“地毯式”的再排查、再整治。开展占用公路打场晒粮、公路沿线摆摊设点、占道经营专项整治，取缔非公路标志标牌行为4起。全覆盖走访在建项目和重点工程，在房地产开发和物业管理等一线摸排线索，打掉恶势力犯罪团伙1个，破获刑事案件2起，抓获嫌疑人2名。

【平安霍州建设】 2021年，霍州市委政法委开展防范非法集资和防范电信网络诈骗工作，发放防范非法集资和电信网络诈骗宣传手册20余万份、张贴海报8万多张、悬挂横幅3250余条、入户宣传10余万户、签订反诈承诺书10余万份、通过公众号发布反诈提示100余条、拍反诈短视频60部，组织社区民警和网格员联动推广安装“国家反诈中心”APP行动，注册12万余人。开展村（社区）“两委”换届信访稳定工作和灾后恢复重建期间安全稳定工作。推进全市三大领域打击整治专项行动，破获刑事案件77起；提起公诉案件37起；进入一审判决案件30起。加大矛盾纠纷排查化解力度，全年没有一起民转刑案件发生。

【基层社会治理】 2021年，霍州市委政法委推进“全科网格”建设。健全普通网格350个，专属网格35个，组成市、乡、村三级全科网格队伍。网格员履行基础信息采集、社情民意收集、安全隐患排查、矛盾纠纷排查化解、特殊人群服务管理、公共服务代办、政策法规宣传等职责，全年通过网格上报19734件，有效事件办结率100%。坚持和发展新时代“枫桥经验”，开展矛盾风险动态排查、防范化解，努力做到矛盾纠纷不上交。开展平安单位、平安村（社区）等基层平安创建活动，群众社会安全满意度90%以上。

【高质量转型发展】 2021年，霍州市委政法委落实“保障高质量转型发展40条措施”，为服务经济社会发展主动作为。特别是外来投资创业者的报案、控告、投诉。开展优化法治化营商环境专项执法检查，做到服务“零距离”、执法“零干扰”、滋扰“零容忍”，打造优质营商环境，护航霍州市经济高质量转型发展。执法检查室多次开展涉农商行金融贷款清欠清收专项执行行动，清欠清收活动案件83件，执行到位135万余元，发布失信被执行人名单140余人，限制高消费140余人。

【政法队伍建设】 2021年，霍州市委政法委坚持“严”的主基调，坚决清除害群之马，组织核查问题线索、倒查涉黑涉恶案件（线索）、重点案件交叉评查、涉法涉诉信访重点案件清查、法律监督专项检查，对所有重点问题线索核查实现清零。开展司法救助工作，救助3案4人，发放司法救助金53万余元。集中整治“六大顽瘴痼疾”和其他突出问题，实现问题整改清仓见底。把整改落实与建章立制相结合，健全任职回避、重要岗位轮岗交流等制度。选树临汾市级优秀党员1名和霍州市先进基层党支部5个、优秀党务工作者6名、优秀党员4名。组织英模事迹宣讲，展现政法队伍的时代楷模。

开展“我为群众办实事”实践活动，集中推出54项便民举措，将学习教育成果转化为推动重点工作的动力。

【政法宣传】 2021年，霍州市委政法委“霍州政法”微信公众号和微博新媒体转发、更新宣传党中央、省、临汾市及霍州市的有关政法工作指示方针政策、政法队伍教育整顿的重要意义及开展落实情况、党史学习教育知识等。组建政法网军队伍并入驻政法网宣指挥调度平台，都高质量完成网宣平台反馈任务。市政法系统优秀信息被山西长安网群采稿13篇。其中，山西长安网采用10篇，“山西政法”抖音采用1篇，“山西政法”微博采用2篇，临汾政法新媒体采稿累计35篇，编发政法简报21期。（蘧志丹）

公　安

【概况】 2021年，霍州市公安局围绕全市中心工作大局，以党史学习教育和队伍教育整顿为牵引，强势开展反诈防诈、禁毒宣传、枪爆整治、打击非法集资、跨境赌博等攻坚战和“全警办案、破案攻坚”“平安霍州”等系列专项行动，完成建党100周年、十九届六中全会等重大安保维稳任务，为霍州市加快“转型出雏形、率先蹚新路”创造安全稳定的政治社会环境。

【教育整顿】 2021年，霍州市公安局开展政法队伍教育整顿，“两张清单、三色管理”的做法得到山西省驻点指导组的肯定，在全市推广。开展“七查”攻坚，整治顽瘴痼疾，有57名民警主动向组织说明问题，排查整改各类问题74个，兑现从宽政策93人。做好建章立制，制定22项常态化制度机制，出台便民利民新措施10条，为群众办实事132件。按政法队伍教育整顿规定要求，对重点岗位任职满5年的56人进行交流轮岗、6人进行分工调整，压减7个机关科室，将城市3所合并。

【政治维稳安全】 2021年，霍州市公安局打击查控邪教组织，完成临汾市局交办的“8·27”专案配侦任务，联合统战、宗教部门做好涉案人员教育转化。深入推进反恐怖斗争，开展重点反恐目标安全隐患排查。

【社会治安防控】 2021年，霍州市公安局开展“三零”单位创建和风险隐患排查化解，摸排化解各类矛盾纠纷案件208起，全市开展“三零”创建工作。常态化应用“情指勤舆”一体化和街面巡防“最小作战单元”机制，车辆巡逻5500辆次、步巡6200人次，提高见警率和管事率。推动全市中小学、幼儿园实现专职保安、一键报警、视频监控、封闭式管理“四个100%”和护学岗制度，全市6个公安检查站、治安卡口在敏感时期和关键节点梯次启动高等级防控勤务，筑牢环京护城河防线。完成村（社区）“两委”换届选举安保任务，出动警力1000人次、警车200辆次，审查人员1049人，查处涉及破坏选举案件1起，行政拘留2人，保障村（社区）“两委”换届选举顺利进行。

【违法犯罪打击】 2021年，霍州市公安局破获各类刑事案件396起，抓获犯罪嫌疑人270人，缉捕逃犯26人，全年未发生现发命案和重大刑事案件，破2006年命案积案1起，传统盗抢骗刑事案件比上年同期下降12%，破案率同比上升350%，构建起平安霍州、文明城市的安全屏障。常态化推动扫黑除恶专项斗争，开展信息网络、自然资源、交通运输、工程建设四大行业领域整治，破坏洪洞恶势力犯罪团伙1个，下发四大行业领域线索征集表68份、风险提示函48份。强势推进打击毒品违法犯罪，破获涉毒品刑事案件10起，抓获犯罪嫌疑人10人，查获吸毒人员，强戒4人，缴获各类毒品957.04克，给吸毒人员建档，打掉了多年盘踞在霍州、洪洞、灵石的吸贩毒团伙1个，省公安厅两次污水毒情检测各项指数明显下降，在全临汾市考核排名靠前。高压打击治理电信网络诈骗犯罪，2021年全市电诈案件立案335起，从4月起连续7个月呈下降趋势；破案83起，同比上升538%；抓获犯罪嫌疑人65人，同比上升400%；止付1981万元，冻结743万元，返还120.1万元。推广应用“国家反诈中心”“临汾反诈卫士”APP，网格化实名注册，构建“不敢骗、不能骗、骗不到”反诈防诈工作格局。高压打击整治黄赌问题，特别是针对群众反映强烈的滨河路开发区一带服务场所涉黄问题，集中端掉11个涉黄窝点，破获涉黄赌刑事案件11起、行政案件79起，查处166人。

【公共安全管理】 2021年，霍州市公安局强化危爆物品管理，开展公务用枪专项排查整治和烟花爆竹禁燃禁放工作，对全市涉煤企业、涉枪涉爆单位和油气站开展全覆盖地毯式排查，收缴各类子弹1726发、猎枪3支、烟花爆竹5.7万挂、过期雷管27952枚、炸药6658公斤，全部安全销毁。深入推进“减量控大”。推行“路长制”管理模式，开展道路交通事故预防“减量控大”，2021年全市发生一般交通事故195起，同比下降15.38%；财产损失51154元，同比下降68.73%，道路交通形势稳中向好。抗疫防汛冲在最前，适时启动战时机制，设立6个疫情查验检查站、4个隔离值守点，核查管控追踪涉疫关联人员503批次22223人，全力投入抢险救援、人员疏散、隐患排查、交通管制，有效应对40年来最大洪峰通过本市。

【便民服务管理】 2021年，霍州市公安局围绕全市创国家级卫生城市、省级文明城市工作大局，局班子成员“点对点”包联重点项目企业，主动上门服务，提供高效优质的公安政务服务。推动110接处警工作机制建设，建立与书记热线、市长热线联动渠道，规范分流处置非警务警情。开展“护校安全”行动，城区校园上下学高峰期全面落实护学岗机制，排查整治校园突出安全问题，保障师生安全。聚焦群众办事高频事项，推行户籍、出入境、车驾管等窗口一站式办结，办理出入境证照业务915人次、居民身份证18654人次。推进靓城提质“三大行动”，鼓楼东西街实行路长制，出台北环路“海绵停车位”管理办法，最大程度方便群众。“团圆”行动知民心顺民意，开通打拐寻亲DNA血样采集绿色通道，帮助流落本市30年的湖北籍失踪人员找到家人，被CCTV-13法制频道专题报道，组织认亲活动4次，完成团圆行动战果5个。

【规范化建设】 霍州市公安局对2021年以来涉及涉案财物的所有刑事、行政案件进行回头看，梳理出涉案财物管理案件109件，整改109件，整改率100%。加强执法能力建设，对执法部门业务骨干集中培训9次，公安队伍执法水平稳步上升。开展执法活动和涉案财物专项审计，发现问题49个，涉及金额59万余元。

【从优待警】 2021年，霍州市公安局把解决历史遗留警务辅助人员问题作为头等大事，研判事前事后风险，制订“三个一批”整体方案，市委、市政府全力支持优先保障，拨付专项经费1208万元，解决116名历史遗留辅警的养老、医保补缴和79名招聘辅警的相关待遇，为247名辅警提高工资待遇至1620元/月，按1∶2.5比例增加辅警员额；2022年辅警所需薪酬、险金1130万元全部纳入财政预算，基本解决困扰公安机关多年的瓶颈性问题。组织首个人民警察节庆祝、迎国庆重温入警誓词、民警荣休暨“光荣在党50年”纪念章颁发仪式等活动，为全局辅警购置警用服装装备和防汛防疫物资，为患重病辅警捐款3.2万元，组织全局864名民（辅）警、退休干部健康体检。选树辅警赵燕军等一大批典型模范，1个集体、2名民警被省厅通报表扬，被临汾市评选为优秀共产党员1人，临汾市公安局评选集体三等功1个、个人三等功4个、个人嘉奖1人、先进个人3人，获评霍州市先进基层党支部3个、优秀党务工作者1人、优秀党员1人、“最美民警”6人，霍州融媒等多家新闻单位广为刊发报道。（韩文军）

·公安局交通警察大队·

【交通管理】 霍州市公安交通警察大队（以下简称霍州交警队）机关位于霍州市主城区北边，108国道退沙段，占地面积9000平方米，建筑面积3800平方米。大队设立城市中队、公路巡警一中队、公路巡警二中队、辛置中队、白龙中队、什林中队、大张中队、环监中队。根据交通安全管理职能，设立了办公室、宣教科、秩序科、车管所、事故中队、霍州市道路交通事故快速理赔服务中心、道路交通安全形势分析室、督察室、法制科、安全设施科、指挥中心、警务保障室和交通事故调解委员会等。

2021年，全市道路总里程为1910.684千米，机动车保有量42848辆，驾驶人73540名。

聚焦交通安全隐患排查整治、城市交通安全综合治理、公路交通安全风险防控、农村交通安全固本强基、交通安全宣传重点提升、部门协同共治联动“六大攻坚行动”，开展公路违法超员和违法载人专项治理“百日行动”、道路交通安全整治“百日行动”、三轮车道路交通违法专项整治、“庆祝建党100周年”决战决胜阶段道路交通安保等专项行动。围绕三大战场，在国省公路交通管理上，创建108国道霍州段821千米＋200米至829千米＋800米路段示范公路；在农村道路交通管理上，完善“一村一警”工作新机制，根据全市乡镇、建制村、道路情况、农用车数量，建立基础台账1260册，分别签订交通安全责任承诺书78份、道路交通安全责任书1258份、交通安全承诺书1870份，发放村（社区）安全文明出行倡议书1104份；在城市道路交通管理上，采取“一路一策、一段一策”，推动主城区“三道十二路六街”逐步实现靓城提质目标，以鼓楼东西街为试点，出台了北环路“海绵停车位”管理办法。全市道路交通事故“四项指数”全面下降，道路交通秩序稳中向好。

加大对农村道路事故多发路段和点段的排查力度，对疫情防控检测点撤出后，各村口路段仍存在的道路交通安全隐患，及时上报相关部门排除。

加强路面巡逻管控，在国省道、城区主要路口、路段加派警力疏堵保畅，提高道路通行率，护航“六稳”、落实“六保”，确保企业生产物资运输车辆通行。

（陈春洪　刘卉　郭瑞）

检　察

【概况】 2021年，霍州市人民检察院全院检察人员62人。机关内设办公室、政治部、第一检察部、第二检察部、第三检察部。加强综合保障，齐心协力服务检察环节，机要文件收发及时准确，保密工作严格落实，提高信息编辑能力，宣传检察机关职能和检察工作取得的成绩。保障日常技术工作，部署检察业务系统2.0的应用，实现检察听证、远程提讯和远程庭审的常态化，配合纪检委完成信息化统计。主动接受人大监督，定期听取人大代表的批评、意见和建议。健全各项档案管理规章制度，规范管理，防止不规范借阅、调档现象，确保档案安全保密。

【案件处理】 2021年，霍州市人民检察院受理批准逮捕101人，受理审查起诉案件208件265人，决定提起公诉183件224人。适用认罪认罚从宽制度，办理案件187件228人，适用率为88.72%。受理未成年人审查逮捕案件5件6人，其中，未成年犯罪嫌疑人2人，均批准逮捕。对罪错未成年人的监护人发出“督促监护令”。落实“一号检察建议”，法治副校长13次走进各中小学宣传法律知识。

【听证工作】 2021年，霍州市人民检察院采用调看监控及与看守所民警座谈等方式开展工作，确保看守所安全无事故。全年受理信访案件10件，所有信访均在7日内告知，“已收到、谁在办”，三个月内办理过程或结果答复率达到100%。全年召开听证会13次。全年依法救助16人，拨付救助款46万余元。守护人民群众“口袋里的安全”，开展“断卡”行动，依法提起公诉17件19人。

【民事案件处理】 2021年，霍州市人民检察院受理各类民事监督案件15件，其中，办理生效裁判监督案件1件，审判程序违法监督案件1件，执行监督案件11件，支持起诉案件2件，检察建议和支持起诉采纳率100%。办理各类行政检察案件5件。其中，行政争议实质性化解案件1件，行政违法行为监督案件4件。助推行政机关依法履职，实现案结事了政和。办理各类行政公益诉讼53件，民事公益诉讼案件7件。其中，食品药品类公益诉讼案件32件，生态环境和资源保护公益诉讼案件7件，探索办理涉及公共安全、革命文物保护、赡养类、未成年人保护等新领域案件21件。起诉刑事附带民事公益诉讼案件4件，收缴惩罚性赔偿金28000元，野生动物资源损失费24600元。

（刘芳）

法　院

【概况】 霍州市人民法院维护社会主义法治和社会秩序，保护社会主义的全民所有的财产、劳动群众集体所有的财产，保护公民私人所有的合法财产，保护公民的人身权利、民主权利和其他权利。全年，霍州市人民法院班子集中学习12次，班子成员讲党课3次。贯彻落实《中国共产党政法工作条例》，市法院的重大工作部署、重要人事安排、重要改革事项及时向市委汇报，争取支持。全年向市委、市委政法委请示报告重大事项13次。

把党史学习教育作为一项重大政治任

务，以支部为单位开展各类研讨16次，撰写心得体会300余份，赴霍州红色教育基地学习3次，推出为残疾人和律师开通绿色通道、设置便民服务区等便民利民措施20条，为群众办实事53件，推动掀起党史学习教育热潮。围绕庆祝建党100周年开展系列活动，召开“两优一先”评选表彰活动、走访慰问“光荣在党50年”老党员并颁发纪念章、开展“唱支山歌给党听”主题歌曲传唱等活动。

【刑事审判】 2021年，霍州市人民法院受理各类刑事案件204件，审结186件，判处罪犯219人，其中，判处十年以上有期徒刑9人，五年以上十年以下有期徒刑8人，五年以下有期徒刑96人，非监禁刑106人。其中，审结故意伤害、“两抢一盗”、危险驾驶等犯罪82件87人。审结食品药品、制假售假犯罪案件3件3人，其余3件正在审理中。审结环境资源类案件1件5人。审结涉毒品犯罪案件9件9人，审结涉黄涉赌犯罪案件3件4人，以“零容忍”“零懈怠”态度，对黄赌毒案件做到快审速判。审结电信网络诈骗及其关联犯罪案件22件23人。

【民商事审判】 2021年，霍州市人民法院受理各类民事案件1732件，审结1586件，其中调解、撤诉849件，调撤率53.6%。其中，审结买卖、借款、租赁、建设工程等合同纠纷案件291件。加大民生案件的审理力度，审结涉劳动争议案件21件，道路交通纠纷案件115件，保障人民安居乐业。妥善化解离婚、抚养、赡养等婚姻家庭纠纷案件384件，调撤193件，调撤率50.26%，保障未成年人、妇女和老年人的合法权益。

【行政审判】 2021年，霍州市人民法院依法保护行政相对人合法权益，审结行政诉讼案件和非诉申请执行案件44件。引导行政机关依法参加诉讼活动，行政机关负责人出庭应诉33人次，破解“告官不见官”司法困局。引导行政机关主动纠错、主动救济行政相对人合法权益，依法撤销或确认行政行为违法案件8件。坚持“法律六进”，履行法官社会责任，扎实开展送法下乡、校园普法等活动5次，把诉讼服务和法制宣传送到群众家门口。

【队伍教育整顿】 2021年，霍州市人民法院开展政治轮训11次，警示教育2次，讲廉政党课2次，召开廉政报告会1次、研讨交流3次，专题讲座1次，观看专题节目5次，撰写各类心得体会520篇，筑牢政治忠诚。深化思想发动，开展3轮谈心谈话，为主动说明问题的30名干警及时兑现“从宽”政策，依纪从严处理19人。开展“七查”工作，办结问题线索52条，整改瑕疵案件32件，整治影响执法司法的顽瘴痼疾39件，整改霍州市委政法委队伍建设巡查组提出的问题22个。围绕正风肃纪、司法权制约监督等4个方面，制定完善《霍州市人民法院院庭长审判监督管理办法（试行）》等24项制度，以制度形式固化落实教育整顿成效。

【平安霍州建设】 2021年，霍州市人民法院开展矛盾纠纷多元化解工作，新建6个调解室，购买1套在线调解设备，邀请5个调解组织，选派10名调解员入驻人民调解平台，全年在线累计调解930件，调解成功672件，调解成功率69.1%，平均调解时长13.9天。加强联审工作，全年对6343名党代表、人大代表、政协委员、先进个人等进行联审。

【营商环境法治化】 2021年，霍州市人民法院研究制定《霍州市人民法院关于开展护航高质量转型发展实施方案》，依法平等保护企业合法权益。从快审结涉民营企业纠纷案件406件，涉案金额1.19亿元，为企业挽回经济损失4584.3万元。妥善审理破产案件2件，保障企业、债权人和债务人等主体合法权益。

【金融风险】 2021年，霍州市人民法院开展防范化解金融领域风险专项行动，制定《霍州市人民法院联企服务实施方案》，送法进企业活动5场次。依法审理金融借款和民间借贷案件493件，涉案金额1.17亿元。深入开展涉农商行执行案件专项工作，执结83件，执行到位金额710余万元，查封房产8套，车辆22辆。

【案件执行】 2021年，霍州市人民法院加强党员、国家工作人员违法犯罪案件线索通报机制和刑事审判工作。向霍州市纪委监委通报、移送党员、国家工作人员犯罪案件和案件线索13案14人，向霍煤纪委移交犯罪案件和案件线索18案28人。审结职务犯罪案件13件14人，其中，上级法院指定审理的重大职务犯罪案件5件5人，上缴国库3828.1万元，返还被害单位1748.6万元，罚金790.5万元。

【乡村振兴和防汛救灾】 2021年，霍州市人民法院66名在编党员干警对口帮扶开元办17户贫困户，实行动态监测和常态化帮扶，完善档案资料，高质量完成脱贫攻坚成果后评估工作。在防汛救灾和灾后重建工作中，配合相关部门对5户受损房屋进行安全鉴定，全力保障村民灾后住房安全。积极开展“战汛情、献爱心”捐款活动，捐款8750元，捐助物资棉被100床。

【执行工作】 2021年，霍州市人民法院受理各类执行案件830件，结案820件，执行到位金额5456.52万元。组织案款集中发放日活动，为23名当事人发放农民工工资、工伤赔偿等执行案款123.9万元。推动社会信用体系建设，对失信被执行人加大惩戒力度，将706人纳入失信被执行人名单，限制高消费797人次，拘传40人次，司法拘留6人次，维护胜诉当事人合法权益。

【立案诉服】 2021年，霍州市人民法院坚持群众需求导向，让当事人到一个场所、一个平台就能一站式办理全部诉讼事项，利用网上立案系统及跨域立案，实现就地“一站式”立案，一次性为当事人办理立案手续，落实诉讼材料全域流转。全年网上立案110件，跨域立案13件。

【信访和司法救助】 2021年，霍州市人民法院开展“集中治理重复信访、化解信访积案”专项工作，成立涉诉信访工作领导小组，推动信访案件实质性化解14件。畅通弱势群体涉诉绿色通道，依法为经济确有困难的5案5名当事人缓减免诉讼费15340元。依法对符合条件的14名当事人救助资金282062元。

【司法公开】 2021年，霍州市人民法院在中国庭审公开网直播庭审525件，录入电子卷宗2648件。通过法院门户网站、微信、微博等新媒体矩阵发布消息200余条，印发《党史学习教育简报》《队伍教育整顿简报》等计117期。

【司法改革】 2021年，霍州市人民法院1人进入员额法官，2名员额法官依规退出员额。发挥院庭长办案的示范、引领作用，全年办理各类案件1856件，结案1791件，占全院结案总数的67.8%，实现院庭长办案常态化。

【审判权制约监督】 2021年，霍州市人民法院制定司法责任制综合配套改革实施意见，完善审判委员会、合议庭工作细则，制定审判业务文件4份，做到用制度管事、管人。强化院庭长监督管理职责，立案阶段，由立案庭对所有案件进行“四类案件”甄别，承办部门进行确认，全年纳入“四类案件”监管平台案件56件。执行防止干预司法“三个规定”，全年记录报告37条。

【诉讼制度改革】 2021年，霍州市人民法院适用认罪认罚从宽制度判处案件178件217人，适用速裁程序审结刑事案件68件，刑事案件律师辩护实现全覆盖，指定辩护律师50人次，提供法律帮助90人次。

【干部队伍建设】 2021年，霍州市人民法院调整配备6名班子成员。积极与市委政法委、市委组织部沟通协调，对符合条件的15名员额法官和3名法警进行法官等级和警衔晋升。强化教育培训，围绕新法律法规和审判实务开展培训，选派10名干警参加省高院培训，65名干警参加临汾、霍州两级培训，提升干警正确适用法律，化解矛盾纠纷的能力。面向社会公开招聘30名劳务派遣人员，解决困扰市法院多年的临时人员待遇问题。（李兵平）

司法行政

【概况】 霍州市司法局有6个内设股室，即办公室、普法与依法治理股、法制工作股、社区矫正管理股、人民参与和促进法治股、公共法律服务管理股；有12个基层司法所。主管霍州市法律援助中心、霍州市公证处、山西秀竹律师事务所、山西星硕律师事务所、霍州市鼓楼法律服务所、白龙法律服务所、北环法律服务所和辛置法律服务所。公务员35人，事业编制人员10人，工勤岗1人，公证员2人，注册律师9人，注册基层法律服务工作者22人。

【依法治市】 2021年，按照山西省和临汾市关于党政主要负责人履行推进法治建设第一责任人职责情况列入年终述职内容实施方案的要求，全市32名市管干部全部进行述职述法，抽调专人对全市59个市直单位和12个乡镇（街道办）党政主要负责人和班子成员履行推进法治建设第一责任人职责情况进行实地检查考核，做到“述法”“履职”一体推进，促进依法治市工作的开展。审查规范性文件5件。办理行政复议案件4件，加大行政复议工作力度。组织16家行政执法单位182名工作人员参加行政执法公共法律知识考试。落实行政执法公示、全过程记录和重大执法决定法制审核三项制度，全市28家行政执法单位开展行政执法案件评查和行政执法“三项制度”落实情况检查工作。

【普法宣传】 2021年，霍州市司法局搭建电台、普法短讯、“霍州融媒”多媒体普法宣传平台，制作播放法治专题栏目26期，在霍州融媒体中心制作“与法同行”法治栏目2期，发送普法短信1800余条，推送普法短视频、普法信息35条。广播电台通过每天十次温馨提示的形式宣传最新的法律法规，截至2021年底，播放法律知识26期。利用普法短信、微信公众号等互联网平台开展法律知识宣传，已发送普法短信1800余条。开展“我为群众办实事”活动，发放民法典、宪法宣传资料3000余份。为提升我市法治乡村建设水平，巩固“法律明白人”培养成果，组织安排各司法所对全市法律明白人进行线上培训，总计课时40小时。组织全市各单位参加中国普法网举办的以“习近平总书记在中央全面依法治国会议室的讲话”为主题的专项答题活动；在全市开展《民法典》网上答题3250人，4365人次。组织全市各单位观看2021年“百名法学家百场报告会”。组织开展2021年防范非法集资宣传月系列宣传活动，在州署广场设置集中宣传点，印制宣传折页、海报，发放普法围裙、购物袋、抽纸等宣传品。

【人民调解】　2021年，霍州市司法局贯彻山西省厅、临汾市局关于开展“调解七进、服务三零”专项活动的通知，开展专项活动各项环节工作，打造“四有”工作及设室、挂牌、亮标、值班，形成以局长为组长的工作专班。采取广播、网络，深入乡镇、街道，企业、超市等区域，集中开展宣传活动进行《人民调解法》的宣传，扩大宣传覆盖面，营造“有纠纷找调解”的浓厚氛围。组织各乡镇（街道）人民调解员参加线上专题培训，提高人们调解员业务能力及工作水平。市委依法治市办、市司法局联合政法委将全市345名全科网格员纳入“法律明白人、人民调解志愿者”队伍中，并颁发聘书。

【社区矫正安置帮教】　2021年，霍州市司法局执行社矫对象请销假、电子监管报到、社区矫正日报告等制度，落实日常管理工作，接收社区矫正委托调查函95份，出具调查评估意见书88份，接收社区矫正对象71人，解除社区矫正59人，在册108人（其中缓刑106人，管制0人，假释2人，暂予监外执行0人），训诫22人，警告9人，治安管理处罚2人。社区矫正对象全部按规定进行接收、宣告、建立执行档案及工作档案。全市现在册的108名社区服刑人员无一人脱管、漏管。其中利用社区矫正管理系统加强对社矫对象的监管工作在临汾市局名列前茅。安置帮教工作接收刑释解矫127人，其中，监狱释放68人，解除矫正已转安置帮教59人（其中，涉恶2人，重点11人，假释1人）。

【法律服务】　2021年，霍州市司法局受理各类法律援助案件64件。接待群众来电、来访咨询1280余人次。值班律师提供法律帮助199件，协助认罪认罚122件。全市22名值班律师和法律工作者，依托市法院诉讼服务中心、12个乡镇街道的公共法律服务工作站，为2848名群众提供免费法律咨询服务。推进一村（社区）一法律顾问工作，组建157个村（社区）法律顾问微信群，为基层干部群众提供更加便捷高效的法律服务。深入金税学校、辛置村等开展“法援惠民生、关爱特殊群体”活动。公证处在原有的一次性告知、延时服务、为行动不便者提供上门服务、节假日预约办证等便民措施上，开辟老年人绿色通道，完善免费咨询服务措施。共办理各类公证事项1065件，其中经济790件，民事275件。

【政治队伍建设】　2021年，霍州市司法局开展政法队伍教育整顿和党史学习教育，通过干部讲党课、干警轮流领学、政治轮训、“情景式教学”等方式，推行“专题党课＋专题研讨＋知识测试”模式，加强队伍政治教育、廉政教育、党史学习教育和英模教育。坚持开门抓整治、从严抓排查、同步抓整改，深入开展全员自查、线索排查和顽瘴痼疾专项整治，制定完善20项规章制度，对14个重点股室处所进行干部轮岗交流，特别是结合司法行政工作实际，推出10项便民利民措施和10件“我为群众办实事”项目，筑牢司法行政队伍执法为民、忠诚干净担当的思想基础和制度保障。　（药应红）

·临汾市公安局霍东分局·

【概况】　临汾市公安局霍东分局（以下

简称霍东分局）隶属临汾市公安局，主要服务于山西焦煤霍州煤电集团有限责任公司。

【刑事犯罪侦查】 2021年，霍东分局全面履行打击犯罪主业，开展打击犯罪工作，侦破案件40起，抓获犯罪嫌疑人40人，抓获网上逃犯38人。

【经济犯罪侦查】 2021年，进一步加大经济犯罪侦查工作力度，严厉打击经济犯罪活动，成功侦破组织领导传销案件1起、经济诈骗案件1起。

【禁毒】 2021年，霍东分局坚持“预防为主、综合治理”的禁毒方针，侦破贩卖毒品刑事案件1起，抓获犯罪嫌疑人1名，缴获毒品甲基苯丙胺2.26克；查处非法持有毒品、吸食毒品治安案件3起。

【危险物品管理】 2021年，霍东分局以不流失、不炸响为目标，加强危险爆炸物品储存、运输、使用、清退环节管理，严防各类涉爆案件事故发生。检查清查重点部位20次，对辖区进行“拉网式”排查清爆2次，收缴雷管84枚，销毁雷管84枚。

【网上风险管控】 2021年，霍东分局严格按照“六快”要求，上报互联网涉枪爆等违法有害信息3219条，核查处置各类网络舆情信息36条次，完成舆情导控5100余次，打击处理涉网言论违法人员9人，监管网络安全系统7家，完成信息等级保护备案系统22个。

【信访】 2021年，霍东分局推进信访积案化解行动，公安部交办的7起疑难信访案件，剔除4起，化解3起；省厅交办的5起信访案件，全部化解。

【疫情防控工作】 2021年，霍东分局强化“数据赋能”理念，落实落细中高风险地区来霍煤返霍煤人员数据闭环核查流调，核查涉疫人员3127人，核查率、反馈率均为100%。

【安全保卫】 2021年，霍东分局实现“五个严密防范”“五个确保”的任务目标、守住“三个绝对不能发生”底线为己任，举全警之力、集全警之智，以最高标准、最严要求、最实措施，完成庆祝建党100周年安保任务。

【执法教育培训】 2021年，霍东分局推进执法规范化建设，组织法制民警参加省厅视频《法律大讲堂》培训20次，全警参加省厅市局组织的“钉钉”线上高级执法资格培训直播课54次。 （祝日文）

军　事

人民武装

【概况】　2021年，霍州市人武部在省军区、军分区党委的正确领导下，在市委、市政府的支持下，落实上级安排部署，抓班子带队伍，抓思想铸军魂，抓备战强素质，抓基层打基础，抓创新促发展，抓特色出亮点，抓安全保稳定，正风气聚合力，推进各项工作向前发展。

【思想政治教育】　2021年，霍州市人武部把党史学习教育、党委中心组带机关理论学习、年度政治教育、主题教育有机结合，增强官兵政治判断力、政治领悟力和政治执行力，确保官兵始终保持坚定正确的政治方向。深化“不忘初心、牢记使命”主题教育、“传承红色基因、担当强军重任”主题教育成果，抓好红色资源挖掘和红色精神教育引导，第一时间组织学习习近平“七一”重要讲话和党的十九届六中全会精神，做到读原著、学原文、悟原理，提升官兵的理论水平和政治素养，做到理论上清醒，政治上坚定，工作上争先。组织开展“五比五看”活动，开展政治纪律教育、党纪法规教育、“四反”教育、安全保密教育、形势战备教育，专题分析党风廉政建设形势，利用军总网、“学习强军”“军职在线”APP等学习平台，引导官兵自主学习，深化理解认识。

【党史学习教育】　2021年，霍州市人武部党委高标准筹划党史学习教育，为党员购买《中国共产党简史》等5类50本必读书籍，邀请党校专家、老英模为全体官兵集中授课辅导。围绕学党史、办实事，抓了“十个一”活动，推动党史学习教育走深走实。即每月精读一本书，每周推送一次红色革命故事，参观一次烈士陵园、参观一次廉政教育基地（霍州市廉政教育基地）、重温一次入党誓词、邀请老兵讲一堂课、进行一次党课辅导、组织一次心得体会交流展评、办好一批实事（规范社会聘用人员管理、完善文体活动室、规范小菜地、维修空调、购买图书）、召开一次组织生活会，通过系统学习和实践活动，增强官兵学党史、悟思想的自觉性。开展“寻找民兵英模，致敬奋斗者”活动，对民兵英模线索进行挖掘，收集整理5名民兵英模事迹材料，在军分区民兵英模演讲比赛中取得三等奖，宣传辖区民兵英模，为新时代民兵树立学习榜样。

【战备工作】　2021年，霍州市人武部党委按照“随时准备打仗”标准，以谋战为核心，以苦练为途径，以实战为关键，以强能为根本，规范值班秩序，按作战要素设置值班席位，从值班在位、着装形象、应答报告等细节入手狠抓作风养成。完善通联手段，定期组织演练，建立“双五”战备演练制度，围绕决策指挥、行动协调和岗位一口清等应急演练，提高应急处突能力。确立备战打仗的工作重心，组织专题议战议训12次，阶段性研究战备训练工作6次，组织民兵整组检查2次，拉动民兵分队20余次，强化备战打仗意识。滚动修订战备方案，配套完善国防动员、日常战备、非战争军事行动等方案，确保应急处置实兵演练依案而动。

【首长机关训练】 2021年，霍州市人武部坚决贯彻中央军委军事训练会议精神和开训动员令要求，坚持战斗力这个根本标准，做好应对强敌军事斗争准备，掀起军事训练热潮。采取基础课目集中训、业务工作岗位训、使命课题联合训、重点难点强化训的方法，落实不少于280小时首长机关军事训练，1—6月完成大纲规定的军事理论10个课目和基本技能6个课目的训练，3—9月完成大纲规定的平时工作业务和应急应战业务训练内容，8月、11月完成民兵新质力量生成战斗力试点任务和国防动员课题训练。落实每日最后1小时军事体能训练，全体官兵军事能力素质显著提升，在军分区考核中取得优异成绩。

【专武干部和民兵训练】 2021年，霍州市人武部组织专武干部和基干民兵共同基础训练、专业训练。坚持按纲施训、竞技强能的中心理念，在研训、抓训、比训中，提升真打实备能力水平。采取集中施训、行业驻训等方式，全年完成应急、专业训练任务，各级指挥员、民兵骨干的组织指挥能力和军事素质得到有效提升，通过抓民兵分队基地轮训、民兵分队岗位自训，带动民兵分队遂行任务能力，提升民兵军事训练“四落实”质量水平。

【民兵整组】 2021年，霍州市人武部围绕“专业化”抓实编兵整组，按照“把普通民兵编实，把专业民兵编精”的目标，召开潜力调查部署会议2次，民兵整组任务部署会推进会3次，到地方相关部门和单位进行走访调研，掌握第一手编兵资料。加强与地方应急救援力量共建共用，抓实民兵队伍编建调整，编建临汾市民兵核生化救援连洗消排，编建民兵无人机侦察排，调整其他4个新质力量结构，以点带面抓实整组质效，完成年度基干民兵编组任务，民兵新质力量编组占比21.9%，在省军区、军分区民兵检查验收中排名第三。核生化救援连洗消排代表霍州民兵新质力量参加在临汾组织的新质力量建设现场会。

【征兵工作】 2021年，霍州市人武部利用春节期间和高校学生毕业前两个节点，提前部署深入宣传，在每个乡镇村张贴征兵公告，在各乡镇设立征兵咨询站、悬挂条幅，提升征兵报名率。指定专武干部、村干部采取走村入户的方式，对大学毕业生一对一精准宣传，提升兵员质量。采取领导按职责、部门按职能、人员按分工的办法明确征兵责任，人武部、卫生、公安、教育、基层武装部等职能部门，按职责定人员、定岗位、定标准，确保每项工作都高标准落实推动。完成全年征兵任务，大学毕业生征集比例36%，大学生征集比例93%，兵员质量较往年提升14个百分点。

【双拥共建】 2021年，霍州市人武部联合市退役军人事务局、乡镇办领导为3名荣立二等功、16名立三等功军人家庭送喜报，按规定要求发放奖励金。军地联合慰问2名执行任务部队官兵家属。为义务兵家庭悬挂光荣牌，发放优待金、大学生奖励金。召开市委议军会议，协调解决4项问题，市委市政府投入经费，对营区绿化进行重新修整，将营区绿化纳入地方财政保障；维修营区电动伸缩门，招标新建电子自动抬杆门，正规营区秩序；协调解决超龄职工段建军移交事项，移交至市直属机关服务中心。

【国防教育】　2021年，霍州市人武部开展弘扬爱国主义和民族精神为主题的宣传活动，以建党百年为契机，深入挖掘红色资源，弘扬红色文化。依托区“南塔烈士陵园”开展祭奠英烈活动，南塔烈士陵园被山西省人民政府评为“山西省国防教育基地”。联合市委宣传部开展第21个全民国防教育日主题宣传，指导市融媒体中心、各乡镇(街道)、行政单位和学校采取发布教育内容、开展教育活动、悬挂宣传标语、播放国防教育片等形式，扩大全民国防教育覆盖面，增强教育效果。八一前，邀请市四大班子领导过军事日，学习枪械知识，开展实弹射击，体验军事生活，增强领导干部的国防观念和军事技能。邀请国防大学房兵教授为全市科级以上领导进行国防教育专题讲座，部长、政委深入学校开展了国防知识讲座和征兵政策宣传，推进全民国防教育进机关、进学校、进企业活动，调动适龄青年报名热情，增强全民国防意识。（张文）

武警霍州中队

【概况】　武警霍州中队原为中国人民解放军山西省公安总队临汾专区公安大队霍县公安队，1983年改编为中国人民武装警察部队山西省总队临汾地区支队霍县中队；2000年，临汾地区改为临汾市、霍县改为霍州市，同年队改编为武警山西省总队临汾市支队霍州市中队；2018年1月1日武警部队调整改革更名为武警山西总队临汾支队执勤二大队霍州中队。中队位于霍州市退沙村境内，主要担负霍州市看守所看守勤务。

【政治教育】　2021年，武警霍州中队组织开展形势任务教育。结合新兵第二适应期特点，组织开展“八个一”活动；结合近年来友邻单位发生的事故案件，开展执勤教育；结合主题教育活动，进行问卷调查，开展引导官兵重温党史军史武警史，组织官兵广泛开展读红色书籍、唱红色歌曲、看红色电影、讲红色故事、布红色环境、做红军传人等“六红”活动。并以筹备军地共建文化现场观摩会为契机，重拾“一队一品”，展示中队特色和官兵风采。大力营造政治环境，利用板报、小版、橱窗、横幅等载体，浓厚教育氛围。引导官兵关注“人民武警”“山西武警”等微信公众号。根据预防工作实施方案重点摸排掌握“18类人员”、重点查找“9个方面”问题。五是结合暑假百日安全竞赛以武警部队、总队安全工作指示为指导，以贯彻落实《军队安全管理条例》和安全工作“八个规范”为主线，以安全管理领域重难点问题专项整治为重点，以提高安全管理质量效益为目标，树立“安全靠建”的理念，坚持重心下移、注重抓各班打基础，坚持目标引领、注重分解压实责任，坚持依靠群众、注重启发官兵自觉，坚持问题导向、注重抓关键有成效，牢牢守住“六个不出”安全底线，确保部队平稳度过事故案件高发期。结合“密切官兵关系、杜绝打骂体罚”专项教育整治，贯彻习近平主席关于密切内部关系一系列重要论述，着眼保持发扬尊干爱兵、官兵一致政治优势和优良传统，深刻反思近期因打骂体罚引发恶性案件问题的沉痛教训，以领导机关和干部骨干为重点，从端正对士兵的根本态度入手，多管齐下，坚决刹住打骂体罚频发势头。结合坚持以习近平新时代中国特色社会主义思想为指导，深入贯彻习近平强军思想，围绕庆祝建党100周年，学习贯彻全军思想政治教育工作会议和武警部队总队思想政治教育工作部署会精神，扭住“强化坚持党对军队的绝对领导”这条红线，突出“听党指挥、奋斗强军”这个主基调，着眼“铸魂育人、立德树人、为战育人、以文化人”这个落脚点。

【中心工作】 2021年，武警霍州中队坚持中心居中的原则，狠抓执勤战备工作，对钢网墙更换改造，确保中心任务完成。结合近年来友邻单位发生的执勤事故案件为牵引，深入开展执勤教育，把别人的教训当教材，让官兵深刻认识到“执勤不容麻痹、疏忽就在瞬间”的道理；用日交班掌握每日执勤实况，周讲评回顾一周执勤概况，月分析研究执勤隐患，打牢官兵“执勤就是战斗、哨位就是战场”的思想基础。（肖海鹏）

·霍州市消防救援大队·

【概况】 霍州市消防救援大队作为霍州市应急救援的主力军和国家队，承担着防范化解重大安全风险、应对处置各类灾害事故的重要职责。大队下辖1个政府专职消防队，有消防指战员3人、专职队员20人、文职人员9人，拥有水罐消防车2辆、抢险救援车1辆、泡沫消防车1辆、54米登高车1辆，担负着全市防火、灭火及各类应急抢险救援工作任务。

【灭火救援】 2021年，霍州市消防救援大队完成灭火救援任务374次，其中，火灾扑灭233起、抢险救援45起、社会救助74次、出动人员2504人次、出动车辆393辆次、抢救被困人员29人，保护财产价值100余万元。

【队伍管理】 2021年，霍州市消防救援大队按照“两严两准”要求，开展队伍管理集中教育整训活动，通过上好理论学习“第一课”、普法教育“第一课”，组织谈心谈话，开展内部检查、“大讨论”交流活动等方式，规范四个秩序，强化纪律意识和责任意识。组织开展“六涉”问题专项整治工作，排查指战员是否涉消、涉酒、涉毒、涉赌、涉贷、涉密等问题。开展“九无”创建活动，全面分析队伍内“九无”问题形势，完善安全工作机制，针对10个方面重点工作，通过观看警示教育片、开展车辆安全警示教育及签订保密承诺书、保密责任书等方式，开展各项安全活动。大队开展手机隐患排查6次、谈心谈话13次、涉赌涉贷排查3次，酒精检测12次，确保队伍内部安全。

【练兵工作】 2021年，霍州市消防救援大队组织指战员深入商业综合体、学校等人员密集场所、沿街门店、文物古建筑和农村区域进行实地熟悉，了解掌握建筑结构、功能布局、疏散通道、消防设施及周边消防水源、交通道路等情况，因地制宜开展消防安全检查和消防宣传教育，做到灭火救援工作和消防安全管理紧密结合，实现双促进、双提升。会同微型消防站、专职消防队开展实战演练，及时修订灭火救援预案和信息卡，完善联勤联训联战机制，提升快速科学处置和火灾防控能力水平。安全生产月与多部门联合开展危险化学品事故、压力管道泄漏、建筑领域、交通事故应急救援演练，提升处置各类灾害事故的应急救援能力。全年，演练单位92家，熟悉辖区消防水源2次，预案修订编制105家，多形式消防救援力量合成训练10余次，完成重要节日及重大活动的消防安保任务21次。

【执法工作】 2021年，霍州市消防救援大队开展今冬明春火灾防控、仓储物流场所专项整治、沿街商铺及“三合一场所”专项整治、汗蒸洗浴足疗等公共娱乐场所专项整治和“防风险除隐患保平安迎党庆”、高层建筑消防安全专项行动，检查单位772家（次），发现火灾隐患或违法行为1199处，督促整改隐患1183处，行政处罚39家，临时查封12家，责令“三停”单位9家，罚款186350元。在全市安全生产例会上发放排查手册，对乡镇干部开展培训，指导乡镇街道一级网格员开展日常消防安全隐患排查；组织104家重点单位开展消防安全集中约谈培训会；组织约谈7家桑拿洗浴足疗场所，开展单位内部消防安全自查自纠，督促此类场所安装火灾自动报警系统，对发现的2家存在重大火灾隐患的单位，实施政府挂牌督办，在期限内按时摘牌销案；对全市高层建筑逐一进行摸排检查，对118栋高层建筑，全部建立台账，汇总高层建筑未整改的突出问题。督促37个居民住宅小区完成电动自行车充电、停放场所建设，建设174个停车棚，安装智能充电桩183台。

在“九小场所”召开简易喷淋设施观摩会，推广简易喷淋设施的安装使用。在全市推广安装电动车禁入电梯系统99套、物联网智能感烟报警器956个，网格化排查1612条，派出所指导工作65次，社会化消防培训70次、受教育人数3149人，严控“小火亡人”。

聘任电力、林业、文物化工等行业25名消防安全专业人员成立霍州市消防监督管理专家库，协助开展消防监督检查、督查，参与火灾现场勘验工作。

【消防宣传】 2021年，霍州市消防救援大队每周组织一次消防站对外开放，开展火场“体验式”逃生培训；宣传小分队、女子义务宣讲队10次走进沿街店铺开展消防宣传活动，发放宣传彩页2000余份；开展“开学第一课”消防知识宣传活动，护航新学期校园消防安全；“五一”前夕，与文旅局联合开展涉文场所消防知识讲座，并在霍州署开展春季消防演练；安全生产月期间，组织宣传小分队、女子义务宣讲队走上街头，走进社区、农村家庭、田间地头等多形式开展消防安全知识宣传。“119”消防宣传月期间，与教科局、厂矿企业联系协调，发动师生、家长、工作人员加入全民消防安全学习平台；女子消防宣讲队每日走进街道、社区、家庭，发放宣传彩页3000余份；大队宣传小分队走进市三中、博翔学校为师生送上消防安全知识大餐，组织全校师生开展疏散逃生演练、灭火实操演练；在开元小区组织举办全市《高层民用建筑消防安全管理规定》施行宣传月启动仪式，全市21家物业服务企业参与，并组织女子宣讲队入户进行宣传；小分队走进全市各个高层小区，粘贴《高层民用建筑消防安全管理规定》80份；组织社会单位控制室56名操作员，在香江城商场开展自动消防设施实操培训等宣传活动。

（武芳芳）

经济管理

发展和改革

【概况】 霍州市发展和改革局内设办公室、国民经济综合股、产业经济发展股、固定资产投资股、社会事业发展股、物价管理股、财金和信用建设股、行政审批股、粮食和物资储备管理股、成本调查监审股、政工人事股，共11个科室。下属7个事业单位包括信息中心、价格认证中心、农村物价服务所、城区物价服务所、工程建设招标投标中心、储备粮中心、项目推进中心。行政编制18名（含市委财经委员会办公室秘书股编制）。设局长1名，副局长2名；股级职数11名（含总经济师1名）。

【综合实力】 2021年，霍州市发展和改革局各项经济指标如下。GDP指标：临汾下达的任务是94.9亿元，增速目标是7.5%；全年预计完成92亿元，增速由上年的3.7%提高到2021年的6.5%。服务业指标：临汾市下达的任务是42.46亿元，增速为13.2%；全年预计完成41亿元，增速由2020年的3.5%提高到2021年的9%。固定资产投资：临汾市下达的任务是30亿元，全年完成27亿元，增速由上年的7.5%提高到2021年的15.7%。产业投资占固定资产投资：2021年临汾市下达霍州市产业投资完成额占固定资产投资比重任务是58%，全年预计为40%。

【重大项目建设】 2021年，霍州市发展和改革局推进重点建设项目61项，涉及总投资177.36亿元，年度计划投资78.85亿元。山西省级重点项目5个，分别是霍州市高端装备智能制造产业园项目、霍州市人民医院（新医院）建设项目、霍州市汾河流域生态治理项目PPP项目、霍州市康宝生物医疗综合体项目、霍州科技智创园标准厂房及医药用品制造项目。

【灾后重建项目】 2021年，霍州市发展和改革局争取省投资计划支持，上报符合条件的项目。梳理损坏基础设施情况，形成专项报告。完成对有关救灾物资的购置、入库和储备管理工作，调拨防汛沙袋16000个，防汛专用手套100双。负责冯南垣村灾后重建工作，驻村工作队发扬吃苦精神，心系群众，加快工程量完成。

【“十四五”规划编制】 2021年，霍州市发展和改革局完成“十四五”规划编制，通过市委、市政府省专家评审组的审核，在八届人大一次会议上审议通过，已印发公布。专项规划中消防规划、国土空间规划、生态规划初稿已完成，全域旅游规划已编制完成，经济技术开发区产业规划在补充完善。

【采煤沉陷区治理】 2021年，霍州市沉陷区综合治理工作涉及8个乡镇46个建制村56个自然村，原任务数为6541户，经向上级申请，拟核减为4937户。上级财政按照4937户收回资金1.24亿元。霍州采煤沉陷区综合治理工作完成。企业资金方面，和汾西煤业南关煤矿联系具体事宜，鑫鼎泰煤业已申请由省级资金支付，力拓煤业尚未投产，王庄煤矿已取得联系。

【粮食安全】 2021年8月29日，临汾市委第五巡察组一行9人进驻霍州市，对霍州市李曹粮油食品站开展机动式巡察。按照上级纪检安排，开展粮食购销领域自查自纠工作，出台《霍州市发展和改革局粮食购销领域自查自纠工作方案》《霍州市发展和改革局粮食购销领域腐败问题专项整治工作方案》，统筹开展全市粮食购销领域腐败问题自查自纠、清查工作和深化储备粮管理体制机制改革工作，全面掌握情况、找准症结、彻查彻改、不留隐患、完善体制、健全机制、强化监管，确保全市粮食购销领域腐败问题得到根治，取得成效。

【提质增效】 2021年，霍州市发展和改革局下发《霍州市推进服务业提质增效2021年行动计划》，组建服务业8大专班，开展10大行动。将服务业增加值涉及的8个部门38项任务按行业进行逐月分解，实行"日调度、周督查、月通报"制度。对14家非营利性重点抽样调查单位财务人员进行培训，确保完成非营利性服务业工资总额指标任务。建立规上、规下服务业单位台账。落实奖补资金，对14家达规达限企业进行奖励，培育34家已达升规升限服务业企业，办理入库手续。

【物价工作】 2021年，霍州市发展和改革局规范煤、水、电、气等垄断性行业收费，做好华润天然气的价格调整工作，保障人民生活。做好公租房价格、养老服务业基本情况的调查。完成农户种植意向调查和存售粮情况调查、农资购买情况调查、小麦直报调查、生猪调查月报表、应急调查等各种报表，做到不漏报、不迟报，力求数字准确，分析全面透彻。做好价格认证，全年出具38份鉴定，涉及金额86万余元。其中刑事案件22起，涉及金额63.725万元；纪委案件1起，涉及金额11.6560万元。开展成本监审。完成七里峪旅游景区成本测算，为下一步调整价格提供数据依据。对霍州市七里峪水利服务站和霍州市十里铺扬水工程服务站农业供水定价成本进行监审。（杨栋舒）

自然资源管理

【概况】 霍州市自然资源局是霍州市人民政府主管自然资源和规划管理的工作部门，肩负着贯彻执行自然资源管理法律、法规，履行全市全民所有土地、矿产、水等自然资源资产所有者职责和所有国土空间用途管制职责，负责自然资源统一确权登记、利用保护、生态修复、防灾减灾等工作。

【重点项目】 2021年，霍州市自然资源局组卷上报审批两个批次建设用地，批复面积34.62亩；土地收储方面共征收土地553.2315亩。发布征地公告1宗，为第二生活垃圾处理厂项目；发布征地启动公告16宗，分别为中镇泰达园、黎霍高速、第二消防站、9个农村生活污水处理厂、经一路、经二路、纬一路、退沙办许村物流仓储用地项目；发布安置补偿方案公告2宗，分别为经开区创唯大道、智能产业制造园项目。受理18项各类建设项目用地预审与选址、建设用地规划、乡村规划的管理和审批事项，分别为霍州市汾河流域生态治理PPP项目

（水利部分）、太行一号旅游公路连接线霍州市七里峪至古县北平旅游及森林防火通道工程、霍州市纬三路（经十路—迎宾路）道路建设工程、航空飞行营地道路路面改造工程、七里峪至尉侯公路景观及慢行系统项目、霍州市2021年自然村硬化及村道安全生命防护项目、新建丽景·中央公园项目、山西兆光发电有限责任公司固废综合利用项目、白龙镇人民政府乡镇干部办公用房填平补齐改扩建项目、大张镇人民政府乡镇干部办公用房填平补齐改扩建项目、霍州署文化产业示范园配套项目二期商业住宅、霍州市餐厨垃圾处理厂项目；出具土地利用意见4件，分别为国家能源集团华北电力有限公司霍州发电厂、山西兆光发电有限责任公司、临汾华得宇新能源有限公司、霍州市国盛能源有限公司4家企业新能源项目；完成黎霍高速先行用地报批工作，取得部、厅、市局的先行用地批复，办理项目施工临时用地相关手续。

全年国有建设用地供应13宗，面积18.20公顷，成交价款7361.27万元，其中挂牌出让4宗，面积6.97公顷，成交价款5820万元；协议出让1宗，面积2.49公顷，价款1541.27万元；划拨用地8宗，面积8.72公顷。

【国土编制管理】 2021年，霍州市自然资源局完成“三调”数据与国土空间规划编制要求数据的细化分类和基础数据向监督实施平台“上图”工作，城镇开发边界数据已按省厅要求完成5轮优化和数据上报，于9月完成上图入库。村庄布点规划及尉候村、石鼻村、观堆村、许村、陈村5个村庄的实用性村庄规划通过三轮乡镇调研对接及现场勘查，制订技术方案。

组织评审《霍州经济技术开发区控制性详细规划》《山西创唯重工智能制造产业园项目修建性详细规划》《霍州科技智创园标准厂房及医药用品制造项目修建性详细规划》，为项目落地提供规划支撑和保障。

出具土地划拨规划条件8份，土地出让规划条件6份，发放建设工程规划许可证10份，批准面积约13.13万平方米。制订完成《霍州市农村自建房规划审批管理实施细则》。

【地灾巡查】 霍州市自然资源局印发2021年度地质灾害防治方案，建立健全政府主导协调、各部门分工负责、全民参与配合的地质灾害防治工作新格局。同气象、水利等部门密切沟通，建立健全风险监测预警机制，定期会商研判，建立了预警信息发布平台，密切关注天气变化，做好趋势预测会商，提前分析强降雨天气可能引发的地质灾害，及时发布地质灾害气象风险预警，确保第一时间将预报预警信息传达到地质灾害重点区域、重点部位和建设工地，传达到地质灾害防治责任人和监测人，传达到受威胁地区的群众。

自然资源局发布33次地质灾害气象风险预警预报信息，为地质灾害防范及人员撤离提供指导，排查隐患125处，配合撤离受威胁群众228户613人，协同交通、公路、公安部门对2处受损公路实施临时交通管制。汛期接报地质灾害险情18起，发生地质灾害灾情7起：滑坡4起、崩塌3起，险情主要以崩塌、滑坡地质灾害为主，造成土体裂缝、道路堵塞，无人员伤亡，技术支撑专家第一时间赶赴现场，进行评估，提出相对应的应急处置措施，防止发生次生灾害；毁坏、掩埋坡脚处的房屋，损毁房18间，直接经济损失约95万元，无人员伤亡。雨后经过排查统计全市受地质灾害威胁，进行避险搬迁112户290人。

【生态修复】 2021年，霍州市涉及3处，2家石料厂和1处历史遗留矿山治理，全部治理完成，治理面积13.97亩，投入资金64.16万元。各矿山企业均按照“矿产资源开发利用和矿山地质环境恢复治理和土地复垦方案”或原有的矿山地质环境治理方案和土地复垦方案完成恢复治理。核查霍州市历史遗留矿山情况，认定为无法确认治理恢复责任主体的无主废弃矿山（历史遗留矿山）的图斑35个。

【资源保护】 2021年，霍州市自然资源局开展“进一步严厉打击非法违法采矿用地专项行动”“霍州市今冬明春进一步严厉打击非法违法采矿用地”等专项行动，全年立案6宗：土地案件3宗，矿产案件3宗；出动巡查人员3200人次，领导带队督查180余人次。全市范围内的废弃坑口全部关闭完好，未发现非法盗采矿产资源行为，在“临汾市自然资源执法监察交叉检查专项行动”中全面检查和考核评分名列第一。自然资源部下发霍州市监测土地图斑65个，面积144.40公顷，其中耕地69.30公顷（永久基本农田27.53公顷），违法占用耕地比例为0%，剔除国家级重点工程后违法占用耕地比例为0%；矿产卫片13个，已核查完毕并上报，通过省级审核。

“大棚房”问题专项清理整治工作，排查设施用地项目共505个，面积201.70公顷，耕地面积133.66公顷（基本农田4.83公顷）；已备案112个，面积62.33公顷，耕地面积20.87公顷（基本农田0.42公顷）；未备案393个，面积139.36公顷，耕地面积11.79公顷（基本农田4.45公顷）。对“大棚房”问题专项清理整治行动中原有的1个问题（2亩）进行了回头看，未发现反弹现象，截至年底，霍州市未发现“大棚房”问题。

农村乱占耕地建房排查整治工作，经对全市下发图斑进行逐图斑摸排查证后，有1458个房屋（项目）纳入摸排范围。其中，住宅类房屋涉及项目1080个，面积0.17公顷，占全部纳入摸排范围的74%；公共服务类项目83个，面积0.13公顷，占全部纳入摸排范围的6%；产业类项目295个，面积2.65亩，占全部纳入摸排范围的20%。农村乱占耕地建房下发21个，涉及违法图斑3个，已拆除并恢复1个，剩余2个已立案。

【服务效能】 2021年，霍州市自然资源局完成全市采矿权人勘查开采信息公示工作，开展辛置煤矿、李雅庄煤矿、紫晟煤业、力拓煤业4座煤矿年度矿山储量年报的编制、评审工作和11座非煤矿山年度矿山储量变化登记、采掘工程平面图、储量估算图编制工作。

【不动产登记】 2021年，霍州市自然资源局颁发不动产权证书3578本，不动产登记证明2061份，办理不动产登记信息查询18000多余人次，协助各级人民法院办理查封登记68件。推进“一窗受理，并行办理”工作，霍州市“一窗受理，并行办理”工作已与市税务局、市行政审批局、市住建局多次磋商，对登记系统接口开发内容及软件环境、接口程序等进行研究。按省、市不动产“一窗受理”工作要求与省厅网络连通，已上线运行。

推进房屋产权登记确权颁证清零行动。通过全方位摸底，结合各成员单位讨论后确定37个小区，5440套房屋纳入“清零行动”范围（其中遗留问题5050套，新建商品房390套）。办理完成3777套，完成清零任务

69.4%，新建商品房任务已全部完成。

【重点工作】 2021年，霍州市自然资源局对欠缴出让金的单位和个人逐宗建立台账，追回欠缴土地出让金6009.177万元，还欠缴4114.5万元。其中，中镇国际花园项目、检察院南侧地块和霍东新区下东坪东地块，已全部缴纳了所欠出让金5709.177万元；诚瑞源一期A区地块经过催缴已缴纳300万元，尚欠3493万元未缴纳，已起诉到临汾市中级人民法院；永康路西侧永康小区地块，欠621.5万元未缴纳，已起诉到霍州市人民法院。

加快推进解决批而未供土地问题。本年度解决批而未供土地两宗：霍州市2012年2批次（晋政地字〔2012〕365号），面积1.4402公顷（21.06亩）；第二垃圾处理厂地块面积5.8029公顷（87.0435亩）。

完成2865个图斑的国土变更调查工作，全市耕地22146.76公顷，种植园用地2415.48公顷，林地29254.75公顷，草地11934.89公顷，商业服务业用地231.81公顷，工矿用地1012.05公顷，住宅用地3785.24公顷，公共管理与公共服务设施用地341.61公顷，特殊用地58.78公顷，交通运输用地1657.97公顷，水域及水利设施用地508.23公顷，其他土地2885.69公顷，湿地305.59公顷。（李陆陆）

审　计

【概况】 2021年，霍州市审计局人员编制28人，在编27人。设有办公室、法规审理股、财政金融审计股、经济责任审计股、固定资产投资审计股、社会保障审计股、综合审计股、市审计服务中心，共1室6股1中心。

【审计委员会】 2021年，霍州市审计局筹备召开中共霍州市委审计委员会第三次会议，市委书记、市委审计委员会主任李强主持，市委审计委员会全体委员参加。会上听取市审计局2020年审计工作汇报，研究审议通过《霍州市2021年审计项目计划（审议稿）》和《霍州市经济责任审计工作联席会议成员单位及有关人员的调整情况》。会议肯定2020年审计工作在全市高质量发展中所作出的重要贡献，指出2021年审计工作面临新形势新任务。要求审计局履行好审计工作主责主业、统筹落实和创新发展，依法落实监管职责，为全市经济社会健康发展发挥作用。

【预算执行审计】 2021年，霍州市审计局完成13个部门单位的预算执行和其他财政收支审计项目：包括市级本级财政预算执行情况项目1个，部门预算执行项目12个，审计查出主要问题金额13268.58万元。其中，违规金额10198.52万元，管理不规范金额3070.06万元。审计处理金额13268.58万元，其中，已上缴入库154万元，责令改正13114.58万元。

【经济责任审计】 2021年，霍州市审计局完成39个市直单位和部门的领导干部经济责任审计，其中包括19个乡镇街道办党委（党工委）、政府主要负责人，20个行政事业单位人民团体领导干部离任经济责任审计，审计共查出问题金额7128.74万元。

【乡镇财政决算审计】 2021年，霍州市审计局完成三教乡、白龙镇、陶唐峪乡3个乡镇2019年至2020年度财政决算审计，审计金额3416.37万元，查出问题金额107.45万元。

【自然资源资产审计】 2021年，霍州市审计局完成对陶唐峪乡原乡长王云平任职期间履行自然资源资产管理和开发利用责任、贯彻落实党中央重大决策部署、遵守法律法规、自然资源资产实物量与生态环境状况变化情况的审计。

【政府投资工程审计】 2021年，霍州市审计局完成政府投资建设项目审计6个，分别是霍州市南堡至悬泉山公路改造工程竣工决算审计，霍州市疾病预防控制中心业务楼工程竣工决算审计，霍州署安全防范升级改造工程竣工决算审计，霍州市南环路南延道路改造工程第二标段竣工决算审计，霍州市2019年农业综合高标准农田建设项目竣工决算审计，霍州市农村饮水安全巩固提升工程竣工决算审计，送审金额累计10134.80万元，审定金额9740.31万元，通过审计核减金额394.49万元，平均核减率3.89%。

【脱贫攻坚】 2021年，霍州市审计局做好“两不愁三保障”问题常态化动态排查整改和“三类户”监测帮扶工作，确保脱贫不脱政策、脱贫不脱责任、脱贫不脱帮扶、脱贫不脱监管，巩固脱贫攻坚成果。发展乡村产业，壮大农村集体经济，促进农民增收致富，申请批复“100万斤苹果冷库”项目。引导村民参加技能培训，宣传务工招聘信息，通过稳定就业，拓宽致富渠道。开展农村人居环境“六乱”整治工作，建设美丽乡村。

【防汛救灾】 2021年，霍州市审计局开展防汛救灾工作。进村入户走访，排查安全隐患，安置隐患点的村民，将风险压到“零点”。开展爱心捐款，助力防汛救灾，募捐钱款3800元。霍州市审计局志愿服务队深入包联孔涧村，开展“我为群众办实事”志愿服务活动。成立专项审计组，开展防汛救灾及灾后重建财政专项资金和捐赠款物跟踪审计。查处违法违规行为，坚决揭示贪污、截留、挤占、挪用救灾款物等问题，督促相关单位整改审计发现问题，确保救灾款物全部精准用于防汛救灾和灾后恢复重建。

（郝晓娟）

市场监督管理

【概况】 霍州市市场监督管理局围绕临汾市委“一三四三”和霍州市“1·18”工作思路，严格履行职责，强化市场监管，做好常态化疫情防控工作，把食品安全放在首位，保障群众用药安全，强化特种设备监管，严守质量安全底线，完成各项任务。

【行政审批】 霍州市市场监督管理局个体户登记、食品小经营备案、小作坊备案、小摊点备案职责已于2021年10月划归市行政审批局。1—9月新注册登记个体户1317户、食品小经营备案560户、小作坊备案28户、小摊点备案13户。

【年报工作】 2021年，霍州市市场监督管理局指导帮扶市场主体进行年报。通过政府网站及霍州电视台发布《2020年度年报公告》，进社区、进企业、进商场等场所宣传企业年报公示工作。内资企业应年报3596户，已年报3498户，年报率97.27%；农民专业合作社应年报418户，已年报346户，年报率82.78%；个体工商户应年报11404户，已年报10013户，年报率87.8%。

移出符合条件的市场主体202户，其中企业97户，农民专业合作社12户，个体工商户93户。对符合条件的3户严重违法失信企业向省局申请信用修复。将未按规定履行2020年度年报义务的1630户各类市场主体列入经营异常名录。其中企业 152 户，农民专业合作社 72 户，个体工商户 1406 户。对无正当理由超过 6 个月未开业或开业后自行停业连续 6 个月以上的 79 户企业依法进行吊销。

【双随机、一公开】 2021 年，霍州市部门联合双随机抽查计划 16 个，涉及成员单位 8 个，包括市市场监管局、环保局、交运局、农业农村局、卫体局、应急局、商务局、人社局。市场监督管理局共制定定向抽查计划 26 个，检查各类市场主体数量 326 户，检查结果已全部录入公示。完成省市场监督管理局委托任务 4 个，临汾市市场监督管理局委托任务 3 个。

【查处无证无照经营】 2021 年，霍州市市场监督管理局开展查处无证无照经营专项行动，出动执法人员 552 人次，出动执法车辆 182 台次，检查市场主体 891 户，排查出无证无照经营户 150 户。按区域划分为校园周边 5 户，公路铁路沿线 60 户，旅游景区 1 户，其他区域，84 户；按重点行业划分为食品餐饮 65 户，其他行业 85 户。引导办照 148 户，依法查处 2 户。

【强检计量器具备案】 2021 年，霍州市市场监督管理局对霍州市 147 家单位 3317 台强检计量器具进行备案工作，其中，压力表 868 块，衡器 131 台，燃气表 1768 块，加油机 151 台 346 枪，医用计量器具 197 台，测速仪 2 个，酒精检测仪 4 个，流量计 1 个。

【计量专项监督检查】 2021 年，霍州市市场监督管理局开展各项计量专项监督检查。开展 2021 年元旦、春节期间计量专项监督检查，对批发市场、集贸市场、商场超市等重点场所进行计量基础知识的宣传和在用计量器具的监督检查；开展民生计量专项行动，重点开展眼镜制配场所计量专项整治、电子计价秤专项整治、加油机、加气机专项监督检查、民用四表专项监督检查、医疗卫生单位专项监督检查、安全防护用计量器具专项检查、法定计量单位使用情况监督检查等。办理计量案件 30 件，没收计量器具 1 台。

【标准宣贯】 2021 年，霍州市市场监督管理局深入农资销售点、田间地头对 GB 13735—2017《聚乙烯吹塑农用地面覆盖薄膜》标准进行宣贯；深入各大超市，对 GB/T 21661—2020《塑料购物袋》标准进行宣贯；举办 JJF 1033—2016《计量标准考核规范》，企业 60 余人参加培训等。

【认证市场监管】 2021 年，霍州市市场监督管理局对霍州市两家 3C 认证企业、7 家自愿性认证企业的现场审核进行现场跟踪检查；推进“小微企业质量管理体系认证提升行动”，帮助 2 家企业获得 6 份管理体系证书；对霍州市 6 家检验检测机构按照 100%比例进行抽查，检查中未发现违法行为；开展 2021 年小微企业质量管理体系认证提升行动，帮助全市 2 家企业通过 ISO 9000 质量管理体系认证；开展霍州市打击拆卸国六重型燃气车后处理装置违法违规行为专项治理行动，电动自行车生产、销售领域质量监管工作。

【广告监管】 2021 年，霍州市市场监督管理局开展“护苗助老”系列广告整治行动，在教育培训广告方面立案 1 起。为加强公务员考试培训广告监管，净化考试环境，出动执法人员 60 人次，出动执法车辆 16 车次，检查教育培训广告 28 条，未发现有广告违法行为。

【知识产权保护】 2021 年，霍州市市场监督管理局开展知识产权宣传活动，发放相关宣传资料2000余份，工作人员在三教乡垃圾填埋场，现场集中销毁没收的汾酒系列、机油、食用油、防冻液、鞋等各类假冒伪劣侵权商品共计600余件，立案查处知识产权案件9起。

对2020年18个发明专利和32个实用新型专利，向市政府申请拨付奖励资金6.8万元，协调财政局做好资金发放工作。

【宣传及消费维权】 2021年，霍州市市场监督管理局开展“质量月”、知识产权宣传周、“12315”消费者权益保护、“5·20”计量日、化妆品安全科普宣传周、世界认可日、世界标准日、食品安全周、特种设备安全等宣传活动，深入企业、社区进行咨询服务，强化广大群众及企业的知法守法意识。

“12315”投诉举报中心受理投诉116件，为消费者挽回经济损失7万余元；受理举报67件，立案14件；接待来电、来人咨询达83件，对不属于市场监管职能范围的25件及时告知，维护消费者权益。

【特种设备监管】 2021年，霍州市在用特种设备使用单位141家，特种设备1112台，在用特种设备1085台，其中锅炉15台，压力容器208台，起重设备261台，电梯577部，厂机24辆，压力管道229.59千米，停用特种设备27台。结合霍州市“三零”创建工作，对全市特种设备进行安全隐患大排查、大整治，下达指令书59份，消除一般隐患146条，立案1起。开展快开门式压力容器回头看工作，发现2起隐患，现已整改。对电梯鼓式制动器进行专项排查治理，排查电梯158台，已拆解保养电梯13台。推广电梯入保工作，全市电梯在保率达82%。更新特种设备智慧监管平台，网上受理告知设备122台，安装83台，维修改造39台。建立气瓶质量安全追溯体系，霍州市两家液化气充装站气瓶充装信息建设平台已建成。

开展“安全生产月”“电梯安全宣传周”活动，制作宣传版面50余块，电子显示屏宣传100余块，发放宣传材料1500余份，接受群众咨询130余人。承办2021年霍州市压力管道泄漏应急救援演练，霍州市开元小区、霍州市人民医院进行电梯困人演练，霍州市国电进行电站锅炉管道带压堵漏演练，另外还有40余家特种设备使用单位也进行相应的应急演练。

【食品安全监管】 2021年，霍州市市场监督管理局对霍州市4家包装饮用水生产企业进行专项检查；配合市审批局和临汾市市场监督管理局，参加食品生产企业食品生产许可现场核查工作，上半年批准食品生产许可企业2家；配合相关站所开展2021年食品生产企业日常监管工作，出动执法人员102人次，检查食品生产企业36家次；完成2021年霍州市食品生产企业食品安全管理员考试工作，覆盖率和合格率均达到100%；开展霍州市放心酿造食醋专项整治和食用植物油专项整治。对市61户保健品经营户进行全覆盖和抽查监督检查，出动执法人员180余人次，保健食品宣传6次，发放宣传资料400余份。加强农村假冒伪劣食品问题整治，检查销售主体240户次，学校及校园周边食品销售者60户次，检查批发市场、集贸市场等各类市场10户次，出动执法人员400余人次，立案查处4家，下达责令整改通知书50余份。霍州市市场监督管理局联合疾控中心对全市51家冷链食品经营企业及133名从业人员全部进行全覆盖循环核酸检测，确保进口冷链食品“存量为零、增量为零”双零目标。开展春、秋季学校食堂食品安全专项整治工作，出动执法人员458

人次，检查学校食堂220家次，责令整改42家。推行“互联网＋”明厨亮灶工程，与电信公司协作，筹建学校食堂“智慧＋”监管平台。

开展网络餐饮服务食品安全整治工作，规范网络餐饮服务经营行为；开展“随机查餐厅”工作，制作视频2期；开展餐饮服务单位考核工作，对霍州市的156名餐饮服务单位食品安全管理员进行抽考，合格率达到100%；制订《霍州市餐饮质量安全提升行动实施方案（2021—2023年）》，加强日常监管工作，检查餐饮单位933家，责令整改198家，立案9起。推进餐饮业及小餐饮整治工作；倡导餐饮行业推行“公筷公勺”和“分餐制”，发放“公勺公筷，文明就餐倡议书”1000余份、“餐饮公勺公筷使用规范”200份。制订《2021年霍州市食品安全监督抽检实施方案》，抽检1350批次，其中食用农产品抽检750批次，食品抽检600批次。信息公布6期，抽检报告已出660份，不合格报告9份，针对该9批次不合格食品已进行了核查处置。抽检信息公告在霍州政府门户网站进行发布，将食用农产品及食品抽检数据报送至“食品安全抽检监测信息系统”模块。

【“两品一械”监管】 药品方面：霍州市有药品零售企业85家，在网企业84家，未在网一家为未经营西药，84家在网企业均按要求安装“三晋通”小程序，实名登记“一退两抗”药品销售落实情况。市辖区内有9家哨点药店，通过“三晋通”新冠肺炎疫情防控平台进行日报，霍州市市场监督管理局监管人员通过平台审核并上报信息。加强对辖区内疫苗的监督检查力度，辖区内有新冠疫苗接种单位19家，检查19家次疫苗接种点，下达责令整改通知书3家，保障辖区内人民群众疫苗使用安全。

医疗器械方面：霍州市市场监督管理局要求全市91家医疗器械经营单位、58家医疗器械使用单位进行全面自查并出具自查报告；检查医疗器械经营企业84家，使用单位50家，网络销售企业3家，责令整改5家，排查出风险隐患2个，已消除风险隐患2个。

化妆品方面：开展儿童化妆品专项整治工作；对辖区内173家化妆品经营单位的建档工作基本完成。出动执法人员63人次，收回自查报告75份，检查51家经营单位，检查50个品种，对检查中发现的索证索票不到位问题要求经营单位立即整改到位。

【产品质量安全监管】 2021年，霍州市市场监督管理局对全市范围内27家加油站销售的车用汽油、车用柴油、车用尿素质量抽检全覆盖，抽检加油站27个，企业自备油库1个，抽检车用汽油52批次，车用柴油26批次，车用尿素16批次；加强民用煤销售监管，对民用散煤销售企业销售的产品实行进货批批检验，抽检销售企业民用散煤14批次，其中型式检验2批次，日常监督检验12批次。

霍州市市场监督管理局加强对重点工业产品获证企业的监管；开展农村建筑材料生产、流通领域产品质量专项监督检查，检查钢铁销售企业9户，水泥生产销售企业8户，电线电缆销售企业9户；开展塑料制品专项监督检查，检查企业52户；开展“质量月”活动。

【网络交易监管】 2021年，霍州市有网络交易平台1个，自建网站30个，网店207个，微信公众号67个。霍州市市场监督管理局加大网络监管频次，依托“山西省网络交易监测中心系统”平台，办理企业网站电子标识2个，对美团外卖的合作方“霍州市青山商贸有限公司”按要求进行备案，构建线上线下一体化监管工作格局；强化重点价格监管，2021年价格违法案件立案12件，办结12件；加强反不正当竞争执法，组织召开霍州市公平竞争审查联席会议第三次全体会议，对各成员单位新增出台文件措施制度等进行督促审查，清理各类文件251件；组织相关部门开展落实2021民生领域案件查办“铁拳”行动，深入企业加强宣讲、培训、指导13次，维护市场秩序；规范直销行为，完成双随机直销企业抽查任务，对派发的6户直销经营户进行实地检查，引导企业规范直销经营行为，促进直销市场健康有序发展。（程李蓉）

统计工作

【概况】 霍州市统计局主要职能是贯彻实施国家和省制定的统计法律法规、政策和计划，组织实施国家统一的基本统计报表制度和国民经济核算体系，搜集、整理提供统计资料，并对全市国民经济、社会发展和科技进步情况进行统计调查、统计分析、统计预测、统计监督，向市委、市政府及有关部门提供统计信息和咨询建议，搜集、提供其他县市的基本统计资料同我市进行对比分析。定期发布全市国民经济和社会发展情况的统计公报。承担全国人口普查、农业普查和经济普查工作以及国家统计调查、地方统计调查工作任务。

【劳动力调查】 2021年，霍州市统计局落实调查任务负责制度和落实调查员调查户信息管理制度，规范调查流程，强化劳动力调查各个环节管理，严控数据失实风险，确保调查数据合理性、时效性及真实性。

【重点调查】 2021年，霍州市统计局城乡一体化调查户110户，城镇点有文庙社区、北兴社区、辛置社区、辛置镇北村、大张镇西张村、霍州机关社区。农村点有退沙办退沙村、大张镇上乐坪村、大张镇青郎坪村、李曹镇杜苏沟、陶唐峪乡偏墙村。通过对每户收入支出记账调查、推算出全市居民人均可支配收入、城镇常住居民人均可支配收入、农村常住居民人均可支配收入等指标。

【统计法贯彻落实】 2021年统计工作围绕提高统计“四大工程”即联网直报、名录库建设、统计信息化、数据采集软件系统，在统计调查数据源头上下功夫，提高统计数据质量，对全市规模以上商品批零贸易和餐饮服务业法人单位16户，个体户14户，限额以下商品批零贸易调查户19户，劳动工资定期表206户，城乡调查户110户，规模以上畜禽养殖调查户11户，工业品出厂价格调查户2户。印发《中华人民共和国统计法》《山西省统计检查监督规定》和《统计违法违规处分决定》宣传手册2000余册，发送统计调查单位和个人，利用各种普查、“9·20”中国统计开放日和“12·4”法制宣传日进行普法宣传。

【统计服务】 2021年，霍州市统计局以创建新时代服务型统计为立足点，丰富统计产品类型，为党委政府和社会公众提供高质量的统计服务。发布《2020年霍州市情概览》，编撰统计刊物《霍州统计资讯》《统计报告》。加大对全市经济运行的监测力度，对全市重点工程、重点项目进行跟踪监测，及时掌握情况，第一时间上报。提升统计分析报告水平，打造统计精品，反映全市经济运行走势和存在的问题，为市委、市政府精准施策提供及时有效的参考依据。加强多元化统计信息服务，拓展统计信息发布渠道。加大对全市经济运行的监测力度，特别是对规模以上企业、固定资产投资、社会消费总额、城乡居民收入、节能降耗等指标的预警预测。全年撰写各类统计分析报告篇、信息及动态 112 篇，其中临汾统计内网采用 83 篇，山西省统计内网采用 6 篇，反映全市经济运行走势和存在的问题，提出合理工作建议，为市委、市政府决策提供及时有效的参考依据。

（靳玲玲）

农业和农村

农　业

【概况】　霍州市农业农村局于2019年3月成立。2021年底，有在职干部职工共58人，其中公务员9人，参公人员5人，行政工勤1人，事业编制人员43人。内设9个行政科室：办公室（政工股）、计划财务室、行政审批管理股、农业工作股、农村工作股、法规与综合行政执法股、农业和扶贫开发管理股、畜牧兽医与渔业渔政管理股、农田基本建设与农业机械管理股。下设事业单位4个：畜牧兽医服务中心、现代农业发展服务中心、农业综合行政执法队、农业机械发展服务中心。

【农业基本情况】　霍州市位于山西省中南部，临汾市的北部，国土总面积765平方千米，下辖3个乡、4个镇和5个街道。全市常住人口29.4万人（其中农业人口19.5万人）。全市总耕地36.51万亩，退耕还林4.27万亩，家庭承包地34.49万亩，机动地2.02万亩；水地4.2万亩，旱地16.74万亩，扩浇地11.3万亩。马铃薯种植面积3290亩。全市蔬菜播种面积完成2.6万亩，蔬菜产量8.6万吨。新建设施蔬菜面积9.5亩，旧棚改建面积55亩，食用菌增加30万棒；特色蔬菜芦笋面积增加100亩，辣椒种植面积新增100亩；全市农副产品资源丰富、种类繁多，有养殖场户1900余个，有农产品加工企业12家，各类农民专业合作社338个，已发展家庭农场138个，有“三品一标”企业19家、产品24个。

2021年，小麦种植16万亩，收获3.5万余吨，平均亩产200余公斤，产值8750余万元（单价2.5元/公斤左右）；玉米种植16.83万亩，亩产可达250公斤，产量4.2万吨以上。全年肉蛋奶完成情况：肉1.16万吨，蛋0.3万吨，奶0.35万吨，畜牧业产值1.7亿元。存出栏为2021年生猪存栏6.7万头，出栏10.1万头；蛋鸡存栏26万羽，出栏11.4万羽，肉鸡出栏151万羽；牛存栏3404头，出栏992头；羊存栏5.5万只，出栏3.1万只。

【主要经济指标完成情况】　2021年，农村居民人均可支配收入、农林牧渔增加值、一产固定资产投资等主要指标全部完成既定任务。

农村居民人均可支配收入年度目标为17280元，增速8%以上。截至年底全市农村常住居民人均可支配收入17947元，同比增长11%。

2021年霍州市第一产业增加值增长速度目标为增速6.5%以上，截至年底全市第一产业增加值为45484万元，增速10.8%，临汾市排名第1。

霍州市投资目标任务为14076万元，截

至12月份完成投资7869万元，临汾市排名第10。

【高标准农田建设】 2021年，霍州市农业农村局争取上级高标准农田建设项目，争取高标准农田建设项目20000亩，按亩均1500元投资计算，总投资3117万元。其中，高效节水10000亩，高标准农田建设10000亩，涉及3个乡镇9个建制村，该项目已全面开工。

【农业综合行政执法】 2021年，霍州市农业综合行政执法队完成机构改革并有效开展工作，累计出动执法人员170余人次，检查各类门店115家次，印制并发放宣传资料6000余份，立案20起，结案16起，收缴罚没物品33.11千克，处罚没金124130元。

开展“七一”党日活动、“南塔园烈士陵园”党员在行动等实践活动，对执法人员加强党史学习教育。参加省、市举办的业务能力提升培训会15余人次、学习农业相关法律法规和执法行为规范30余次、参加行政执法大讲坛4期，参加崇农云讲堂网络学习课程57课时，并开展执法能力大练兵，理论实践相结合提升执法人员执法办案能力。

开展春秋农资打假行动、农机驾驶员安全告诫、农贸市场、活禽市场、农资、兽药经营户、生猪屠宰交易、农机安全等专项整治行动，规范农资生产经营市场秩序，保障市农产品质量安全和农业生产安全。

在市人民政府网上公布涵盖行政处罚、行政许可等43项权责清单，依法向社会公布各类执法信息。坚持执法全过程记录，在办案流程和执法文书方面，全部进行过程记录，对执法文书、音像记录全部归档保存，并推行执法资料电子化管理。开展部门间联合检查活动4次，召开部门内联席会议2次。设立举报箱、公开举报电话，受理群众信件和电话举报，对受理群众反映的事项，承诺3个工作日内将受理情况及时反馈到当事人。

【落实惠农政策工作情况】 2021年，霍州市上报补贴户数39331户，确权面积343463.65亩，申报补贴面积325822.58亩，申报发放金额2183.01万元，发放户数39097户，已发放金额2172.26万元，未发放234户，未发放资金10.75万元，发放率达到99.5%，对信息有误的户会同乡（镇）办进行更正，上报至省级备案，按要求再次进行发放。

2021，霍州市承办农业保险156949.91亩，其中小麦保险44541.24亩，每亩保险20元，保费收入890824.8元，中央、省、市、县四级补贴资金共计757201.08元全部办理；玉米保险112408.67亩，每亩保险25.2元，保费收入2832698.84元，中央、省、市、县四级财政补贴资金2407793.70元已全部办理。

对12个乡镇125个村安装的2440盏太阳能路灯，进行电池更换及新光源系统安装，协调相关的村及时开展旧电池的开挖和收集工作，全市更换电池2092块，旧电池回收1923块，旧电池缺失159块，具备更换条件的太阳能路灯全部更换，路灯恢复照明。

【沼气安全隐患排查】 2021年，霍州市农业农村局对正常使用沼气的278户（涉及大张镇、三教乡、李曹镇3个乡镇），及6家小型沼气工程逐一排查，对个别有隐患的全部发放安全处置通知书、下发整改通知，目前全部整改到位。

【秸秆综合利用调查及禁止秸秆焚烧工作】 2021年，霍州市农业农村局采取微信群链接、悬挂条幅、发放宣传资料、小视频等方式，对秸秆综合利用和禁止秸秆焚烧等知识进行宣传。对全市120个农户、15家农民专业合作社进行秸秆综合利用入户调查，建立健全台账。全市秸秆综合利用率90.06%以上。

【农膜回收】 2021年，霍州市农业农村局就《中华人民共和国环境保护法》等法律法规政策及地膜新标准、地膜残留危害、废弃农膜、农药包装物等对环境造成的危害进行宣讲，要求农户使用后的农膜全部回收、应收尽收。农膜回收量83.3%以上。

【土地确权】 2021年，霍州市农业农村局发现全市有167户因信息录入错误、因家庭内部及邻里之间纠纷等问题农村土地承包经营权证书未发到农户手中，涉及43个村，1568.41亩承包地。完成30个发包方102户1240.83亩地改错及临汾市土地确权数据汇交比对工作。

【清产核资】 2021年1月，农业农村局完成全市202个村集体经济组织2020年的清产核资工作，核实资产1143388944.61元，其中，经营性资产22505.15万元，非经营性资产91833.75万元。

【农民专业合作社和家庭农场】 2021年，霍州市正常运行的农民专业合作社有338家，其中种植类的有153家、养殖类的有158家、加工类的有3家、手工类的有1家、农牧类的有6家、农机服务类的有14家、林业的有2家、食品的有1家。示范合作社有45家，其中达到省级要求的11家，临汾市级12家，县级22家。有家庭农场138个，其中种植类94个，养殖类35个，种养结合9个，示范家庭农场26家，其中县级18家，市级5家，省级3家。

【宅基地审批】 2021年，霍州市农业农村局按照《农业农村部　自然资源部关于规范农村宅基地审批管理的通知》精神要求，结合实际征求市直有关部门、各乡（镇）办的意见，经司法部门审核后，起草并经市政府出台《霍州市农村宅基地审批管理办法》（霍政办法〔2021〕25号）。

【农作物病虫害防治】 2021年，霍州市农业农村局指导防治农作物病虫害21.5万亩，其中，小麦恶性杂草0.5万亩、蜘蛛病3万亩、吸浆虫病1万亩、穗蚜病10万亩、白粉病4万亩、玉米红蜘蛛病3万亩。指导防治果树腐烂等病10万亩，其中，果树腐烂病1万亩、白粉病1万亩、叶螨病1万亩、锈病2万亩。指导防治地下害虫5万亩。协同乡镇成立4个植保专业防治队，即霍州市成京植保服务专业合作社防治队、霍州市三林植保服务专业合作社防治队、霍州市俊华植保服务专业合作社防治队、霍州市新型农机专业合作社防治队，现有植保无人机7架、背负式喷雾器110台、手动式喷雾器500台、牵引式喷雾器20台、担架式喷雾器5台、手推式喷雾器20台，总防治粮食、蔬菜、果树面积达到35万亩次，这4个植保专业化防治队的成立、病虫害统防统治，减少农药使用量，提升市农业种植水平，有助于农民生产向专业化水平发展。

宣传《植物检疫条例》等法律法规条例知识，在全市悬挂张贴宣传标语横幅80余条，出台宣传车20辆次，巡回宣传10余次，现场咨询200人次，发送手机短信10条，电视台宣传2次，报刊宣传2篇。对全市2万亩果树，2000亩蔬菜按植物产地检疫规程进行全程监控，对重大作物病、虫、草疫情进行调查，实施产地检疫3.2万亩，基本覆盖市沿太岳山一带农业乡镇。开展草地贪夜蛾防控技术培训（61人参训），采购

44000 元草地贪夜蛾应急防控储备农药，完成草地贪夜蛾高空灯监测点护栏安装工程，布设 8 台高空灯，2160 套性诱设备，428 个监测点，防控草地贪夜娥的危害，促进农业高质量发展。

2021 年，霍州市农业农村局推进绿色有机地理标志农产品的认证。按临汾市名优中心下达的“三品”认证目标任务要求，经筛选，由霍州市三林苹果专业合作社承担今年的认证任务。霍州市共有“三品一标”企业 19 家、产品 24 个，其中，无公害认证企业 15 家、绿色认证企业 2 家、地标认证企业 2 家；无公害产品 18 个、绿色产品 4 个、地标产品 2 个（苹果、核桃），苹果种植面积 7762 亩，核桃种植面积 14498 亩。

【面源污染防治】 2021 年，霍州市农业农村局在全市 12 个乡（镇）办确定 2021 年的 34 个土壤监测点的基础上，新增设 10 个土壤监测点，采集大量元素土样 40 个，中微量元素 4 个，并送检化验，科学研制为测土配方施肥提供科学依据和指导，不断推进农业面源污染治理。在大张镇、李曹镇、三教乡和陶唐峪乡做化肥利用率试验 2 个、肥料矫正试验 2 个、经济作物“2＋X”肥效中微量元素单因子试验 1 个。通过科学严谨的试验，肥料利用率达到 42.3％，为肥料减量增效作出示范和榜样。通过 10 多年测土配方施肥，确立 7 个行之有效的施肥配方，其中，瓜果 2 个，蔬菜 2 个，粮食作物 3 个。因地制宜以大配方小调整的方式，发放测土配方施肥卡 2560 个，施肥上墙 43 块，发放技术资料 2 万多份，开展各类宣传培训 22 场次，培训人员 488 人次。宣传培训和推广测土配方施肥技术综合应用，促使全市化肥使用 1.426 万吨（2020 年为 1.512 万吨），减量 5.6％。广开肥源，合理用肥，提高肥料利用率。沼泽沼液使用 14200 立方米，绿肥翻压 1245 亩，蔬菜瓜果枯枝落叶堆积沤肥 1057 吨。

【农村“六乱”整治】 2021 年，霍州市农业农村局以打造亮点村为突破口，打造李曹镇源头村、鸭底村、窑底村、范村 4 个村连片的示范村，以点带面，形成大张镇贾村、大张村，南环办红崖堡村、东湾村，退沙办许村，辛置镇辛置村等 39 个示范村，提升人居环境，开展农村卫生环境整治“六乱”、美丽宜居乡村和美丽庭院创建活动，建立村庄保洁长效机制，引导农民群众养成健康文明、绿色环保生活方式。落实农户“三包”制度，宣传发动农民参与 16760 户。清理交通沿线积存的建筑垃圾和生活垃圾 56413.6 吨；拆除遗留、废弃的广告牌和无实际用途、有碍观瞻的视觉污染设施 4036 处；整修坑洼路面、隔离带和绿化带 330 处；消除交通安全隐患 205 处；清理整治乱搭乱建、取缔违法占地 3737 处；开展交通沿线绿化美化 133968 平方米。整治乱堆乱放、乱搭乱建、乱圈乱占、乱贴乱画 16376 处；清理整治路面污水 857 处；整治村域内黑臭水体 178 处；拆除违章建筑、废弃建筑和残垣断壁，消除破旧裸露墙体 11538 处；整理线缆“蜘蛛网”569 处；清理村内垃圾 173866.4 吨。拆除农业生产区域内违法设施建筑 124 处；整治废弃蔬菜大棚等无实际用途和杂乱杆线等设施 484 处；复垦农田面积 104.1 亩；清理农业生产废弃物 9091.6 吨。宣传发动农民参与 16760 户；开展庭院“治六乱”农户占全县农村常住户数比例 45％；评选星级文明户、美丽庭院、和美家庭 73 个村。6 月下旬，临汾市农村“六乱”整治工作第四督察组，通过“四直两不”的方式，对全市两镇一街道（李曹镇、大张镇、南环街道），9个村45户居民进行检查。市政府投入资金300万元，用于对12个乡镇街道农村“六乱”整治工作进行奖补并建立健全长效工作机制，为广大农村居民创造和谐的宜居宜业环境。

【农技推广】 2021年，山西省市下达给霍州市的农技推广任务是培育52名基层农技人员，指导104名科技示范户，完成3个基地建设。截至年底，已完成培育52名基层农技人员，建设3个具有地方产业特色，长期稳定的农业科技示范基地。推广优质绿色高效技术模式用于农业生产，支撑农业优势特色产业发展，农业主推技术到位率超过95%。全市农技人员使用中国农技推广APP开展技术指导服务比例超过90%，对全市38名基层农技人员开展连续5天以上的脱产业务培训，选聘6名知识全面、技能过硬、服务优良的基层农技推广骨干人才参加省级组织的脱产培训。

【新型职业农民培训】 2021年，山西省市下达给霍州市的新型职业农民培训任务是1551人。遴选出的6家培训机构全部实施高素质农民培训计划，已培训高素质农民504人。

【“双减双抢”工作】 2021年，霍州市农业农村局成立以党组书记、局长张卫东为组长的专家技术服务组（6组），班子成员带队，专业技术人员赴12个乡镇办对农民的“双减双抢”工作进行技术指导。全市农作物总受灾面积14.06万亩，其中，成灾面积12.93万亩，绝收面积0.89万亩。全市共182个设施大棚，因降雨受损40个。抢收玉米、杂粮等作物20.35万亩，播种小麦15.56万亩，抢收抢种已完毕，设施大棚修复14个。协同住建等部门开展农村房屋受灾等情况摸底。全市临时安置点10个（陶唐峪乡1个，师庄乡5个，退沙办1个，开元办1个，南环办1个，大张镇1个），安置240户412人，已清零。落实上级救灾资金142万元，其中18万元用于霍州市绿晨蔬菜专业合作社（陶唐峪乡辛庄村）蔬菜大棚修缮；30万元用于受灾农民恢复生产购买化肥1800袋；30万元用于冬小麦延期播种种子补助；40万元用于西张蔬菜园区57个大棚加固维修；24万元用于畜禽圈舍维修，救灾资金有效落实，促使秋冬季蔬菜稳产保供、畜禽安全生产并为明年小麦的丰收提供保障。

对霍州市1990余户养殖场所及周边环境进行全面消毒。重点针对受损的养殖场户死亡畜禽进行无害化处理技术指导及消毒，以免暴雨后发生疫情，特邀山西省畜牧兽医学校高级讲师赵良仓到霍州市，为受损养殖场户灾后防疫及恢复生产工作进行为期两天的授课指导。邀请临汾市畜牧业防汛技术指导组在10月11日到受损严重场（户）进行灾后恢复生产技术指导。发放上级核实消毒物资3.2吨（320箱），倒塌圈舍修复面积670平方米。

【省校合作】 2021年，霍州市农业农村局对全市97名畜牧行业的技术人员，就畜禽疫病防控等知识进行系统培训，尤其对炭疽疫病及灾后畜禽疫病防治、消毒，圈舍修复等进行了指导。

采取集中培训和个人自学相结合方式学习120余课时，学员全部取得相关资格认证，为畜牧产业发展提供人才。10月27日霍州市融媒以强化省校合作助力乡村振兴为题，进行专题报道。

富康种猪场、同兴禽业的技术骨干参与编写的《规模化猪场疫病防控集成技术》、《动物病理》教材（中国农业大学出版社出版），为全国全省畜牧业的高效发展引领指导。富康种猪场年产4000余头优质种猪，引领辐射带动安徽、江西、河南省份及省内吕梁、运城等地生猪养殖高质量发展。霍州融媒11月11日以“山西省畜牧兽医学校专家助力霍州养殖业发展”为题，进行链接报道。

畜牧兽医服务

【概况】 霍州市畜牧兽医服务中心属副科级建制，为市政府组成部门，隶属于霍州市农业农村局，负责全市非洲猪瘟等重大动物疫病防控、畜禽粪污资源化利用、动物防疫检疫、畜产品安全监管和畜牧业服务发展工作。

【重点项目】 2021年，推动3个重点项目建设。霍州市同兴禽业有限公司新建肉鸡养殖基地项目地处三教乡下三教村，总投资2200万元。主要建设15栋肉鸡舍、化粪池、办公场所等。投资1800万元，建成7栋鸡舍2800平方米、化粪池2座，另外还有5栋鸡舍主体构架完工。东方希望生猪养殖产业项目地处什林村，项目总投资2.5亿元。主要建设育肥猪舍、母猪猪舍、母猪生产产房、无抗饲料车间、屠宰生产线等。涉及40座坟需要迁移，已经迁走11座。3000万只肉鸡屠宰项目初选退沙街道，项目总投资2亿元，主要新建屠宰车间、待宰车间10000平方米，低温冷间5000平方米，屠宰区、分割区13000平方米，办公楼800平方米，餐厅及宿舍1200平方米，锅炉房200平方米，污水处理2000平方米，消防、泵房300平方米，转运道路及绿化25000平方米，新购屠宰设备、分割加工设备、制冷设备、专用污水处理设备、供电及排水等，冷链物流配送车辆5辆。

【畜禽免疫】 2021年，霍州市畜牧兽医服务中心采取签订防控目标责任书和畜禽产品安全监管责任书，明确工作任务，责任具体到人到场（户），一级抓一级，层层落实。全年集中免疫猪口蹄疫、高致病性猪蓝耳病、猪瘟各11.8万头，牛口蹄疫、布病各免疫0.42万头，牛地A型口蹄疫免疫0.12万头，羊口蹄疫、小反刍免疫6.88万只；高致病性禽流感、新城疫各免疫68.77万羽；补免畜禽4.45万余头只，应免尽免，免疫密度均达到100%，并建立健全了免疫档案。

【摸排工作】 2021年，受强降雨天气影响，导致洪涝灾害发生，养殖场户畜禽及基础设施损毁严重。霍州市畜牧兽医服务中心出动排查420人，排查出受灾养殖场户126个，其中，规模户11个、散养户115个。受灾养殖场户畜禽死亡数量为肉牛1头、生猪95头、羊247只、鸡5097羽；养殖场户内基础设施损坏面积为19765平方米，饲草损失444.4吨，其中已完成修复1445平方米；造成经济损失411.05余万元。

【生猪贴息贷款政策】 霍州市畜牧兽医服务中心为确保“2021年新增能繁母猪补贴资金”“2021年第二批中央农业发展资金（生猪贴息）”补贴资金落到实处，做到专款专用，保障养殖业健康稳定发展，对规模场进行动态管理、后期回访。每月不定期对规模场回访1至2次。

【畜禽统计管理】 2021年，霍州市畜牧兽医服务中心采取出去学、网络学和集体学的模式，优化知识结构、增强专业技能。霍州市畜禽统计人员加班加点，顺利完成全市143个建制村和71户规模户的注册。霍州市每个月的畜禽数据已经全部按要求上报至大数据平台。

【养殖污染和犬类防疫管理】 2021年，霍州市畜牧兽医服务中心承担协助创卫办治理农村养殖污染和犬类防疫工作。制定《关于创建国家卫生城市的实施方案》，配合创国卫办公室科学引导城乡接合区养殖户进行关闭与搬迁，截至2021年，搬迁或停养18户，剩余23户正在推进；设立3个动物狂犬病疫苗接种点，全天为市犬类进行疫苗接种，接种犬类150余只，确保犬类不发生狂犬等症状。

【节粮兴牧措施】 2021年，霍州市畜牧兽医服务中心发展牧草饲料，节粮兴牧，加大牧草饲料监控力度，开发秸秆综合利用新项目，提高饲草产品质量，建立安全、优质、生态、协调、可持续发展的牧草饲料产业体系，促进畜牧业更快更好地发展。青贮玉米种植面积14861亩，同年相比新增7000亩，苜蓿种植面积180余亩，同年相比新增180余亩，完成草地鼠害、病虫害防治1万余亩。牛饲养量4000余头，羊饲养量50000余只，按一头牛每天约需25斤青贮饲料，一头牛相当于5只羊计算，每天优质饲草需求量大约在175吨，年约需63000吨。

【乡村振兴】 2021年，霍州市畜牧兽医服务中心在巩固脱贫成果的基础上同乡村振兴有效衔接，防止贫困户返贫致贫，引导贫困户就地就近，依托自身优势就业、依托畜牧业产业扶贫带动相对贫困人口就业120余人。其中同兴禽业有限公司、富康猪场带动贫困人口，从事养殖业改善生活条件的有20余户。推动以“富康猪场”为依托，走粪＋芦笋＋农业种植的现代畜牧业的生产模式，促使帮扶村石鼻村，现代有机农业的初步形成，改善农村人居环境。 （王学祥）

农机管理

【概况】 霍州市农业机械发展中心的主要职责是对全市范围内的农业机械及其驾驶操作人员进行生产指导、安全管理、宣传教育，推广新技术新机具、落实国家农机具购置补贴政策、农机维修、农机产品质量投诉等项工作。2021年，核定编制18人，实有干部职工11人，内含机构有：农业机械安全监理站、技术推广站、技术培训站、生产经营管理站、产品质量投诉站、办公室、财务室、人事科等。

全市农业机械总动力新增0.4225万千瓦、达到9.5159万千瓦，农机原值新增550万元、达到1.46亿元，农业机械拥有量2517台，其中大中型拖拉机960台、小型拖拉机1358台、联合收割机199台（部分收割机达报废年限）。新增玉米收获机6台，达到98台，在册驾驶员471人。全市有耕地30万亩，其中机耕作业面积19398公顷、机播作业面积19353公顷、机收作业面积15858公顷、2021年新增玉米机收面积6.8万亩，全年完成机械化秸秆还田面积19.5万亩，全市农机化综合水平达到83%，全市农机总投入550万元，农机经营总收入新增400万元、达到8900万元，农机纯收入新增300万元、达到4358万元。

【农机购置补贴】 2021年，霍州市实施农机具购置补贴政策，宣传推进惠农政策成果，提升农机化装备水平。通过补贴，补贴各种机具123台（件），其中，补贴大型拖拉机13台、中型拖拉机22台、联合收割机增加 6 台（玉米联合收割机增加 4 台、小麦联合收割机增加 2 台），其他农机具增加 82 台（件）。全年使用国补金 128.135 万元，带动农民投资 300 余万元。扶持农户 114 户，激发农民购机热情，减轻农民作业负担，提高全市农机装备水平，使全市农机化综合作业水平提高两个百分点。

【涉农资金自查】 2021 年，霍州市农机中心对涉农资金进行专项整治，特别是农机具购置补贴资金，抽调专人走村入户开展对农机购置补贴资金专项整治，对全市 2020 至 2021 年 45 马力以上大中型拖拉机及动力机械进行人机见面，逐户核查，对 400 余份电子与纸质档案进行比对，消除安全隐患，确保机补资金的安全使用。

2021 年，全市有农机维修点 32 个、从业人员 62 人，农机经销点 13 个、从业人员 28 人，拖拉机驾驶培训机构 1 个。全市农机专业合作社 13 个，社员 100 人，农机专业合作社固定资产 1000 万元。

【农机新技术推广】 2021 年，霍州市农机发展中心采取政策倾斜，措施扶持，促进新技术推广工作。为搞好 2021 年度农机深松整地项目，确保项目资金安全使用。

【农机安全教育】 2021 年，霍州市农机发展中心利用传统集会、庙会及“3·15”消费者维权日，开展农机法规政策宣传，发放农机驾驶操作及安全知识，农机质量及投诉知识等宣传资料 4000 余份。到乡村、农机作业生产第一线，开展送农机安全宣传教育活动，对农机作业人员进行法律法规、安全操作、维护保养等相关知识教育宣传，增强农机手的守法意识。强化农机安全政策法规、业务知识和岗位技能培训，打造农机干部队伍。2021 年，将安全检查与农机检审验相结合，严格拖拉机、联合收割机牌证的核发和年度检验。2021 年为提高农机具安全系数，首次采用仪器进行检测，提高农机安全生产系数。截至年底（将拖拉机、联合收割机注册登记划归霍州市行政审批局），检验机车 200 台，培训新驾驶员 70 人，安全教育培训农机驾驶员 200 人，与农机驾驶员签订安全生产责任书 200 份、安全承诺书 200 份。健全完善农机安全监理牌证技术档案，农机安全生产检查台账和农机事故处理档案。2021 年，纠正违章作业 15 起，车证不符 2 起，不按规定存放 10 起，消除农机安全隐患，杜绝农机事故发生。

【农机手技能培训】 2021 年，霍州市农机发展中心按照“政府推动、学校主办、部门监管、农民受益”的原则，结合国家农机购置补贴项目的实施，围绕提高农村劳动力素质，结合农机安全技术检验开展农机手技能短期培训工作，累计短训 200 人。

（程惠平）

水　利

【概况】 霍州市水利局是市人民政府工作部门，正科级建制。主要职能：担负着全市农村水利水电、节约用水、水政执法、水土保持、水资源保护、水利工程建设与运行管理、水利工程移民管理和水利科技和外事工作等重要职责。内设办公室、规划计划股（水利工程建设、运行管理股）、河湖管理股（水资源管理股、水土保持和水库移民股）、农村水利水电股等 4 个职能股室。有 189 人，其中，公务员 8 人，全额财政开支人员 10 人，自收自支人员 171 人。

事业单位改革后，水利局有 4 个下属事

业单位，分别是：霍州市水工程移民服务站、霍州市河长制执行中心、霍州市水利发展中心、霍州市水旱灾害防御中心。其中，霍州市水利发展中心、霍州市河长制执行中心为副科级建制；霍州市水工程移民服务站、霍州市水旱灾害防御中心为股级建制。2021年，霍州市用水总量为4346.9911万立方米，连续5年低于上级下达指标。完成水土流失治理面积任务3万亩，完成上级下达任务。

【河长制工作】 2021年，霍州市水利局构建完善“河长＋河长助理＋巡河员”工作模式，搭建“河长＋检察长＋警长”监管平台，组织各级河长定期开展巡查检查，形成联防联动、多管齐下的工作合力，推进河长制各项工作开展。全年组织市级河长巡河100余次，乡级河长巡河400余次，村级河长巡河4000余次。对汾河霍州段干流、主要支流河道“四乱”突出问题进行拉网式排查，重点整治侵占河道岸线、违章建筑和河道管理范围内“四乱”突出问题。清理河道垃圾2.28万余立方米，清理河道围栏150亩，拆除违章建筑2000余平方米，树立河道警示牌15块，清除河道管理范围内堆放的砂石料堆体500多立方米，整治侵占河道岸线“四乱”问题5处，下发问题督办单6份，确保河道行洪安全。进入10月后，出现多年未见强降雨，形成较大汛情险情，该局组织各级河长加强河道安全巡查，要求巡河员落实24小时安全值守巡查制度，发现并处置多处险情。

【水资源保护】 2021年，霍州市水利局围绕“合理分水、管住用水”目标要求，强化对取用水户管理，全面强化对全市8家用水大户监管，对霍煤集团李雅庄煤矿办理取水许可证进行督办，在李雅庄煤矿、力拓煤业安装矿坑排水远程监控设备7台，为兆光发电固废厂中水利用安装远程监控设备1台，实现对全市用水户的高效有序管理。严格郭庄泉域范围取水许可管理，对取用岩溶水户，全部要求编制对郭庄泉水环境影响评价报告。完成兆光电厂、霍煤李雅庄以及3家储煤场、1家洗煤厂等企业“郭庄泉域水环境影响评价报告”的审查批复和省级批复，对全市4批建设用地进行实地核查，确保全市水资源的保护利用。开展“世界水日”“中国水周”宣传活动，在霍州报社刊登纪念世界水日的署名文章，通过广播、电视、设立咨询台、印发传单等形式宣传节约水资源重要性。

【水土保持工作】 2021年，霍州市水利局结合“黄河流域生产建设项目水土保持专项整治行动”和“治水监管百日行动”，加大水土保持力度，编制水土保持方案4家，水土保持设施验收报备5家，下发生产建设项目水土保持监督检查表28份，责令改正水土保持违法行为决定书1份，限期缴纳水土保持补偿费通知书3份。

【重点水利工程】 2021年，霍州市水利局总投资4.06亿元的汾河流域生态治理项目，于2021年5月13日开工。项目已完成投资1.3亿元。推进筹备一批优环境、惠民生的水利重点项目，月亮湾湿地公园、郭庄泉域湿地公园前期准备基本完成，提升霍州市汾河流域生态环境质量。

【农村安全饮水】 2021年，霍州市水利局投资933.92万元，实施并完成“2021年农村供水中央维修养护工程”“2021年农村供水省级维修养护工程”“2021年农村供水县级维修养护工程”；推进“霍州市革命老区农村饮水安全巩固提升工程”；完成“高铁沿线机井迁移工程”3眼水井迁移任务；“2021年农村供水设施配套工程（计量水表安装）”安装村级智能水表152套、入户水表75套，巩固提升9个乡镇、街道，98个建制村，8万余人的饮水安全质量。

【防汛减灾】 2021年是霍州市有气象记录以来，主汛期降雨量破纪录的一年，导致全市出现堤坝损毁、居民区进水、桥梁冲毁等险情。霍州市水利局干部职工全员24小时在岗值守，组织应急抢险队伍，调集防汛物资设备，参与应急救灾，不分昼夜、顶风冒雨，对全市水毁堤防、灾损工程进行紧急抢修，确保全市安全平稳度汛。霍州市水利局推进灾后重建修复工作，第一时间组织力量奔赴各乡镇、街道办和重点村，对群众饮水安全进行抢修保障，对堤防、水库进行除险加固，对灌区设施进行排障疏通，保障群众恢复正常生产生活秩序。

【治水监管】 2021年，霍州市水利局按照省、临汾市水利部门要求，推进“2021年度治水监管百日行动”，推进水利工程前期、水旱灾害防御、水利工程建设、水利工程运行、水资源、河湖、水土保持、农村供水大中型灌区、水利资金、水库移民、工程质量及安全生产、节约用水、水行政执法等13个重点领域的水利监管工作，加强水库、河道、水利工程建设等重点领域监管，规范审批许可、监督管理、规费收缴、解决重大水事纠纷等工作，打击非法采砂、非法取水行为，制止和查处水事违法行为，确保全市水事秩序稳定。

（刘洋）

林　业

【概况】 霍州市林业局成立于2019年2月，系政府组成部门，内含办公室、财务与资金运用股、营林绿化和林业管理股、森林和草原资源管理股4个科室，核定行政编制6名；根据中共霍州市委机构编制委员会《关于霍州市林业局所属事业单位机构编制调整的通知》，下设事业单位2个：霍州市森林消防专业队和霍州市林业发展服务中心，核定事业编制25名。截至2021年底，林业局在职干部职工28人，其中，公务员7人，事业人员21人。

【“林长制”工作】 2021年，霍州市林业局围绕林业职能，坚持突出重点，强化责任落实，制定工作方案，明确工作目标、工作任务和进度安排，通过“市（县）、乡镇、村”三级林长逐级的责任传导，深入推进“林长制”的实施。市政府市长担任总林长、分管副市长担任副总林长，6位副市长担任市级林长，12位乡镇长担任乡镇级林长，村（居）委会主任担任村级林长，并以行政区域为界，划分118个村级林长责任区。

【植树造林】 2021年，霍州市林业局紧抓春季植树造林的关键时期，提前谋划为造林工作打好基础。年初，根据上级部门安排，退耕还林的各项工作都采取PPP模式，根据省级要求，完善“新一轮退耕还林，上一轮退耕还林的农户”的各项资料；完成南山绿化工程的验收，根据合同验收，兑现相应的项目资金；2021年度提质增效300公顷（4500亩）项目区的地块落实，确定项目实施范围、地点和各项技术措施，实施方案已编制，完成评审、审批、招标等工作。为配合霍州市“创国卫”活动及“美丽乡村建设”工作，引进质优价廉苗木18000余株；国槐、桧柏、卫矛等苗木28211株，在适应绿化乡村、美化乡村需求的同时，改善乡村生态环境。

【森林防火工程】 2021年，霍州市林业局启动实施森林防火智能化平台建设：投资80万元，在30个防火重点部位、林区出入的重点卡口，安装高清摄像装置，利用网络实现联网覆盖高清监测。投资800余万元，建设森林防火智能监测平台，利用网络实现霍州全境、全天候的智能监测全覆盖，为及时发现火情，及时处置提供高科技的支撑。

【森林资源督查】 2021年，霍州市林业局按照《中华人民共和国森林法》《森林法实施条例》《行政处罚法》，依法行政，对照上级下发的森林资源督查75个图斑，细致核查，上报完成52个。

【森林保险】 2021年霍州市森林保险投保公益林面积4965.5公顷（7447.5亩），保险金额13405.5元。

【森林防火工作】 2021年，霍州市林业局发放入户通知书1万余份，防火宣传单2万份，森林防火通告2300份，悬挂宣传条幅300余条。在沿山各乡镇组织成立30人的半专业森林防灭火队伍、沿山每个村成立20人的森林防灭火小队，村支书村长亲自担任队伍负责人，团结和带领村骨干力量，维护所辖区域内的防火安全。在油盆峪、七里峪、悬泉山等14个重要进山卡点，张贴防火码，设置专人、专岗对进山人员、进山火种进行检查，把好“入山进口关”，启动30个智能防火监测警示系统建设。全局领导班子带班，24小时值班值守，确保火情渠道畅通，火情火警处理及时，做到一有火情，迅速出警，确保火情火险“打早、打小、打了”。以全市115名护林员为基础力量，分区域、分重点开展工作，盯住“五头”（山头、地头、坟头、人头、源头），重点看好“五口”（村口、沟口、路口、卡口、入口），严格巡查“五边”（林边、地边、田边、路边、村边）。

【抗汛减灾】 2021年，霍州市林业局针对国庆以来连续阴雨导致的严峻汛情，全局坚持“人民至上、生命至上”的理念，贯彻落实习近平总书记对防汛救灾工作作出的重要指标，以及国家、省、临汾市、霍州市防汛救灾工作会议精神，按照“安全第一、常备不懈、以防为主、全力抢险”的方针，避免和减轻洪涝灾害损失。对遭受灾害的林地细致摸底、登记，及时汇总上报，维护人民群众生命财产安全。（刘林平）

工　业

工业和信息化

【概况】 霍州市工业和信息化局加挂霍州市人民政府国有资产监督管理局、霍州市民营经济发展促进局牌子。负责贯彻落实党中央、山西省委、临汾市委、霍州市委关于工业和信息化、国有资产监督管理、民营经济发展促进工作的方针政策和决策部署。该局系市人民政府工作部门，正科级建制，行政编制16人，内设办公室、人事教育（政工）股、运行监测服务股、投资规划（行政审批）股、技术创新（科技信息）股、能源综合利用股、国有资产监督管理办公室、民营企业发展促进办公室8个行政科室。

【主要指标】 2021年，23家规模以上工业企业累计实现工业总产值108.6亿元，比上年同期增长30.6%；累计实现工业增加值45.85亿元，同比增长3.97%。制造业增加值比重上升率－2.1%。战新产业产值累计完成产值4851.3万元，对应工业增加值905.7万元，同比增长18.49%，超序时进度完成年度目标任务。根据统计上报数据，全年工业增加值占全市生产总值比重约54.1%。霍州市洪昌肥业有限公司、霍兴食品加工有限公司、霍州市和成洗煤有限公司、山西光瀛达建材有限公司等4家企业顺利升规。规模以上工业企业上27家，有研发机构的企业5家，比例为18.51%。

【疫情防控】 2021年，霍州市工业和信息化局调整医疗物资“采（购）、储（备）、调（拨）”的工作流程，制订、完善《霍州市新冠肺炎疫情防控工作期间医疗防护物资采购应急特办方案》《在疫情防控常态化下重要医疗物资保供工作方案》等多个工作方案，确保疫情防控过程中医疗物资保障工作的“忙而不乱、快且有序”；严格工作流程，分工明确、责任明确、配合到位，确保疫情防控医疗物资多点采购、适度储备、及时调度、充足保供；在储备到位、调度到位并保障全市医疗物资正常使用的工作前提下，俭用每一笔医疗物资储备财政资金，杜绝医疗物资“采、储、调”全过程中的不必要消耗，把紧事办实、把急事办好。

【国资国企改革】 2021年，霍州市县域国有企业实有19户，分属10家行政（事业）单位。结合企业经营情况，拟报请出清13户“僵尸”企业；拟出清2户事业编制企业，拟报请保留4户正常营业企业。完成退休人员社会化管理资金申报落实。其中，中央企业9户涉及退休人员1542人，省属企业4户涉及退休人员12683人，临汾市属企业2户涉及退休人员523人；各企业退休人员截至年底和档案馆、组织部、各乡（镇、街道）社区移交完成，乡（镇、街道）社区工作人员对管理服务的对接和人员进行审核，查缺补漏。霍州市涉及“三供一业”分离移交工作的驻霍央企和省企有5家，涉及25059户，其中，中央下放9202户，中央1646户，省级14211户。“三供一业”中央下放应补助资金14691.76万元及中央企业应补助1853.465万元，已补助完成；省级应补助资金22676.35万元，已获得省级补助资金11351.7元；根据霍办发〔2020〕8号文件，开展21户关闭、破产“僵尸企业”认定工作，根据晋人社厅发文件，开展12户关闭、破产的集体所有制“僵尸企业”认定工作，根据晋人社厅〔2021〕824号函，推动5户国有企业的破产清算工作。截至年底，累计为600余名关闭、破产“僵尸企业”职工解决养老金滞纳金核销难题。

【入企服务】 2021年，霍州市工业和信息化局成立入企服务工作专班，印制惠企政策宣传手册，建立工作台账，协调办理晋丰肥业有限公司“年产5万吨测土配肥项目”征地、道路修葺等事宜；帮助力拓煤业有限公司“基建矿井”转“生产矿井”的理顺交接及证照事宜的办理；帮助规上企业及小升规重点培育企业实现疫情防控期间“煤、电、油；运、销、产”等生产难题；牵头制定《霍州市中小微企业发展专项资金使用管理办法》，为2021年年初实现小升规的5户企业申请省、市级奖励资金137万元；为霍州煤电集团鑫钜煤机装备制造有限公司申报“智能制造项目”，争取省级数字经济发展专项资金70万元；为霍州市卓威汽车销售服务有限公司争取省级汽车奖补资金8万元。

【信息化建设】 2021年，霍州市工业和信息化局推进电信普遍服务工作。会同移动、联通、电信3家电信运营公司对市辖区内的139个建制村再次进行摸排，完成调整后9个偏远乡村全覆盖工作。推进5G基站和转改直建设。全市451个通信基站，其中，主城区222个、大张43个、三教28个、李曹26个、陶唐31个、辛置30个、退沙36个、师庄35个。截至年底，开通5G基站155个。

【安全工作】 2021年，霍州市工业和信息化局党组定期组织召开安全生产工作会议，安排部署安全生产工作的开展，与三大电信运营商及铁塔公司签订《安全生产责任书》，强化各企业安全意识，实地检查督导企业完善安全生产源头治理，疫情防控，建筑领域安全等各项工作，督促各企业履行好安全生产主体责任。针对2021年以来发生的道路旁线杆倾倒安全隐患及创国卫中线路整理存在的问题，召集有关电信网络运营公司负责人，开展排查整治，及时消除安全隐患，确保全系统全年无一起重大安全生产事故。

（刘林平）

能源管理

【概况】 霍州市能源局成立于2019年2月22日，是霍州市人民政府的工作部门，整合原市安监局（煤炭局）、发改局、经信局的能源管理职能，主要负责全市能源行业管理、综合开发利用等工作，为正科级建制。

【经济运行】 2021年，霍州市能源局做好全市煤炭、电力、新能源等能源行业企业日常管理工作，掌握能源企业经济运行情况。1至12月，煤炭行业原煤产量422.58万吨，比上年同期增长5.07%；洗煤厂入洗原煤534.79万吨，精煤产量265.09万吨，同比下降5.45%、11.18%；电力行业火力发电110.92亿千瓦时，同比下降0.05%；供电公司全社会售电量39513.94万千瓦时，同比增长15.85%；新能源行业光伏发电量0.14209亿千瓦时，同比增长0.29%。

【安全生产】 2021年，霍州市能源局组织开展能源行业企业安全生产隐患排查治理和安全专项检查，确保安全生产。建立霍州市能源局安全隐患排查治理台账，将检查中发现的安全隐患登记在册，要求主体企业明确责任人、制定整改措施、确定整改时限、加大安全投入，消除安全隐患。

【重点工作】 2021年，霍州市能源局推进新能源光伏发电项目落地霍州。国电、兆光、华地宇、国盛等4个100兆瓦集中式光伏发电项目已列入山西省2021年光伏发电保障性并网年度建设计划。山西霍州力拓煤业于2021年6月正式投产。霍州煤电集团辛置煤矿选煤厂、李雅庄煤矿选煤厂被评为一级标准化企业，霍州市和成洗煤有限公司被评为二级标准化企业。霍州煤电集团有限责任公司、国电华北电力有限公司霍州发电厂、山西兆光发电有限责任公司3家重点企业能耗在线监测系统已全部建设完成。做好能耗“双控”工作，本年度单位地区生产总值能耗降低率、全社会能源消费总量控制目标实现“双下降”。

【清洁取暖】 2021年，霍州市清洁取暖改造任务1591户，其中，煤改电294户，煤改气184户，集中供热1113户。出台实施方案，召开动员部署会议，加强督促指导协调，实际完成1632户，其中，集中供热完成2005户，煤改气完成184户，煤改电完成294户，超额完成本年度清洁取暖改造任务。

（董鹏）

煤炭运销

【概况】 山西煤炭运销集团临汾霍州有限公司（以下简称霍州煤销公司），是2009年7月由山西省煤炭运销总公司临汾分公司霍州市公司改制后成立。注册资金2000万元。经营范围：煤炭运销；煤、焦、铁化验；建筑维修服务，房屋修缮；房屋租赁；道路普通货物运输服务。截至2021年底，公司内设：综合办、财务部，基层单位有物流分公司。三合、圣佛煤焦发运站隶属临汾聚晟能源有限责任公司，自2012年12月起由霍州煤销公司代为管理安全维护职能。

【重点工作】 2021年，按照工作要求，肩负起疫情防控的政治责任、社会责任，参与疫情防控，落实本单位防控职责，做好自我防护。党史学习教育开展以来，分两批组织党员进党校学习，参观革命故居，参加临汾公司举办的庆祝建党100周年党史知识竞赛活动。公司成立以党总支书记为组长的安全维稳工作组，按照发现得早、化解得了、控制得住、处置得好的总体要求，开展做好不稳定因素、信访苗头和矛盾纠纷排查处置工作，对排查出的安全隐患，矛盾纠纷及时进行解决处理。建立健全工会职能，完善职工社保福利制度，提高职工社保福利待遇，结合公司实际情况，为全体职工办理住房公积金和职工大病医疗，为职工增补发放中秋、国庆“两节”福利。加强对退休人员社会化管理，做好218名退休人员的档案移交、党组织关系移交，确保管理服务到位，移交衔接到位。公司家属区50户已完成维修改造、资产职能全部移交，并于11月19日完成对公司家属区“三供一业”省级财政补助资金清算工作。坚持把党建工作与中心工作同谋划、同部署，将主体责任和一岗双责明确到班子成员分工职责中，落实到具体工作中。加强领导班子自身建设，坚持民主议事、定事，对重大事项、重要问题等及时召开会议进行集体研究决定。公司全年召开5次组织会议，听取意见、查找不足，找准工作切入点和突破口，统筹推进党建工作。

（高院红）

供　电

【概况】　霍州地处临汾市最北端，地域面积765平方千米（平川、丘陵、山区各占1/3），辖12个乡镇街道办事处，199个建制村，30万人。国网霍州市供电公司成立于1960年12月，占地面积3697.5平方米，位于霍州市北环路17号。2021年，公司售电量完成39513.94万千瓦时，同比增加售电量5405.49万千瓦时，比同期增长15.85%；综合线损率累计完成6.82%，比计划降低0.68%，比同期降低1.04%。售电均价完成497.89元/千瓦时，销售收入完成2.10亿元，电费回收100%。国网霍州市供电公司供电面积约765平方千米，担负着3个乡4个镇5个街道办事处约30万人口及工农业生产用电任务。运行35千伏变电站7座，10千伏开闭所3座，总容量147200千伏。运行35千伏线路14条，线路长88.70千米；10千伏线路52条，供电线路长754.40千米；共有公用台区989个；供电面积700多平方千米。下设7个部门：综合管理部、发展住建部、财务资产部、安全监察质量部、电力调度控制分中心、运维检修部、营销部（客户服务中心）。

2021年，国网霍州市供电公司有全民在职员工90人。公司下设5个职能部门和2个业务机构，有7个班组8个供电所。管理岗位22名，技能岗位55名，技术岗位6名，服务岗位3名。女职工25人，男职工65人，平均年龄44.4岁。研究生2名，大学本科员工41名，大学专科员工26名，中等职业教育员工6名，高中毕业员工10名，初中及以下员工5名。高级职称8名，中级职称18名，初级职称35名。高级技师6名，技师29名，高级工25名，中级工5名，初级工4名。2021年新进大学生2名。

【教育培训】　2021年，国网霍州市供电公司贯彻落实“建设学习型公司、培养学习型干部、培育学习型员工”的精神，把员工培训作为提升凝聚力、战斗力的核心和灵魂，以狠抓内涵管理、提高员工素质为重点，为公司的和谐发展提供强有力的支撑。开展业务技能培训。组织工单回复、安全管控可视化培训5轮75人；线上加线下开展全员及三种人《安规》《两票补充规定》考试，组织专题安全日活动16次；完成迎峰度夏大面积停电应急演练。

【经营管理】　2021年，国网霍州市供电公司售电量完成39513.94万千瓦时，同比增加售电量5405.49万千瓦时，比同期增长15.85%。综合线损率累计完成6.82%，累计比计划降低0.68%，比同期降低1.04%。

优化营商环境，落实小微企业160、100政策，20户小微企业100%接入零投资；高压态势整治业扩压单，处理线下业扩诉求62个；落实燃煤电价市场化改革，7625户一般工商业代理购电工作按期完成；公开发布优化营商环境九项承诺；走访阳光首府、香江城等七个重点区域及新建小区，收集建议诉求67条。提升服务品质，网上国网APP累计推广67972户，推广率59.92％，办电率98.75％；营业厅整治检查8所42次，整改问题5个，点对点培训11次；加强快抢电话及台区经理宣传，供电服务连心电e家台区微信群入群占比75％。

【安全生产】 2021年，霍州公司未发生人身伤亡和误操作事故；未发生电网设备事故和农村触电死亡事故；无重大道路交通事故，截至2021年12月31日，实现连续安全生产10511天。三年安全专项整治行动霍州公司发现6条隐患，安检2条，整改2条，运检4条，整改4条，运检部结合整治计划进行整改，安全巡查81项整改问题涉及霍州公司29项，整改22项，剩余7项，安监部11项（已整改10项），运检部8项（已整改2项），营销部2项（已整改2项），综合办公室3项（已整改3项），调控分中心1项（已整改1项），配网1项（已整改1项），汾能霍州公司3项（已整改3项），共整改22项。未整改已报分公司专业对口部门并结合计划整改。预计2022年6月整改完成。

落实“两个一”，在公司支委会上落实“五查五严”风险隐患排查整治工作方案，按照临汾公司120项检查条款进行排查，霍州公司检查问题6项，整改6项。组织各部门开展专题安全日活动30余次。

制订年度应急演练计划，开展防汛、调度大楼消防疏散、触电急救等演练4场次。

完成安全准入考试148人次。涉及主业及众辉员工，全部合格。10月进行安全责任清单重新修订，涉及组织清单28项，岗位清单91项，已挂一体化系统。公司开展新安全生产法学习宣贯，发放新安全生产法书籍38册，采取部门＋班组学习，参加学习218人。领导讲安全课4次。截至12月份线上主业全员89人全部参加考试，线下全员及众辉218人全部参加考试，全部合格。对35名“三种人”进行考试，完成培训考试计划。

实现一级抓一级、逐级抓落实的常态机制。编制14个组织，99个岗位责任清单，明晰安全管理职责。执行现场作业“十不干”，狠抓现场违章；强化“两票”“三措”、及“安全风险卡”的执行力度，1—12月低压工作票共95张，事故抢修单共13张。正确率为100％。霍州公司召开安全风险管控督查会议10次，管控电网风险八级5项，作业风险四级11项。

公司安全督查队2021年度督查工作现场65个（计划检修、计量装表、业扩工程），查处违章35起，下发违章通知书35份，批评教育139人，及时纠正班前会案例宣讲不全面、工作监护人参与工作、试验电源线插座破损、试验电源线未装防护套、风险防范卡评价未执行、工作票人员姓名填写错误、脚手架锁扣未闭锁等问题。全口径录入作业计划，规范现场掌机和执法记录仪使用，提升“日计划完工率”等平台应用指标。纠察队对计划检修及计量装置轮换现场进行现场督查，下发违章通知书15份，全部完成整改。每个岗位制定“四不伤害”保证书，定期进行自查考核。加强一线职工对安全生产的认识，严肃违章考核制度，发现一起，严惩一起。确保安全意识进部门、进班组、进现场。

截至12月召开安委会4次，组织集中学习观看《生命重于泰山》电视专题3场次，参与138人次。“一把手”讲“安全生产公开课”6场次，参与人员187人。组织员工观看安全警示教育片5场次，163人次。深入开展安全宣传“五进”活动，设立咨询台2个，发放宣传资料3000余份，全员218人（包含众辉员工）参与“测测你的安全力”网络安全知识竞赛。近期开展新安全生产法知识竞赛。

将安全责任清单纳入年度安全培训实施方案，明确重点任务22项，按期执行。开展2轮次196人新版《安全事故调查规程》《刑法修正案》培训考试，树牢全员安全法治思维和风险意识。按月组织开展“学安规、背安规”，各生产性班组参与720余人次，筑牢每一名员工的安全意识和安全技能。组织主业及众辉218人开展触电急救、心肺复苏培训考试，参训人员全部合格。履行电网运行风险预警的发布、反馈、告知、延期、解除等各环节。反馈电网运行风险预警通知单6份，下发电网运行风险预警告知单4份。各项工作确保电力系统的稳定性，降低发生事故的风险。

【电网建设】 2021年，国网霍州市供电公司确定青朗坪变电站站址、推进35千伏李曹变电站主变增容及35千伏陈村变电站二电源计划推进。如期完成朱杨庄603户煤改电配套电网建设，科学化解电网负荷告急情况，接纳非确村确户煤改电用户2364个；新增光伏用户317户10328千瓦，累计1210户28615千瓦。以6名退岗中层干部为对象补强安全纠察队，检查各类现场36个，发现一般违章41起；聚焦“三方两类”，落实“同进同出”管理，排查现场232个，下发整改通知单65份。完成35千伏北关变电站综自改造、综合整治；清理5条35千伏线路通道，砍伐树木1千余棵，整治不合格接地体22处，塔体螺丝紧固21基，年度35千伏线路零掉闸；治理高掉闸线路4条；切改高投诉线路两条；开展低压设备整治，更换低压导线2万余米，轮换变台18台，新增布点7个，砍伐修剪树木1500余棵；山火防控排查线路9条（涉林4条，非林区5条），消除隐患38处，更换绝缘线45000余米。

【供电服务】 2021年，国网霍州市供电公司受理投诉5件，比上年同期减少10件，降幅66.7%。（卫帅兵）

中小企业服务

【中小微企业发展】 2021年，霍州市中小企业服务中心对全市规模以下185户工业企业进行全面调整，重点了解全市规下工业企业的生产经营行业分布政策落实问题需求，完善规下工业企业的基础信息库，形成大中小接续、强中弱梯次培育提高，狠抓工业企业转型升级、工业设计、项目建设、工业企业品牌建设等工作，提高企业科技创新能力，提升企业核心技术和竞争力，扩大生产规模，带动行业发展。

摸排筛选出13户效益好、发展潜力大、科技含量高、创新能力强的规下工业企业，建立了帮扶服务机制，指导培育13户企业上规升级。从中选出9家企业纳入“小升规”重点培育库，市领导包联“小升规”工业企业，开展入企入园入区服务，协调处理企业发展中的困难问题，为企业做大做强创造良好经营环境，助推“小升规”企业升规入统、做大做强。为5家升规企业申请省、市级“小升规”奖励资金，持续加大“小升规”培育力度。开展“送政策、送资源、送效率、送环境、送市场”服务活动，聚焦政策享受、资源配套提高效率、优化环境、拓展市场等企业发展工作重点，为重点培育企业提供“保姆式、贴心式”服务。10月，借举办霍州市工业企业经济运行监测及相关财税惠企政策培训班的契机，向市中小微企业详细阐述财政、税收、小升规、专精特新等方面的惠企政策，打通惠企政策落地“最后一公里”，帮助企业学好政策、用好政策、用足政策，促进企业转型升级，谋企业高质量发展。

【中小企业平均营业】 2021年，霍州市中小企业完成营业收入287841万元，比2020年同期增长3.51%；完成工业总产值75114万元，比2020年同期增长13.94%；完成固定资产投资11308万元，比2020年同期增长15.28%。全市有企业1792家，从业人员11978人。

【重点工作】 2021年，霍州市中小企业服务中心对和成洗煤、供热公司、霍兴食品加工公司、洪昌肥业等9家企业开展升规前期的摸底工作，纳入“小升规”重点培育库；从税务部门了解企业的收入，采取针对性施策。

霍州市洪昌肥业有限公司、霍兴食品加工有限公司已完成入规审核，为和成洗煤、供热公司、山西光瀛达建材有限公司3家企业办理升规手续，可实现“争8保5”的保底工作目标。 （赵红宏）

城镇集体工业

【概况】 霍州市城镇集体工业联合社前身是霍州市第二轻工业局（手工业联合社）。主要职能为监督、指导、协调、服务系统下属城镇集体企业。2021年，根据霍编办发〔2021〕68号文精神，霍州市城镇集体工业联合社机构性质由自收自支事业单位变更为财政拨款事业单位，核定财政拨款事业编制6名，原自收自支编制收回，原自收自支人员，暂维持原有经费渠道和保障政策，保留现有待遇，逐步消化。

【业务工作】 2021年，在理顺原霍州市皮麻厂2名、制鞋厂9名、钢木家具厂6名职工的养老保险关系的基础上，协调解决霍州市印刷厂4名、纸箱厂2名职工的退休事宜。

2021年7月15日对原霍州市钾盐厂的厂房和办公楼等设施进行航拍取证、于2021年7月20日对原矿山机械厂土地出让后规划的政府公共建设用地进行航拍取证，为防止集体资产流失。对原系统14家企业的基本情况包括存续、人员、资产、债务进行整理并对历史遗留问题提出处理意见上报市国资中心、市审计局和霍州市政府主要领导。对系统印刷厂、矿山机械厂职工“12399”市长热线反映的问题进行回复。 （郭学军）

霍州煤电集团有限责任公司

【概况】 霍州煤电集团前身为霍县矿务局，成立于1958年，2000年改制，2001年加入山西焦煤成为其子公司。截至2021年12月底，下辖二级子公司37个，分公司14个，在册职工48012人，资产总额878.59亿元。所属矿区分布在霍西、河东、宁武、沁水4个煤田内的临汾、吕梁、忻州、长治和运城5市所辖13个县（市）。拥有矿权井田总面积1008.8平方千米，保有储量93.20亿吨，可采储量44.82亿吨。有生产矿井16座、基建矿井2座、核准矿井2座、整合停缓建矿井6座、规划矿井3座；洗煤厂8座；电力产业参控股电厂2座；主导产品为肥煤、1/3焦煤、焦煤、贫瘦煤多个高端优质品牌煤种，产品畅销国内20多个省市。2021年4月，按照省委省政府部署要求和山西焦煤统筹安排，接收并管理晋能控股所属13座矿井，涉及产能1080万吨/年。

公司实行“区域公司＋专业化”的管理模式，有霍州本部和汾河焦煤、吕梁山煤电、晋北能化、晋南煤业、吕临能化、临汾宏大公司6个区域公司以及非煤生产和专业化服务公司。区域公司重点发展煤炭主营业务，非煤单位主要生产煤机装备、矿用材料配件等产品，专业化服务公司配套跟进服务，发展成以煤炭为主，电力、建筑、建材、机械制修等多业并举的大型煤电集团。

【主要经济指标】 2021年，原煤产量3461万吨；精煤产量1504万吨；煤炭总销量2744万吨；掘进总进尺20.6万米；发电量3.12亿千瓦时。

【产业升级】 2021年，庞庞塔千万吨矿井喜获生产“通行证”，中峪、谭坪项目稳步推进，五星—福星异地减量重组项目取得开工报告，庞庞塔、店坪、三交河3矿分获智能矿山、技术创新、高效智能化标杆矿井，12宗扩界资源初步列入省“十四五”规划。庞庞塔、正利智慧矿山示范引领，5个智能回采面、7个智能掘进面建成落地，120万吨及以上矿井井下主要机房硐室基本实现无人值守，应急智能排水机器人在历次事故抢险中大显身手；数字化综合运营平台加速建设，调度信息中心、财务共享中心、销贸视频监控网络等协同发力。研发投入同比增长21%，45项科技成果占焦煤获奖总数的1/4；店坪薄煤层智能化＋110工法无煤柱开采、水力预裂切顶卸压技术等技术成果加速转化。机修制造、建筑建材、多种经营等非煤产业换思想、转机制、走出去，全年外部市场创造利润5390万元；鑫钜煤机培育智能再制造技术，入驻省智能煤机装备产业技术联盟成员单位，全年完成智能化工作面升级改造2套，实现收入6988万元；公共事业服务分公司璟玉物业APP上线运营，“璟玉帮您办”、临汾康复中心等惠民利民项目蓬勃发展，全年实现外创收入1825万元。

【风险防控】 2021年，霍州煤电集团辛置矿安全风险分级管控“13467”工作法和事故隐患排查治理“1233”工作法、庞庞塔矿安全双重预防机制“七步工作法”、晋北煤业“两杜绝、三辨识、三评估”等特色可圈可点，杜邦体系“规划图”逐步变成“施工图”“实景图”。深化三年行动、“三个清单”、重大事故隐患双清零、“三检三整”、百日安全活动等专项行动，累计建成一级标准化矿井8座、二级标准化矿井15座、省能源局一级标准化选煤厂4座，提升安全管控精益化水平。推进环保思想、理念、模式变革，开展并固化环保“大排查、大整顿、大整改”，生态环保实现“零通报”；吕临能化千万吨、辛置洗煤厂、鑫钜工业园区、晋牛、兴盛园等环保“老大难”问题取得突破性进展；干河、回坡底、三交河3座标准化污水厂验收运行。全面统筹安全、环保、稳定、疫情防控工作，确保“两节”“七一”和资源重组、“六定”改革等特殊时段“零事故”“零上访”“零案件”“零输入”。

【经营管控】 2021年，霍州煤电集团围绕安全高效的生产模式，完成全年产销指标，晋牛、木瓜、隆博核增产能180万吨/年；坚持“精煤制胜”战略、“配煤优势”

战略，回坡底、三交河煤泥提灰改造进入联合试运转，白龙配煤基地迈出定制化、菜单式供应关键步伐。“降本增效、减人增效、提效增效”齐头并进，7个环节33条措施精准落地，全年利润总额创历史最高水平，原煤成本、两金压降、总资产周转率等均实现目标计划；庞庞塔矿依托产量拉动、作业成本法、定额化管理等措施手段，初步形成“横向管理＋纵向分析＋全级次考核”的网络化成本管控模型，实现由出煤大户向效益大矿转变。坚持把精益化管理融入经营管控全流程，紧扣低成本、零浪费、持续改进三个核心，持续释放提质增效倍数效应，形成庞庞塔、木瓜示范引领和106个项目纵深推进的发展态势，全年提质增效约2.24亿元。依托止损挽损、整合煤矿安全专项整治、压减、分离企业办社会等专项行动，坚决去除低效无效资产。3户“僵尸企业”处置达到验收标准，超额完成7个公司压减任务，11个止损挽损项目稳步实施，完成37个生活小区的“三供一业”改造移交工作。

【深化改革】 2021年，霍州煤电集团紧扣“发展路径变革化”，8个方面50项改革任务80项具体举措纵深推进，办成一批引领发展的大事要事。健全完善党委会、董事会、经理层议事规则，48户公司董事会实现应建尽建全覆盖，各层级开展制度“清、废、改、立”600余项，优化制度体系和管理流程。13座新接收矿井重组融合稳妥推进，新增产能990万吨/年，资源重组矿井社保欠费全部“清零”，逐步实现思想同心、行动同步、执行同力，共同唱响“新焦煤是一家”的主旋律；“六定”改革基本结束，实现机构数量、人员数量及中层职数“三下降”，做到部门精简高效、业务专业集中、上下高度协同。凯硕传媒取得股份制改制批复，“二次混改”全面提速，入选山西省上市挂牌后备企业名单；霍汾设计正式运营，实现集团公司近三年战略引资“零”突破。

（李瑞璐）

国家能源集团霍州发电厂

【概况】 2021年，霍州电厂实施“一个目标、三型五化、七个一流”发展战略，围绕“六个开新局”，统筹推进发展与安全生产、防疫与生产经营各项工作，应对碳达峰、碳中和及电力体制改革新局面，提升企业核心竞争力，实现“十四五”良好开局。“强化绿色转型发展，新能源项目发展成果显著”获山西公司奖励基金二等奖。

【能源保供】 2021年，霍州电厂制订庆祝中国共产党成立100周年专项保电工作方案和应急预案，成立保燃料供应、保安全生产、保和谐稳定的“三保”工作领导组，提高政治站位，压实责任，强化责任担当和考核监督，确保保电保供措施落实到位。开拓燃煤供应渠道，加大调运力度，开通集团公司自产煤供应，提高长协煤占比和兑现率，“一体化”效应充分发挥，全年累计安全接卸火车煤47万吨，保供控价能力有效提升，确保燃料充足稳定供应。加强设备检修维护，调整参数运行，12月25日，单日发电量完成2645万千瓦时，负荷率达91%，创投产以来历史新高。一号机组连续运行6121小时，二号机组连续运行4089小时，双机长周期安全稳定运行、应发满发，为保障电力稳定供应做出贡献。

【安全环保】 2021年，霍州发电厂对全员安全责任清单进行重新梳理，修订生产类管理制度 76 项，健全管理流程、明确岗位责任和工作边界。安全管控措施，开展“百日安全事故大排查、大检查”活动，包括厂领导在内管理人员每周分别深入 48 个基层班组参加安全日活动，提高安全学习的针对性、实效性，完善安全风险分级管控和隐患排查治理双重预防工作机制，筑牢安全防线，确保机组安全稳定和职工生命安全。

成立厂级“防非停领导工作小组”，开展“三个专项治理”，对锅炉低温再热器、空气预热器等设备进行技改，借助电研院、锅炉厂家技术力量，加大锅炉管排检查力度，严防“四管泄漏”问题，两台机组修后一次启动并网成功，保持长周期安全运行，在四季度保电保供任务中发挥出重要作用，为山西公司完成年度任务做出贡献。组织人员、物资驰援太原铁路局董村车站，充分展现央企担当，企业收到太原局抢险救灾书面感谢信。推进安全生产专项整治三年行动，强化“两个清单”动态管理，开展春检、防洪防汛、重大危险源等季节性专项隐患排查，确保闭环整改到位，保证机组可靠性和灵活性，全年“两个细则”净收益首次突破 2800 万元，再创历史新高。

跑办环保取证、换证工作，获省水利厅颁发取水许可证和临汾市首批延续排污许可证，为企业依法合规经营提供保障。加强环保设施维护，确保设备投运率，脱硫、脱硝、烟尘达标排放率均为 100%。配合临汾市打好秋冬季大气污染防治攻坚战，双机稳定运行在超低排放水平。打通固排处置“绿色通道”，首列火车粉煤灰于 4 月开行，全年累计发行 48 列，利用 14 万吨，石膏综合利用 14 万吨，节约固排处置成本超 1100 万元。超前谋划碳排放碳交易工作，完成注册登记、指标分配确认及 2019—2020 年数据核查复查工作，实现配额盈余 26 万吨，增加企业综合收益。强化危废物资处置管理，完善管理办法、环保体系，全年稳妥处置危废 215 吨，防范化解环保风险。辛能公司年产 20 万吨建筑石膏项目开工建设，企业环保能力增强。

【转型升级】 2021 年，霍州电厂新能源发展和综合能源转型都取得一定成果。成立国能霍州新能源有限公司和光伏项目部，建立组织机构、明确职责定位、配齐人员力量、健全规章制度，加强组织领导。获批光伏指标 160 兆瓦，指标争取总量位列山西公司第二。厂区光伏项目于 12 月 21 日发出第一度“光伏电”，成为山西公司首个并网发电光伏项目。

开发综合能源市场，成立专项推进领导组和工作专班，编制综合能源产业发展三年规划，完成综合能源定价工作，建立起价格浮动机制，为综合能源产业发展提供支撑。与临汾市尧都区人民政府签订合作协议，标志着霍州电厂供热转型发展取得进展，围绕电、热、汽、固排资源，分别与辛能公司、新生源农业科技合作社签订石膏、蒸汽利用协议，企业绿色发展、综合转型后劲充足。

【减亏治亏】 2021 年，霍州发电厂选派 3 名营销骨干人员在山西公司集中办公，建立起高效畅通的工作联系机制，为做好电量营销和现货交易工作奠定基础。面对长周期现货交易挑战，贯彻“效益优先”原则，构建交易模型，加强实时数据复盘分析，以精准报价抢占市场先机，开展指标转让。

面对煤价异常高位运行，坚持贯彻低成本发展战略，实施精细化掺烧，根据不同负荷特点，制订分仓分磨分时段掺烧方案，累计掺烧经济煤总量 90 万吨，节约成本 8818 万元。完善燃料智能化项目，强化人员培训、规程修订、运维管理工作，提高燃料智能化管理水平。面对燃料市场剧烈变化，不断加强采制化管理，检斤率、质检率均达100%。打击掺杂使假、铺底行为，全年扣除劣质煤786吨。

抓住大宗物资涨价有利时机，处置废旧物资，直接增利359万元。强化资金和税费管理，优化融资方式，财务费用同比压降972万元，用足用好国家优惠政策，开展“修旧利废”，修复废旧设备809件，节约生产费用66万元，完成营外委项目25项，节约外委费用226万元。

【深化改革】 2021年，霍州发电厂申报科技项目1个、专利2项，实现专利申报零突破。组织开展“12·4”国家宪法日等系列宣传活动。落实“三个100%”要求，全年未发生合同纠纷，有效降低企业经营风险。深化“制度立纲、契约立信、合规立身”意识，修订完成一、二级管理制度161项，划清底线红线，构建完备高效的运转体系。加强对合作商行使权利、履行义务监督，通过全国电力行业信用企业复评工作，获AAA级信用企业称号。提升公司市场竞争力，完成2项公司资质的拓展升级，鼓励员工考取职业资格证，为多元化发展奠定基础。开拓固废综合利用市场，承揽上海庙电厂燃运维护项目，开辟新利润增长点，提升公司创效盈利能力。强化内部管理，保证公司资金链安全和队伍稳定。 （王慧芳）

兆光电厂

【概况】 山西兆光发电有限责任公司位于山西省临汾市霍州市，地处电力网架枢纽及负荷中心，是格盟国际能源有限公司投资建设的现代化大型环保企业，装机总容量1800兆瓦，总投资71亿元。一期工程为2×300兆瓦亚临界直接空冷机组，于2005年9月投产发电；二期工程为2×600兆瓦超临界双缸双排汽直接空冷机组，于2009年9月投产发电。

2021年，发电量64.22亿千瓦时；机组利用3568小时；上网电量58.28亿千瓦时。

【安全生产】 2021年，霍州兆光发电厂贯彻集团公司安全生产工作部署，坚持安全发展理念，强化本质安全建设，安全生产局面稳定，累计安全生产5664天。全年接受环保检查49次，各项指标均优于排放标准。制订《重污染天气“一企一策”操作方案》，在环保局备案。全年完成机组启动操作33次，停运操作34次，未发生人员责任造成的不安全事件、非计划停运事件和误操作事件。

【设备健康】 2021年，霍州市兆光发电厂从“加强日常点检、提高缺陷处理水平、强化班组建设”三方面开展缺陷治理。配合省电力调控中心和集团公司开展技术监督检查。对智能燃料管控系统进行优化改造，完成制样机瓶装线、煤磅回皮、采样机触底反弹、车厢精准测量、采样机加装称重系统、车辆信息管理6项优化，完善系统功能，堵塞管理漏洞。

【重点项目】 2021年，霍州市兆光发电厂开发建设100兆瓦、200兆瓦农光储一体化项目。100兆瓦农光储一体化项目取得山西省发展和改革委员会核发的《山西省企业投资项目备案证》，200兆瓦农光储一体化项目已与霍州市人民政府签订《200兆瓦农光储一体化项目开发投资协议》。 （石媛媛）

商业贸易

商业和外贸

【概况】 霍州市商务局是霍州市政府工作部门，主要承担流通行业管理与促进发展、推进商贸物流体系建设，推动电子商务服务体系建设；拟定和分解全市招商引资任务，外来投资项目协调、服务方面的相关工作，承担重要农副产品进出口总量计划的组织实施工作；按照规定对成品油流通进行监督管理。2019 年 3 月，根据上级机构改革要求，组建霍州市商务局，下设正科级事业单位市促进外来投资服务中心。

【社会消费品零售总额】 2021 年，霍州市社会消费品零售总额完成 37.96 亿元，增速 16.4%，在全临汾市排名第 12。其中，限额以上零售额完成 39977.6 万元，累计增速 43.6%，全临汾市排名第 11。

【对外贸易】 2021 年，霍州市有出口贸易企业 3 家，出口金额 63.5 万元。

【促消费活动】 2021 年 5 月 1—5 日在祁临高速霍州服务区精心组织 2021 年全国消费促进月暨“礼享生活·晋情消费”促消费活动霍州市文旅商贸推介活动。举办文艺演出 20 场，30 多家企业参与，吸引游客 20 余万人次，现场累计销售 24 万余元，带动相关产业综合收入逾千万元。活动期间，《临汾日报》、“今日头条”、中国新闻网、“学习强国”多家新闻媒体对活动进行相关报道。5 月 3 日，央视一套《晚间新闻》以“‘服务区＋’让商贸文旅跑出加速度”为题，对霍州市推介活动进行报道，提升霍州的知名度和影响力。发动有关乡镇街道在市区州里街、香江广场繁华商圈开展形式多样的餐饮小吃、特产展销等促消费活动。5 月 21 日至 23 日，组织霍州市山西贯初食品科技有限公司、霍州市鸣梦老粗布有限公司、霍州霍山酒业有限公司、霍州锁匠等特色产品企业参加在太原举办的第 12 届中国中部投资贸易博览会，借此宣传推介在转型发展、产业结构调整、打造霍州新兴产业等方面取得成果。5 月 24 日，组织召开全市餐饮行业座谈会，宣传引导企业申报参加临汾市“百企千家万家菜”评选活动，分析餐饮业面临的发展机遇和挑战，鼓励企业增强信心、创新手段，推动餐饮业整体水平提档升级。10 月 1 日至 7 日，作为全市“中镇霍山·华夏州署”第十一届文化旅游月暨“寻根·铸魂·悦生活”系列活动之一，在高速服务区举办 2021 年霍州市特色产品展销活动，提升企业销售额，拉动消费。组织限额以上商贸企业参加省、临汾市电子消费券发放活动，发挥“杠杆”撬动作用，力促形成消费热点，释放消费拉动经济增长潜力。

【商业疫情防控】 2021 年，霍州市商务局督促指导全市商贸流通领域企业落实疫情防控各项措施。向重点商贸企业下发疫情防控宣传彩页，与卫体、公安、市场监管等部门组成联合检查组，对商超、酒店、农贸市场等企业落实测体温、戴口罩、查验两码、通风消毒等疫情防控措施情况多频次检查指导。宣传发动机关、下属企业及主要监管企业全员开展疫苗接种，实现疫苗接种“清零”。多次召开商贸流通领域疫情防控工作会，提醒和要求企业提高警惕，防患于未然。组织主要商贸企业开展健康管理员培训，了解掌握疫情防控相关常识，提高应急处置能力。建立重点保供企业清单，实行市场保供情况报送机制。要求超市、农贸市场、面粉厂等一线重点保供企业每天上报肉蛋奶、米面油、蔬菜、方便食品等生活必需品供应情况，摸清底数，畅通供货渠道，确保市场供应充足，运行平稳。

【成品油市场监管】 2021年，霍州市商务局开展规范成品油市场专项整治行动，与应急局、临汾生态环境局霍州分局、市场监督管理局、税务局、交通运输局等部门成立联合检查组，深入加油站点开展执法检查。通过查阅相关证照、档案、台账资料等方式，详细了解各加油站经营证照是否齐全有效、消防等安保设施设备配备使用情况、应急预案制定、油品检验检测、加油机检定、散装汽油销售等情况，对发现的问题责立即整改。配合税务部门，对全市所有加油站点安装税控系统，强化加油站数据管理，提高科学监管水平。按照临汾市局要求，审核加油站资质材料，安排专人审核，按时按要求做好全市加油站点年检工作。全市26个加油站，全年检查100余次，排查并整改问题150多个。

【安全生产】 2021年，霍州市商务局与鼓楼办、消防队、市场监管局、城市管理局联合，深入全市商贸流通重点场所进行安全检查并督促整改。要求唐荣市场管理处统一为商户更换灭火器，将所有裸露线路进行穿管规范，清理通道占道杂物，定人定时关闭电闸，最大限度减少消防隐患；康源农贸市场商户顶棚原为易燃材料，已统一更换延棉阻燃板，对市场内线路进行穿管整理，垃圾池改造升级，统一粉刷翻新门头牌匾、指示牌、卷闸门，为商户和顾客创造安全整洁有序的购物环境；“七一”前后，与应急管理局、12个乡镇街道对全市26个加油站采取驻站监管和流动巡查相结合的方式，开展安全检查，排查出问题要求整改，化解安全隐患。6月3日，与应急局、环保局、消防队、交警队一道，在中石化霍州退沙加油站组织危险化学品事故应急救援演练活动，规范全市危险化学品经营单位应急处置程序的针对性和规范性，提高全市应对及处置突发事故的应急救援能力及安全防范意识。6月10日，以商贸流通领域企业和机关内部为重点，以“落实安全责任、推动安全发展”为主题，开展“安全生产月”主题活动。8月24日，联合市反恐办、市公安局召开加油站反恐怖工作会议并组织开展反恐实战演练。9月2日，组织商贸流通领域专题学习新《中华人民共和国安全生产法》，确保全市商贸领域安全生产无事故。

【招商引资】 2021年，霍州市领导多次带队赴北京、上海、杭州、青岛等地，与大型企业对接洽谈，寻求合作。10月16日，该局与开发区在霍州大剧院承办“迎宗亲、兴霍州、携手筑梦”招商引资推介会，李青雁市长围绕霍州的资源优势、营商环境等方面进行主旨推介，颁发“招商引资大使”证书，举行签约仪式。全年签约项目10个，总投资80.78亿元。签约项目录入13710系统的项目5个，5个签约项目全部开工，开工率为100%。利用第十二届中国中部投资贸易博览会、第四届中国国际进口博览会时机，主动与商贸企业对接联合，推介宣传霍州，争取更多的投资合作机会。重新制作修改2021年霍州投资指南画册和“印象太岳美在霍州”电视宣传片，夯实招商基础，提升推介效果。

【电子商务】 2021年，霍州市商务局开展“人人持证　技能社会”电商人才技能培训，结合本地电商人才需求，对传统电商和短视频等业务进行专业培训。发挥市电商协会作用，对全市电商企业现状进行大摸底，撰写专题调研报告1篇，按照电商类型、规模、从业人员多维度进行统计分析，为发展壮大电商企业和电商从业人员队伍、申报电商进农村示范县奠定基础。（贾琦）

供销合作商业

【概况】 霍州市供销社是为全市农业、农村、农民提供服务的集体合作经济组织，负责全市供销社的组织管理，服务和指导工作。其办社宗旨就是为“三农”服务，下设办公室、财务股、人事股、合作统计股、审计股、监事办6个股室。所属9个市直公司、商场，即棉麻公司、土产公司、盐业公司、日杂公司、废旧物资回收公司、农业生产资料服务中心、霍州商场、鼓楼商场、新桥大楼。10个基层供销社即城关供销社、大张供销社、李曹供销社、三教供销社、冯村供销社、闫家庄供销社、白龙供销社、辛置供销社、师庄供销社、下乐坪供销社。2个参股企业即电子商务有限公司和沃野农业发展有限公司。

【服务工程】 2021年，霍州市供销社坚持需求导向，靶向施策，精准开展农业社会化服务。针对霍州外出务工人员较多，土地少人耕种的实际，强力推动土地托管服务，农资直供，农机作业、统防统治、代种代管、代收代销等灵活多样的一站式服务，扶持规范化“种养加”，参与田园综合体建设、项目建设、扩大服务范围、提升质量。2021年，沃野农业发展有限公司已进驻惠农服务中心，各类农机具投入使用，新增土地托管面积2万亩，新增冯村综合服务社1个、杜苏沟惠农服务站1个。

【食盐经营】 2021年，霍州市盐业公司针对盐业市场放开的实际，坚持市场稽查和配送上门相结合的经营理念，做到“宣传到人，稽查到点，送货上门”，打造终端服务平台，在全市各大厂矿、中小学校、综合超市等地，累计设立食盐直供网点100余个，保障供给全市居民合格用盐。用盐合格率和供给率均达到100%，食盐销售260余万元。

【供销安全工作】 2021年，霍州市供销社加强安全工作，把安全责任落实到领导班子、机关科室、基层单位的每一个层面。渗透到各商场、公司、基层社和每一个零售店，制定出台安全隐患排查、安全值班、安全防汛、安全工作零报告以及重特大隐患挂牌督办制度和安全生产治理责任追究制度等，构建的安全工作责任追究制度。实行市社领导带领值班，基层单位领导轮流值班，机关科室包片负责，重点部门、特殊岗位专人值班的四级安全响应机制，做到通信畅通、汇报及时、处置迅速，为各单位经营发展营造安全生产环境。

【供销系统工作】 2021年，霍州市供销社把信访稳定工作贯穿于各项工作中，成立信访稳定工作领导组，建立市社、基层单位行政一把手、市社机关首问接待三道防线，把信访问题消化在源头。在霍州市民政局和人社局等有关部门的政策支持下，建立动态管理、能进能出的职工最低生活保障防线。建立起以基层单位为主体，市社统一指导调剂的职工养老、医疗保险基金上交机制，为部分基层社、空壳公司超龄、待退职工办理退休手续。解决机关11名职工的养老金上交历史欠账问题。

【电子商务】 2021年，霍州市供销社通过网上网下双轮驱动，重新激发供销经济新活力。利用供销e家、农心乐、淘宝、京东、网上供销社、供销公众号、带货直播等平台，做好网上网下销售、物流等运营。供销社电子商务中心运营正常，全年销售2000余万元，同时采取多种合作方式壮大供销社集体经济来帮助农民增收致富。

石　　化

【概况】 2021年，霍州石油分公司按照临汾公司的整体工作目标和工作要求，围绕市场营销这个核心任务，完善企业管理体制，在轻油、非油品销售、证照办理、安全环保等方面工作，完成2021年工作任务。

【任务指标完成情况】 2021年度，销售成品油7956吨，其中汽油5372吨，柴油2584吨。非油品销售1541.59万元，完成任务1402.83万元的110％。

【销售管理】 2021年，霍州成品油市场竞争形势异常严峻，在市分公司各种营销政策的支持下，霍州公司全体员工提量增效，力保市场份额。经营方面：走访客户，稳老客户，引新客户，以“三项竞赛”“提升客户服务劳动竞赛”“山西石油加油站服务提升行动计划”为核心，提升服务质量和水平，努力扩大客户群体，改变营销服务策略；了解同行销售政策，价格变化，营销措施等情况，给市公司反馈，制定新的营销方案，全员营销，发动人脉关系，鼓励员工利用新型平台广泛宣传营销政策。

【安全环保】 2021年，霍州石油分公司建立健全落实安全生产责任制，开展岗位标准化操作，对照山西省、临汾市公司的各项规章制度，教育员工有红线意识，如实记账，确保账实相符。定期做好加油机自检工作，县公司管理团队全天候随机抽查付油精度，降低管理风险。强化安全教育培训，增强员工安全意识，提高安全操作技能和安全素质，加强加油站现场安全管理，加大监控力度，防范安全事故发生。利用每周例会传达省市公司有关数量质量方面的各种通报，提醒警示不触管理红线，清白做事，踏实做人。

（杨彦华）

烟草专卖

【概况】 烟草专卖局组建于1983年6月。下设3个股，即专卖股、客服股、综合股。霍州市烟草专卖局（营销部）落实市局工作部署，强化精准营销，狠抓市场监管，突出精益管理，严格遵规守纪，在稳销量、提结构、增税利、强素质上下功夫，完成各项工作任务。

【专卖管理】 2021年，霍州市烟草专卖局年销售卷烟10674箱；卷烟销售收入

3.25亿元，卷烟销售条均价121.69元，比上年同期增加4.12%。上缴地方税金2330.37万元。2021年，霍州市烟草专卖局按照省局依法严管违法违规卖烟大户专项行动要求和市局“尧风”系列专项行动要求，狠抓卖烟大户、违法违规大户监管力度。突出真烟非法流通和涉烟物流寄递打击力度。查处无证无照经营。建立大户管理档案。根据客服股确定销售大户名单，建立大户档案62余户，关注销售大户的卷烟库存状况及其销售动向，采取蹲点监控的方式加强监管。控制大户左右价格扰乱市场的行为。加强与交管部门的联系，加大对公路、高速公路、物流贩运卷烟违法活动的查处和打击力度，切断违法卷烟运输渠道。加强对管理人员、内部监管人员、客户经理、市管员日常教育管理，按照流程加强对重点岗位、重要节点的监管，确保规范经营。

2021年，全年查处各类违法案件67起，查扣各类违法卷烟112.38件，违法案值83.04万余元，其中经鉴定为假烟的2.1件，真品卷烟104.6件，5万元以上4起，2万元以上案件7起，10万元以上1起，上缴罚没款13.05万元。（要双平）

通信　邮政

通信业

·电　信·

【概况】　中国电信股份有限公司霍州分公司成立于2008年10月，主要业务经营范围包括：移动通信业务、国内国际长途电话业务、本地电话业务、数据通信业务、增值业务、固话和光纤宽带及与主营业务有关的其他电信业务。公司秉承中国电信“用户至上、用心服务”的服务理念，发扬改革创新，奋发有为的精神，为霍州人民提供更加完善的网络和优质的服务。

【网络建设】　2021年，霍州电信致力于为用户提供更好的网络服务，确保通信服务质量。公司加快第四代移动通信（4G）基础设施建设，截至年底霍州市4G网络覆盖率100%。

公司将宽带网络项目建设列入重点建设项目，免收调测费用，推进光纤到户，争创金牌宽带服务。截至2021年底霍州分公司在各个小区以及部分平房区和城内小区，主要街道完全覆盖，光纤入户，基本实现300M起步，千兆起航。推出多项优惠政策，如宽带续费提速、宽带手机融合宽带免费用等多项优惠活动，满足人民群众的个性化需求。

【服务提升】　2021年，霍州电信分公司在为用户提供服务方面，在全市各主要乡镇设立营业厅，在重要乡村设立业务代办点，形成县、乡、村三级业务服务网点，为用户提供服务，霍州分公司有渠道44家，其中市区自有厅3家，合作渠道25家，乡镇渠道16家。　　　　（贾红仙）

·联　通·

【概况】　霍州市联通分公司全称中国联合网络通信有限公司霍州市分公司，为中国联合网络通信集团有限公司的分支机构。中国联合网络通信集团有限公司于2009年1月6日由原中国网通和原中国联通合并重组而成，公司在国内31个省（自治区、直辖市）和境外多个国家和地区设有分支机构，以及130多个境外业务接入点，拥有覆盖全国、通达世界的现代通信网络和全球客户服务体系，主要经营固定通信业务，移动通信业务，国内、国际通信设施服务业务，数据通信业务，网络接入业务，各类电信增值业务，与通信信息业务相关的系统集成业务等。

霍州联通现有合同制员工43人，机构包含1部2中心和10个基层责任单元，其中8个基层责任单元主要服务于公众通信市场，公司在大张、贾村、退沙、白龙、辛置、开元街、北环路分别设立自营网点，另有业务合作点30个。2021年主营业务收入完成 3419.46 万元。2021 年宽带到达用户 27848 户，移网到达用户 54370 户。

【数字经济】 2021 年，中国联通承接新时代赋予的新使命，将“十四五”公司发展的定位明确为“数字信息基础设施运营服务国家队、网络强国数字中国智慧社会建设主力军、数字技术融合创新排头兵”。公司战略升级为“强基固本、守正创新、融合开放”。在新定位新战略下，中国联通全面发力数字经济主航道，将“大联接、大计算、大数据、大应用、大安全”作为主责主业，实现发展动力、路径和方式的全方位转型升级，开辟新发展空间、融入新发展格局。

中国联通践行国家使命，建设广度、厚度、深度行业一流的智能化综合性数字信息基础设施，为经济社会发展畅通信息大动脉、构筑数字新底座；坚决落实网络强国战略，服务数字中国、智慧社会建设，把握数字化、网络化、智能化方向，以技术领先、高度集成的“全覆盖、全在线、全云化、绿色化、一站式”数字化服务，助力千行百业“上云用数赋智”新发展；坚决实施创新驱动，聚焦核心技术，聚焦关键应用，融合创新，把中国联通打造成科技创新型企业，实现数字技术高水平自立自强，成为国家战略科技力量的重要组成部分。

【产品优化】 2021 年，加快供给调整，实现产品优化新提升：为差异化产品填充树立信心，入网即融合、即 5G，提升多链接、高黏性产品销售能力。围绕网业端服，实现宽带质量新气象：围绕网络能力提升、聚焦“5＋2 场景”、加速三提、高效交付提升服务感知。多维同步推进，打造农村营销新模式：智慧乡村专班高效运转，乡镇签约建平台、数据录入跑马圈地、平安乡村神眼汇聚，数据输出有效变现、“网格化＋大数据＋铁脚板”的农村兵团作战模式再献新力。锻造触点能力，推进渠道运营新体系：比对网格规模和触点能力，规划布点、加速拓展，围绕“能销、会销、多销”强化运营，成立专班加速焕新。新拓渠道 9 个，核心到达 2 个。压实源头治理，实现客户感知新提升：从源头治理、顽疾攻坚、重复＋不满意工单等方面入手，开展线上听音、“五心”达人等活动，系统化提升感知。

【网络资源】 2021 年，霍州市联通公司宽带新建小区上线 26 个，宽带新建端口 1568 线；光缆线路新建光缆 115.856 皮长公里。城区光分优化整治小区 19 个；智慧乡村光分优化小区 15 个。优化基站 26 个。

【经营服务】 2021 年，霍州联通分公司对障碍的发生、处理、恢复形成闭环管理，责任到人，缩短断站时长；与铁塔公司加强信息沟通，确保重要节点、121 区域、高铁基站发电保障信息一致性。

固网装移交付及时率 99.42％、固网修障交付及时率 98.03％、固网群障修复及时率 100％。

宽带装移满意度测评值 10 分、宽带修障满意度测评 9 分、宽带网络满意度 9.44 分，政企双线交付及时率 100％。

【综合服务】 2021 年，霍州联通分公司在霍州市创建国家级卫生城市中，配合整治线路，部分架空线路进入管道，城市巷道的线路逐条进行规范，整治杆路 53 杆千米，光缆 210 皮长千米，出动车辆 270 余次，人员 1100 余人次。落实“数字化”转型要求，推动智慧城市建设，推动一系列信息化项目进展，如公安一键报警、智慧文旅、数字城管、霍煤软交换、医保、环保、电子封条、森林防火、平安乡村等，完成森林防火监控项目。

（刘文娟）

·移　动·

【概况】　中国移动通信集团山西有限公司霍州市分公司成立于2002年9月2日，位于霍州市滨河北路。截至2021年底，有员工56人。下设市场中心、网络中心、综合部。主要经营语音、数据、无线电话、计算机信息网络国际联网和基于移动通信业务的各类增值业务。经过创新和运营，中国移动除提供基本语音、数据流量、短信、彩信等业务服务以外，还形成了移动办公、和彩云网盘和包支付、和生活、咪咕视频、咪咕音乐、咪咕阅读等多种增值业务体系，同时提供宽带、宽带电视、智能硬件产品等全类业务服务，以及集团类信息化定制服务。

【运营情况】　2021年，霍州移动分公司有1个自营厅，15个专营店。全年通服收入达1.1亿元，通信用户到达21.5万户，宽带用户到达4万户，5G用户数到达2.6万户。辖区内有基站485座。5G网络实现主城区以及各乡镇、重点建制村覆盖，4G网络基本实现建制村以上级别的连续覆盖，重点景区和重要区域100%覆盖。构建的传输网络，可满足无线用户、集团客户、家庭客户等各类不同制式、不同带宽的业务接入需求。

【客户服务】　2021年，霍州移动分公司秉承“以客户为中心”的服务理念，勇担网络强国、数字中国、智慧社会主力军，围绕“我为群众办实事”实践活动，为客户办实事解难题，满足人民群众对美好数智生活的向往。改进服务质量，深入社区、农村等开展“宽带义诊”现场答疑活动，持续提升客户满意度。参与应急通信、建党100周年等重大活动网络保障。开展“护网行动”，确保公民网络信息安全。贯彻落实国家相关部署，落实实名制工作，推进防范治理电信网络诈骗工作，开展“断卡行动2.0”专项行动，提升客户安全感。解决乡村智慧化需求，推进“数字乡村”建设，落实乡村振兴各项工作。

（李芳芳）

邮　政

【概况】　中国邮政集团有限公司山西省霍州市分公司是经营储蓄、信函、包裹、汇款、特快、代理保险、报刊等多种业务的全民所有制企业，承担着全县党政机关、企事业单位及人民群众邮政通信需求的基础服务。经营范围包括：邮政基础业务、邮政增值业务、邮政附属业务、邮政储蓄业务、国家邮政局批准开办的其他邮政业务、自有房屋租赁、邮政物流；与邮政业务相关的设计、施工等服务项目、社会各类代办业务；信息业务以及国家允许开办的其他服务项目。2021年底，有职工114人，其中合同用工61人，劳务用工42人，劳务外包人员11人。公司内设综合办公室、市场营销部、金融业务部、寄递业务部。下设六个综合营业网点：鼓楼北街营业所、辛置镇营业所、李雅庄营业所、桥东街营业所、滨河路营业所、北外环营业所；8个空白乡镇邮政所：团柏邮政支局、师庄邮政支局、李曹邮政支局、电厂邮政支局、陶唐峪邮政支局、三教邮政支局、白龙邮政支局、大张镇邮政支局。1个投递班组：发行投递部，有城投员16名，乡邮员7名，共有投递道段23条，邮路总长度1100千米，投送范围覆盖霍州市3个乡4个镇5个街道办及139个建制村的各个角落。全市所有邮政营业网点均实现电子化和网络化，已形成一张覆盖全县城乡、连接全国、沟通世界的集实物传递、信息交流、金融融通为一体的邮政综合服务网。

【邮政业务】　2021年，中国邮政集团有限公司山西省霍州市分公司累计完成业务收入2216.52万元，完成年计划的100.63%；储蓄业务收入累计完成1728.95万元，完成年计划的102.10%；代理保险收入完成273.46万元，完成基本目标的102.96%；文传专业累计完成收入235.41万元，完成预算目标的85.60%，其中函件专业累计完成44.68万元，完成预算目标的101.55%；报刊专业累计完成155.33万元，完成预算目标的88.25%；集邮专业累计完成35.41万元，完成预算目标的64.37%。渠道平台专业累计实现收入110.94万元，完成预算目标的113.20%，其中电商专业累计完成0.64万元，完成预算目标的13.97%；分销专业累计完成110.10万元，完成预算目标的118.28%。

截至2021年底，霍州邮政分公司启动覆盖全市的有关邮快合作的三级物流体系建设工作。出台有关实施方案，此项规划预计2022年底全部运营，主要是以政府牵头支撑整合快递行业的农村末端市场建设。霍州邮政分公司将以邮政普遍服务的社会担当为全市人民用邮提供便捷服务，助力乡村农产品的生产、发展和销售，带动乡村经济发展。

【机构改革】　2021年4月下旬，根据市分公司的安排，霍州市分公司结合实际，完成机构改革。改革后设置1个职能部门、3个经营部门，员工115人。在分公司推行薪酬分配办法框架结构。实现分配向业务发展主体倾斜，鼓励多劳多得，引领担当作为的分配机制。正向激励，激发内生发展动力，让实干的人有干头，逐步引导低效劳动力向发展主体方向流动。　（曹磊）

旅游　文化

旅游发展

【概况】　2021年，霍州市文旅系统围绕市委市政府“转型出雏行、率先蹚新路”的总体要求，全局上下团结奋进、主动作为，推动文化、文物、旅游、广电、安全、执法等各项工作的发展。其中，霍州署消防标准化管理工作的典型做法被《中国应急管理报》宣传报道，情景剧《家国情怀》荣获临汾市第九届精神文明建设“五个一工程”优秀作品奖。

【旅游规划】　2021年，霍州市旅游工作坚持以“创建国家级全域旅游城市”为抓手，在规划编制、项目建设、品牌提升等方面做大量工作。完成《霍州市全域旅游发展规划》《霍州署创建国家AAAA级景区规划》规划编制工作。启动《七里峪村乡村振兴示范片区修建性详细规划》的编制工作。

【项目建设】　2021年，霍州市文化和旅游局组织实施“天下霍姓出霍州”展陈、霍州市游客集散中心建设、七里峪旅游公厕建设等项目。推动七里峪生态公园、霍州署西辅线保护利用、许村文化保护传承利用等项目的立项工作。

【品牌创建】　2021年，七里峪景区通过“省级旅游度假区”的复核验收。霍州宴大酒店等3家单位创建为临汾市旅游行业“回家”品牌单位。七里峪静心谷等3家单位创建为临汾市旅游行业“太行人家”品牌单位。以“一山一署”（霍山和霍州署）为重点，多渠道、多层次宣传霍州市文旅资源，组织旅行社开展推介活动。

文物管理

【文物工作】　2021年，霍州市文物工作以贯彻落实《中华人民共和国文物法》为关键，在创建工作、考古工作、保护工作、灾后重建、安全保护等方面做了一些工作，促进文物工作的发展。大张遗址等6处文保单位晋升为省级文保单位。启动千佛崖摩崖石刻考古项目、霍州窑遗址考古调查勘探工作。

【文物保护】　2021年，霍州市文化和旅游局完成霍州署安全防范升级改造工程，完成524处全市不可移动文物保护范围及建设控制地带划定、35处红色文化遗址调查认证等工作。启动陈村玉皇庙、明伦堂、杜庄娲皇庙、红星厂俱乐部、州署馆藏文物预防性保护等修缮保护工作。启动霍州市创建省级文物保护利用示范区项目。

【灾后重建】　2021年，霍州市文化和旅游局推进霍州窑、什林香山庙、南下庄村一号民居、后河底村五神庙、辛置村魁星楼等文物加固修缮工作。完成下乐坪村关帝庙、霍州窑、王庄三教庙抢修工作项目立项前期工作。

【文物安全】　2021年，霍州市文化和旅游局组织实施涉及12个乡镇、10个部门的文物专项考核工作。

管理和文化领导执法

【广电工作】　2021年，霍州市文化和旅游局开展境外卫星电视传播秩序专项整治。发放通告3000份，宣传单2000份，拆除天线及有关设施200件，使霍州市的境外卫星传播工作健康有序发展。健全完善广播电视公共服务体系。全面对接脱贫攻坚新型城镇化和区域协调战略部署，推进智慧广电公共服务建设，实施广播电视无线传输覆盖数字化改造工程。对广电市场和公共视听载体进行摸排检查。完成重点时间节点的播出任务，确保全年安全播出无事故。

【安全工作】　2021年，霍州市文化和旅游局召开局党组安全会等各级各类会议，明确“党政同责，一岗双责，三管三必须”工作要求和各基层单位、各行业监管对象的责任要求，用制度确保全年安全生产工作任务完成。组织广大基层单位和监管对象开展春季文物古建筑消防演练、娱乐场所消防演练等演练活动。对霍州署的消防设备进行提升，加强霍州署的消防标准化建设。重点开展安全生产月宣传活动、专题片《生命重于泰山》观看宣传、安全工作“五进”宣传、新安全生产法的学习宣传等一系列宣传活动。

【执法工作】　2021年，霍州市执法工作以保障文化领域意识形态安全和文旅领域平安稳定为工作重点，开展文化、文物、旅游、出版、广电、电影六大领域执法工作，推进“扫黄打非”工作，全市文旅领域执法工作取得成效。加强法律法规的学习培训，执法队全体人员通过省行政执法有关考试。完善行政执法“三项制度”，赴外充电学习，增强全员执行力和战斗力。2021年，开展执法检查411家次，双随机检查12家次，办结行政处罚案件53件。办案总量、人均办案量均位居临汾市第一方阵。　（梁衡）

财政　税收

财　　政

【概况】　霍州市财政局是综合管理全市财政收支，实施财政监督，参与宏观经济调控的职能部门。2021年财政部门提质增效落实财政政策，调整优化财政支出结构、提高资金配置效率，支持项目建设，保证高质量转型发展；坚决压缩一般性支出，保工资、保运转、保基本民生；深化财政体制改革，全面实施预算绩效管理，防范化解政府债务风险，提升财政治理效能，打造服务型财政，实现“十四五”良好开局。

【财政收入】　2021年，霍州市一般公共预算收入完成55951万元，为年初备案预算52120万元的107.35%，比上年同期增长14.71%。其中，税收收入完成42560万元，为年初预算41187万元的103.33%，同比增长10.94%。其中：增值税完成20223万元，同比增长19.92%；企业所得税完成1180万元，同比增长94.40%；个人所得税完成749万元，同比增长14.53%；资源税完成4990万元，同比增长10.50%；城市维护建设税完成5053万元，同比增长6.22%；房产税完成1922万元，同比减少16.90%；印花税完成1893万元，同比减少6.75%；城镇土地使用税完成2297万元，同比减少8.74%；土地增值税完成1213万元，同比减少6.91%；车船税完成1041万元，同比减少11.70%；耕地占用税完成683万元，同比增长15.18%；契税完成1088万元，同比增长48.63%；环境保护税完成211万元，同比减少24.91%，其他税收完成17万元，同比增长30.77%。非税收入完成13391万元，为年初预算10933万元的122.48%，同比增长28.60%。其中，专项收入完成8173万元，同比增长150.02%（主要原因为专项收入中包含一次性收入：2016—2019年行政事业单位残保金收入2528万元；公共租赁住房配建资金收入1717万元）；行政性收费收入完成1715万元，同比减少36.81%；罚没收入完成2172万元，同比减少23.98%；国有资源（资产）有偿使用收入完成1170万元，同比减少15.22%；政府住房基金收入完成73万元，同比减少5.19%；捐赠收入完成88万元，同比减少21.43%。

【财政支出】　2021年，一般公共预算支出完成176870万元，为调整预算191209万元的92.50%，比上年同期减少2.51%。其中，一般公共服务支出22058万元，同比增长0.58%；公共安全支出8705万元，同比减少19.66%；教育支出33616万元，同比增长1.74%；科学技术支出529万元，同比增长0.38%；文化旅游体育与传媒支出3819万元，同比减少10.71%；社会保障和就业支出33701万元，同比增长22.38%；

卫生健康支出24612万元，同比增长0.36%；节能环保支出7140万元，同比减少19.79%；城乡社区支出14803万元，同比减少3.89%；农林水支出13384万元，同比减少17.04%；交通运输支出6242万元，同比减少1.84%；资源勘探信息等支出322万元，同比增长28.29%；商业服务业等支出304万元，同比减少6.17%；金融支出200万元，同比减少81.82%；自然资源海洋气象等支出4469万元，同比增长93.05%；住房保障支出－2449万元（主要原因：采煤沉陷区综合治理搬迁安置项目补助资金清算扣回12437万元）；灾害防治及应急管理支出3006万元，同比增长247.92%（主要原因为当年霍州市发生严重雨涝灾害，相应投入救灾保障资金大幅度高于上年）；债务付息支出2331万元，同比减少1.69%；债务发行费用11万元，同比减少15.38%；其他支出67万元，同比减少33.66%。

经汇算，民生支出143176万元，占到一般公共预算支出80%以上。

【上级转移支付】　2021年，中央、山西省、临汾市对霍州市转移支付121397万元，同比减少12.55%。其中，一般性转移支付132905万元，减少3.06%；专项转移支付－5074万元（主要原因：采煤沉陷区综合治理搬迁安置项目补助资金清算扣回12437万元，其余专项转移支付收入7363万元，减少9.58%）；返还性收入－6434万元，无增减变化。

【收支平衡情况】　2021年，霍州市总财力216873万元，其财力构成：全市一般公共预算收入55951万元，上级补助收入121397万元，上年结转15158万元，调入资金2729万元，动用预算稳定调节基金6561万元，一般债券转贷收入15077万元（其中，一般债券6248万元，再融资债券8829万元）。2021年全市总支出216873万元，其中，一般公共预算支出176870万元，上解上级支出6117万元，一般债券还本支出8833万元，安排预算稳定调节基金3831万元，结转下年使用21222万元。

【政府性基金预算】　2021年，霍州市政府性基金收入完成13674万元，为年初预算6800万元的201.09%（主要原因为当年加大对土地出让金收入的征缴力度，土地出让金收入增长较大），上级补助收入1746万元，上年结余收入1539万元，专项债券收入3499万元（其中，专项债券1000万元，再融资债券2499万元），基金收入总计20458万元。全市政府性基金支出完成11111万元，调入一般公共预算2729万元，专项债券还本支出2500万元，滚存结余4118万元，基金支出总计20458万元。总收入与总支出相抵，实现当年收支平衡。

【国有资本经营预算】　2021年，国有资本经营预算收入上年结转92万元，上级补助收入2303万元，收入总计2395万元。国有资本经营预算支出1539万元，结转下年856万元，专项用于国有企业退休人员社会化管理补助支出。总收入与总支出相抵，实现当年收支平衡。

【社会保险基金收支】　2021年，霍州市社会保险基金收入完成29866万元，为预算的96.50%；社会保险基金支出26403万元，为预算的94.37%。各项基金的具体执行情况为：机关事业单位基本养老保险基金收入完成22464万元，为预算的92.58%；支出21720万元，为预算的92.80%；城乡居民基本养老保险基金收入完成7402万元，为预算的110.74%；支出4683万元，为预算的100%。

【政府性债务】 2021年底，霍州市政府债务余额92325万元，其中，存量债务520万元，政府债券91805万元，全市政府债务率为45%，比债务风险警戒线120%低75%。全市未发生违法违规举债情况，政府违法违规举债被问责的个数为零。

2021年，霍州市申请到位再融资债券11328万元，用于当年地方政府债券还本支出。新增债券7248万元，其中，一般债券6248万元，专项债券1000万元。一般债券安排用于：交通局三大板块旅游公路项目3898万元（主要有：上霍线七里峪至尉侯路段改造工程、七里峪至尉侯公路景观及慢行系统项目、七里峪至古县北平工程）、“四好农村路”建制村通硬化路改造工程及安全生命防护工程200万元、“四好农村路”窄路基路面拓宽改造工程300万元、李曹镇废弃矿山生态修复治理项目350万元、南环路南延道路改造工程700万元、橡胶厂棚户区配套项目纬三路道路工程（经七路—经十路）250万元、跨汾河污水管网应急抢修工程350万元、背街小巷道路改造工程200万元；专项债券1000万元安排用于妇幼保健计划生育服务中心基础建设项目。

【“三公”经费收支】 2021年，霍州市“三公”经费预算执行635万元，同比减少35.53%；其中，因公出国（境）经费0万元；公务车辆运行维护费450万元（其中，公务用车购置49万元），同比减少29.91%；公务接待费185万元，同比减少46.06%。

【动支预备费】 2021年年初安排预备费1500万元。因发生严重雨涝灾害及其他难以预见的开支，安排动支预备费，用于抗洪救灾抢险及物资保障1107万元，森林草原灭火消防物资83万元，汾河沿岸生活污水处理站水溢流外运及投加除磷药剂费用124万元和年初难以预计的其他支出186万元。

【“三大战役”】 2021年，霍州市财政局投入衔接资金1248万元，保障全市脱贫攻坚向乡村振兴平稳过渡；污染防治支出3391万元，主要用于汾河沿岸生活污水处理、供热换热站补贴、清洁取暖、林业草原生态保护恢复、退耕还林、大气污染防治、支持环境保护建设等方面；将政府债务还本付息全部纳入预算管理，严把债务入口，严控债务增量。

【疫情防控机构保障】 2021年12月底，安排疫情防控资金798万元，确保全市疫情防控经费需要；安排防汛救灾及灾后重建资金3053万元，确保救灾重建工作顺利实施。建立疫情期间采购“绿色通道”，提高疫情防控物资采购效率；开辟应急防汛救灾物资政府采购绿色通道，保障物资快捷采购到位。

【民生保障】 2021年，霍州市财政局投入社保资金29810万元。用于发放退休人员养老金、城乡居民养老保险、城乡低保对象补助等方面。投入医疗卫生资金9591万元，用于霍州市公立医院改革财政补助、城乡居民医疗保险、建档立卡贫困户和城乡低保对象医疗补助等方面。投入教育发展资金33616万元。主要用于义务教育薄弱环节改善与能力提升、教育信息化建设、“高清标准化”考点建设等方面。投入4348万元，用于旅游发展、文物保护、科学技术等方面。

【财政支出结构】 2021年，霍州市财政局投入资金2668万元，用于农业生产发展、农村厕所革命、农村安全饮水等。投入基层组织运转资金6503万元，主要用于保障各乡镇、村、社区运转等工作。投入资金

16121万元，主要用于城市环卫绿化等市容市貌建设、市民中心维修、生活垃圾处理厂及污水处理、居民清洁煤补贴、全民健身中心绿化、南环路南延路、纬三路道路工程，“四好农村路”建设、柴货车淘汰补助等。投入7936万元，主要用于采煤沉陷区综合治理搬迁、旧房拆除、土地复垦项目，大众路棚改贷款还本付息，公租房、廉租房维修以及农村危房改造等。

【财政管理】　2021年，霍州市财政局完成资产系统与财政核心业务一体化系统对接，合理配置行政事业单位国有资产207家，预算金额2204万元。改进政府采购管理，依法开展集中采购，推进网上商城建设，截至12月底监督完成集中采购业务81笔，采购资金4347万元，节约资金341万元，节约率7.8%。网上商城已上架商品4510件，已完成入驻供应商44家，成交金额975万元。利用财政投资评审机制，控制财政投资项目建设资金，完成评审政府性投资工程项目209个，项目送审投资额52949万元，审定金额48489万元，审减资金4460万元，核减率8.42%。出台《霍州市全面实施预算绩效管理实施方案》，绩效目标已覆盖所有预算单位和项目，借助第三方进行财政重点评价，加强绩效评价结果的运用。

（王英凤）

税　务

【概况】　国家税务总局霍州市税务局内设办公室、法制股、税政股、社会保险费和非税收入股、收入核算股、纳税服务股、征收管理股、风险管理股、税源管理股、财务管理股、人事教育股、机关党委、纪检组13个股室，下设第一税务分局、第二税务分局、辛置税务分局、李曹税务分局、白龙税务分局、大张税务所、开元税务所、南环税务所、鼓楼税务所、退沙税务所、七里峪税务所11个派出机构和票证管理所、信息中心2个事业单位。负责霍州市5658户纳税人的增值税、消费税、企业所得税、个人所得税、资源税、城市维护建设税、房产税、印花税、城镇土地使用税、土地增值税、车船税、车辆购置税、烟叶税、耕地占用税、契税、环境保护税以及社会保险费、教育费附加、地方教育附加、文化事业建设费、残疾人就业保障金、工会经费等各类税费的征收管理工作。有干部职工172人，其中，党员141人，占干部职工的81.98%，硕士学位6人，学士学位38人，研究生学历4人，本科学历107人，大专学历53人，大专以上学历占干部职工的95.35%。离退休干部职工101人，其中党员61人。

【税收收入】　2021年，霍州市税务局坚持组织收入原则，加强税收收入动态管理，深化税收预测分析，做到了依法依规、科学合理征税收费。完成预算收入任务，全力保障地方可用财力。全年组织税费收入30.52亿元，其中，税收收入12.13亿元；非税收入4620万元；社保费及职业年金收入17.93亿元。组织县级公共预算收入4.26亿元，为霍州市财政收入作出了突出贡献。

【征收管理】　2021年，霍州市税务局学习贯彻《关于进一步深化税收征管改革的意见》，准确把握6大方面24类重点任务100项改革措施。落实税收法定原则，完成印花税法施行准备工作，推进房地产税立法调研，推行行政执法三项制度。规范税务执法行为，上线运行“一户式”应用2.0系统、自然人电子税务局（税务端）运营中心和税收大数据平台。落实增值税减税降费、增值税增量留抵退税政策，关注异地协作平台和增值税发票综合管理服务平台异常发票情况，开展财产行为税疑点数据核实整改、水资源税清理整顿检查、发票电子化改革和风险任务分类分级应对工作。推动跨地区跨部门协同监管，与省内外相关单位开展车辆购置税风险防控疑点数据排查核实，与环保局、水利局完成环境保护税和水资源税季度数据共享和疑点核查，与人社局推进城乡居民社保费征缴，与各商业银行开展职业年金和待报结户对账工作，与自然资源局、住房和城乡建设部门、国土资源局做好土地闲置费、城镇垃圾处理费、国有土地使用权出让收入、矿产资源专项收入征收职责划转准备。

【法治税务】 2021 年，霍州市税务局落实《国税地税征管体制改革方案》《关于进一步深化税收征管改革的意见》，规范税收执法行为，建立健全普法常态化机制，创建省级法治示范基地、依法行政示范单位、法治宣传教育先进单位。深化税收协同共治，维护纳税人缴费人权益，增强全体干部职工和社会公众的税收法治意识，提升基层依法治税的能力和水平。

【纳税服务】 2021 年，霍州市税务局根据纳税人需求，精准提供线上服务，优化线下服务，推出“银税互动”产品，开展“春雨润苗”专项行动，建立“小巨人”成长档案，开展“点对点”服务，进行“滴灌式”辅导，保障中小微企业涉税需求。对 3638 户纳税人进行纳税信用等级评价，对 200 余户纳税人落实“银税互动”贷款 1.5 亿元。构建纳税服务新格局，执行纳税服务规范、“好差评”制度、“二维码咨询和投诉”措施、“痛堵难”问题解决机制，建成 24 小时自助办税服务厅，推进“非接触式”办税缴费，落实“首违不罚”“容缺办理”，启动“预约服务”“延时服务”，提升纳税服务质效。务实解决群众“急难愁盼”问题 400 余条，办结跨区域涉税事项由原来的户均 16 分钟提高到现在的 10 分钟，电子税务局登记率和电子税务局增值税一般纳税人登记率达到 100%。在“日通报、月分析、季讲评”工作中，办税服务厅实现全年零差错。

（陈慧芳）

金　融

金融监管

【概况】 2021年，截至年底全辖金融机构各项存款余额191.69亿元，较年初增长9.31%；各项贷款余额123.25亿元，同比增长34.1%。霍州农商行累计到期普惠小微企业贷款340笔，金额3.06亿元，已指导农商行为普惠小微企业主体办理延期284笔，金额2.7亿元，延期率为88%，累计激励资金达269.86万元。截至2021年底，霍州市有银行业金融机构6家（营业网点43个）、保险公司18家；各项存款余额为192亿元，较年初增加16亿元，增幅为9.3%；各项贷款余额为123亿元，较年初增加31亿元，增幅为34%。

【维护金融稳定】 2021年，人民银行霍州市支行健全金融风险监测和金融稳定评估工作，金融风险监测定期报告制度，提升常规监测的质量和有效性。做好霍州市金融风险监测工作，向霍州农商行下发风险提示书，要求霍州农商行严格遵循审慎经营原则，对问题企业相应资产进行认定评估。

【经理国库】 2021年，人民银行霍州市支行安全高效地做好财政资金收缴拨付工作，所有财政资金均通过人行国库部门进行收缴及拨付。全年办理各级公共预算收入业务金额55951.24万元，办理预算支出业务金额231956.41万元。配合财政部门做好财政授权支付、财政一体化等工作。加强国债管理，对发行的国家储蓄国债和地方政府债券进行首日巡查、督导，确保国家债券的顺利发行和国债资金的安全。

【普惠金融服务】 2021年，人民银行霍州市支行推进辖内支付结算优质环境。加强账户管理，督促金融机构优化账户服务，为治理拖欠农民工工资和改善霍州市营商环境起到作用。对辖区金融机构账户进行审核，做到事前、事中、事后的监管，遏制电信诈骗事件的发生。推进支付服务适老化工作，督促各家金融机构网点完善助老设施，为霍州市老年人提供优质的金融服务。以云闪付APP为核心，推动各类移动支付产品高质量协同发展，实现城市公交、商圈、菜场、惠农站全覆盖。助力乡村振兴战略，优化农村支付服务场景，打造农村支付品牌，推动“服务站+扶贫产业”的融合发展，农村金融综合服务站在霍州市建制村实现全覆盖，满足农村老百姓的各项金融需求，为乡村振兴提供金融支持。

【人民币管理】 2021年，人民银行霍州市支行维护人民币流通环境，组织辖内各机构开展人民币“焕新”行动，通过开通绿色窗口、上门回收、“请进来、走出去”等多种方式，优化大小票调剂、硬币兑换等服务，将特殊缺污残损币的鉴定、登记、兑换

工作形成长效机制。全年兑换各类残缺污损人民币3万余元，

【征信管理】 2021年，人民银行霍州市支行建立健全征信用户查询操作日核查机制，坚持按日对支行征信用户查询操作情况进行核查，完善异常查询监控、处置和报告机制。全年办理个人查询12396笔，其中自助机查询12341笔，国家机关为办理案件查询49笔，柜台查询6笔，个人异议申请1笔，查询办理企业查询185笔，为6000余人次解读信用报告。开展“百县千村”工程建设。全市139个建制村共有农户33363户，基础资料收集农户数达28887户；评级授信农户数达20190户，用信农户数3541户。培育51个授信示范村，合理信贷需求达到全覆盖。

【金融知识普及宣传】 2021年，人民银行霍州市支行组织辖内金融机构开展“民法典一周年宣传”“人民币反假宣传”等专题特色宣传活动，霍州农商行制作的宣传动漫，霍州邮政局创新使用投递快递、工商银行进煤矿生产队、邮储银行为春蕾双语小学学生家长、老师现场讲解征信知识等活动。

（王铁军）

【脱贫人口小额信贷】 2021年，霍州市脱贫人口小额信贷任务400万元，2021年发放439.37万元、91户，完成109.8%。年初，确定各银行机构的包干乡镇，要求各银行机构对包干乡镇进行摸排，通过制作公示牌、张贴标语等多种形式，对金融扶贫政策进行宣传。6月，对辖内六家银行机构进行实地查看。主要采取座谈、查阅资料、走访、深入包干乡镇实地核验、上门对接脱贫人口及乡镇干部等形式，多角度、全方位掌握包干责任落实情况。各机构均根据6号文件要求，将公示牌“扶贫小额信贷”改为“脱贫人口小额信贷”，更新政策要点及机构联系人。各银行机构于6月底前完成对包干乡镇脱贫户、边缘户逐户对接、走访。对于不符合贷款条件的及时告知原因，做好政策解释并留档记录。确保对符合贷款条件的脱贫人口做到“应贷尽贷”，满足脱贫户和边缘户的贷款需求。

【现场检查及非现场监管】 2021年，由霍州银保监组、霍州市公安局联合成立霍州市银行业金融机构2021年元旦、春节期间，安全大检查工作领导小组，对辖内6家银行业金融机构进行安全检查，发现两类问题，提出监管建议2条。对脱贫人口小额信贷包干责任落实开展实地督导。霍州监管组按照不低于30%，做到各类型机构全覆盖的要求，进行实地督导，辖内各机构完成摸排对接工作。重点对2020年金融许可证公示及管理情况存在问题的网点进行了抽查。发现三类问题，提出监管建议3条。做好1104报表的审核和上报工作，确保数据的正确及时。规范监管评级，提高评级效率。对霍州农商行2020年度商业银行小微企业金融服务工作开展初评、对新绛农商行小微企业金融服务工作开展交叉复核，将结果及时反馈分局。

【宣教工作】 2021年，霍州银保监组根据中共霍州市委网信办统一安排，组织辖内6家金融机构深入开展“网络安全为人民，网络安全靠人民”活动，开展宣传活动启动仪式，制作6块宣传版面，印发宣传资料3000余份。有44个银行网点参与此次活动，开展线上线下活动60余次，惠及消费者2万人次。

（王红斌）

银　行

·中国工商银行霍州支行·

【概况】 中国工商银行股份有限公司

霍州支行（简称工行霍州支行）是中国工商银行股份有限公司总行的下属一级县级支行，直属于中国工商银行股份有限公司临汾分行。主要职能是办理人民币存款、贷款、结算业务，办理票据贴现，代理发行金融债券，代理兑付、销售、买卖政府债券，代理收付款项，代理保险业务及经相关部门批准的其他业务。

中国工商银行股份有限公司霍州支行，下设5个网点：支行营业室（含牡丹卡业务中心和现金业务中心）、东大街支行、开元支行、辛置支行、矿区支行。4个部室：综合部、对公业务部、个人金融部和个人贷款部。全行有在职员工94人。

2021年，工行霍州支行各项存款余额39.53亿元，较年初净增5.64亿元。其中储蓄存款时点余额36.02亿元，较年初净增4.31亿元；公司存款时点余额3.51亿元，较年初净增1.33亿元。各项贷款余额21亿元，累放贷款9.76亿元。实现中间业务收入305.71万元，实现拨备前利润5281.36万元。

【支持地方发展】 2021年，工行霍州支行累放公司贷款8.9亿元，累放个人贷款0.82亿元，发放普惠贷款2076万元。开展“扶贫贷款进万家”宣传调研活动，成立4个小分队，分赴辛置镇的26个自然村，对531余户、600余人贫困户和边缘户家庭的贷款需求、家庭状况进行摸排调研，对原扶贫贷款情况进行落实，对国家和市政府扶贫帮扶政策进行宣讲。

【营销活动】 2021年，工行霍州支行围绕三大存款和重点拓户两大基础工作，对接政府机关、企事业单位、商场商圈、重点客户等，上门服务，挖掘客户需求，以代发业务为切入点，全面渗透各类产品和服务，在代发工资、对公开户、公积金存款等业务方面取得显著成效，达成多项合作意向和成果，并在区域内重点企业贷款融资项目上实现了新的突破。截至年底，累计走访各类单位和重点客户70余户，收到代发工资、账户开设、公存款归集等重要成果20余项。

（崔胜远）

·中国农业银行霍州支行·

【概况】 中国农业银行霍州市支行位于霍州市东大街165号，隶属于中国农业银行股份有限公司临汾分行，下辖鼓楼支行、支行营业室、大众路支行、鑫泽分理处4个网点，内设风险/综合管理部、财会运营部、公司业务部、个人金融部4个部室，至2021年底，全行在职员工70人。

【业务发展】 存款。至2021年底，中国农业银行霍州市支行各项余额24.59亿元，其中，个人存款余额22.97亿元，较年初净增2.25亿元；对公存款余额1.62亿元，较年初增加7359万元。

贷款。至2021年底，全行各项贷款余额达12.39亿元，较年初增加4.35亿元，其中，个人类贷款余额3.48亿元，较年初净增3.22亿元；法人贷款余额9.24亿元，较年初净增3.22亿元；惠农贷款余额4.18亿元，较年初增加3.48亿元。

中间业务收入和利润。2021年，实现中间业务收入870.87万元，拨备后利润1987.66万元。

资产质量。2021年底，全行不良贷款余额689万元，其中，机构类和公司类余额为672万元，个人不良贷款余额17万元，不良贷款占比0.6%。

【支持地方经济发展】 2021年，中国农业银行霍州市支行贯彻落实总行服务“三农”的初心使命、职责任务，加大金融服务力广度。以开展“我为群众办实事”实践活动，提高站位，强化担当，真抓实干，确保金融服务取得实效。发放公司贷款9.24亿元，惠农贷款4.18亿元；支持民营、小微企业贷款0.72亿元，发放个人住房贷款2.18亿元；完成小额扶贫贷款0.01亿元的发放；为霍州经济的发展作出贡献。（刘惠）

·中国建设银行霍州支行·

【概况】 中国建设银行股份有限公司霍州支行是一家国有股份制商业银行，位于霍州市鼓楼西街，有员工34人，内设机构：综合业务部、营业部、霍州东大街支行。

2021年，一般性存款余额29.21亿元，较年初新增4.35亿元。其中，对公存款余额3.84亿元，个人储蓄存款余额25.38亿元，较年初新增2.54亿元；各项贷款余额35.52亿元，较年初新增20.65亿元，其中，对公贷款余额32.72亿元，较年初新增20.48亿元，个人贷款余额2.8亿元，较年初新增0.16亿元。

【工作措施】 2021年3月，中国建设银行霍州支行实现霍州煤电集团20亿元固定资产贷款投放，取得重大项目落地。开展“个人存款新增、转存、留存专项营销活动”，把合适的产品推荐给合适的客户，所有产品都配置合理的买单价格，调动员工积极性，在保持存款稳定增长的情况下，带动各项产品销售，确保个人全量资产的稳步增长。

【网点转型】 2021年，中国建设银行霍州支行执行上级行各项工作部署，贯彻落实新金融理念，推进“三大战略”，运用金融科技赋能网点转型，在网点全面部署金融科技基础设施，改造传统业务流程，优化客户体验，提升服务效率，网点服务客户能力实现突破性发展。加强员工培训，优化网点员工劳动组合，降低柜面劳动强度，解放柜面人员充实到营销服务条线，提升客户服务能力。

【普惠金融】 山西兆光发电为霍州市支柱企业，2021年，中国建设银行霍州支行积极为该企业授信2.5亿元，贷款利率为同业最低，降低了企业融资成本，助力企业发展。疫情期间，针对小微企业推出“云义贷”产品，支持20户小微企业客户复工复产，投放信贷资金1115万元。针对小微企业贷款融资难、融资贵情况，该行和融资担保公司合作，推出“善担贷”产品，贷款利率低、手续少、效率快，支持辖区小微企业20余户，授信金额1532.6万元，支持企业发展。截至年底，小微企业普惠贷款余额10820万元，较年初新增5179万元。

【乡村振兴】 2021年，中国建设银行霍州支行作为党中央的重大部署，坚决贯彻落实党中央关于金融服务乡村振兴的各项工作部署。组织员工多次深入金融扶贫包干乡镇，向贫困户宣传该行小额扶贫信贷政策，完成霍州市委市政府扶贫信贷投放工作。落实精准扶贫的各项举措，深入帮扶村进行精准扶贫，确保所帮扶的贫困户全部脱贫。

（陈华杰）

·中国银行霍州支行·

【概况】 中国银行股份有限公司霍州支行位于霍州市鼓楼东大街198号，隶属于中国银行股份有限公司临汾市分行。霍州支行下设2个部门、3个网点，2个部门分别为综合管理部、业务发展部，3个网点分别为营业部、鼓楼支行、辛置支行。2021年底，全行在职员工61人。

【业务发展】 2021年，霍州支行各项贷款余额17.24亿元，各项存款余额30.81亿元，霍州中行实现净利润4400.59万元。

【激发网点活力】 2021年，霍州支行顺应数字化时代和社会发展趋势，成立“养老服务示范点”，建设养老金融特色网点与霍州康养基地的建设相融合，满足老年人多层次、多样化需求。推进十大战略业务发展，狠抓八大金融业务推进及数字化转型，提升市场竞争力和持续发展动力。（王忠和）

·中国邮政储蓄银行霍州支行·

【概况】 中国邮政储蓄银行霍州支行位于霍州市开元街，2008年8月正式挂牌成立，下设“三部两支行”，即综合管理部、零售金融部、风险合规部、支行营业部、北环路支行；现有在职职工27人。支行拥有8处网点，其中自营网点2处，代理网点6处。2021年，全行各项存款17.12亿元，各项贷款发放7.37亿元。

【小微服务地方】 中国邮政储蓄银行霍州市支行搭建银企合作平台，为民营和小微企业量身打造“税贷通”等多样化的产品。推出“小微易贷”“急速贷”等产品，丰富线上服务小微企业的渠道和手段。推广“无还本续贷”等产品，重点解决企业因借新还旧、贷款回笼时间差造成的“过桥”资金需求问题。建立“零售信贷工厂”特色信贷模式，采取独立的审批和信贷准入标准，简化审批手续，缩短审批流程，提高民营和小微企业贷款审批效率。

【服务“三农”】 2021年，霍州市新生助学贷款的发放工作，为2566户家庭困难的学生提供资金帮助，累计发放贷款2029万元。推广信用村及信用户建设，对达到评定标准的信用村，给予额度、利率等多方面的政策支持，推进信用村农业发展、农户增收。加快住房贷款投放力度，打响房贷品牌。以个人住房贷款作为本行的特色业务，在人力、物力等方面予以倾斜，累计发放住房贷款11081万元，为452户居民实现“安家梦”。发放创业担保贷款2128万元，涉及108户。 （武晶晶）

·山西霍州农村商业银行股份有限公司·

【概况】 山西霍州农村商业银行股份有限公司是霍州市唯一一家地方性金融企业，是农村金融的主力军。总行下辖1个营业部、8个支行、5个分理处、7个储蓄所、21个营业网点。截至2021年底，在职员工263人。总行机关设职能部室12个：信贷管理部、资金市场部、电子银行部、风险合规部、计划财务部、统计信息部、人力资源部、稽核审计部、安全保卫部、会计运营部、综合办公室、纪检监察室。2个直属中心：特殊资产经营中心、普惠金融中心。

【存贷款业务】 2021年底，总资产达到60.86亿元，较年初提高1.51亿元；各项存款余额为49.34亿元，较年初净增3.52亿元，增幅为7.68%；各项贷款余额为34.32亿元，较年初增加7.94亿元，增幅为30.1%。

【业务拓展】 2021年，山西霍州农村商业银行股份有限公司贷款客户增加1278户，其中，个人贷款户数增加1265户，普惠型小微企业增加7户，重点客户和重点项目增加6户。涉农贷款增加2.04亿元、普惠型小微企业贷款（1000万元以下）增加7.27亿元，贷款存量客户2526户，较年初增加134户。

【经营成果】 2021年，山西霍州农村商业银行股份有限公司实现各项收入28202.64万元，同比增加209.48万元，增幅0.75%；实现经营利润6200.42万元。

【内控管理】 2021年，山西霍州农村商业银行股份有限公司按月召开案防分析会，定期开展防火、防抢、防爆、防自然灾害等安全演练，提升员工安全防范意识和实际操作能力。按月检查安防设施，有效规避风险隐患。按月开展稽核检查，按季排查员工异常行为，对发现暴露的问题建档、销号整改，提升案件防控水平。（张亚文）

保 险

·中国人寿保险霍州市支公司·

【概况】 中国人寿保险股份有限公司下设营销发展部、收展发展部、团体业务部、银行保险部、客户服务中心和综合部。营销发展部下辖李曹营销服务部、大张营销服务部、什林营销服务部、辛置营销服务部、陶唐营销服务部5个营销服务部，有业务员300多人。

【业务发展】 2021年，中国人寿霍州支公司总保费收入1.13亿元，涵盖生存、养老、疾病、医疗、身故、残疾等多种保障范围。中国人寿坚持全心全意为客户服务的理念，全年理赔金额390.36万元，理赔1416人次。

【经营管理】 2021年，中国人寿霍州支公司坚持“效率率先、科技驱动、价值跃升、体验一流”的运营管理目标，深化“简捷、品质、温暖”的服务，开展服务卓越型企业建设，坚持推动运营服务线上化、智能化、生态化转型升级，满足客户多元化的服务需求。产品供给持续丰富、线上服务便捷触达、智能服务高效响应、理赔服务快捷温暖、生态服务体验更优。（郭亚鹏）

·人民财产保险·

【概况】 中国人民财产保险股份有限公司霍州支公司成立于1981年，是霍州市最大的财产保险公司，2021年，坚持秉承“以人为本、诚信服务、价值至上、永续经营”的经营理念，弘扬“求实、诚信、拼搏、创新”的企业精神，致力“做人民满意的保险公司”为促进改革保障经济，稳定社会，造福霍州人民提供强大的保险保障。立足霍州经济社会发展全局，坚持以市场为导向、以客户为中心，引领霍州财险市场发展。公司参与和支持霍州市的各项活动，为受灾企业、农业生产和个人恢复生产生活、稳定社会秩序、发挥保险经济补偿作用做出贡献。

【业务范畴】 2021年，中国财保霍州支公司主要开办企事单位财产险、家庭财产险、机动车辆险、货物运输险、煤矿企业险、建筑安装工程险、农业保险、责任保险、信用保险、意外伤害险、短期健康险等财产保险业务。

【业务发展】 2021年，中国财保霍州支公司稳固车险和企业财产保险，目标分解到位，坚持每周开展学习例会、紧盯市场政策变化、做到知己知彼。解决续保团队与传统中心融合问题，公司全体人员认识到续保团队的重要性，集公司力量、下大力气扶持续保团队建设，从人员的思想层面到职业规划、短时间内让续保坐席人员融入公司，提高坐席人员归属感、认同感。巩固政策支持性业务优势，在推进农村保险业务发展的过程中，支持和服务“三农”，人保财险的“三农”保险越来越受霍州市各级政府的高度重视，普遍建立领导机构，保证为公司农业保险在霍州农业主导地位。狠抓理赔，提高服务质量。从狠抓第一先声的查勘率入手，加强诚信建设，培育保险诚信意识，强化失信惩戒机制。公司坚持派人在第一时间赶到第一先声，掌握第一手资料，严格按照快速赔付流程，为客户提供力所能及的方便和服务，取得广大客户的信任，为公司拓展市场提供保障。

【经济效益】 2021 年，机动车辆险保费 2191.47 万元、意外伤害保费 49.61 万元、农业险保费 267.56 万元、家庭财产险保费 25.07 万元、企业财产险保费 728.29 万元、货运险保费 17.45 万元、责任险保费 402.98 万元、健康险保费 102 万元、保证保险 4.3、保费收入合计 3788.73 万元。赔款支出 1805.09 万元。 （武卫民）

·中国太平洋人寿保险股份有限公司霍州支公司·

【概况】 中国太平洋人寿保险股份有限公司霍州支公司（简称太平洋寿险霍州支公司），隶属于中国太平洋人寿保险股份有限公司临汾中心支公司。公司于 2002 年 10 月开始筹备，成立于 2003 年 10 月，现位于霍州市河西区中部宏佳商贸城。经过 20 年创业，业务规模在霍州市场继续保持领先地位。公司拥有内勤员工 8 人，外勤营销人员 286 余人。

【业务发展】 2021 年，太平洋寿险霍州支公司遵循寿险规律，回归保险保障，通过“产品＋服务”的模式，发展保障型和长期储蓄型业务，拓展个人传统分红期缴业务和短期意外险等核心业务，优化业务结构，增长内含价值。2021 年完成规模保费 14764.88 万元，市场份额占比 35.03％，连续三年已稳居霍州市场第一；全年理赔案件 583 件，赔付金额 1255.91 万元。

【企业文化】 2021 年，太平洋寿险霍州支公司以“打造服务体验最佳的寿险公司，做寿险行业的长期主义者”为使命愿景，秉持长期主义理念，把握高质量发展主线，以转型创新为驱动力，努力实现价值稳定增长、市场地位稳固。公司坚持“以客户需求为导向，致力于提供基于客户全生命周期的风险保障解决方案，产品覆盖人寿保险、年金保险、健康保险、意外伤害保险等多个领域。太平洋寿险霍州支公司秉承“诚信天下，稳健一生，追求卓越”的企业社会主义核心价值观，秉持“稳健经营，以效益为中心”的经营思想，开拓业务，加强基础管理，积极应对市场发展变化带来的新挑战，履行社会责任，遵循寿险经营规律，在业务发展、客户服务、内控管理和风险控制等方面都取得成效，为霍州经济社会发展和民生保障做出贡献。

【服务理念】 2021 年，太平洋寿险霍州支公司探索和实践基于新技术应用的模式创新和流程再造，加快人工智能和大数据等新技术应用，推进投保、核保、理赔、客服等运营服务全流程地线上化、智能化和自助化，提升客户服务体验和运营效能，形成以“神行太保”“太平洋寿险”APP、“太平洋寿险”官微及“科技个险”四大应用平台为主要构成的企业级移动应用体系，开发如智学院、智云保、嗨问、承保智库、云柜面、移动保全、太易赔、太慧赔、员福 2.0 系统等新技术工具，推动销售和服务模式在业内率先转型，带给客户便捷贴心的服务体验，公司推进“以客户需求为导向”的战略转型，围绕转型三大目标，坚持问题导向，推动转型成果落地。在关注客户需求方面，实现精准销售和精细服务；在改善客户界面方面，运用新技术，确保中后台支持前端；在提升客户体验方面，推动产品创新，将优质、便捷的保险服务带到客户身边。太平洋寿险霍州支公司将坚持保险业姓保的发展理念，推进实施“数字太保”战略举措，为客户、员工、行业、社会、环境等利益相关方创造共享价值。（马清林）

交　通

交通运输

【概况】 霍州市交通运输局是霍州市人民政府主管公路交通的职能部门，主要负责贯彻执行国家关于交通运输的法律法规和方针政策，贯彻执行综合交通运输发展战略，牵头推进交通强市建设。结合全市国民经济和社会发展需要，组织拟订并监督实施全市公路专项规划，负责全市道路运输市场监管。负责提出全市公路固定资产投资规模和方向、国家及省市级财政性资金安排意见，负责公路建设市场监管。贯彻落实全市公路工程建设相关制度，监督实施行业技术标准。负责组织全市农村公路的建设、管理和维护工作，对全市农村公路建设工程项目实施质量监督。指导全市公路行业安全生产和应急管理工作。指导全市交通运输信息化建设、监测分析运行情况、全市交通运输行业职工队伍建设、全市交通运输行政审批工作。指导监督全市交通运输综合行政执法工作。指导城乡客运及有关设施规划与管理工作，指导出租汽车行业管理工作和城市公交客运的运营管理。

【基础设施】 2021年底，霍州市公路通车里程为1108.046千米，公路密度144.84千米/百平方千米。其中，行政等级里程：国道4条70.132千米，省道1条11.58千米，县道6条111.444千米，乡道45条345.696千米，村道340条569.194千米；技术等级里程：高速公路45.963千米，一级公路23.401千米，二级公路51.374千米，三级公路110.896千米，四级公路859.174千米，等外路17.238千米（新增有铺装路面11.076千米，有铺装路面里程达到865.775千米，占到总里程的78.1%）。全市公路桥梁130座11026.53延米，其中特大桥1座2421.96延米，大桥24座5669.79延米，中桥24座1493.78延米，小桥81座1441延米。

【公路建设】 2021年，完成农村公路投资9439.89万元。其中三个一号旅游公路霍州市上霍线七里峪至尉侯路段改造工程完成16.221千米，完成投资8247万元；危旧桥梁改造完成2座，完成投资372万元；较大人口规模自然村通硬化路完成7.56千米，完成投资756万元；村道生命安全防护工程完成2.07千米，完成投资62万元；一灯一带完成45个，完成投资2.89万元。

黎（城）霍（州）高速公路是G22青兰高速（青岛至兰州）长治至延安联络线（G2211）的重要组成部分，也是山西省高速公路网“三纵十二横十二环”规划网中第九横的重要路段，路线全长153.16千米，途经霍州市陶唐峪乡观堆村，李曹镇驹沟村、东村、张家楼村、韩壁村、小涧村、刘家山村、罗涧村、杨家庄村、下王村、悬泉山村2个乡镇11个村庄，霍州境内全长13.643千米。2021年黎霍高速公路霍州段征地拆迁协调工作有序进行，红线内土地征收和坟墓迁移工作已基本结束，拆迁房屋9座。

【公路养护】 农村公路优良路率：2021年霍州市农村公路1031.11千米，其中，优等路里程258.36千米，良等路里程516.52千米，农村公路优良路率为75.15%。一、二、三类桥梁比例：2021年农村公路桥梁74座，其中一、二、三类桥66座占比89.2%。

2021年建立县、乡、村三级路长体系，优先考虑吸纳当地村民参与农村公路日常养护，并对其进行培训考核，构建职责明确、齐抓共管、高效运转的工作机制，形成路联管、路全管、路共管、路常管的农村公路发展格局，实现“有路必养、养必良好、有路必管、管必到位”的目标，保证农村公路处于良好的运行状态，人民满意度提升。

农村公路自然灾害主体调查工作情况：霍州市农村公路路线信息调查表的调查填报工作，于2021年11月29日全部调查完成并上报系统，发现公路灾害风险线路95条，其中自然灾害灾毁风险点90个，高边坡5个。

【安全生产】 2021年，霍州市交通运输局树立安全生产“红线”意识和以人为本、安全发展的理念，坚持“安全第一、预防为主、综合治理”的方针，以“全覆盖、零容忍、严执法、重实效”为总要求。根据《临汾市安全生产专项整治三年行动实施方案》，结合平安建设、“三零”创建工作和安全生产大排查大整治活动等一系列安全生产活动。

对照上级交通运输安全生产专项整治三年行动2021年“集中攻坚年”任务清单，突出道路运输安全、交通建设安全和公路运营安全三大领域。2021年出动423个检查组，检查人员1580人次，检查道路运输企业713家，检查出一般隐患31项，已整改31项，整改率100%。在做好农村公路日常养护的同时，长期坚持从小处下功夫。出动检查组80个300余人次，排查安全隐患32处并已整改完成；安装安全防护栏16964米；清理路肩、边坡垃圾1045余立方米，修复路肩1675余立方米，修复边沟150余延米，修补坑槽1510余平方米，桥梁涂刷护栏2处，安装反光镜1个，沿线设施涂刷5处，施画热熔标线10100余平方米，清除道路积雪出动人工60余人次，防滑料100余立方米，工业盐10余吨。汛情期间，投入人力1380次人，机械1020台次，设置警示牌、警示标志、反光路锥、警示灯800余个，砂石料6940余立方米，发放雨衣雨鞋150套，使用沙袋1000包，彩钢板200余米，于10月16日对阻断道路全部抢通。在整个汛期内全面保持交通畅通，没有任何一个行政村、任何一个自然村断路，无一起交通责任事故。

【交通执法】 2021年，霍州市交通运输局开展法制宣传活动，向交通运输业户发放宣传材料1000余份，营造交通运输经营者懂法、守法、合法经营的氛围；对交通运输市场进行日常巡查，打击交通运输业非法经营行为，维护交通运输市场正常秩序；散煤治理工作持续进行，设立5个散煤治理点坚持24小时执勤，及时查处私拉散煤运输行为。

【客运管理】 交通运业、安泰公司、辛置公交公司开展文明客运线路创建活动，在企业内部评选“优秀驾驶员”“优秀乘务员”，巩固和提升客运班车的服务质量和服务水平。公交车开通通往“市民中心”的线路，城市公交公司、出租汽车公司、驾校连续六年开展“爱心送考”活动。

霍州市有两家出租车公司，均有叫车服务电话，提升霍州市人民群众便捷出行，其中玉祥出租公司叫车电话为：5612345，城市客运出租公司叫车电话为：5678666，解决老年人打车困难的问题。

【交通环保】 协调生态环境、公安交警、商务局、市场监管局、财政局开展国三及以下排放标准营运柴油货车淘汰工作，2021年霍州市淘汰21辆。“公转铁”工作中，对全市3家大宗型货物运输企业和铁路运输专线进行了调研，出动执法车辆15辆次，执法人员60余人次。按文件要求，全市铁路运输量达到货物总运量的80%，使用的货物运输车辆达到国五及以上排放标准，全部录入企业自建门禁系统，采取绿色密闭运输。对交通领域在建工程和货物源头单位，非道路移动机械使用进行排查，要求企业对所使用的非道路移动机械到生态环境部门注册登记，未经注册登记不得使用，2021年到生态环境部门注册登记30辆。

日常巡查中，出动执法车辆140余辆次，执法人员650余人次，对货物源头单位，进行生态环境保护工作和环保设施设备使用情况督导检查。与生态环境、公安交警执法人员组成联合执法队，打击冒黑烟、排放不达标、拆卸国六重型燃气车后处理装置车辆上路行驶。

【信用交通】 2021年，开展“信用交通宣传月”活动，以“诚实守信，一路畅行”为主题，按照“聚焦主题，持续深入，形式多样”的原则，以运管局、路政大队、农管办为主体，宣传信用交通示范企业，信用交通驾驶人等，普及“信用交通”常识和倡导“信用交通理念”，强化公众，摒弃交通不信用陋习，信用交通出行的自觉意识。组织专题学习培训，发放材料3000余份，悬挂标语100余条。

【道路运输监管】 2021年，霍州市交通运输局对全市道路运输行业安全生产状况和道路运输生产经营情况进行全面摸底排查，在调查中研究寻找新的工作方式。4月在排查中发现霍州市通顺汽车运输有限公司未经许可擅自从事危险货物运输经营，对其处以五万元罚款，同时责令其停止非法经营，告知其如若需要按规定办理《经营许可证》，规范经营行为。货运管理方面，结合货运车辆年度审验工作，开展对货运企业的质量信誉考核和驾驶员诚信考核，加强对全市货运企业、从业人员和车辆的管理，利用政策优势逐步取缔散、小、弱的企业，鼓励企业做大做强，杜绝农用车、三轮车、摩托车从事货物运输。宣传电子证照的下载和网上业务办理，帮助指导困难业户使用手机下载及运用，完成注册。

【绿色出行】 2021年，霍州市交通运输局开展绿色出行活动，出行比例达到73%，服务满意率达到100%。霍州市城市公交共有公交车50辆，在新增和更新车辆中，新能源城市公交车辆比例为100%。霍州市出租车340辆，其中5辆为油气混动，在新增和更新车辆中新能源出租车比例为98%。

【法治建设】 2021年，霍州市交通运输局开展交通运输执法领域突出问题专项整治行动。向全社会发布《霍州市交通运输局关于接受社会监督公布交通运输执法领域突出问题举报电话的公告》50余份，公布举报电话和举报信箱，主动接受社会监督，各执法单位按照《通知》要求，深入走访运输企业46家，座谈从业人员84人次，梳理出自身存在的需要整改问题七大项30小项问题，涉及4个基层单位77名执法人员，制定整改台账，问题责任到人，整改时间节点明确。经过深入排查整改，除应长期坚持内容外，均已整改到位。（荀宝雷）

公路管理

【概况】 山西省霍州公路管理段始建于1959年，隶属于山西省公路局临汾分局，事业单位，正科级建制。位于霍州市滨河南路62号。2021年有干部职工40人，内设生产股、财务资产股、综合办公室、路政大队；下设圣佛道班、退沙道班、朱杨庄道班三个道班，主要担负霍州境内国道京昆线（K810＋710－K829＋780）19.07千米、省道桃临线（K94＋052－K100＋557计6.505千米；K104＋363－K109＋438计5.075千米）11.58千米、国道胶海线（K999＋082－K1004＋181）5.099千米，国道京昆复线（K822＋011－K828＋656）6.645千米，计42.394千米的干线公路养护、管理工作。

【公路养护】 2021年，山西省霍州公路管理段疏通边沟30082米，清理绿化平台32115平方米，铲草6790平方米，整修平台2145平方米，修剪行道树454棵，路面清淤42023平方米，整修边坡4930平方米，打草14300平方米，处治路面坑槽255.1平方米，路面灌缝24532.8米，贴缝5762.9米。2021年，优良路率为91%。

【抢修水毁工程】 2021年，霍州市遭遇有记录以来最强连续强降雨过程，此次强降雨导致该段辖区国省干线公路多处发生大规模路基沉陷、山体崩塌等重大灾害，公路设施受损严重。经过20余天应急抢通施工，11月20日，阻断路段全部抢通并恢复通行。完成水毁修复投资172.603万元，下边坡滑塌2处，回填沙砾1580立方米，回填片石500立方米，修复路面沉陷758.5平方米、修复东湾桥锥坡66立方米，基础75立方米，修复简支桥铺砌80立方米，新建挡墙82立方米，清除塌方4处7750立方米，卸载山体土方13000立方米，石方5400立方米。

【沿线设施】 2021年，更换轮廓标148根，更换波形护栏164米，维修波形护栏114米，新增波形护栏408米，维修防眩网20米，画设热熔标线6066.68平方米。

【二次扬尘治理】 2021年，以改善环境为目标，实行网格化管理，划分责任路段，发挥清扫机，多功能洒水车机械化效率，机械清扫率达到80%，实现管养路段机械清扫全覆盖。2021年完成清扫路面31810.7千米，倒杂物1198.9米，清洗波形护栏196.3千米，清洗轮廓标4542根，清洗防眩网74246米，清洗桥栏8113米，洗波形护栏反光块20930个，冲洗路面619.6平方千米。

【资产设备】 2021年，霍州市公路段拥有洒水车2辆，清扫车1辆，自卸车2辆。施工车：振动压路机1台，铣刨机1台，装载机1台，摊铺机1台，小型养护机具20余件。

【路政管理】 2021年，霍州市公路段查处赔补偿案件12起，收回路产赔补偿费51110元，发现并制止占用挖掘公路行为3起。7月，因交通行政执法改革，普通国省干线公路路政执法职责（含《公路法》《公路安全保护条例》《山西省公路条例》《中华人民共和国道路交通安全法》等法律法规规定的路政执法职权事项16项，包括但不限于：行政处罚事项13项，行政强制事项3项）移交至霍州市交通运输综合行政执法队。

【安全管理】 2021年，霍州市公路段坚持“安全第一、预防为主、综合治理”的方针，坚守安全生产“三管三必须”原则，建立健全“党政同责、一岗双责、齐抓共管”的安全生产责任体系，落实《山西省生产经营单位主要负责人安全生产责任制规定》和《临汾市安全生产责任落实特别规定》，明确和落实安全生产工作责任。开展安全生产专项整治三年专项行动，及时发现消除各类隐患，确保公路通行安全。抓实安全生产宣传教育培训，组织开展“防灾减灾日”“安全生产月”等宣传教育活动。加强地质灾害多发路段排查评估和存量隐患管控，加强日常巡查监测，确保及时发现、及时处治；规范警示标识标牌设置，引导车辆安全有序通行，坚决防范重特大道路安全责任事故发生。（陈智华）

铁路运输

·霍州车站·

【概况】 霍州车站铁路线路中心里程位于南同蒲线，自大同站起至蒲州站之间550千米300米处，隶属大秦铁路股份有限公司侯马车务段管辖，为双线电气化区段。霍州站等级为二等站。按技术性质为中间站，按业务性质为客货运营业站。该站线路情况：站内有7条线路，5条货运线，1条待机线，1条轨道车库线。车站管辖专用线：霍州三合专用线、四七五专用线、中冶专用线、什林小线专用线。车站设有区域内燃调车机1台。

【货运完成】 2021年，装车27100车，发送180.9868万吨。其中，煤炭发送19350车，煤炭发送吨数131.1536万吨；集装箱装车5949车，发送集装箱38.0736万吨；货场装车1801车，发送11.4596万吨。集装箱到达2260车，72.064万吨。运输收入3.2亿元。到2021年底，车站有职工93人。

【安全管理】 霍州火车站主要卡控接发列车、穿正作业和调车作业的安全。车站制定实施值班站长全过程监控施工和穿正作业，除进行接发列车、穿正监控等必要的工作外，只要各专用线有作业，值班站长必须全程对车辆的静、动态防留进行现场监控，保证车站的安全生产。车站规范职工考勤、台账填记、文件收发、信息上报等考核制度。至2021年底，车站实现安全生产4290天。车站将疫情防控工作纳入常态化。

（刘红玲）

·霍州东高铁站·

【概况】 霍州东高铁站位于山西省霍州市李曹镇境内，车站中心里程位于大同至西安高速线444千米521米处，隶属大秦铁路股份有限公司侯马车务段管辖。该站为三等站，按技术作业为中间站，业务性质为客运站。霍州东站（站中心K444＋521），设到发线4条（含正线2条）；设大型养路机械停留线1条；工务轨道车库线、接触网作业车库线各1条；安全线2条。设基本站台和侧式站台各1座；站台上均设风雨棚1座。车站设旅客地道1座。车站两端进站方向制动距离内均为超过6‰下坡，在太原南方向到发线接车末端设安全线作为隔开设备，西安北方向利用维修车间岔线作为隔开设备。到2021年底，车站有职工39人。

【客运完成】2021年，霍州东高铁站旅客发送为656775人，客票收入为3896万元。

（师记龙）

·辛置车站·

【概况】 辛置车站位于山西省临汾市霍州市辛置镇境内。该站铁路线路中心里程位于南同蒲线自大同站至蒲州站之间563千米851米处，隶属大秦铁路股份有限公司侯马车务段管辖，为双线电气化区段。辛置站等级为二等站。辛置站按技术性质为中间站，按业务性质为货运营业站。辛置站内有11条站线。该站管辖铁路专用线：辛置矿专用线、总仓库专用线、国电霍州发电厂专用线、曹村矿专用线和货场货物线、企业专用线。车站设有专区域内燃调车机1台。到2021年12月底，车站有职工68人。

【货运收入】 2021年，辛置车站装车为28488车，卸车7468车，发送1922748吨，运输收入为28209万元。

【安全管理】 2021年，辛置车站实施重点作业强力卡控。针对辛置矿专用线紧邻车站，作业量占全站装车的90%的实际，车站制定并实行当班值班站长除进行接发通勤列车、穿正监控等必要的工作外，只要辛置矿专用线有作业，必须全过程对车辆的静、动态防溜进行现场监控。霍州发电厂专用线增加集装箱业务办理，主要发运品类：炉灰。车站规范职工考勤、台账填记、信息上报等考核制度。截至2021年底，车站实现安全生产11460天。

（高怀玉）

·圣佛车站·

【概况】 圣佛车站位于山西省临汾市霍州市南环路街道境内。该站铁路线路中心里程位于南同蒲线自大同站起至蒲州站之间556千米283米处，隶属大秦铁路股份有限公司侯马车务段管辖，为电气化区段。车站为三等站，按技术作业为中间站，业务性质为货运营业站。站内有7条线路，正线2条，到发线4条，货物线1条。车站管辖专用线：山西兆光发电有限责任公司专用线。管辖专用铁路：白龙洗煤厂专用铁路。到2021年底，车站有干部职工34人。

【货运完成】 2021年，圣佛车站装车8253车，货物发送53万吨；全年卸车219车，1.4万吨；全年运输收入3712万元。

截至2021年底，车站实现安全生产7465天。

（闫润龙）

运输管理

【概况】 霍州市道路运输管理局于2021年9月17日正式更名为霍州市道路运输事业发展中心。霍州市道路运输事业发展中心，监管服务范围包括道路旅客运输经营、道路货物运输经营、道路运输站（场）经营、机动车维修经营、机动车驾驶员培训、机动车综合性能检测、汽车租赁、物流服务和城市公共客运经营、出租汽车经营等10个分支行业。现有干部职工96名，内设14个股室。

【客运管理】 2021年，霍州市有客运公司3家。全市有班线客车73辆、1802座；旅游客车28辆、1181座；客运班线12条，其中省际班线1条、市际班线2条、县际班线4条、县内班线9条。全年客流量144万余人次。

【货运管理】 2021年，霍州市有货运企业66家，营运货车2018车辆、其中主车891辆，挂车805辆，普货322辆。全年淘汰国三家535辆。

【机动车维修管理】 2021年，霍州市有汽车维修企业55家，其中，一类企业1家，二类企业15家，三类企业39家。具有维修救援能力的企业3家。

【驾培管理】 2021年，霍州市有驾校3所。

【物流管理】 2021年，霍州市道路运输事业发展中心备案管理物流企业13家。配合市公安局反恐科、市防疫部门，对全市货运服务业、物流企业进行全面清理、检查，严格查验、消毒、检测，在高速出口、新技术开发区设立冷链运输检查点，保障物流运输安全、有序。

【城市客运管理】 2021年，霍州市有出租汽车公司2家，投入运营出租汽车340辆，其中纯电动出租车335辆。城市公交公司2家，公交车54辆，其中，电动公交50辆。全年公交车载客214.9万人次，出租车载客319.56万人次，公共交通出行合计534.46万人次。

【汽车租赁管理】 2021年，霍州煤电集团鑫钜煤机装备制造有限责任公司在霍州市市域内布控新能源汽车54辆，充电桩141个。

【安全管理】 2021年，出动423个检查组，1580人次，对辖区内企业进行安全督导检查，督导检查企业713家次，发现一般隐患31处，全部整改。

【疫情防控】 新冠疫情发生后，运管人员在108国道辛置、什林、霍州东高速口、西高速口4个防疫监测点24小时不间断值勤，对过往车辆、人员实时监测。全局参加疫情防控外勤84人，后勤保障16人，出动3524余人次、车辆840余辆次。在霍州市客运站设临时检测隔离区，认真做好旅客体温检测、登记。在落实疫情防控要求的基础上，推进企业复工复产，做好农民工复工复产运输保障，按照人社部门关于运送复工复产农民工的工作要求，根据人数、时间组织辖区内客运企业选车调车，及时办理完善车辆派遣手续，督导客运企业严格落实乘客测温登记、车辆消毒等疫情防控要求。

（朱明琦）

城乡建设

住房和城乡建设

【概况】 霍州市住房和城乡建设局是市人民政府的工作部门，为正科级，加挂霍州市人民防空办公室牌子，于3月24日成立，办公地点在开元街政府大厦七层。主要职能：贯彻落实国家、省、市关于住房和城乡建设的方针、政策及法律法规；负责规范全市房地产市场管理工作；负责全市城市建设工作；指导全市村镇建设及管理工作；指导全市建筑市场管理工作，规范市场各方主体行为；负责全市建设工程质量安全监管工作；贯彻落实国家、省、市建筑节能政策、法律法规及中长期发展规划；负责全市建筑业、房地产业、工程造价咨询企业、施工图审查机构等企业资质初审（或审批）和监督管理以及从业人员的资格管理工作；负责市政公用设施的建设、运行、维护、管理工作；指导住房和城乡建设行业职工队伍培训和继续教育工作；承担人民防空办公室职责；负责本局和所属事业单位的人事、机构编制工作；完成市委、市政府、军分区交办的其他任务。内设办公室、党建办、计划统计股、政策法规股（行政审批股）、住房和房地产市场监管股、城市建设股、村镇建设股、建筑市场监管股（工程质量安全监管股）、工程建设抗震消防监管股、人防股等一办九股，共行政编制13名，股级职数10名（含总工程师1名），下属单位7个，分别为：霍州市城市建设工程项目开发中心、霍州市房产服务中心、霍州市工程建设服务中心、霍州市公用事业服务中心、霍州市人防信息指挥保障中心、霍州市供热中心、霍州市自来水公司等，共有干部职工600余人，局党总支下设12个支部，有党员394名。

【住房管理】 2021年，霍州市住建局房地产加大管理力度，组织房地产领域扫黑除恶专项斗争和房地产市场专项整治行动，加强房地产市场监管。执行备案制度，纳入备案企业共22家。建立健全房地产市场信息网上公示制度，要求各楼盘售楼处按照要求对公示内容现场进行公示，增强房地产市场信息透明度。商品房预售资金监管，专款专户专用。对全市房地产开发企业在建项目进行资金监管，禁止房地产项目进行非法集资和社会融资行为。完善住房供应和保障体系，对公租房进行分配，通过公开摇号，阳光操作，有20户低收入住房困难家庭圆“住有所居”的梦想。继续加强保障性住房建设，棚户区改造（续建工程）完成280套，城镇保障性安居工程完成投资1638万元，城镇住房保障家庭租赁补贴发放206户，发放金额39.3666万元。

【城市供水】 2021年，自来水公司完成有效供水1456.69万立方米（城区793.57万立方米、辛置176.15万立方米、“三供一业”486.97万立方米）。城区新建零星供水管网4.2千米，农村供水工程新建供水管网17.27千米，“三供一业”新建管网72千米，管网总长度达375.5千米。新增用户21854户，用户总数达80990户。累计安装完成超声波远传水表1496块、普通水表1496块，新建水表井108座，安装消火栓17座。供水管道故障抢修394次（其中DN90以下管道维修194次，DN110以上管道维修200次），维修水表、阀门井123座，迁移水表井3座，更换阀门35台。水质综合合格率、供水管网压力合格率、管网维修及时率均保持100%。

【城市道桥】 2021年，霍州市住建局推进经一路道路建设工程（纬一路—霍东大道），经二路、纬一路大张段道路工程，纬五路（经二路—经三路）道路改造工程，纬三路（经十路—迎宾路）道路建设工程前期手续的办理。

【城市燃气】 2021年，霍州市住建局规范城市燃气管理，制订《霍州市燃气市场专项整治实施方案》，对辖区内所有燃气企业进行专项检查，对于发现的隐患已全部整改。开展联合执法检查工作，会同公安、商务、市场监督管理等部门共同检查餐饮场所燃气使用情况，做到不留死角、全覆盖，达到规范用气，安全用气。对全市燃气企业派驻监管工作人员实行驻厂监管。

【城市照明】 2021年，霍州市住建局为确保城市照明，对市区LED路灯进行过6次大检修，确保城市亮灯率及设施完好率98%以上。对老旧路灯进行清查，对达到使用年限，存在安全隐患的照明设施进行改造。对城区路灯情况进行巡查考核，对考核出来的问题进行跟踪限时整改，确保及时发现问题，迅速处理问题。在“我为群众办实事”活动中，修复紫薇园损坏的电源电缆，恢复该处的照明；紧急抢修南坛村附件被车辆撞损的太阳能路灯杆，为保障过往行人和车辆的安全作出第一应急处理；将霍东大道上4条架空主电缆进行落地地埋处理，消除隐患，美化市容。（张记锁）

城市管理

【概况】 2021年，霍州市城管局落实市委、市政府对城市管理工作的安排部署，开展党风廉政活动，以靓城提质“三大行动”和创国卫为抓手，完善城市功能，改善城市人居环境，提高城市管理水平，推动霍州市城市管理的高质量发展。

【创国卫工作】 2021年，霍州市开展创建国家级卫生城市以来，对标创国卫的标准和要求，以建立和完善制度为抓手，以城市环境卫生整治为中心，改变城市“晴天一身土、雨天一身泥、大风灰尘纸屑满天飞”等脏、乱、差现象，采取执法人员与环卫保洁人员共同管理的方式，与沿街单位、商场、门店签订“门前五包”，跟踪指导和监督检查，对不履行责任义务的沿街单位和个人进行教育劝导和处罚，保障“门前五包”责任制落实到位，形成管理人员与市民群众齐抓共管的机制。制定霍州市垃圾不落地工作实施方案，改进工作方法创新生活垃圾收运体系。以城区主干道、重要区域为重点，每天早7时—10时，晚17时—20时两个时间段，实行“机扫、冲洗、普扫、沿街单位、门店生活垃圾上门收集、管理人员巡回监管”的“六位一体”保洁制度，垃圾清运做到定车、定人、定时、定点的规范作业；加大环卫设备的建设，增加一辆大型清扫车，有8辆清扫车，城市道路机械化清扫率达到92%。对市区主要街道投放垃圾分类桶400余个、安装分类果皮箱200余个，加强环卫设备管理，发挥环卫设备的使用功能，并提升作业质量和效果，确保全天候、无缝隙、无盲区、不间断管理。做到方便群众，优化公共服务。

【城市绿化】 2021年，霍州市城管局承担着霍州市7街21路、11个游园、4个广场、5个大院、1个住宅小区的绿化苗木管养工作任务，绿化养护面积由原来的30万平方米，增加至现在的45万平方米。采取见缝插绿、拆墙透绿等方法，进行细化管理，对私自损坏、破坏、毁坏城市树木、绿地等行为进行管控，按照毁绿补种的方式，进行补植补栽。截至年底，霍州市建成区绿地面积511.95公顷，绿地率33.24%，绿化覆盖率36.6%，人均公园绿地面积9.47平方米。

【市容市貌整治】 2021年，霍州市城管局以清理整治城市“脏、乱、差”为突破口，以严管理、宽服务、零容忍的方式，以疏堵结合、分片包干、区域治理、责任到人的办法，对市容市貌进行强力整治，实行休息时间轮流值班制度，做到重点地段、重点时间、由点带面全面整治不留死角，全年共取缔店外经营850余处，沿街流动摊贩3680余个，整治规范和改造临街经营赵家庄农贸市场、南外环农贸市场、世纪路农贸市场，白龙一级路边农贸市场，规范经营洗车点38处，取缔4处。加大大众夜市、中镇夜市的管理力度，对原有环境加强改造，统一规范摊点设施，取缔使用木炭等原材料的露天烧烤，整治油烟污染源。对鼓楼周边、衙门口以及七里峪风景区、古建筑历史文化遗产等旅游景点周边环境的清理。

【违建查处】 2021年，霍州市城管局按照城市总体布局，以鼓楼东街为主轴，划分南北两大片区，四个中队，由局分管领导亲自带队，开展在建项目的清理排查，坚持预防和查处相结合。截至年底，全市在建工程下发停工通知书29份，立案30份，结案26份，下达处罚决定书30份，收缴罚款91.417万元。

【城市基础设施】 2021年，霍州市城管局落实市政设施维护管理制度，保证管辖范围内的市政设施运行状况良好，做到道路平坦畅通，路沿石完整无损，对损坏的80余处道路及时抢修1000余平方米，更换雨水井篦子22套、铸铁井盖70套，对高铁文化宣传展示牌和东门桥标牌进行翻新，对开元街赵家庄小学跨桥粉刷1400余平方米，设立大张中转站垃圾围栏20余米，重新翻新刷漆消防水鹤9处，对管理范围内的39座城市公厕，明确制度，明确要求，做到实行24小时对外开放，优化市容服务体系。

【靓城提质】 2021年，霍州市城管局成立靓城提质改造工程领导小组，明确任务要求，确定专人，项目改造工程的前期立项手续已经办理完成。该项目总投资19112.81万元，建设工期为两年（2021年6月至2023年6月）。从6月开始对鼓楼四周、鼓楼西街和开元街赵家庄小学对面3处地进行样板工程建设，这3处建筑风格分别是仿古建筑、简约中式建筑和现代建筑风格，涉及103间商铺、85家商户和1家单位，拆除15个街边阳台，完成改造面积7350余平方米，更换配套门头85处，鼓楼四周、鼓楼西街和开元街赵家庄小学对面3处样板工程已建设完工。

开展“三拆、三下、三进、三出”集中整治专项行动，采取“能拆则拆、应拆尽拆、因地制宜、绿化美化、一店一招”的方针，组织专门力量、专业人员、专业工具对摸底排查出的乱搭乱建建筑物，包括街道两侧彩钢活动房、楼顶阳光房、遮雨篷、弱电管线、门店招牌、店外洗车等进行专项整治。全年拆除违法违章建筑165处，拆除不必要围挡围墙2处，规范整治围挡围墙5处，拆除有碍观瞻建筑39处，喷涂、美化有碍观瞻建筑105处，广告下墙2449块，附着物下墙54个，整治总面积47139平方米。弱电拆除421条，弱电捆扎312条，整理长度42516米。取缔马路洗车场42个。拆除、改造油烟管道29处。

【灾后重建】 2021年9月，霍州市连日暴雨，集中强降雨导致城市管理设施受到不同程度的影响，城管局开展应急救灾工作和安全隐患排查，出动700余人次，排查出41处隐患，分别将因不同程度水漫的3处公厕及时关闭，对地基下沉的1处公厕进行拆除，对漏水的园林绿化工具房及时修缮，将赵家庄、白龙村和108线中转站因漏水烧坏的电路控制箱进行维修，同时对城市道路和人行道60余处，400余平方米的水毁道路进行修补和维护，对损坏树木苗木进行补栽补种，在师庄乡冯南垣村配合灾后重建工作。对受灾严重的师庄乡进行环境整治，在冯南垣村及时进行道路清淤、垃圾清运等前期工作，逐步对师庄乡街道的绿化进行补植补栽，对沿路墙体和路沿石进行粉刷改造，主动承担民居院落的修缮工作和安装配套的市政设施。

·华润燃气有限公司·

【概况】 霍州华润燃气有限公司成立于2009年9月，是由华润燃气集团控股、山西天然气有限公司参股成立的合资公司。在霍州市行政区域内独家经营燃气业务，包括管道燃气、压缩天然气及汽车加气站的特许经营权30年。2011年12月，收购霍州市煤气中心，于2012年3月平稳过渡整合，完成市场一体化工作。

【安全生产】 2021年，霍州华润燃气有限公司修订完善公司2021版本的应急预案体系，完成备案工作。在市应急局予以报备，确保霍州市整体应急预案体系的衔接。降低隐患风险，强化事前管理，明确风险分级管控及隐患排查治理，结合《新安全生产法》最新要求，公司聘请第三方安全专业机构正在梳理“双重预防机制”工作。开展安全培训，依托安全学习日开展各类安全培训活动。包括上岗前的三级安全教育、集团组织培训、公司组织开展培训、部门组织培训及班组安全培训。年度安全培训860人次、2580学时。

以安全生产月为契机、以“落实安全责任推动安全生产”为主题，在6月开展公司安全主题大讲堂、员工趣味运动会、岗位技能比武、“安康杯”安全知识竞赛活动、消防综合应急抢险演练等一系列活动。全年组织开展10次安全宣传活动，出动90人次，宣传8000余人次，发放安全宣传彩页8000余份。

【重点工作】 2021年，按政府清洁取暖煤改气工作要求，开展阴底村、段庄村煤改气工作；由市场开发员、现场管理人员、预算员挨家入户确认安装方案及改造价格，完成阴底村、段庄村“煤改气”改造184户。霍州华润大张集中式充电站建站项目规模：12台直流式充电桩预计年充电量123万度，投资批复时间：2021年4月14日，8月15日已投入运营。

【民生工程】 2021年，拥有门站1座、充电站1座，工业2户，商业用户396户，拥有天然气居民用户5.39万户，年销气量800万立方米。 （邵明）

·山西霍州国新液化天然气有限公司·

【概况】 山西霍州国新液化天然气有限公司是华新燃气集团有限公司旗下山西天然气有限公司下属的全资子公司。公司于2014年12月24日在山西省霍州市注册成立，注册资金1亿元，位于山西省霍州市大张镇西张村。主要负责霍州液化天然气调峰储气设施项目的建设及运营管理工作，负责霍州市及周边县市LNG加气站的运营和管理。公司本部下设8个部门，分别为综合办公室、财务管理部、市场营销部、党群工作部、生产运行一部、生产运行二部、安全环境部和工程技术部。

【企业情况】 2021年，霍州液化天然气调峰储气设施项目占地面积约80亩，是山西省重点建设项目及省级转型综改重大项目。项目以管道天然气为原料，经过计量稳压、净化处理、深冷液化、常压储存后得到液化天然气，解决上游的不可抗拒因素停气或冬季用气高峰导致供气不足时向霍州市及周边地区安全平稳供气，日处理原料天然气10万立方米，LNG产量约70吨/天。项目投产后年产LNG2.8万吨，可替代煤炭23.56万吨，减排氮氧化物605.46吨，二氧化碳1916.2吨、烟尘1032吨。

2021年，公司打造液化天然气产业链，发展业务除液化工厂外，下设LNG加气站两座，均位于108国道旁，其中许村加气站占地面积为5865.12平方米，是专为LNG汽车加注LNG燃料的专用基础设施，于2019年11月14日正式运营。另一座为租赁的灵石远帆加气站，为过往LNG重卡充装提供便利条件。

公司与洪洞县通达物流有限公司携手合作，组建专业的燃气运输物流车队，目前有车辆20辆，其中牵引头10辆，罐车10辆是专门运输LNG液化天然气的危机车辆。

（王英华）

生态环境

综　　述

【概况】　2019年3月31日临汾市生态环境局霍州分局挂牌。2021年，内含股室17个：办公室、党办、财务室、大气股、水防股、审批股、生态股、土壤股、固废股、宣教股、法制股、信息中心、监控中心、“12369”举报中心、应急办、督查办、综合行政执法队办公室；综合行政执法队下设5个监察中队和2个执法室；下设监测站。2021年，临汾市生态环境局霍州分局贯彻执行国家、山西省、临汾市的有关环境保护方针、政策、法律、法规和规章制度；制定全市环境保护规划；负责污染防治工作，组织实施环境管理、综合整治、环境监测、环境宣传；负责生态保护、环境安全、辐射管理、技术推广等；负责查处环境纠纷、污染事故、生态破坏事件等查处；组织编制发布环境质量报告和环境状况公报。

环境监测

【环境质量】　2021年，霍州市全年空气质量二级以上天数226天（其中一级天数35天），三级天数106天，四级天数21天，五级天数8天，六级天数4天。2021年全年空气质量监测：SO_2 年均值为19微克/米^3，NO_2 年均值为28微克/米^3，PM10年均值为96微克/米^3，PM2.5年均值为49微克/米^3。2021年地表水COD：北益昌断面35.3毫克/升；氨氮：北益昌断面1.08毫克/升。2021年区域噪声平均值：昼间57.1分贝，夜间51.5分贝；2021年交通噪声平均值：昼间67.4分贝，夜间63.5分贝。

【环境宣传】　2021年，临汾市生态环境局霍州分局开展三下乡生态环境保护宣传活动，把知识和服务送到老百姓“家门口”。结合农村实际，对农村污水处理、农村畜禽养殖、农村环境综合整治、公民生态环境行为规范等环保法律法规和相关条例进行了详细的宣传，发放印有环保标语的水杯、购物袋等物品300余份。“六五”世界环境日期间，在中镇文化广场围绕“人与自然和谐共生”主题，开展乐在“骑”中，公益骑行活动，倡导市民参与绿色低碳生活方式、传播“绿色文明生活”理念。组织参加全市2021年全国安全生产月集中宣传活动。在州署广场开展以“落实安全责任，推动安全发展”为主题的全国安全生产月集中宣传活动中通过设置环境安全生产咨询台，摆放宣传展板，发放生态环境安全宣传资料和环保用品等方式，向过往群众宣传安全生产红线意识和法律法规，普及安全生产、应急救援、逃生自救等安全常识。引领公众自觉增强安全意识，营造“人人讲安全、懂安全、守安全”的社会氛围。开展以“低碳生活绿建未来”为主题的全国低碳日、节能周宣传活动。

组织协调承办“山水熨帖州·天下霍姓源”主题晚会，策划音诗画《让中国更美丽》等节目，展现霍州“环保人”无私奉献、担当作为的铁军形象。出动宣传车到全市乡村巡回宣传《霍州市人民政府关于禁烧秸秆的通告》和《霍州市人民政府关于划定“禁煤区”“禁燃区”的通告》，向沿途街道商铺、路边饭店、村镇广场的群众发放印有秸秆、散煤禁烧宣传标语的宣传品（购物袋、水杯、海报等），宣传资料，讲解秸秆禁烧、散煤禁燃相关政策，出动宣传人员100余人次，覆盖全市一半以上的农村。

污染防治

【“散乱污”企业管理】 2021年6月制定并印发《关于开展“散乱污”企业及高铁沿线企业“五堆”问题排查整治专项行动的通知》，根据“科学规范一批、升级改造一批、整合搬迁一批、关停取缔一批”原则，开展“散乱污”企业整治，坚决杜绝死灰复燃，发现一处取缔一处，决不姑息。开展“散乱污”企业排查工作，未新发现“散乱污”企业。

【散煤管控】 2021年，临汾市生态环境局霍州分局制定出台《关于划定2021年“禁煤区”“禁燃区”的通告》《霍州市2021年散煤污染专项整治工作实施方案》和《霍州市劣质散煤清零专项行动实施方案》，重新划定“禁煤区”“禁燃区”范围，由相关职能部门组成散煤清缴组，各乡（镇）、街办配合，逐村逐户开展散煤清缴行动。同时，在重要管控路段设立5个卡口，严查进入霍州市的散煤车辆。各乡镇、街道办入户排查51478户，清缴散煤约667.92吨、拆除炉226台。

【锅炉整治】 2021年，霍州市剩余5家燃气锅炉全部完成低氮改造，实现达标排放。

【矿山综合整治】 2021年，临汾市生态环境局霍州分局加强环境监督管理，压实煤矸石堆场主体责任，对涉及的11家煤矸石堆场，建立健全煤矸石堆场管理，提高相关污染防治设施建设，开展煤矸石堆存场所整治。打击非法贮存、倾倒、填埋煤矸石行为，防止造成环境污染和生态破坏。

【扬尘管控】 2021年，临汾市生态环境局霍州分局落实日报告制度。“秋冬防”制定《霍州市“城市大清洗”保洁方案》，在城区统一开展“城市大清洗”活动，对城市管理领域公共空间、公共设施进行地毯式、全覆盖、无死角的环境积尘清理。划定G108国道的保洁责任区域，公路段联合兆光电厂、国电霍州发电厂对G108国道进行保洁作业。城市管理局、交通运输局、辛置镇对G108国道、北环路、工业路、鼓楼西街等城市干道及县乡道积水淤泥进行清扫，降低扬尘污染。

【重污染天气应对】 2021年，霍州市31家工业企业实行错峰生产和错峰运输管控。对117家应急减排清单进行重新编制，确定各企业重污染天气应对措施。2021年10至12月，大气办巡查共发现问题314处：其中，生物质燃烧问题114处、散煤堆积问题72处、散煤燃烧问题35处、工地扬尘问题25处、道路积尘问题22处、垃圾焚烧问题20处、地面裸露问题10处、烟花爆竹问题6处、违规作业问题6处、移动源问题3处、涉VOC排放问题1处。

2021年10—12月，霍州市优良79天，轻度污染13天，未出现中度及以上重污染天。污染天中首要污染物为PM2.5的天数13天，首要污染物为PM10的天数0天。2021年，启动重污染天气预警5次，其中橙色预警4次，重污染天气调度令1次。

【水环境治理】 2021年，霍州市汾河北益昌断面自动站氨氮平均浓度为1.08毫克/升，总磷平均浓度为0.193毫克/升，化学需氧量平均浓度为35.3毫克/升，水质为Ⅴ类。

强化入河排污口监管，对已整治保留的30个入河排污口进行建档立标、责任到人、规范管理。对出现超标的排污口及时与主管部门联系，进行整治，确保达标排放。根据相关要求，对保留的入河排污口进行再次全面梳理，补充朝阳污水处理厂溢流口、排放口及南矿区生活污水处理厂排放口，对入河排污口相关信息（入河排污口名称、分类、编码）进行修改，重新建立档案。

完成汾河流域无人机航测，组织人员开展人工徒步排查和专业质控核查，确定入河排污口560个（其中工业排污口30个，农业农村排污口55个，城镇生活排污口20个，城镇雨洪排污口323个，沟渠排污口34个，其他排污口98个）。制定各个种类入河排污口整治方案，对排污口进行分类整治。

霍州市有2个城市集中式饮用水源地，分别为源头新建水源地和白龙水源地。新建源头水源地位于李曹镇源头村，有9眼水源井，井深均为180米，主要开采第四系孔隙承压水。《霍州市城市集中式饮用水源地保护区划分与调整技术报告》由山西黄河环境与资源经济研究院编制完成，11月8日由临汾市生态环境局组织专家进行评审，已修改完毕准备向临汾市人民政府请示报批。

白龙水源地位于霍州市白龙镇白龙村，为霍州市备用水源，有深井3眼，井深全部是690米左右，设计取水规模2.5万吨/日。

加强对霍州市4家煤矿6个矿井水处理站、6个企业生活污水处理站、13个农村污水处理站、2个生活污水处理厂监督管理，加大检查频次，对排放口进行采样，科学分析数据，确保污水处理设施正常运行，达标排放。

节能减排

【柴油货车治理】 2021年，生态环境、交通、交警、市场监管等部门密切配合，检查维修单位760次，检查排放检验机构3家，检查道路运输企业23家418辆国六重型燃气车辆，路查路检国六重型燃气车辆512辆，淘汰国三及以下排放标准营运车21辆。推进非道路移动机械编码登记工作，编码登记279辆，发放248套号牌，经过检测全部做到达标排放。

所有货物运输用车单位使用车辆均采用绿色密闭运输，“秋冬防”期间货物运输车辆全部采用国五及以上排放标准车辆。“公改铁”三家企业铁路运输全年152.23万吨。出省货物全部采用铁路运输。铁路运输货物总量在货物运输总量的80%以上。

从3月10日起组织开展成品油质量监管专项行动，对全市范围内27家加油站销售的车用汽油、车用柴油、车用尿素质量抽检全覆盖。全年抽检加油站27个，企业自备油库 1 个，抽检车用汽油 52 批次，车用柴油 26 批次，车用尿素 16 批次，94 批次经检验全部合格。

环境监管

【环境管理】 2021 年，霍州市推行网格化环境监管，建立市、乡、村三级环境监管网格，完善网格化监管制度。立案 23 起，处罚金 125 万元。

【秸秆禁烧管控】 2021 年，霍州市实行市、乡、村、片四级网格化监管制度，实行 24 小时巡查监管，确保监管到户、责任到人，做到全覆盖、无盲区。发现秸秆垃圾燃烧问题 27 处，已全部现场处置并依法对当事人进行处罚和批评教育。

【环保督察】 山西省生态环境厅汾渭平原区域生态环境保护监察办公室转办《关于在全国“两会”期间环境质量保障监察中发现问题线索的转办单》交办的环境问题和转办的 4 个案件，全部完成整改。2021 年秋冬季监督帮扶反馈案件 11 件，全部完成整改。对《中央第一生态环境保护督察组移交群众反映问题转办通知》接收 6 件转办案件进行集中整改，销号 5 件，剩余 1 件已在整改。

2021 年“中华人民共和国生态环境部大气污染热点网格监管平台”发生热点网格（3×3 公里为一个大网格）预警 3 次，小网格 9 次报警，对报警问题全部处理上报。

【环境治理】 2021 年，霍州市涉气企业 49 家，完成深度治理的 46 家，长期停产 3 家（泓源洗煤厂、冠美精煤产业有限公司、兴盛园煤矿）。推进工业污染源全面达标排放，加大超标处罚和联合惩戒力度，未达标排放的企业依法停产整治。确保深度减排任务落到实处。

【工业炉窑和有机物综合整治】 2021 年，临汾市生态环境局霍州分局按照《工业炉窑大气污染综合治理方案》要求，全市 2 家铸造和 2 家砖瓦行业全部实施综合治理，完成治理任务。5 家治理挥发性有机物企业，全部完成。11 家生物肥制造企业全部停产，要求实现清洁化升级改造。（刘晓云）

教　育

综　述

【概况】　霍州市教育科技局是霍州市人民政府设立的行政管理部门。负责全市教育科技工作的总体规划、统筹管理等，履行中小学教师资格的认定、招聘录用、职务评聘、培养培训、考核奖惩及技术承包、咨询、开发等工作的组织、审批、登记、管理等职能。截至2021年底，全市有各级各类学校82所，其中义务教育阶段学校78所（公办67所：小学48所、教学点9所、初中7所、九年一贯制学校2所、特殊教育学校1所）；民办学校11所。非义务教育阶段学校4所（高中3所、职中1所），有学生33843人，其中义务教育阶段28266人，小学20389人，初中7877人；非义务教育阶段5577人（高中4893人、职中684人）。有教师2529人。

【教育资金投入】　2021年，霍州市财政对教育的拨款为33003.06万元，生均教育事业费，小学8253.59元、初中11974.49元，生均公用经费，小学2336.32元、初中2505.72元。

【疫情防控】　2021年，霍州市教育科技局多次召开专题会议研究疫情防控工作，下发《霍州市教科局关于做好2021年春季开学新冠肺炎疫情防控工作的实施方案》《霍州市教科系统2021年秋季开学防控工作方案》《关于印发霍州市教育系统2021年秋季开学疫情防控应急预案》《关于印发霍州市教科系统2022年寒假和元旦、春节期间疫情防控工作方案的通知》等11个文件。组织包联领导对全市各中小学校幼儿园疫情防控工作进行4次专项督查。各学校实行两点一线动态闭环管理，坚持晨午检制度，控制校园聚集性活动，将校园疫情防控措施常态化。

【教育教学质量】　2021年，霍州市教科局在全市中小学指导开展专题研究，解决教学普遍性突出问题，深化中小学课堂教学改革，开展“同课异构”、片区联动等教研活动，促进薄弱学科建设，创新作业方式，建立完善教研机构内部管理制度，促进教研工作深度转型，加快特色学校创建，强化师生心理健康教育，助力教育教学提质发展。按照城乡接合的原则，将义务教育阶段学校划分8个学区开展学区教研，要求开展以当前学校发展需求为基础的“有效教研”活动。达到“优势互补、资源共享、整体提升、互利共赢”的目的。

【师德师风建设】　2021年，霍州市教育科技局加强师德师风建设，提高教师队伍整体素质，树立霍州教育形象，根据上级关于师德师风的相关要求，印发《霍州市教育系统师德专题教育方案》，建立健全教师师德师风承诺、个人事项报告，组织教师强化学习“十项准则”。强硬排除各种干扰，旗帜鲜明抓业务、整作风、提质量，以禁酒令和禁补令为突破口，严肃查处教育“三乱”，激发教育科技工作者干事创业的激情。

【教师队伍建设】 2021年，霍州市教育科技局组织开展“优秀教研团队”“优质高校课”“青苗杯”青年教师课堂教学技能大赛、“党史学习教育进课堂＋思政课评选”等活动。定期开展“学区教研”“送教下乡”“网络教学”等教研活动。创建16个学科工作室，促进教育教学城乡交流、校际交流，形成教育资源共建共享的新格局。加大校长教师培训力度，组织50名学校管理干部参加中国教育培训中心在上海举办的《全国未来学校创新发展高峰论坛》，组织182名中小学骨干教师进行专题研修培训学习。组织教师线上学习3337人次，集中面授培训1718人次。实施三优工程，评选出17个优秀教研团队、56节优质高效课、30名优秀班主任、70名课堂教学大赛获奖教师。

【平安校园创建】 2021年，霍州市教育科技局联合市消防大队对全市中小学校进行消防安全隐患排查整治。针对涉及食堂的学校开展“互联网＋明厨亮灶”与市场监管局联网，强化校园食品安全。投入灾后重建工作，除受灾较为严重的辛置矿区学校外，其余20所学校灾后维修工作已经完成，教育教学秩序正常。完成平安校园创建工作，其中省级平安校园1所，市级平安校园3所。举全系统之力织密立体安全防范网络，推动学校安全教育工作再上新台阶。

【“双减”政策落实】 2021年暑期，通过6部门联合对霍州市范围内校外培训机构进行联合执法检查，整顿校外培训机构市场，对48家无证无照的机构进行摘牌、取缔。自“双减”政策落地以来，针对减轻义务教育阶段学生作业负担和校外培训负担，按照相关文件要求，对全市范围内学生课后作业和校外培训负担进行摸排调查，重新认定全市50余家学科类校外培训机构，由行政审批局统一换证，规范学科类校外培训。执行课后服务，减轻学生负担。

【学前教育】 2021年，霍州市有各级各类幼儿园113所，其中公办幼儿园43所，民办幼儿园70所，在园幼儿9871人。教科局扩大普惠性学前教育资源，认定普惠性民办幼儿园7所，接收霍煤集团移交的下属幼儿园5所，扩大招生规模，实行普惠性民办幼儿园奖补政策。通过开展学前教育片区联动教研活动，将全市幼儿园按照城乡接合、示范园引领辐射等原则划分为4个片区，开展送教下乡、同课异构、课题研究等多种形式的教研活动，提升全市学前教育保教水平，遏制小学化倾向。

【义务教育】 2021年，霍州市有义务教育阶段学校78所，在校生28266人，义务教育入学率达100%。根据省、市文件精神，按照义务教育“就近就便服从就优”的原则，落实小学向乡镇以上集中，中学向县城集聚的要求，经调研，撤并了农村小学6所、初中2所；完成西张小学的改扩建、北环路小学搬迁，启动霍东学校征地程序；建设改造完成5所寄宿制学校。

【高中教育】 2021年，霍州市有普通高中学校3所，在校生4893人。推进高中阶段集团化办学理念，探索多元化发展思路，提升高中教育教学质量。通过聘请培文教育集团管理团队，利用购买服务方式办学，将霍州市第一中学列为试点学校，旨在提高全市教育教学水平。

【职业教育】 2021年，霍州市有职业中专学校1所，在校学生684人。贯彻落实《山西省推进职业教育改革发展行动计划》，把职业教育放在经济社会发展和教育创新中的突出位置，产教融合、双向发展。学校增加了老年人服务与管理专业，开展了母婴护理培训、养老护理培训等多种形式的培训工作。与北京同仁医院、北京朝阳医院等多家用人单位建立校企合作关系。学校开展的"订单培养、对口就业、跟踪服务"的办学模式，得到了社会的一致认可。

【民办教育】　2021年，霍州市有民办学校11所。统筹推进公办民办教育协调发展，强化民办义务教育规范管理，适当缩减民办学校招生轨制，实行民办学校网上报名，录取学生进行报名超员100%摇号，遏制民办学校无序招生乱象。

【特殊教育】　2021年，霍州市有特殊教育学校1所，为保障残障儿童能够接受应有的教育，在优化特教办学的基础上，为残障儿童开展送教上门服务，助力全市广大听障人士及智障学生能够享受到现代化的教学及康复训练。（韦志明）

学　校

·霍州一中·

【概况】　霍州市第一中学建校于1948年，2006年被授予"山西省示范高中"，现阶段由北京培文国际教育集团全面管理运营，是一所20轨制的公立高中学校。学校有一支师德高品位、专业高学识、能力多方位、研究高水平的教师队伍，包括2名特级教师，1名正高级职称教师、83名高级职称教师、66名中级职称教师、87名初级职称教师。

【师德师风建设】　2021年，霍州市一中同学校教师签订《霍州市第一中学师德师风承诺书》、开展职业道德培训、加大教师表彰力度、开展继续教育培训和教研活动，引导教师不忘初心，牢记使命塑师德，成为青少年学生健康成长的引路者、自我行为规范的践行者、爱岗爱生爱校的模范者。做好发展党员工作，该校党支部认真执行《发展党员工作手册》等有关规定，按照"控制总量，优化结构，提高质量，发挥作用"的总要求，制定计划，坚持标准、严格质量、突出重点地培养新党员，把在教学第一线骨干教师培养成党员。严把党员发展关，从源头上保证党集体的健康活力。规范发展流程，发展程序按照5个阶段，25个环节进行。做到思想上教育、政治上关怀、工作上培养、组织上关心、有专人培养联系，加强对预备党员的培养教育和考察。

【高考成绩】　2021年高考，霍州一中二本B类以上达线609人。其中，理工类433人，文史类66人，艺体类110人。一本达线113人。理工类状元杨基畅最高分643分，文史类状元吕文婷最高分589分。

（董琴琴）

·霍州二中·

【概况】　霍州市第二中学创办于1986年，于2002年9月高中部迁至建材路北科技路旁，新校区占地面积70余亩，绿化面积达1万平方米。是一所具有8轨制的市直普通高中。2021年底，拥有24个教学班，约1200名学生，在编教师144人。

【政教工作】　2021年，霍州市二中教务处开展交通安全教育、消防安全教育、防汛防溺水教育、新冠疫情防控教育、灾害天气应对教育等活动。加强法律法规教育，引导学生学法、懂法、守法。要求各班建立“个别问题学生档案”对违纪学生进行追踪调研，了解学生情况，杜绝恶性事件的发生，防患于未然。定期开展地震紧急避险、应急疏散演练活动及消防应急演练活动，加强师生应对突发险情的能力；坚持行政值班，加强校园巡逻，做好大门管理和校园疫情安全防范工作。

组织全校教师学习有关心理健康教育知识，提高认识，充实自我，掌握基本的心理辅导知识，提倡全体教师在自己的工作实践中运用心理知识及教育方法，丰富自己的教学策略，提高教育教学水平。利用校园广播站宣传心理咨询和心理健康知识，让每一个学生都了解心理健康的重要性，对全体在校生的心理健康状况进行测评，建立心理健康档案。一方面做到心中有数，使心理咨询工作有的放矢；另一方面对存在心理问题的学生进行追踪调查，全面、主动、有针对性地给学生以咨询、引导和帮助。

【教科研工作】 2021 年，霍州市二中按照“以德从教、科研兴教、创新施教、质量立教”为总要求，坚持“课程、课堂、课题”三课联动，以课堂教学为阵地，以课程建设为抓手，以课题研究为引领，推进学校内涵发展。本学期组织为期三周的高一、高二、高三“同课异构”的公开课活动。对于同一个课题，每一节课都各具特色，从教师对教材的发掘到教学策略的选择，从对问题的设计到课堂氛围的营造，各自设计教学模式和教学方法，把握对重、难点的处理，都体现出教师各自特有的教学风格。“同课异构”作为一种教学研讨形式，为广大教师搭建一个畅谈教学思想，交流教学设计和展示教学风格的平台，是一种有效的教研方式。

创新课题研究，提高教科研水平。学校坚持走教学与科研一体化发展的道路，促进教科研成果的推广与转化，以课题研究助推教师专业发展，实现教科研与教师队伍共成长的局面。省级课题《初高中衔接校本课程的开发与研究》已结题，本学期利用教研活动时间继续指导教师针对教学中实际存在的问题，开展教育教学研究，树立“问题即课题，教学即研究，成果即成长”的意识。立足本校实际，要求全体教师都参与课题研究，在同伴互助、专家引领、典型示范、自我反思中实现教师的成长。

【德育工作】 2021 年，霍州市二中把德育工作放在教育教学工作的首位，加强德育队伍建设和常规管理，强化师生的责任意识和创新意识。通过强化德育队伍建设，开展诚信学习活动；注重加强师德师风建设，根据实际探讨制定师德考核的相关条款，提升德育教师的职业道德品质，为评优、评先、年度考核提供依据。规范教师签到、德育量化管理，完善检查考评。规范班主任工作绩效考核评价体系，按照《班主任工作评定考核条例》，落实班主任职责，纳入班主任奖惩体系，综合评价班主任的工作实绩，提高班主任的工作热情和德育工作实效。完善以班主任为核心的科任教师群协全员参与评价的《学生综合素质发展报告书》评价模式，形成师生联动、行为规范奖惩分明、学生自我评价、班级评定的管理评价模式，把德育量化分值作为学生今后考核的主要依据，优化班风、学风建设，促进学生全面协调可持续发展。

学校坚持着每周一次的升国旗和国旗下的演讲活动；班主任每周坚持对学生进行一次主题班会教育活动；每逢青年节、国庆节、元旦等重大节日，学校必以板报、文艺等形式开展庆祝活动；每年清明节前，学校必组织学生到市爱国主义教育基地——南塔烈士陵园凭吊英烈，缅怀先辈，激励学生珍爱和平，珍惜青春，加强对学生世界观、人生观、价值观的引导点化教育。

【高考成绩】 2021年，霍州市二中理工、文史大类达线30人，特长生达线57人，其中理工类4人达一本线。（赵新燕）

·霍州市职业中专·

【概况】 霍州市职业中专学校创建于1987年，是国家级重点中等职业学校，山西省星级管理四星级学校。学校位于霍州市霍东新区纬三路8号，学校占地30902平方米，建筑面积34470平方米，有教学楼、实训楼、食堂报告厅、男女生宿舍、浴室等。学校在编教师110人，在校学生664人。学校开设有计算机应用、机电技术应用、汽车运用与维修、老年人服务与管理、音乐表演、旅游服务与管理、绘画、动漫与旅游制作、一年制计算机应用等专业。其中计算机应用专业、机电技术应用专业为省级示范专业，汽车运用与维修专业为临汾市示范专业。学校有校外实习基地25处，如北京同仁物业、北京玛钢玮业有限公司、海信（北京）电器有限公司、北京量子伟业发展有限公司、北京汽车制造厂、北京汇智高科等；还有京津学生实习就业服务中心1个，该服务中心对在京就业实习的学生就近跟踪服务，对学生实习就业进行指导。

学校与山西管理职业学院、山西轻工职业技术学院、太原旅游职业学院、临汾职业技术学院签订联合办学协议，开通“3＋2”大专直通车，所有学生根据自己的意愿，直接升入对口大专院校深造。“免费上中专，直接升大学，轻松找工作”成为学校办学理念的又一大亮点。

【办学理念】 2021年，霍州市职业中专学校坚持以立德树人为根本，践行“学历教育与成人教育相结合、职前教育与职后服务相结合、基础教育与技能培训相结合”的办学思路，注重探索长期短期互补、联合自办并存的方式，恪守“以服务为宗旨，以就业为导向”的办学宗旨，开展校企合作，培养技能人才，传承工匠精神，促进就业创业，为建设人力资源强市提供人才支撑。

【职教宣传】 2021年，霍州市职业中专学校根据省委省政府规划，从“十四五”转型的战略全局出发，提出“人人持证、技能社会”建设进行再动员再部署要求，按照省教育厅关于做好全省2021年职业教育活动周相关工作的通知精神，与霍州市技工学校联合举办霍州市“人人持证、技能社会”建设“霍鑫杯”校企合作职业技能大赛。2021年4月19日，原山西省委书记楼阳生到校视察，对构建“人人持证、技能社会”的建设工作给予肯定。技能大赛旨在提高人们对职教政策的认知度和接受能力，提升幸福都是奋斗出来的理念水平，弘扬劳模精神和工匠精神。

【教学管理】 2021年，霍州市职业中专学校实行依法管理、规范管理、从严管理。教学管理根据学校教学工作实际，制定完善《教师工作评价方案》《常规教学检查制度》《学生考试规则》等一系列教学管理制度。对教师的备、上、辅、批、考各个教学环节的工作量化、细化，对课堂教学的各个环节进行检查督促。通过教案检查、听课、作业检查和学生评教等环节要素，分学期对教师进行教学质量测评。该校根据《中等职业学校专业教学标准》，结合实际制定现有的各个专业的教学标准，根据用人单位需求适时进行调整，构建以能力为本位、以职业实践为主线、以项目课程为主体的方向化专业课程体系，合理确定公共基础课和专业技能课学时比例，专业技能课时开设比例均能在50%以上，根据行业产业发展及时修订。

【德育教育】 2021年，霍州市职业中专学校结合中职学生的特点，坚持把对学生的养成教育放在首位，提出以“学会学习、学会生存、学会创造、学会做人”为基本要求，面向全体学生，在教育上下功夫，在引导上讲方法，在督导上不留情，要求学生诚实守信、遵纪守法，内强素质、外树形象，努力培养和教育德才兼备一专多能的中等技能型人才，促进学生全面发展。为了促进学生全面发展，学校结合职业教育特点和学生的实际，开展一系列校园活动，如学校宣传部筹备策划主题为“华彩百年光耀职教”庆祝建党100周年的大型文艺晚会。完成拍摄录制舞蹈《唱支山歌给党听》、配乐朗诵《我自豪我是职教人》、舞蹈《站在草原望北京》、歌舞《青春之歌》、曳步舞《纵横天下》、歌伴舞《我们都是追梦人》、健美操《炫舞青春》等节目。组织师生共同参与的拔河比赛活动、书画展、经典诵读大赛，通过一系列校园文化活动的开展，丰富学生的校园生活，对学生起到教育意义。

【就业安置】 2021年，霍州市职业中专学校执行《教育部等五部门关于印发〈职业学校学生实习管理规定〉的通知》（教职成〔2016〕3号），做好学生实习工作，实现职业教育培养目标。学校开展职业生涯规划教育、创业创新教育，开展校企合作、工学结合，进行现代学徒制试点，开展技能竞赛活动，学生的学习能力、岗位适应能力、创业创新能力和技能水平提高。“入学即就业”是学校对学生和家长的郑重承诺。形成稳定健康持续发展的学生实习就业市场，实现入学即就业。2021年毕业生总人数220人，其中升入高一级学校的学生人数为141人，占毕业生总就业人数的64.1%，直接就业的学生人数为79人，就业率为100%。（朱庆文）

·霍州市实验中学·

【概况】 霍州市实验中学位于霍州市北环路79号，其前身是霍县第二中学（完全中学），创建于1986年，1990年随霍县“撤县建市”更名为霍州市第二中学。2005年8月，按照上级“高、初中分离办学的要求”，霍州市第二中学初中部留在原址，改名为霍州市实验中学。

霍州市实验中学是霍州市公办全日制初级中学之一，占地面积32384平方米，校舍建筑面积16350平方米。其服务区内驻扎有中共霍州市委党校、霍州市第一中学、霍州市第二中学等；建有永和公园、中镇广场、火车站等；其办学规制为16轨，2021年年底有46个教学班，2271名学生（其中寄宿生75名），182名在编教师。

【名师工作室】 2021年，霍州实验中学深化教育教学改革，强化中小学教师的教育教学研究能力，加强研究服务教学实践的针对性，经霍州市教育科技局教研室组织学科专家评审、批准，同意将全市59项课题，列为“霍州市2021年度教育教学研究课题”，其中，该校有四个课题入选。召开霍州市实验中学2021年省、市级名师示范观摩课及学区教研活动、霍州市实验中学首届青年教师大讲赛和霍州市实验中学秋学段省、市级名师示范观摩课及学区教研活动。

名师工作室、教科处对“备讲批辅”常规教科研活动做了要求。加强集体备课，注重“学生活动设计”，努力创设“真实情境”，设计“开放性、探究性”问题，强化“阅读能力”训练，实实在在落实“核心素养”、山西中考“六个维度”。组织一次“优秀教学案”展示活动。

【养成教育】 2021 年，霍州实验中学根据初中学生特点，狠抓学生养成教育，注重学生品德修养。学校结合“主要节日”教育、绿色环保教育、革命传统教育、“英雄、榜样”系列教育等活动，以“主题教育”促养成。强化学生习惯培养，规范学生仪容仪表，规范学生行为；以“两个规范”促养成。实施“国学”诵读制度，完善“综合评价”机制，把“行为评价”经常化，结合“课改”促养成；坚持校内、校外教育相结合，通过家长会、开放周、关工委、送法进校园、教师家访等活动促进学生良好行为习惯的形成，提高学生养成教育的质量。

【优势特色】 2021 年，霍州实验中学加强校园文化建设，优化校园绿化、美化、亮化效果，提升硬件建设水平，为师生创建优美的工作和学习环境。构建墙壁、走廊、楼梯、教室、办公室、舞台文化，彰显人文内涵。加强心理活动室和心理咨询室建设，把心理健康教育辐射到每个班级和每个学生，使学生达到心理健康化；以快乐大课间、多彩的活动课为平台，助推学生全面发展。

【中考成绩】 2021 年霍州市实验中学中考成绩达临汾一中统招分数线（668.5 分）9 人、临汾一中指标到校（定向）分数线（618.5 分）76 人、临汾一中剩余择优分数线（648 分）30 人、临汾三中统招分数线（645.5 分）30 人、临汾三中指标到校（定向）分数线（595.5 分）151 人、临汾三中剩余择优分数线（644.5 分）31 人、师大实验中学统招分数线（614.5 分）87 人、师大实验中学指标到校（定向）分数线（564.5 分）224 人、师大实验中学剩余择优分数线（602 分）127 人、霍州一中统招分数线（582.5 分）181 人、霍州一中指标到校（定向）分数线（532.5 分）320 人、霍州一中剩余择优分数线（534 分）314 人、霍州煤电一中分数线（505 分）406 人、霍州二中分数线（473 分）462 人。 （田文耀）

科学技术

科技工作

【深化产学研合作】 2021年，霍州市教育科技局以强化企业的主体创新地位为目标，依托骨干企业，带动高校、科研院所和中小企业共同创新，加大研发投入，提升核心竞争力。推进科技成果转移转化，加大企业科技创新投放力度。

【开展科技宣传】 2021年，霍州市教育科技局为营造全市上下“科技创新”的良好氛围，提高全民科技文化素质。霍州市教育科技局利用“科技、文化、卫生”三下乡宣传、“科技活动周”广泛开展了科技宣传培训工作。在各乡镇依托各类农业合作社及科技乡土人才开展种植、养殖培训。发放农业科技图书等各类科技资料并现场解答技术难题，培训群众，实施科技文化进万家。

【创新驱动发展】 2021年，霍州市教育科技局开展高新技术企业培育，局领导多次带队调研摸底，主动上门走访服务，深入山西光瀛达建材有限公司、山西晋丰肥业公司、山西圣鑫乾元环保科技有限公司、山西文冠果科技有限公司、亿能电气股份有限公司等企业，完成高新企业培育指标。

（韦志明）

气　　象

【概况】 霍州市气象局为正科级建制，行政编制7人。内设综合管理科、防灾减灾科（机构规格为股级）和直属事业单位霍州市气象台（站）（机构规格为副科级）。霍州市气象局实行上级气象主管机构和本级人民政府双重领导，以上级气象主管机构领导为主的管理体制。主要承担本辖区内气象工作的行政管理职能，依法履行气象主管机构的各项职责，为本区域的防灾减灾、经济发展和社会稳定服务。

【气象监测】 2021年，霍州市气象局坚持24小时业务值守班和领导带班工作流程。维护观测场地和仪器，安装冻土自动观测仪，多次升级地面气象观测软件基本实现地面气象观测无人值守。加强网络安全和数据管理，维护网络设备和供电线路，确保网络通信畅通，观测业务稳定运行，气象资料上传准确及时。推进完善气象观测质量管理体系建设工作任务。配合上级气象技术装备保障中心完成4个区域站的4G通信模块升级改造，加强区域自动气象站的巡检和维护，做到每月一次清洁仪器和清理杂草工作，保障气象仪器的正常运行，提高资料的传输率和可用率。改善台站基础设施在修缮完工的办公设施和职工的工作生活办公环境条件。李曹镇范村自动土壤水分站和大张农业示范园樱桃大棚温室小气候站仪器运行正常。各乡镇气象服务站，市委、市政府气象服务终端运行良好。

加强天气监测与会商，遇关键性、转折性、灾害性天气和应急响应，带班领导和值班人员24小时坚守在岗，结合本地实际情况加以订正，运用综合气象监测、卫星云图、雷达拼图等气象现代化设备进行综合分析判断，做出准确的天气预报，制作短时临近天气预报、各种气象灾害预警信号、重要天气报告卡和专题气象服务产品，通过各种信息渠道及时发布。做好气象防灾减灾服务，提高气象灾害性天气短时临近监测预警预报业务能力，加强省市县一体化短临预警业务平台的应用，各种预警信息通过手机、电子屏、大喇叭、微信公众号、电视、电话、传真等发布手段及时发布，开展直通式气象服务，信息渠道畅通。预警信息发布已涉及市、乡级政府机关，涉农部门，交通部门，村级两委班子，农村种植养殖大户，地质灾害群测人等，建立了县、乡、村三级数据库，预报预警信息发布对象为772人，气象信息员实现199个建制村及重点灾害区域全覆盖。“乡村振兴气象服务”专项建设项目已经验收，基层气象防灾减灾“六个一”标准化能力建设已经完成，推进了“智慧气象为农服务能力”和“农村综合防灾减灾救灾能力”，提升气象为农服务的质量和效益。

【气象服务】 2021年，霍州市气象局围绕防灾减灾救灾和重大活动保障，做好各项气象服务。利用MAS平台、电视、报纸、广播、电子屏、微信公众号、抖音和手机短信等手段，为地方政府和社会公众提供准确、及时、优质、高效的气象服务。开展面向农民的新型农业经营主体的“直通式”气象服务，做好决策气象服务，将气象防灾减灾纳入城乡网格化管理。推进霍山景区开展创建“中国天然氧吧”项目，在七里峪风景区安装完成测定空气负氧离子的监测站仪器设备运行正常，安装发布旅游天气预报的电子屏，已完成对中国气象局的项目申报。气象灾害综合风险普查项目顺利实施。

在地面气象站和区域气象站观测的基础上，运用上级各种预报指导产品，利用云图、雷达资料及数值预报产品做好预报预警，重点运用MAS平台、一体化预警发布平台、山西省短时临近业务系统、大喇叭、显示屏、电视广播、传真、微信公众号等途径，开展预报预警信息发布。在常规天气预报的基础上，开展强对流天气和突发气象灾害的短时临近预报预警服务。针对关键性、转折性天气和对农业生产有较大影响的灾害性天气，开展针对性的农业气象灾害预警工作。

制作发布元旦、春节、春运、春耕春播、夏收夏种、中高考、重要天气、重污染服务等专题服务材料，及时制作重要天气报告卡，向市委、市政府领导和市委办、市政府应急办及时报告，利用大喇叭、电子屏、微信公众号、电视台发布各类天气预报，遇有重要天气则通过手机短信平台向市各级领导发布长、中、短期天气预报和雨情，为指导农业生产、减少气象灾害、保护生活环境。

建立“气象会商群”，参加“霍州市防汛抗旱工作群”“道路交通安全群”“霍州市大气污染防治工作群”等，将最新气象服务信息及时发布。加强霍州市城市重污染天气气象服务工作，及时制作《霍州市环境气象周报》专题服务材料。

制作提供的服务产品：重要天气报告

卡、短时临近天气预报、48小时短期天气预报、48小时乡镇天气预报、周（旬、月）天气预报、旬（月）农业气象情报、春耕春播、夏收夏种、汛期、秋收秋播、节假日及重要社会活动专题预报、重要农事季节、重大天气过程。

【人工影响天气】 2021年，霍州市气象局在山西省人工影响天气办公室技术人员的指导下建设的人工影响天气特种观测超级站，第一阶段建设完成后，推进国家人影超级站其他仪器安装的前期准备工作，已经按照相关设备安装要求，协助省局人影办完成设备安装的布局任务和电磁环境测试任务，获批工程所需的电力支持，为超级站的设立铺设数据传输专线，设置发电机房，确保日后项目设备系统的供电正常。超级站的建成将大幅增强对本地天气的监测预报能力，提高人工影响天气作业效率。落实人影安全责任，签订人影安全责任书，建立生产的领导、组织、协调、督查体制机制。强化人影安全管理，完善人影安全监管体制及作业安全标准化建设情况。开展人工影响天气设备及库房巡视巡察，对存在的隐患及问题及时进行整改。加强设备定期维护，人工增雨火箭架正常年检、人工增雨焰炉及时维护，确保人影作业设备的可用性及安全性。抓住有利降水天气过程，适时开展火箭和焰炉增雨作业。

【安全管理】 2021年，霍州市气象局强化气象部门安全生产工作职责，成立安全生产领导组，落实安全生产职责，加强宣传教育，突出“安全生产月”和“安全生产万里行”各项活动。积极开展消防安全隐患检查及公共卫生、安保措施落实。注重道路交通安全，执行公车使用、审批、维护管理制度。高度重视社会化管理，加强辖区内易燃易爆危险化学品等重点行业领域开展防雷安全管理工作，对霍州市辖区内危化企业开展防雷安全执法检查。加强社会综治工作，维护部门安全稳定。 （高振朝）

文　化

文化事业

【基础设施】　2021年，霍州市文化和旅游局组织实施李曹、三教、陶唐及两支驻霍部队等5个文化馆分馆的建设工作，霍州剪纸非遗传习所和市民中心等3处图书流通点的建设工作。

【文化惠民】　2021年，霍州市文化和旅游局组织完成“免费送戏下乡”56场、文化惠民工程演出2280场。拍摄霍州面塑非遗慕课。开展国画、二胡、舞蹈、模特、健身等培训班。

【文化活动】　2021年，霍州市文化和旅游局在“五一”期间，指导各乡镇街道办参加“礼享生活·晋情消费”高速服务区10场文艺演出。与市直有关部门共同组织霍州莺歌大赛、建党100周年书画剪纸摄影展等活动。在旅游月期间，开展“天下霍姓出霍州”展陈、“畅游霍州”旅游推介、威风锣鼓展演、广场舞展演以及非遗进景区等系列活动。在春节期间，组织开展有关线上及线下等活动。

【文化交流】　2021年，霍州市文化和旅游局组织市威风锣鼓队分别参加临汾市、山西省锣鼓大赛，获得优异成绩；霍州市威风锣鼓参赛队以临汾市第一名的荣誉参加临汾市“永远跟党走”群众文化系列活动的录制工作。

【文艺作品】　2021年，霍州市文化和旅游局指导全市演出团体和文艺爱好者的创作工作，涌现出《旗帜》《家国情怀》《廉吏曹端》等文艺作品。　　（梁衡）

老年书画

【概况】　2021年，霍州市老年书画家协会组织和带动广大老年书画诗联爱好者，发挥优势，灵活机动地开展时事政治学习、业务培训研讨、传统文化下乡和诗联书画创作等活动，为推动霍州市社会、经济、文化事业发展做出贡献。被评为“全国第三届中老年书画联合大赛先进书画组织”。

【组织学习】　2021年，霍州市老年书画家协会配合市委老干部局和老年书画班党支部，采取个人自学和集中辅导相结合的形式，每月坚持党课学习一次，组织会员特别是会员中的党员干部，参加老干局举办的时政讲座和座谈讨论。由赵子俊、晋从华、张福义、朱壮军、张美玉、傅立圃、李红富、孙友臣、李红等搜集整理的5万余字、400余首（副）的诗词楹联《古霍新声》第七辑（颂党百年红色记忆专集），于年底正式编印，为虎年新春送上一份精美的文化大餐。参加省市老干部各类征文活动，曹曙平、董双锁、王锅栓、张俊耀等分别获一、二、三等奖，特别是张俊耀的征文“我的家风故事”被《山西老年》杂志刊登。2021年8月，在山西省组织的“百年奋斗路·银龄心向党”全省离退休干部党史学习教育线上知识竞赛活动中，会员刘家杏获二等奖，马晋耀、朱光大2人获三等奖，赵子俊、董双锁、晋从华、张福义、蒲李记5人获优秀奖。在山西离退休干部庆祝建党百年主题作品网络展映活动中，会员刘家杏获二等奖，马晋耀、贺士钊、朱光大获三等奖。配合老干局做好老干部工作，为老干部学习提高、夕阳生辉、欢度晚年献计出力，提供帮助，书画班党支部被临汾市老干局评为“先进支部”，本会赵子俊主席被临汾市老干局授予“先进工作者”荣誉称号。

【书画诗联展览】 2021年，霍州市老年书画家协会举办庆祝建党百年书画摄影作品展。7月1日至20日，由市委宣传部主办，同市文联、市文化和旅游局联合举办的“红色记忆，辉煌成就”书画摄影作品展，展出书画作品156件，其中，老年书画作品60余件。10月14日，在市文化和旅游局召开庆祝大会，对12个先进集体和28名先进工作者及63名优秀会员进行表彰，举办“庆祝霍州市老年书画家协会成立三十周年书画展”，展出书法作品80余件，绘画作品30余件。10月21日，在霍州署广场举办“庆祝市老年书画家协会成立三十周年文旅笔会”活动，市文联，市文化和旅游局、文物局等单位领导应邀参加。该会组织20余位会员，完成20米书画长卷作品后，又为广大群众义务书写赠送条幅200余件。为临汾市委老干部局、临汾市老年书画家协会、临汾市委统战部、临汾市文联等庆祝中国共产党成立100周年书画展，选送赵子俊、傅枫、李红富、傅立圃、牛金锁、薛兆俊、曹曙平、李福锁、党天凤、朱光大等20人40余件作品；应邀向安泽县庆“七一”书画展选送赵子俊、王斌正、傅枫、傅立圃、李红富、朱壮军、赵全锁、荀华生、刘金锁、马晋耀、陈福全、王顺兰、高学英等17人20件作品。11月1日至30日，为霍州市书协举办的第三届书法临摹展选送作品20余件全部入展，其中，李红富、陈福全的作品获“优秀奖”。

【学习研讨】 2021年，霍州市老年书画家协会利用“霍山诗联书画”网络平台，学习交流书画诗联基础知识。市老年大学书画诗联辅导班坚持开展网上授课学习和交流，组织书画诗联方面学有所长的赵子俊、张福义、晋从华、张美玉、朱壮军、李红富、傅立圃等同志，选载一些名家关于书画诗联学习创作方面的基础理论知识。“一周一联”对应活动通过应对交流、切磋研讨，帮助会员学习掌握楹联格律，激发大家学习创作的兴趣和信心。在市会建立“霍山诗联书画”群的基础上，师庄、北环、李曹、鼓楼、白龙、陶唐、大张等乡镇（街道）书画诗联分会，也开办书画诗联信息网络，定期或不定期选登各自会员的书画诗联作品，开展信息交流，才艺展示。对会员在“霍山诗联书画”平台登录的作品，由傅立圃、武科元、陈淑芳等同志收集、摄影并进行筛选、修改后，全年制作《玉泉诗刊》24期，选登诗词楹联作品900余首（副），书画作品300余幅。会员傅枫、闫月喜、陈伟锁、朱壮军、薛兆俊等同志自费编印《傅枫书法集》《闫月喜书法集》陈伟锁《盛世放歌》诗歌集。朱壮军、傅枫、闫月喜、薛兆俊等同志自费编印《诗书画选集》。

【联谊交流】 2021年3月13日，在霍州市委老干部局举办“霍汾诗联创作交流联谊会”，汾西县诗联名家赵黄龙、李燕、王晋恩、李章云、赵崇仁、郭明珍、王敏、郝安珍一行8人应邀来霍州，霍州市赵子俊、张福义、朱壮军、傅立圃、张丽珍等15人参加活动。汾西县诗联组织负责人赵黄龙介绍汾西县诗词楹联创作方面的经验，汾西诗联同人，分别朗诵交流各自创作的诗联作品。霍州参会同志也将各自的诗联作品吟诵交流，畅谈心得体会，展示精品佳作。4月22日，“灵石霍州两县（市）书画联谊会”在灵石县文化艺术活动中心举行，赵子俊、张福义、傅枫、王斌正、曹曙平、张美玉、李红富、傅立圃、刘月虎、武科元一行10人应邀参加。联谊会上，听取灵石县老年书画家协会开展学习、培训、创作活动的经验介绍，接着参观了灵石县书画作品展，两县（市）书法名家挥毫泼墨，展示才艺，书写条幅100余件。

【下乡活动】 2021年，霍州市老年书画家协会组织“写春联，送祝福”活动。组织全市30余位书法水平较高的老同志，除部分乡镇（街道）自行组织为干部群众书写赠送春联外，深入退沙村、贾村、涧北村和前进、永康、新建、永泉等村和社区，为基层离退休干部和乡镇村民及社区居民书写赠送春联6000余副。联合乡镇（街道）基层分会，深入南环办、退沙村、许村、塔底村、贾村、南坛村魁星楼、白道村、源头村、李曹村、沟口村，举办书画诗联巡回展和联谊笔会活动，为干部群众书写条幅1400余件。5月1日、6月30日和10月24日，应邀参加七里峪旅游月活动及居然之家和下乐坪农家山庄开业庆典活动，领导及部分书法诗联名家赵子俊、晋从华、张福义、张美玉等同志，为游人、顾客等干部群众颂诗撰联，义务书写条幅400余件。

5月1日、11月28日，×××逝世举行悼念仪式。通过“霍山诗联书画”平台发布讣告后，有30余位会员通过平台写诗撰联100余首（副），“霍山诗联书画”制作专辑，沉痛悼念两位领导。特别是沉痛悼念孙玉安主席书写的挽联，多达60余副。

（张美玉 薛兆俊 曹曙平 来国保）

三晋文化研究

【概况】 2021年，霍州市三晋文化研究会在促进当地文旅和产城同创、城乡融合发展等方面做了一些工作。提出霍州发展之名城战略。城市吸引力主要是名与利。天下熙熙皆为利来，天下攘攘皆为名往。名利双收是目标、先名后利是策略。如何吸引投资者、务工者、旅游者、康养者、置业者、消费者等城市繁荣要素，靠的就是名气、名人、名景、名胜、名校、名产等。三晋文化研究会为霍州推荐4个超级IP，分别是霍姓之源——大汉冠军侯霍去病，镇山之首——尧王化身霍山神，锣鼓之乡——武门神尉迟恭，署衙之冠——明初理学之冠曹端。

【品牌打造】 2021年，霍州市三晋文化研究会围绕冯南苑和霍州年馍，参与冯南垣创作专班，为霍州冯南垣打造古驿道旅游线，梳理从韩信岭到白壁关发生过的历史事件和传说。从韩信葬首的韩信墓到苏三住过的客栈，到白壁关三鞭换两锏，重点打造周村的厉王博物馆。周厉王在霍14年，留下一些传说，博物馆可以再现一些西周生活场景，陈列一些文物。撰文《古官道传奇之周厉王》对周厉王进行一分为二的历史定位。

为冯南垣文旅线增添一道帝王级“硬货”。受聘担任霍州年馍协会和霍州市餐饮饭店烹饪行业协会顾问，参与策划“霍州杯黄河流域九省非遗花馍展演”。举行“霍嬷嬷杯霍州美食作文大赛”，助力霍州农产品区域品牌宣传。领袖到霍山脚下，适逢天降瑞雪，遂建议双龙面粉厂注册“霍山雪”品牌。

【融合发展】 2021年，对霍州产业融合发展与城乡融合发展提出农业5.0概念，就是农林牧副渔横向融合，农工商信智五大产业纵向融合。对于第五产业定义为智慧产业，比知识产业更能概括对于科技知识与人文知识的研创运用。具体提出未来农业、农村、农民的全新定义，打造元宇宙农庄。每个人都有市民与村民两个身份，工业文明与农耕文明两个宇宙的切换。在农村体验古装与农活，无数主题农庄的兴建，让农村成为健身、娱乐、休闲场所。城里人到农村投资消费，村里人到城里打工创业。积极推销农业5.0概念，促成与神农集团合作，共同打造第五代农业、农村与农民。（胡中华）

新闻　广电

广播电视

【概况】　霍州市融媒体中心主要担负全市的广播电视宣传任务，管理全市广播电视事业建设，负责全市广播电视频道的规划，承担着广播电视事业的发展规划、管理服务职能。

【新闻宣传】　2021 年，霍州市融媒体中心制作播出《霍州新闻》338 期，《一周要闻》48 期，发稿 2350 余条，在临汾台播发新闻 76 条，山西省台播发新闻 12 条，中央台播发新闻 7 条。围绕疫情防控、脱贫攻坚、基层党建、创建国家卫生城市、党史学习教育、建党 100 周年、灾后恢复重建等重点工作精心策划，推出专题专栏节目，制作播出《创建国家卫生城》栏目 28 期，在公众号上开辟创国卫曝光台 10 期，《身边的榜样》10 期，编辑制作《年味》《霍州除夕夜》《红领巾心向党》《转型发展》《新闻与您同行》《春望》等 20 余个微视频和专题。做好党代会、两会、技能大赛、庆“五一”、国庆节、丰收节系列文体活动、“光荣在党 50 年”纪念章颁发等大型会议、活动的宣传报道工作。

电台在做精做好《霍州之声》《倾听 107 之文化霍州》《消防天地》《与法同行》《国学经典诵读》等自办节目的同时，围绕建党 100 周年制作播出了《霍州党史纪事》、百日《红歌展播》、《习近平主席金句学习时间》、《中国梦新创歌曲展播》等节目，制作播出涉及森林防火、食品安全、药品安全、安全防汛、城市管理、禁毒宣传等方面 20 条公益广告，为弘扬社会主义核心价值观，建设和谐、有序新霍州发挥舆论引导作用。

【媒体运营】　2021 年，“霍州融媒”微信公众号制作发布 265 期，发布消息近 2200 余条，开辟《党史学习教育基层动态》《创国卫、靓霍州》《创国卫曝光台》《防疫专栏》《灾后恢复重建我们在行动》等专栏。“霍州融媒”微信视频号发布视频 322 期，其中，点击量破万的视频 118 个。

“爱霍州”APP 同步更新《时政新闻》《党史学习教育专栏》《学习宣传贯彻党的十九届六中全会精神》《学党史、悟思想、办实事、开新局》《奋斗百年路　启航新征程》《中国共产党人的精神谱系》《先进典型》和《时代楷模》等内容。按照上级宣传工作要求，在客户端首页开设“党史学习教育”专栏，创建山西省党代会、十九届六中全会、冬奥会等专题。为全面及时反映霍州市基层工作动态，在 APP 中开设“基层动态”版块，与各单位、各乡镇的宣传部门建立微信工作群，对市委、市政府最新通告、全市基层动态都能于最快时间发布。截至2021年底，“爱霍州”APP上传文稿2418条，视频441条（含《霍州新闻》）。

在“两会”召开之际，策划开办“两会”特刊，联系出版16个版面，集中展示各乡镇（街道）、市直部门、学校的风采形象。结合建党百年和党史学习教育，开办“党史学习教育”专区、《交警之声》和《市场监督管理》专栏。按照市委宣传部安排，组织策划了“党在我心中”主题征文大赛，生动展示在中国共产党的领导下取得的辉煌成就，彰显新时代霍州儿女担当作为的新风貌。

【广电筹建】 2021年初，北山无线发射台主体建筑完成，更换天馈线90米，两台一千瓦发射机迁至新机房，并投入使用，提高了用户的收看体验。网络中心建成监测信号平台，确保中央无线数字电视节目的安全传输。

【安全生产】 2021年，霍州市融媒体加强值班值守，网络中心和播控中心的值机人员实行24小时轮流值班制，及时检查维护设备，确保广播电视节目信号的安全、优质、高效传输。完善管理流程、应急预案等相关制度，确保重要活动、重大节日、重点时段的播出万无一失。“两会”召开前，网络中心组织人员提前部署，进行为期一周的线路检修，确保“两会”期间播出的信号能高质量稳定传输。10月，连续强降雨造成部分传输设备、线路出现故障，网络中心工作人员第一时间抢修恢复信号传输，保障广大用户收看体验。同时做好消防安全知识培训和应急演练工作。 （申韶君）

新华书店

【概况】 山西新华书店集团临汾有限公司霍州分公司隶属于山西新华书店集团临汾有限公司，设有4个科室，即综合办公室、业务科、财务科、图书超市。

【业务指标】 2021年，霍州分公司完成销售收入1412万元，比2020年同期增长4.69%，利润为135万元，比去年同期增长17.4%。全年教材任务完成码洋1210万余元，完成率同比增长145万余元，占销售码洋的96%。2021年秋在发放教辅的同时，配合学校征订五三试卷4312册，销售码洋147776元。征订周练月测评卷销售码洋47万余元。

图书超市全年连锁POS机销售码洋2527073元，其中，传媒销售682295元，连锁销售1844777元。

【全民阅读】 2021年，阅读月在疫情期间，响应集团号召，购进好书，制作平台海报，宣传“新华E书城”，通过抢抓节假日，集中促销。2021年是中国共产党建党100周年，是中国共产党团结带领中国人民不忘初心、牢记使命、艰苦奋斗的百年光辉历程。全国上下开展党史学习教育，趁着共产党建党100周年的东风，抢订党史学习资料，与市委宣传部、组织部沟通协调，抢占市场，全市各单位、各乡镇、各学校都留下足迹。《论中国共产党历史》《毛泽东邓小平江泽民胡锦涛关于中国共产党历史论述摘编》《中国共产党简史》《习近平新时代中国特色社会主义思想学习问答》4种党史书共销售43437册，销售码洋1242376元。 （管彤）

医药　卫生

卫生健康

【概况】　霍州市卫生健康和体育局（以下简称霍州卫体局）是市人民政府的工作部门，正科级建制，负责贯彻落实中央、省委、临汾市委和霍州市委关于卫生健康和体育工作的方针政策和决策部署，组织拟定全市卫生健康和体育事业规划和实施，组织推进落实卫生健康基本公共服务均等化、普惠化、便捷化和公共资源向基层延伸等政策措施。机构下设 11 个股室（即办公室、政工股、规划信息和法规股、医政医管中医股、基层管理指导股、人口和家庭发展股、妇幼保健股、科教宣传股、财务股、监督股和体育股），有市医疗集团、市中医院、市妇幼健康计划生育服务中心、市疾控中心、市卫生健康综合行政执法大队、市体育健康发展中心、市公共卫生应急服务中心、市计划生育协会 8 个下属事业单位。

【疫情防控】　2021 年，霍州卫体局把疫情防控作为工作的重中之重。全面加强外防输入。针对人传人和物传人两条传播链，采取更有效的预防措施，对入境人员解除集中隔离返霍后，做到点对点全流程闭环管理；密切关注中高风险区调整变化情况，加强对中高风险地区往（返）霍人员的摸排管控，做到“六个第一”，防范中高风险地区疫情输入风险；紧盯进口冷链食品，做到采样全覆盖、样本全检测、包装全消杀、商品全追溯、人员全管理，降低病毒经冷链食品的传播风险。坚持“分院、分区、分诊”原则，坚决阻断医疗机构院内交叉感染的渠道。严格发热门诊管理，规范设置“三区两通道”。未设置发热门诊的医疗卫生机构不得收治发热患者，发现发热患者，立即报告并做好登记追踪和协调转运。落实预检分诊、首诊负责制、院感防控各项要求，落实住院患者和陪护人员核酸检测和疫苗接种管理措施，明确专人监督负责，做好院内感染监测和健康监测。开展疫情防控工作人员培训。重点就新冠疫情形势、《新冠肺炎聚集性疫情处置指南（试行）》、核酸检测技能及个人防护知识等方面进行专题培训，提升霍州市各级各部门的防控能力和应急处置水平。

【公共卫生管理】　2021 年，霍州卫体局做好基本公共卫生服务项目，重点做好老年人、孕产妇、慢性病等重点人群管理，建立 67 个家庭医生团队，常住人口签约人数达到 235822 人，签约率达 80.16%。开展“我为群众办实事　千名医生进万家”活动。通过开展健康义诊进农村活动，进行常见病、慢性病、肿瘤、儿童疾病、地方病等疾病的咨询、初步筛查、诊断和一般治疗。根据国家、省市脱贫攻坚领导组边巡边改、立行立改工作要求，针对调研结果提出的健康扶贫存在的问题，在全系统开展健康扶贫专项整治，夯实家庭医生签约服务、过期药品合理处置、村卫生室标准化建设三项工作，提升基层医疗机构服务能力。

【妇幼保健】 2021年，霍州卫体局发放农村4项奖励扶助资金187200元。开展免费婚前检查、产前筛查、新生儿疾病筛查和农村妇女两癌筛查项目。完成宫颈癌筛查5500例，乳腺癌检查2509例，婚前医学检查1005人，免费产前筛查共筛查1283人，免费新生儿疾病筛查共筛查1457例，对检查异常的患者，全部告知进行对症治疗。

【人才引进】 2021年，霍州卫体局加大医疗技术人才的引进与培养力度。与10名农村免费医学生签订培养就业协议书。对2016级2名免费医学生进行毕业安置并安排参加住院医师规范化培训。完成2020年、2021年公立医院招聘工作。招聘医疗专业技术人员43人，均到岗并办理入编入职手续。

【体育工作】 2021年，霍州卫体局举办第二届霍山滑翔伞邀请赛。开展乒乓球、毽子、象棋、搏击散打、足球等基层选拔赛、“庆五一”颂党恩太极表演、“庆三八”主题太极拳展演、庆祝建党100周年“2021春季门球赛”、纪念毛泽东同志“发展体育运动增强人民体质”题词69周年篮球比赛，以活动促健康，以活动促发展。5月28日，霍州少体校组织青少年国际式摔跤队10人赴临汾市参加青少年国际式摔跤锦标赛，取得一金、四铜、两个第五的最佳成绩。全面铺开少体校田径、摔跤两个项目的业余训练工作，参训人数田径50余人，摔跤项目18人。

【卫生城市创建】 2021年，霍州卫体局制定创建卫生城市实施方案、细化工作职责，组织人员赴侯马参观学习创卫先进经验，从健康教育宣传、无烟场所创建、健康主题公园建设等方面全力推进卫生城市创建工作。利用多种媒体宣传健康教育知识。在中镇广场、永康路口、霍州东站、高速出口电子屏滚动播放健康教育公益宣传片。开展健康教育“六进”、进公共场所、进学校、进机关、进社区等系列宣传活动。在全市范围内开展无烟单位创建工作。制定《霍州市无烟单位创建实施方案》，发放禁烟标识和禁烟宣传资料。开展健康主题公园建设。完成10个健康自助检测点建设。（杨娟娟）

疾控预防

【概况】 霍州市疾病预防控制中心前身是霍县防疫站，创建于1974年，2002年正式更名，是市政府设立的公共卫生事业机构。截至2021年底，有干部职工33人，其中，专技人员23人，管理人员5人，工勤人员5人。

设办公室、免疫规划科、结防科、性病艾滋病科、应急科、传染病科、检验科、财务科、慢病科、地病科、生物制品科共计11个科室。拥有原子吸收分光光度计、酶标仪、生物安全柜、200毫安X光机等检验及诊断仪器设备20余台（套）。能开展HIV检测、碘盐检测、消毒效果检测、水质常规9项检测、布病检测。

【免疫规划】 从霍州市产院规划信息平台中查询到2021年累计出生儿童1743人。从免疫规划管理信息平台中查询到2021年金苗系统的儿童建卡2020人，各接种单位每月都能及时上报接种常规报表，各疫苗的累计接种率均高于90%。2021年AFP主动监测工作中未发现疑似病例，临汾市人民医院11月5日上报一例霍州籍疑似AFP病例，孩子住院时间较短未能完成采样工作，出院后科室联系到患儿家属及时采集到发病后14日内的2次大便标本（间隔24小时以上），按照规范要求运送到山西省疾控中心实验室。为了更好地评价2月龄及3月龄健康婴幼儿接种sIPV的安全性，按照山西省疾控中心的要求，省级分配IPV安全性观察项目人数为200人，截至4月16日，此项目已经完成监测，包括人员入组、回访、数据录入及校对等工作。

【传染病防治】 2021年，无甲类传染病病例发生，无重大传染病暴发流行，全市传染病网络直报工作，网络覆盖率、及时率、审核率等均达到100%。2021年度传染病报告15种1084例，其中病毒性肝炎597例、肺结核72例、梅毒55例、布病34例、淋病5例、百日咳12例、猩红热2例、艾滋病4例、疟疾1例，其他感染性腹泻病196例、流行性感冒44例、流行性腮腺炎27例、急性出血性结膜炎21例、痢疾9例、手足口病5例。根据医院消毒效果考核方案，9月对霍煤总院、人民医院、仁福堂医院、中医医院4家单位进行考核监测，医疗机构采集95份，合格率100%。传染病漏报调查15所医疗单位，调查法定传染病共448例，其中市人民医院漏报18例，分别为其他感染性腹泻病6例、乙肝9例、痢疾2例、丙肝1例，报告率92.91%，漏报率7.09%；霍煤总医院漏报6例，分别为乙肝1例，其他感染性腹泻病5例，报告率89.29%，漏报率10.71%。

【结核病防治】 2021年11月24日，病人系统管理率99%以上，接诊可疑就诊者536例，发现活动性肺结核61例，接受免费治疗61例，涂阳25例，其中初治涂阳25例，仅培阳1例，仅分子生物学阳性1例，仅病理学阳性0例，涂阴14例，初治涂阴14例，复治涂阴0例，无病原学结果20例，结核性胸膜炎1人，排查涂阳患者密切接触者177例。截至10月31日非结防机构上报55例可疑患者，其中重报患者8例，住院患者0例，出院患者0例，转诊0例，追踪47例，其他0例，追踪到位45例，追踪到位率95.74%。截至2021年11月24日痰检处置共接诊536例，查痰472例，痰标本1216份，随访患者132例，痰标本264份。结核病可疑者痰检检查率为88.06%，达到规划要求指标85%；报告肺结核患者和疑似肺结核患者总体到位率95.02%，达到规划要求指标95%。

【生物制品】 2021年，霍州市疾控预防控制中心建立健全各项规章制度，完善生物制品安全使用各环节工作程序，疫苗全部采用网络阳光的方式购进，有验收记录，检验合格证明，审核批准证明，有资质。完善各类疫苗温度监测制度、分发记录及各类疫苗过期回收制度，推动山西省综合信息系统平台安装与使用，通过多次培训，让预防接种工作人员熟悉掌握系统的使用方法，确保疫苗信息全程可追溯。根据山西省卫生健康委要求开展全市新冠肺炎疫苗接种工作，及时调拔新冠疫苗，满足群众接种需求，建立免疫屏障。

【慢性病防治】 2021年，霍州市疾控预防控制中心收到各级医疗机构通过死因登记报告信息系统网络报告的死亡卡1484张，审核1484张，报告粗死亡率504.50/10万，完成全年5‰（1470例）的任务指标。8至9月完成山西省疾控中心下达的2018至

2020年度死因漏报调查抽查工作，对抽查的北环、鼓楼、退沙3个社区开展此项工作，收集到441条死亡信息，其中，漏报47条，已全部补报。2021年肿瘤登记项目山西省已实现117个县市全覆盖，截至目前肿瘤登记平台收到274条信息，对以上信息全部进行查重、多原发核查、内部一致性核查工作。于5～6月开展中国居民心血管病及其危险因素监测项目现场调查和后期数据整理工作，对抽到的2个乡镇7个村的常住居民1219人进行问卷调查和体格检查工作，将整理数据上传至国家心血管中心。

【艾滋病防治】 2021年，霍州市疾控预防控制中心发现艾滋病病毒感染者和患者81例，现存活68例。其中，失访2人，治疗61例。2021年新增13例艾滋病病毒感染者，其中上报8例，外地转回5例。对霍州市13例新增病例进行随访转介工作，对其密切接触者进行流调和HIV抗体检测、定期随访，无迟报漏报；对看守所新入所监管人员进行常规HIV抗体检测，将检测结果及时反馈并上报市中心，2021年市里检测任务是500人，截至年底完成检测288人，结果均为阴性，完成率58%。开展自愿咨询和检测工作，建立健全规范化档案及个案登记，市里检测任务是450人，咨询检测455人，结果均为阴性，完成率101%，全部上报咨询检测系统。2021年给10家医院发放免费检测试剂2万份。任务2.9万人，完成18665人，完成率64%。

【地方病防治】 2021年，监测居民户及居住半年以上常住人口中的8～10岁儿童、孕妇，监测项目包括8～10岁儿童尿碘、盐碘含量；孕妇尿碘、盐碘含量；儿童、孕妇家庭的碘盐明显好于往年居民户碘盐监测，合格碘盐食用率均达到92%。盐碘中位数儿童23.5毫克每千克、孕妇23毫克每千克，中位数适中，接近我省所选择的加碘水平25毫克每千克；碘盐覆盖率99%；合格碘盐食用率91.67%。尿碘：调查8～10岁儿童200名，尿碘中位数171.25微克每升。全市尿碘小于50微克每升的25名，占12.5%；50～100微克每升31的名，100～200微克每升的60名；大于300微克每升的31名，占15.5%。全市调查孕期不同的孕妇100名，尿碘中位数153.4微克每升，尿碘值小于100微克每升的28人占28%，100～200微克每升的36人，占36%；200～300微克每升的26人，占26%，大于300微克每升的10人，占10%。疟疾防治工作2021年上报不明原因发热患者血涂片162例，复核18例，发现阳性病例1例，进行疫点处置。

【疾病应急管理】 2021年，食源性疾病监测点工作开展率达到100%。1至11月累计上报病例231例，上报及时率100%，审核及时率100%。2021年对市辖区内2起疑似食源性疾病事件开展流调工作，将工作情况及时通过系统报告给上级疾控及同级卫生行政部门和市场监督管理部门，并且对按时按量完成常规食品13份的监测，其中食源性致病菌6份，化学污染物及有害因素监测7份。完成山西省地方特色食品22份的采样工作，其中食源性致病菌11份，化学污染物及有害因素监测11份，采集35种食物样品。

【职业病防治】 2021年，霍州市疾控预防控制中心承担霍州市所有职业健康检查机构为仁福堂医院，对劳动者岗前、岗期、离岗时进行职业健康检查，本年度常规监测20514人。根据霍州市卫体局对各医疗机构质量考核，选取仁福堂医院承担尘肺病主动监测工作，完成300名劳动者的健康监测工作。霍州市职业病及健康危害因素监测信息系统中，尘肺病随访患者438人，该中心完成289人的随访，另有76人分别由其他县市疾控完成随访。2021年度报告尘肺病患者死亡一人，霍州市仁福堂医院报告疑似职业病18人。

【生活用水检验检测】 2021年，水质卫生监测范围覆盖霍州市7个乡镇，每个乡镇设3个监测点，还有乡镇的3所学校，共24个。城市设6个监测点。分别进行枯水期和丰水期的监测，水样类型包括出厂水和末梢水。采集水样60份。监测指标包括感官性状和一般化学指标18项，毒理学指标12项，微生物指标3项，消毒剂指标1项。检验方法均按照国家生活饮用水卫生标准进行检测。通过对这60份水样的检测，其中1分水样总硬度747不合格，1份硫酸盐523不合格，1份溶解性总固体1544不合格，其余的检测指标都在规定的限值以内。（刘丹）

妇幼保健

【概况】 霍州市妇幼保健计划生育服务中心是政府设立的公共卫生事业机构，以贯彻落实《母婴保健法》《中国儿童发展纲要》《中国妇女发展纲要》为主线，坚持以“以保健为中心，以保障生殖健康为目的，保健与临床相结合，面向群体、面向基层和预防为主”的妇幼卫生工作方针，以提高出生人口素质为重点，促进妇女儿童健康为主题，为全市妇女儿童提供健康保健服务。在职职工44人，专业技术人员42人，共设6科1室，即妇保科、儿保科、婚检孕前科、检验科、财务科、办公室。主要仪器有B超、阴道镜、血球分析仪、心电图机等。

【卫生项目】 2021年，霍州市妇幼保健计划生育服务中心为保护广大妇女儿童身心健康，降低孕产妇死亡率、儿童死亡率，负责对农村妇女（包括流动人口）实行免费婚前医学检查、免费孕前优生健康检查、免费产前筛查、增补叶酸预防神经管缺陷项目、两癌（宫颈癌、乳腺癌）免费筛查及孕产妇健康管理服务，为孕产妇提供预防艾滋病、梅毒和乙肝母婴传播的健康咨询和检测工作，为阳性孕产妇及所生儿童提供干预措施；为儿童提供新生儿疾病筛查及0～6岁儿童健康管理服务，从而减少出生缺陷的发生，保障母婴安全，提高出生人口素质。

【宫颈癌、乳腺癌筛查】 2021年，霍州市妇幼保健中心为全市35～64岁农村妇女开展免费宫颈癌、乳腺癌检查，对疑似病例进行跟踪随访，提高农村妇女“宫颈癌、乳腺癌”的早诊早治率，降低“宫颈癌、乳腺癌”死亡率，改善农村妇女健康状况。

【新生儿疾病筛查】 2021年，霍州市妇幼保健计划生育服务中心为新生儿免费筛查先天性甲状腺功能减低症（CH）、苯丙酮尿症（PKU）、肾上腺皮质增生症（CAH）、串联质谱（MS－MS）遗传代谢性疾病，规范全市新生儿疾病筛查工作，提高新生儿疾病筛查率，保障儿童的身心健康，对医疗机构产科人员进行新生儿疾病筛查技术指导、培训，宣传新生儿疾病筛查的重要性和迫切性，使广大家长在知情基础上自愿进行筛查。

【产前筛查】 2021年，霍州市妇幼保健计划生育服务中心为妊娠15～20＋6周的孕妇进行21－三体综合征、18－三体综合征和神经管缺陷血清生化免疫筛查；为产前筛查结果高风险的孕妇免费提供产前先天性缺陷和遗传性疾病诊断的转诊服务。逐级建立产前筛查、产前诊断信息月统计报表制度。

【孕前优生健康检查】 2021年，霍州市妇幼保健中心为农村计划怀孕夫妇开展免费孕前优生健康检查是党和政府关注民生、服务民生、改善民生的具体行动，为有利于提高计划怀孕夫妇优生科学知识水平，增强孕前风险防范意识，推进免费孕前优生健康检查工作，开展免费孕前优生健康检查，把预防措施落实在怀孕之前，从源头上降低出生缺陷的发生风险。

【农村孕产妇增补叶酸】 2021年，霍州市妇幼保健计划生育服务中心对准备怀孕的农村妇女及孕早期妇女宣传补充小剂量叶酸的好处及领取叶酸的程序。加强对各级妇幼保健人员项目知识的宣传培训，并组织发放小剂量叶酸片，做好发放登记及信息上报工作。

【预防艾滋病、乙肝、梅毒母婴传播项目】 2021年，霍州市妇幼保健中心为全市孕产妇提供免费艾滋病、乙肝、梅毒三病检测，建立“逢孕必检”的工作机制，对感染的孕产妇实行“首诊负责制”，规范相关药品、试剂，特别是乙肝免疫球蛋白的出入库管理、存储和使用，宣传“预防艾滋病、梅毒、乙肝母婴传播”知识，落实将感染孕产妇纳入高危管理，责任明确，管理衔接紧密，避免脱节、漏洞；母婴干预措施、转诊、定期随访工作落实到位，提供自愿咨询与自愿检测服务。

【婚前医学检查】 婚前检查是预防出生缺陷的第一道防线，最大限度地减少遗传性疾病、重大传染病和精神疾病的传播，促进婚姻家庭幸福和社会和谐发展。通过多部门协调，建立“政府主导、部门合作、专家支撑、群众参与”的工作机制，与婚姻登记处实现无缝对接，将免费婚前医学检查和国家免费孕前优生健康检查项目有机整合，出生缺陷发生风险逐步降低，提高出生人口素质。

【出生医学证明管理】 2021年，霍州市妇幼保健计划生育服务中心根据《母婴保健法》及《山西省出生医学证明管理办法》的要求，出生医学证明由各医疗助产机构签发，实行专人专管，证章分离，分级管理。空白证依号码顺序发放，落实“两锁三铁”的存储要求，规范做好首次签发、换发和补发，严格废证管理，做好出生医学证明档案管理、登记、上报等工作。

【健康教育】 2021年，霍州市妇幼保健计划生育服务中心通过制订详细的工作计划，采取进村入户，媒体宣传、举办孕妇学校，开展预防出生缺陷、预防艾滋病、梅毒和乙肝母婴传播、母乳喂养宣传周等宣传，利用健康快车，媒体宣讲及发放资料等方式，提高全民妇幼健康知识的知晓率。

【三网监测】 2021年，霍州市妇幼保健计划生育服务中心以市、乡、村三级网络为依托，加强信息的统计、上报、反馈、核实工作，实行每月例会制度，进行培训，提高基层妇幼人员的整体素质，使妇幼信息做到及时、准确、科学，为政府制定政策提供科学依据。

（成如珍）

医药管理

【概况】 霍州市医药有限公司始创于1956年7月，2006年10月由山西省原霍州市医药药材公司改制而成。2014年11月独家投资组建山西德顺源大药房连锁有限公司，2019 年 4 月收购霍州市馨康医药有限公司。旗下有连锁直营药店 27 家、中医坐堂医诊所 2 家、古法艾灸理疗馆 1 个。经营范围包括中药材、中成药、中药饮片、化学药制剂、抗生素、生化药品、生物制品（除疫苗）、精神药品（限二类）、蛋白同化制剂及肽类激素、医疗器械、保健食品 12 大类 5800 余个品规的医药商品。担负着城镇职工、城乡居民医保刷卡购药、城镇职工门诊大额疾病用药以及霍州、汾西两地基药配送和全市 30 万名人民群众防病治病、康复保健、抢险救灾和疫情防控物资的供应任务。

2021 年，商品销售收入：实际完成 13012.28 万元，占年计划 13300 万元的 97.48%，与 2020 年同期的 13504.83 万元相比降低 3.65%。

净利润：实际完成 512.01 万元占年计划 500 万元的 102.4%，与 2020 年同期的 511.99 万元相比提高 0.004%。

上缴税金：实际上缴 345.93 万元，与 2020 年同期的 397.06 万元相比降低 12.88%。

【采购供应】　2021 年，霍州市医药有限公司实施线上线下同步推进策略，与全国知名厂商建立合作关系。通过批量采购、以量换价、现款交易等多种方式，争取对方政策支持，达到货源保障、价格合理、成本降低的目的。公司与山东东阿签订该厂主品复方阿胶浆和阿胶块的直供战略合作协议；与南、北同仁堂，山西广誉远，四川太极等一批全国知名厂家建立长期稳固的合作关系，争取到安宫牛黄丸、龟龄集胶囊等紧俏受控品种厂家的政策优惠和返利支持，满足连锁品种需求，享受到供应商的优惠政策。扩大电商平台采购力度，关注平台价格、品种动态。经过筛选比对，与 106 家信誉度好，品种价格具有优势的平台供应商建立合作关系，全年进货量 260 余万元。

【医保管理】　2021 年，霍州市医药有限公司坚持以规范管理为重点，以拓展业务范围为抓手，以满足参保人员刷卡购药为目标。在规范管理上，聚焦突出问题，自加压力、自我约束，紧扣医保服务协议开展工作。针对市医保局检查和企业自身查出的问题，改进措施。在拓展业务范围方面，分步实施，稳步推进，逐一争取，使之取得了突破性的进展。有老国营、诚信、李诠庄 3 家连锁店医保刷卡业务正式开通；康复特、学府、西街连锁店成功取得医保定点资格，正式上线运营；第二连锁店申报普通门诊费用跨省直接结算业务和特药“双通道”定点单位均成功获批并开展业务，使该公司服务医保的功能更加完善。在服务参保人员方面，推进医保卡开通、挂失、解锁等便民服务项目的落地，把电子医保卡激活工作作为承担社会责任，心系民生的工作来抓。以此增强员工的服务意识、提高员工的服务质量。特别是在全省医保新旧信息系统切换，调试中，第二连锁店率先担负起我市唯一的试点单位。在市医保部门的支持和指导下，满足参保人员急需刷卡购药的期盼。

【质量管理】　2021 年，霍州市医药有限公司以质管部为统领，发挥质量管理“三人小组”的作用，以夯实基础管理为支撑、以落实质量监管为突破、以定时跟踪检查为手段，在经营工作各关键环节推进 GSP 管理，促进质量管理常态化、规范化建设进程。坚持多措并举方略，提升合规性管理水平。与杭州康晟健康管理咨询有限公司合作，开通智云问诊远程电子处方系统，解决零售药店处方来源困难的问题。按照国家和省药监局的要求，使所有门店按时入驻了码上放心平台，实施四大类药品信息的全程追溯管理。换发了各经营单位的证照，确保经营资质的合规性和有效性。取得《互联网药品信息服务资格证书》，为公司开通互联网销售药品铺平道路。

【转型发展】 2021年，霍州市医药有限公司以促销活动为引领，强势拉动销售增长。推出惊蛰期间安宫牛黄丸、三伏天人参系列和“双十二”等14场大型优惠促销活动。创新营销模式，提高市场占有份额。与葵花药业举办为期60天的“38元抽大奖电动汽车开回家”网络直播抽奖活动；与汤臣倍健联手开展带货直播促销活动；与山东东阿携手举办复方阿胶浆“气血双补好睡眠”主题大篷车宣传活动。扩大经营品规，打造一站式购药服务平台。引进回伊马替尼、利拉鲁肽、咳宁和低价位的胞磷胆碱钠、甲钴胺等品种，全年新增品规130余种，填补了市场空白，促进高、中、低档价格体系的逐步形成，满足不同层次消费者的用药需求。关注价格动态，制定应对策略。分9次对164种常用药品价格作大幅下调，提升价格竞争能力，强化服务意识，实施便民举措。在药店管理中倡导为顾客提供有价值的增值服务、做顾客贴心人的做法。如会员积分兑换实物，微信推送活动信息，执业药师提供药品知识咨询，急需药品代购，免费测血压、血糖以及代煎中药、打粉研末等便民举措。

（高继忠）

重点医院

·人民医院·

【概况】 霍州市人民医院始建于1948年，是一所集医疗、教学、科研、预防、保健和康复为一体的二级甲等综合公立医院；是全市基本医疗保险和各种商业保险定点医院；是交通事故绿色通道定点医院。全院编制床位220张，开放床位238张，年门急诊14万余人次，住院1万余人次。

人民医院设备先进，技术力量雄厚。医院有职工410人，专业技术人员373人，其中主任医师2人，副主任医师24人，副主任护师1人，中级职称95人。拥有飞利浦FD－20数字减影血管造影系统、飞利浦1.5T核磁共振、美国GE－X射线计算机体层摄影设备（16排CT）、美国GE新一代双能DR成像系统、双能骨密度仪、美国飞利浦四维彩超、奥林巴斯CV－290消化内镜操作系统、美国史塞克数字HD高清晰腔镜手术系统、德国WOLF电切镜和钬激光碎石系统、血液透析机、法国梅里埃微生物诊断系统等大型设备。

【业务工作】 2021年，霍州市人民医院出院8963人次，其中危重患者933人次，占10.4%，同比增加83人次；抢救139人次，抢救成功率80.6%；手术1998人次，占22.3%。出院患者平均住院日7.5天；平均每张床位工作日270.8天；病床使用率74%。医院通过二甲复审。

【优质服务】 2021年，霍州市人民医院120出车1930次，5分钟内出车率100%；接回患者1698人次，同比增加351人次，空车率12%。急危重症全部开通绿色通道，“先救治、后收费”，为无名氏、无能力支付患者垫付医疗费用2万元。

胸痛中心常态运行，接诊胸痛患者325人次，其中，高危191人次；确诊急性ST段抬高性心肌梗死79人次，溶栓42人次，急诊PCI7人次，135例按胸痛中心流程转诊至上级医院行急诊 PCI；首份心电图时间 3 分钟；DtoN40.9 分钟，最短 21 分钟；肌钙蛋白获取时间 18.2 分钟，最短 7 分钟；为胸痛患者争取救治时间，降低死亡率。

推进卒中中心建设，开展脑卒中溶栓治疗 22 例，DNT 平均时间 55 分钟，最短 27 分钟。已通过网上审核，12 月 15 日完成山西省卫健委专家现场评估、指导，进入整改和国家现场验收（抽查）阶段。

启动创伤中心建设，加入中国创伤中心联盟，从 6 月 14 日开始上传创伤患者救治信息，上传 369 人次，数据等级 A 级。在 12 月 14 日山西省卫健委组织专家现场评估、指导。

推进危重孕产妇救治中心建设，畅通危重孕产妇救治中心转诊通道；高危孕产妇专案管理 32 人，实现“零死亡”。2021 年 5 月以总分 82.6 分、以临汾地区第 5 名的成绩深受临汾市卫健委专家好评。

加强危重新生儿和儿童救治中心建设。2021 年新生儿室收治新生儿 19 个病种 99 人次，其中孕龄最小 34 周，年龄最小 20 分钟，体重最轻 1.9kg，痊愈出院 98 例。2021 年 5 月，以临汾地区总分第 6 名的成绩赢得临汾市卫健委专家表扬。

投资 70 余万元完成住院部病房装修、门厅修缮扩建、感染性疾病科改造，改善患者就医环境。投入 270 余万元更新、配置脱水机、包埋机、电外科工作站、透析机、医用微动力系统手术锯等 19 类设备 42 台套，PCR 实验室检测能力扩增到 1500 管/日。

【质量安全】　2021 年全年无医疗事故和重大医疗安全不良事件。新增 7 个、修订 44 个医疗质量管理制度；新增诊疗规范 35 个、技术操作规范 7 个，修订 16 个，分级授权、分层负责、切实可行、科学高效的质量安全管理体系日趋完善。加强重点科室、重点区域、重点环节、重点技术的质量安全管理，持续推进合理检查、用药、治疗和收费“四合理”，以查促改并形成长效工作机制。大型设备阳性率彩超 85.1%；CT74.1%；DR54.8%；磁共振 86.3%；胃肠镜 88.4%。监测报告药品不良反应 105 例，检验中心参加室间质评 98 项，合格 93 项，合格率 95%。

【疫情防控】　2021 年，霍州市人民医院坚持“外防输入、内防反弹”和“动态清零”的策略目标不动摇，完善相关制度预案，加强教育训练，提升整体应急处置能力。人民医院各病区设置隔离病室，发热门诊儿经改造，向标准靠拢，全年接诊发热患者 669 人次，留观 335 人次，确诊新冠肺炎 0，医护人员感染 0；PCR 实验室顺利建成运行，累计检测核酸 64380 人次，承担火车站、高速口排查与核酸免费检测 3431 人次。

一级培训 12 次 464 人；二级培训 204 次 2208 人次。录制下发穿脱隔离衣、防护服视频培训教程，编制新冠疫情医务人员应知应会手册、保洁员工作手册、院内司机应知应会知识等，做到人手一册，随时学、反复学，考核 725 人次，合格率 93%。

发挥互联网优势，每日更新疫情防控信息，定期推送防控技术知识，针对重点时段提醒提示，加强日常培训交流，反复强化加深理解记忆，及时复习复训掌握技能，确保温故知新记得住，平常工作想得到，关键时刻用得好。统筹调度医务人员驻点保障，加班加点，协调运转，完成新冠疫苗接种，构建全人群免疫屏障。

【指令性任务】　2021 年，霍州市人民医院完成高考和高职扩招学生体检 2198 人，征兵体检 292 人，实现零差错、零投诉；看守所、拘留所 7×24 小时医疗保障 1460 人次；临汾市纪检监委留置点 100 天 7×24 小时医疗救治保障服务；市委、市政府、卫体局、纪检委等部门临时医疗保障任务 600 余人次。免费为“六类”残疾人员评定残疾等级 750 余人次，开展下乡评残 7 次，上门评残 172 人，免收残疾人评定费用 43205 元。完成单位职工、驾校学员、入职入学等集体、个人体检 7600 余人次。

【关注弱势群体】 2021 年，霍州市人民医院成立 7 支专家团队，分别对接 1 至 2 个乡镇卫生院/社区卫生服务中心，通过巡回医疗、义诊、家医签约、健康扶贫、入户随访等方式，帮扶乡医、村医提升医疗服务能力。辛置镇卫生院入列国家级尘肺康复站试点，完成环境设施改造、设备购置、人员培训，尘肺病患者建档 90 人，康复服务 17 人。人民医院派出中医科专家每周到陶唐峪乡卫生院坐诊，服务门诊患者 260 人次。基层医院派 14 名骨干医师到人民医院进修学习，提升服务能力，造福当地百姓。

2021 年开展送医送药下乡、健康咨询义诊、送温暖献爱心等活动 100 余次，义诊 1 万人次，免去诊疗、治疗、检验费用 1 万余元，发放健康宣教资料近 10 万份。各专科专家进学校、进机关、进社区、进农村、进企业、进军营开展卫生健康知识、急救知识、中医中药等知识讲座 1000 余次，受益群众 2 万余名。

派驻工作队，在梨湾村、山底村开展驻村和结对帮扶工作。开展结对帮扶贫困户 15 户 23 人。2021 年度为约 280 名农村贫困患者提供“先诊疗、后付费”、“一站式”结算服务，垫付医疗费约 201 万元。

【人才培养】 2021 年，霍州市人民医院招聘 18 人，选派近 10 名消化、儿科、麻醉、超声、普外、神外、妇产专业骨干医师、护士到南京鼓楼医院、山西省心血管病医院等三甲医院进修学习，引进开展新技术新项目 6 项。有职工 410 人，卫生技术人员 373 人，占 91%。

（张州龙）

·中医院·

【概况】 霍州市中医医院建成于 1986 年 10 月，是一所集医疗、科研、急救、预防保健和康复为一体的中医医院，承担着霍州市主城区以及开发区 30 余万名人民群众的预防保健、常见病诊疗、大病预约、转诊及手术病愈后的康复、护理等职能。诊疗原则为“突出中医特色，中西医结合”。医院设内科、外科、妇科、儿科、手术科、康复理疗科、针灸科、督灸科、检验科、心超室、影像科、中西药房及其他辅助科室职能科室，开设病床 85 张。截至 2021 年底，有正式职工 58 人，其中，卫生专业技术人员 55 人，高级职称 7 人，中级以上职称 12 人。2021 年门诊人数达到 11147 人次，住院患者 857 人次。拥有大型设备 16 排德国西门子 CT。

【急诊急救】 2021 年，霍州市中医医院加强能力建设，配备急诊救护车；加强心肺复苏的培训，急性心梗溶栓的培训。

【疫情防控】 2021 年，霍州市中医医院承担霍州市集中隔离医学观察点、高铁站体温检测、新冠疫苗接种、新型冠状病毒核酸检测等任务。按照防控工作要求，对该院存在的院感风险和隐患不间断排查，及时发现并通过加强管理及时纠正；对医务人员防控基本知识进行多次培训；加强新冠病毒核酸检测工作，提升检测能力，全体医护人员能够熟练掌握核酸采集工作，确保发生本土聚集性疫情时，能在短时间内高质、高效完成区域居民全员核酸检测标本采集工作，确保流程规范、管理有序。

【二甲评审】 2021年，通过听汇报、查资料、访患者、看现场、考操作等多种方式，对霍州市中医医院二级甲等医院的评审准备工作进行全方位、全过程得严格检查验收。二级甲等医院的评审验收顺利通过。

【重点科室建设】 2021年，霍州市中医医院为提升医院核心竞争力，树立医院品牌，结合各科室基础条件和医学发展趋势，医院为康复科、针灸科、内科的发展提前布局，储备人才，添置设备。为提高医技科室能力水平，更好地为临床服务，克服短板，医院创造条件使检验科开展临床应对危重病人和疑难病人急需的一批新项目。

【质量安全管理】 2021年，霍州市中医医院围绕医疗服务，提升医院技术服务能力这个中心工作，医院领导班子狠抓医务科、院感科等职能科室建设，明确岗位职责及履职要求，由粗放管理逐步向科学化、规范化、精细化管理过渡。以医务科为枢纽，协调全院各科，将医疗质量与安全提升到全新的高度，向质量与安全要效益。明确医疗质量安全与医疗服务间的关系。全院树立全局安全观念，将后勤、信息、设备、消防与治安安全纳入医院质量安全管理的范畴。

【信息化建设】 2021年，根据医院发展管理需求，从规划设计着手，推进医院信息化建设。根据临床及患者需求，优化就医流程，规划下一步信息化建设，将Lis系统（实验室信息管理系统，与实验室设备连接，传输检验结果等）、电子病历等系统模块提上日程。对接新医保平台，保证患者正常报销。

（董文红）

爱国卫生

【概况】 霍州市爱国卫生运动服务中心（以下简称爱卫中心）是霍州市爱国卫生运动委员会的办事机构，正科级建制，公益一类事业编制，编制10名，在职职工7人（其中正科级1人，副科级3人），主要职责是：贯彻国家爱国卫生工作的方针、政策和法规；负责城乡环境卫生的监督及检查评比；开展农村改厕工作；组织开展全市病媒生物防治活动；组织协调开展创建“卫生城市”活动；组织开展创建卫生乡镇、卫生社区，卫生村活动；组织协调乡镇街道办、有关部门和团体的爱国卫生工作；协调处理环境卫生工作；开展爱国卫生宣传教育活动。

【国家卫生城市创建】 2021年，爱卫中心发挥组织协调职能，坚持问题向导，对照国家级卫生城市8大类40个小项目指标要求，细化为126条，建立问题清单台账，对照问题清单，逐一研究，逐项整改，逐步完善。各成员单位按照创建国家级卫生城市工作考核指标，对建成区及城乡接合部的旱厕、大街小巷的破损路面、广告牌匾、违建临建、残垣断壁、农贸市场、畜禽养殖、流动摊贩、空中网线等方面进行整治；开展健康教育和健康促进活动，对重点场所卫生、食品和生活饮用水安全进行整治规范，推进公共卫生与医疗服务和病媒生物预防控制，加大环境保护治理。

【爱国卫生月活动】 2021年4月以“文明健康，绿色环保”为主题，开展“爱卫月”活动。下发《关于开展第三十三个爱国卫生月活动的通知》，倡导居民勤洗手、常通风、保持社交距离、使用公勺公筷、不乱扔垃圾、公共场所不吸烟等科普宣传。开展垃圾分类和限塑等知识宣传，引导群众不使用一次性餐具和塑料制品、分类投放生活垃圾，在全社会形成垃圾减量、注重环保的习惯。结合党史学习教育活动，举办“学党史、办实事、创国卫、齐动员”宣传活动，动员群众参与“美丽庭院”建设，集中开展灭蚊、灭蝇、灭蟑、灭鼠行动，降低病媒生物密度，严防媒介疾病发生。

【农村改厕】 2021年，爱卫中心制订农村改厕工作方案，建立市、乡、村三级共同抓改厕机制，在改造过程中做改厕户思想工作，转变农户传统观念，做到应改尽改。针对农村外出务工人员增多，村里常住人口趋于老龄化，在配合上对厕所墙顶配套不能及时的情况，帮改厕户出主意、想办法，使其达到国家标准。2021年上级下达改厕任务2000座，完成2050座，超额完成上级下达农村改厕任务，在临汾市A类县市中排名第三。

【除四害】 2021年，爱卫中心开展以整治环境，清除垃圾和“四害”滋生地为重点的除四害活动，对重点场所进行消杀，从源头彻底清除“四害”的滋生和各种传染病的传播。制定下发《霍州市2021年病媒生物防治工作实施方案》《关于开展消杀活动的通知》，普及卫生防病知识。（李毅）

综合检验检测

【概况】 霍州市综合检验检测中心成立于2015年3月，承担全市的计量检定、食品、药品、农产品等各类检验检测任务。

【队伍建设】 2021年，霍州市综合检验检测中心注重职工能力水平提高，组织业务培训学习、实验室比对等，全面提升业务能力。外派2名技术人员参加中国质量检验协会举办的加油机、加气机、成品油计量作弊分析与查处及油气回收检测技术培训。5月，通过临汾市市场监管局现场考核，完成计量标准器工作，具备7项建标检验资质，检验检测能力覆盖霍州市辖区范围内的压力表、天平、衡器、燃气表、血压计、加油机等计量器具的强制检定。

【疫情防控】 2021年，霍州市综合检验检测中心作为霍州市唯一一家法定计量检定机构，结合实际，制定《关于做好新型冠状病毒感染肺炎疫情的防控方案》《疫情防控制度》《新型冠状病毒疫情防控知识手册》，成立应对肺炎疫情工作领导组，明确责任分工和具体实施细节。

【计量检定】 2021年，霍州市综合检验检测中心全年检定压力表1670块、衡器40台、加油机375枪次、燃气表2125块、血压计95台，天平131架，确保强制检定计量器具的受检率98%以上，规范成品油经营行为，建立成品油市场多部门联动监管机制，促进成品油市场持续健康发展，配合霍州市规范成品油市场专项整治行动安排，对全市范围内从事生产经营、在市场局备案、用于贸易结算的加油站点的所有加油机，工作人员在对加油机的铭牌和标记、外观结构、防作弊系统、加油机主板、编码器、流量器铅封是否完好进行检查，对加油机的示值误差和重复性进行一次超标准、严要求的计量检定。

【宣传工作】 2021年5月20日是第22个世界计量日，主题为“测量守护健康”。

制定活动实施方案，重点宣传计量在保障国计民生、支撑经济社会发展、引领科学技术进步和规范市场经济秩序方面的重要基础作用，同时突出计量在守健康、惠民生过程中发挥的重要作用，宣传技术机构在履职尽责方面的新举措新成效，宣传计量人员立足本职追赶超越的精神风貌和精湛计量技术。

（段超娴）

社会生活

医疗保障

【概况】 霍州市医疗保障局于2019年3月7日正式挂牌成立，是市人民政府的工作部门，正科级建制。内设办公室、政策法规股、医药服务管理股、基金监管股4个股室，行政编制6人，局长1名，副局长1名，股级职数4名。局属事业单位医疗保险服务中心，事业编制，编制人数25名。

【主要职责】 霍州市医疗保障局主要拟订全市医疗保险、生育保险、医疗救助等医疗保障制度的地方性法规、规章草案、政策、规划和标准，并组织实施。组织制定并实施全市医疗保障基金监督管理办法，建立健全医疗保障基金安全防控机制，推进医疗保障基金支付方式改革。制定全市医疗保障筹资和待遇政策并组织实施，完善动态调整和区域调剂平衡机制，统筹城乡医疗保障待遇标准，建立健全与筹资水平相适应的待遇调整机制。组织拟订并实施长期护理保险制度改革方案。负责中央、省驻霍和市属机关、事业、社会团体及企业等单位的医疗保险和生育保险管理工作。组织拟订和落实全市城乡统一的药品、医用耗材、医疗服务项目、医疗服务设施等医保目录和支付标准，建立动态调整机制。组织拟定、落实全市药品、医用耗材价格和医疗服务项目价格、医疗服务设施收费等政策并组织实施；建立医保支付医药服务价格合理确定和动态调整机制，推动建立市场主导的社会医药服务价格形成机制，建立价格信息监测和信息发布制度。制定全市药品、医用耗材的招标采购管理政策并监督实施。制定全市定点医药机构协议和支付管理办法并组织实施，建立健全医疗保障信用评价体系和信息披露制度，监督管理纳入医保范围内的医疗服务行为和医疗费用，依法查处医疗保障领域违法违规行为。负责医疗保障经办管理、公共服务体系和信息化建设。组织制定和完善异地就医管理和费用结算政策。建立健全医疗保障关系转移接续制度。开展医疗保障领域国际、国内合作交流。完成市委、市政府交办的其他任务。职能转变。市医疗保障局应完善统一的城乡居民基本医疗保险制度和大病保险制度，建立健全覆盖全民、城乡统筹的多层次医疗保障体系，不断提高医疗保障水平，确保医保资金合理使用、安全可控，推进医疗、医保、医药“三医联动”改革，更好地保障人民群众就医需求、减轻医药费用负担。与市卫生健康和体育局的有关职责分工。市医疗保障局、市卫生健康和体育局等部门在医疗、医保、医药等方面加强制度、政策衔接，建立沟通协商机制，协同推进改革，提高医疗资源使用效率和医疗保障水平。

【主要指标】 2021年，霍州市基本医疗保险参保人员273604人，医保基金收缴57744.78万元，累计支出23325.36万元。2022年度城乡居民参保19.6042万人，参保率98.85%，特殊人群参保率100%，完成参保任务。

【特色亮点】 2021年，霍州市医疗保障局按照全市疫情防控总体要求，统筹做好疫情防控工作和医保业务经办工作。为做到“确保确诊和疑似新冠肺炎患者不因费用问题影响就医，确保收治医院不因支付政策影响救治”，及时更新医保药品和诊疗目录统一编码库，确保确诊和疑似新冠肺炎患者治疗费用可以及时结算支付；根据《关于做好新冠病毒疫苗及接种费用保障工作的通知》文件规定，为市2021年2月26日至6月30日新冠肺炎疫苗接种单位拨付费用153.02万元。优化医保经办流程，做好医保经办服务大厅防护工作，实现“放心办”，做到全面防控和重点任务统筹推进，统筹安排，做到各项工作不停摆、不迟滞、不耽误。

【重点工作】 2021年，霍州市医疗保障局资助农村建档立卡脱贫人口参加城乡居民基本医疗保险3262人；1—9月，建档立卡脱贫人口住院就诊520人次，住院费用457.46万元，基本医疗、大病、补充等各类保险报销407.89万元；慢性病就诊6888人次，发生费用230.27万元，保障支付201.83万元。加强门诊大额疾病和“两病”管理，落实门诊报销待遇。城乡居民符合高血压门诊用药保障范围就诊1350人，4436人次，待遇享受3728人次，降血压药品基金支出12.81万元；符合糖尿病门诊用药保障范围就诊273人，1245人次，降血糖药品基金支出6.15万元。推进“一站式”服务、限时办结工作制、完善异地转诊备案管理、推行电子化收费，开展电子凭证应用工作，提高医保待遇办事效率。落实资助重点救助对象参保缴费政策，建立防范和化解因病致贫返贫长效机制，把符合条件的因病致贫困难群众纳入救助范围，增强医疗救助托底保障功能。全市享受医疗救助困难群众1236人次，医疗救助支出306.04万元。

【基金监管】 2021年，霍州市医疗保障局结合《医疗保障基金使用监督管理条例》（以下简称《条例》）的实施，召开以“宣传贯彻《条例》、维护基金安全”为主题的集中宣传月活动启动会和《条例》培训会，提高人民群众对医疗保障工作的认知度，使人民群众清楚认识到打击欺诈骗保就是维护自身的利益。加强信息化建设和日常监管，实现对定点医药机构日常监管全覆盖，按照《山西省医疗保障局关于开展医保基金监管存量问题“清零行动”的通知》要求开展专项行动，截至2021年10月底，已追回违规费用合计355万元。

【药品集采】 2021年，霍州市医疗保障局跟进落实国家和省药品集中带量采购工作，落地国家、省集中带量采购药品277个中选品种，医用耗材162个中选品种，全市13家定点医疗机构参加药品集中带量采购工作，降低参保群众用药负担。

【医保电子凭证】 2021年，霍州市医疗保障局深入乡镇、社区，通过多种形式推广宣传医保电子凭证，并委托支付宝公司工作人员前往各定点乡镇卫生院、村卫生所进行长期推广宣传，引导帮助群众开通激活电子凭证。截至年底，霍州市电子医保凭证激活172127人，激活率达61.72%。（高士昌）

住房公积金

【概况】 2021年，霍州管理部以“党史教育专题学习”活动和“争先、进位、崛起”解放思想大讨论活动为契机，突出党的建设引领作用，统筹推进党建、业务、乡村振兴高质量发展，推进各项工作。

【业务运行】 2021年，霍州市归集13015万元，比2020年同期11122万元增长17%，累计归集114458万元，归集余额60003万元；全年提取6978万元，比2020年同期5744万元增加21.5%；全年发放贷款163户，金额为5182万元，比2020年同期9864万元减少47.5%，贷款余额为22038万元，个贷逾期率为0.02‰。（王靖）

老区建设促进会

【基层活动】 2021年1月，霍州市老促会班子全体成员，深入东关村实地调研，展开乡村振兴摸底巡查工作。并与东关村党支部、村委举行农村工作座谈会，实地参观了党组织建设，群众文化活动中心，视察文物保护工作和村容村貌，为发展农村的社会经济和乡村振兴工作，起到了促进作用。

举办多场党史学习教育辅导讲座。特邀高级教师贾王广、党校副教授王文明、市老领导米培人、霍州党史总编李福光，为全体老党员讲党史，深入解读习近平总书记“七一”重要讲话精神等。

市老促会郭思红会长应霍州市人武部部长、市广电中心主任之邀，精心备课，分别为霍州基干民兵训练班，霍州融媒体全体人员，举办了两场《中共霍州早期地方组织的建立与发展》的专题讲座，受到与会者的广泛赞誉和好评，为在场的所有人员上了一堂生动的红色教育课。

【文化活动】 2021年，老促会根据市委开展打造红色“50＋”基地的活动，老促会一班人，搜集资料、制作版面、宣传标语，开展红色宣讲活动，打造市重点文物保护单位北顶庙中共山西临时省委（扩大）会议旧址，于6月举行红色基地对外开放的揭牌仪式，为霍州增添一处红色革命教育基地。根据新时代党在广大农村开展的“振兴乡村文化”活动要求，协会以“下乐坪村民间自乐班”为重点、开展“送文化下乡”义务帮扶活动。从2021年6月到年底，辅导各类文艺节目10余个，编排“十二把镰刀”“泥窑”两个眉户小戏。分别在霍州市举办的“农民丰收节”“九九重阳节”为广大农民展演文艺节目。

完成“霍州革命发展史”出版发行工作。与关工委、教科局共同落实北京文化传媒公司充实霍州市中小学图书馆图书资料的工作任务。与深圳洁辰环保有限公司开展的“关爱厨房、共享健康”惠民捐赠活动。与成都盛元阳光环保科技有限公司开展的“健康饮水”捐赠革命老区的活动。（张明光）

老龄人才资源开发

【概况】 老龄人才资源开发协会是经党中央、国务院批准，在全国各省、市、县设立的群众性社团组织。主要工作职能是：组织和动员各类老龄人才，参与各种社会活动，弘扬真善美，传播正能量。围绕党的中心工作，发挥其老龄人才的独特优势，开展各种有益的社会活动，为促进社会和谐，推动社会发展，发挥余热，献计献策。霍州市老龄人才资源开发协会组建成立于2005年，与市老区建设促进会、两个组织，一套班子。人员由退休干部组成，统一领导，合署办公。

【活动开展】 2021年，霍州市老龄人才资源开发协会组织全市各类老年人才深入学校、农村、机关、社区，开展宣讲活动。成立基层党组织，先后在白龙、李曹、陶唐峪、开元、新建、永泉、老促会、关工委及老年书画协会等乡镇、街道和单位成立老干部临时党支部，定期组织老干部集体学习；组织全市65岁以上的老年人免费进行体检；组织全市老年文艺爱好者，开展器乐、舞蹈、健身、门球、太极拳等各种文体活动；组织全市老年书画爱好者，举办培训班，聘请书法、绘画老师授课；组织老年文娱骨干，深入全市农村，利用庙会进行宣传党的各项政策和中心工作；组织中镇书画院书画爱好者，参与上级举办庆祝建党100周年大型书画展，部分作品获奖；组织离退休老干部、老党员、老同志代表，对全市重点工程进行观摩；组织老干部代表观看抗日战争和解放战争时期的老电影；组织全市老龄人才，召开征求意见座谈会；对全市离退休困难老干部及遗孀进行慰问救济；对做出贡献的老党员、老干部、老同志进行宣传表彰。

（董双锁）

民政工作

【概况】 霍州市民政局为正科级行政单位，负责组织实施落实民政事业的法律、法规和方针、政策，牵头拟订全市社会救助、城乡基层群众自治建设和社区治理、地名管理、殡葬管理、养老服务、婚姻登记、慈善事业、社会组织、志愿服务等的规划、实施工作。内设办公室、社会组织管理股、社会救助股、基层政权和社区治理股、社会事务股、养老服务股6个行政股室。行政编制11名，实有10名；工勤编4名，现实有2名。下设霍州市社会救助中心、霍州市社会事务服务中心、霍州市社会福利服务中心3个事业单位。

【社会救助】 2021年，霍州市民政局建立低收入人口数据库和常态监测，开展巩固社会救助兜底成果“回头看”行动。坚决守住不发生规律性返贫的底线。完成城乡低保特困人员提标发放工作，试行城乡低保统筹后：城镇区域844户1709人，标准675元/人·月，乡村区域708户1423人，标准5640元/人·年，全年发放低保金1608.32万元，特困人员临时供养448人，发放资金614.87万元。截至年底，发放救急难、四类学生、小额救助等325.67万余元。走访慰问1200余人次，解决个案问题11个，发放慰问金6200元。出台《霍州市低保制度城乡统筹发展试点实施方案》，12月推开试行。

【社会事务】 2021年，霍州市民政局发放困难残疾人生活补贴、重度护理残疾人补贴301.41万元，发放孤弃儿童、事实无人抚养儿童生活费118.36万元。加强行政区域界线管理，完成和古县的界线联检，无任何变动和纠纷；完成二普档案建设任务，已上报临汾市局验收待出结果。规范婚姻登记服务，婚姻登记2621对。有245个社会组织（其中，社会团体45个，民办非企业单位200个），每万人拥有社会组织数达8.2个。开展打击整治非法社会组织专项行动，劝散涉嫌开展活动的非法社会组织8家；强化党建引领和作用发挥，社会组织党的工作实现全覆盖。组织引导社会组织积极参与疫情防控、灾后恢复重建，直接捐款57959元。

【基层政权】 2021年，霍州市139个建制村全部完成换届选举，“一肩挑”137个；18个社区全部完成委会换届选举，“一肩挑”的社区18个。作为全省乡镇（街道）社工站建设试点县市，建立12个乡镇（街道）社工站，每个社工站配备3名工作人员，达到“七有”（有机构、有人员、有场所、有标牌、有制度、有服务、有成效），社工站建设走在全省前列。截至年底，开展个案服务14个，入户走访999户，累计服务10162余人。

【养老服务】 2021年，霍州市登记在册养老机构19所，为老年人提供用餐的日间照料中心25所；落实困难家庭中高龄、失能老人及百岁老人补贴64人5.5万元；对公办敬老院实施提质升级工程，完成市福利服务中心电梯安装和消防改造并投入使用。霍东社区和霍电辛庄社区居家养老服务场所建设已完成；前进社区居家养老是在之前日间照料中心的基础上进行补建，目前正在进行规划扩建；文庙社区居家养老服务模式是依托辖区内一所有资质的民办养老机构进行，已完成消防改造，沟通完善消防手续。

【重点项目】 2021年，初步选址在李曹镇南堡村东，占地面积5公顷，为荒草地和未用地，进行设计规划和勘测定界。聘请太原普可佳设计有限公司进行设计规划，执行《山西省殡葬基础设施建设指南》，多方征求自然资源、环保、林业、乡镇等部门的意见。设计人员3次反复勘察现场，4次修改规划，殡仪馆、骨灰堂、公墓整体规划已基本确定。乡、村级公墓建设推进情况。完成3个乡镇级公益性公墓建设（李曹镇、陶唐峪乡、三教乡），占地1.20公顷，预算投资66万元。农村级公益性公墓：市级公墓可覆盖3个街道办12个建制村，剩余9个乡镇、街道办，127个建制村建77座公墓，占地面积16.13公顷，可覆盖205616人。其中2021年建28座，占地面积92亩，预算投资388万元；可覆盖62793人。

（朱晓华）

人力资源和社会保障

【概况】 霍州市人力资源和社会保障局（以下简称霍州人社局）组建于2010年4月，是市级党政机关机构改革后在原市劳动和社会保障局、市人事局的基础上组建而成。到2021年底，在册干部职工273人。内设14个股室，下设4个机构。2021年，人社局围绕中央、省委、临汾市委决策部署，坚持民生为本，人才优先的工作主线，统筹疫情防控和人社业务，霍州人社事业持续健康发展。

【就业创业】 2021年，霍州人社局为全市9名高校毕业生提供就业见习岗位，与3户用人单位签订了就业见习协议；落实就业创业政策，创业担保贷款申报7批237家，累计发放92笔1980万元；举办3次招聘会，提供2300余个就业岗位，900余人达成就业意向。牵头举办霍州市人才工作成果展暨霍州市“暖心助航，就创青春”秋季招聘系列活动。城镇新增就业5310人，失业人员再就业1608人，就业困难人员实现就业350人，转移农村劳动力4821人，城镇登记失业率3.03%，城镇常住居民人均可支配收入增幅7.7%，完成就业再就业各项指标。

推进“人人持证、技能社会”提质增效，深化全民技能提升，打造“霍州锁匠”“霍嬷嬷霍州年馍”技工品牌。在临汾市举办春季职业技能大赛，实现以赛促培、以赛促训。加大以持证率为导向的培训，完成职业技能培训5814人。霍州市技工学校被确定为全省31家职业技能等级认定机构之一，报送人社部备案，由之前的职业技能培训机构转变为集职业技能培训、职业技能等级认定、颁发证书于一体的机构。

【社会保险】 2021年，霍州市机关事业基本养老保险参保11201人，企业基本养老保险22961人，城乡居民基本养老保险98318人，失业保险14325人，工伤保险22098人，完成目标任务。开展社保基金专项整治，确保基金安全运行。推进社保卡和电子社保卡的签发应用，社会保障卡持卡人数289814人，电子社保卡签发236120张，人社政务服务好评率99%。

【人事人才】 2021年，霍州人社局深化市校合作，大力推行数字人才服务，建立“霍州青年人才数据库”，将2013年以来所有在公共就业人才服务中心进行档案登记的未就业人员进行数据化处理。规范完成全市政府部门事业单位人员2020年度考核工作和事业单位岗位设置、岗位聘用工作。兑现各项工资福利待遇，完成政府所属事业单位工作人员2021年的考核合格正常晋升工资审批工作，省部级以上功勋荣誉表彰奖励获得者统计工作和工人技术等级考核报名工作。对市所有专业技术人员进行信息完善，完成各类专业职称考试的审核和上报工作。完成2020年事业单位公开招聘工作，招聘事业人员172人，完成2021年公立医院40名专业技术人员招聘工作，2021年党群和政府所属事业单位招聘120名工作人员实施。完成2021年“三支一扶”人员招录工作，招录人员17名。

【劳动关系】 2021年，霍州人社局构建和谐劳动关系为工作基调，加大劳动执法检查力度，规范企业用工行为，开展根治欠薪专项行动，解决突出问题，化解突出矛盾，打造和谐稳定的用工环境，检查用人单位856家，备案710家6188人，劳动保障监察举报投诉案件63起，结案率100%，通过劳动监察部门宣传、监督、执法共收缴工资保证金490余万元。受理劳动人事争议仲裁案件193件，涉及劳动者450余人，涉案金额达360余万元，涉及确定劳动关系的案件147件，到期结案率98%，调解率为60%。 （张燕）

乡镇概貌

三教乡

【概况】 三教乡地处霍州市东北隅，距霍州城区12.5千米，北靠晋中市灵石县，东邻长治市沁源县，西接师庄乡，南连大张镇、李曹镇，总面积151.46平方千米，所辖19个建制村，57个自然村，总人口2.1万人，耕地6万亩，乡人民政府驻地为下三教村。党委政府机关内设党政综合办公室、经济发展办公室、社会事务管理办公室、综合执法办公室、乡村规划建设办公室5个办公室，设综合便民服务中心、退役军人服务保障工作站2个办事机构。

【党史学习教育】 2021年，三教乡依托"三会一课一讲堂"，组织党员群众集中收看、收听，学习党的最新政策精神，通过集中学习、个人自学、交流研讨等多种形式结合的方式共同学习党的百年历程，开展党委理论学习中心组学习11次，集中学习70余次，交流研讨15次。深入基层一线讲党课、做宣讲，到基层宣讲20场。以"我为群众办实事"为抓手，通过深入摸排、现场办公等形式，深入基层、深入一线、提供点对点、面对面的服务，引导全乡党员干部深入学习习近平新时代中国特色社会主义思想。精心谋划，高效落实建党百年"十个一"系列活动、"我为群众办实事"活动、"党旗在基层一线高高飘扬"活动等大型主题活动。打造霍州市党史学习教育50+教学点3处，全面摸排"四类党员"，走访慰问生活困难党员、建国前入党老党员、因战因公伤残党员16人，为500余名党员过"政治生日"，为94名老党员颁发"光荣在党50年"纪念章。

【疫情防控】 2021年，三教乡落实四级防控包保责任制。建立台账，对重点区域来临的辖区村民103人，进行密切监控，日常管控。印发《致广大群众的一封信》共计8000余份，在公路主干道沿线、村主干道张贴宣传标语70余条。每村安排1名村干部通过村级广播系统全天候播放疫病防控常识，宣读接种疫苗的重要性。利用微信朋友圈、微信群等线上平台广泛宣传新型冠状病毒感染的肺炎预防知识，加强疫情防护知识宣传普及。建立"七台账"，做到底数清。建立疫苗接种日报表，做到动态明。建立疫苗接种"敲门"机制，做到户户销。截至目前，三教乡疫苗接种人数为15644人，接种比例93.56%，发放村第十二届村民选举委员会疫情防控公告并组织19个建制村选委会主任参加村委换届疫情防控现场观摩。

【防汛减灾】 2021年，汛期强降雨期间，三教乡党委、政府坚决组建防汛应急分队30人，防汛救灾小分队200余人，投入防汛抢险一线，全力抗击强降雨带来的地质灾害及次生灾害，投入3万余元购买雨靴、雨衣等防汛物资，动用挖掘机等机械13台次、疏通道路9处1.13万米，排查房屋7836次，雨夜巡查10余次，把损失降到最低，最大限度维护人民群众利益。灾后全力做好重建工作及“双抢”工作，完成重建修缮任务67户，抢收粮食47640亩，抢种粮食4312亩。

【新农村建设】 2021年，三教乡聚焦脱贫不稳定户、边缘易致贫户，构建防返贫监测和帮扶长效机制，重点对12户脱贫不稳定户、边缘易致贫户、突发严重困难户实行分类帮扶，促进群众稳定增收，确保不新增贫困人口和返贫人口。针对汛情灾情，做好农业抢灾救灾和灾后生产恢复工作，投入人力机械第一时间进行抢险修复道路，做好灾后恢复重建工作。实现农业稳产、人心稳定、社会安定。全年全乡粮食总产量955.63万吨，蔬菜产量892.5吨；大牲畜出栏340头（只），猪出栏6871头，羊出栏11492只，其他品类出栏1.76万只，坚决扛稳粮食安全重任。梨湾小米、龙泉苹果等“一村一品”“一村多品”农业示范基地建设初具规模。休闲农业、电商农业等新业态多点发力，助推农业高质量转型升级。三教乡推进污染防治攻坚战，加大防治秸秆禁烧力度。做好农村改厕、农村垃圾、生活污水、畜禽污染治理工作，美化农村环境。动用机械63台次，出动劳力743余人次，清运处理垃圾4.8万立方米；平整路肩217米；粉刷墙体标语8条，清理乱贴乱画12处。

【基层治理】 2021年，三教乡开展普法宣传10余场次，发放普法宣传材料10000余份。发挥人民调解作用，调解疑难纠纷10余件。接待群众来访19件（包括重复访），发放信访宣传资料10000余份，信访秩序总体平稳。全乡完成征兵、更换基干民兵排，对19个村的民兵连长和指导员进行任命和备案。结合民兵验收工作，配备防暴头盔、防暴叉、警棍、盾牌等反恐维稳装备。在干节、东王、神半节3个村安装5个防火监控摄像头，在干节村安装消防应急水箱，建立干节、龙泉、高王庄、南车腰、梨湾5个应急库，每个应急库储备专业消防物资。

【民生保障】 2021年，三教乡共建为民项目13大项188小项，包括电信诈骗知识宣传、疫苗接种信息登记、开展全乡文艺活动、解决农产品滞销问题、三教乡农村四好公路遗留问题、霍冯线农村客运车停靠上客问题、道路重修、技能培训、政策宣传、协调同兴禽业肉鸡养殖项目建设问题、走访调研农村合作社发展问题及秋收秋种和防汛救灾13大项，均基本完成。10月建立防汛救灾专项以来，乡、村两级共计疏通道路160余次，走访入户排查2800余次。三教乡全年核准低保、五保贫困户143户298人，做到脱贫不漏一人，结合乡村公益性岗位，优先安排有劳动能力的100余名贫困户担任保洁员、护林员、巡河员、光伏管护员等职务，增强贫困户自身“造血”功能，按照贫困劳动力参加公益性劳动的次数，分配光伏收益9万余元。

【文明建设】 2021年，三教乡依托库拔传统古村落和库拔莺歌举办首届霍州莺歌大赛及文艺会演活动，以百姓群众为主角，政府搭台，百姓唱戏，乡村同乐，旨在弘扬优秀传统文化，传承非物质文化遗产，激活群众文化市场，丰富群众文化生活，展现霍州人民良好精神风貌。打造“两中心一大厅”的党建“心脏工程”。高质量建设民俗主题文化活动中心，挖掘农村民俗文化，丰富农村群众精神文化生活，

提高群众幸福感。（荀耀印）

师庄乡

【产业发展】 2021 年，师庄乡各类养殖场、农业专业合作社从无到有，由少到多，由小到大，由弱到强。全乡有 10 余个村，小杂粮种植面积达 500 亩。郝家腰村原红武带头从村民和集体手中流转土地 500 余亩种植柴胡和黄芪等中药材，专门聘请运城种植药材大户杨奇安来村租赁土地种植，辐射全村 1200 余亩。周村朱建阁在冯南垣村流转土地 600 余亩种植中药材，建成有效益的中药材种植企业，起到基地带头示范作用。新发展各类养殖合作社 12 家，其中鑫力种养专业合作社投资大、规模大、产品优、效益好，建成全乡首个圈养模式的黑山羊养殖基地，注册“十槐”黑山羊商标，以“集体＋合作社＋农户”的模式稳步发展，已成为该乡养殖业的龙头。山头村以垚鑫荣种植合作社为依托，建成一家以高粱为主要原料的纯酿醋厂，项目投入 50 余万元。

【环境整治】 2021 年，师庄乡整修维护水利工程 30 余处，涉及人口 3000 余人，总投资 150 余万元。完成师庄、韩家岭、董南岭、老张湾等村的水利设施建设，特别是完成师家洼村、陈家洼村、东庄村管网改造。山头、陶村等村也通过一事一议的方式，修水库建河坝，解决群众用水困难，保障用水安全。贯彻落实国家“四好”公路建设任务。“四好”公路在师庄乡涉及的 6 条线路，4 条线路已完成建设，剩余 2 条正在积极筹备中。重点维护“一线”。“一线”即玉霍线，沿线村庄动用人工、运输车等，对主干道路进行彻底地打扫，对玉霍线两侧 9000 余棵树木进行刷白套红，清除林带杂草；重点清理“一河”。“一河”即姚村河，对姚村河沿线涉及的河道进行集中清理，动用大型机械 30 辆次，清理积存垃圾 50 余吨，设立禁止倾倒垃圾警示牌，对沿河居民进行宣传教育，确保河道畅通无垃圾；重点打造“一室”。“一室”即村级卫生室。按照国家下发的村级卫生室建造标准，对各村的村级卫生室进行新建或改造。创国卫工作开展以来，各村全面响应乡党委、政府号召，开展创国卫工作。周村在道路两侧种植冬青、月季、牡丹等各种花卉植物 5000 余株，建设美观墙 300 余米。其他各村也成立“创国卫”工作队，全乡清理主干公路、街巷道路、院内院外垃圾千余吨，墙体刷白 7000 余平方米，刷写标语 150 余条，粉刷树木 1 万余株，清除林带杂草 800 余亩，村容村貌明显改观，人居环境日益好转。

【民生保障】 2021 年，师庄乡 93 户贫困户已全部脱贫，通过国家验收，完成脱贫任务。采煤沉陷区综合治理搬迁安置工作作为一项重大救灾工程和民生工程，全乡有 1830 余户完成搬迁安置，已超过全乡 1781 户的任务目标。退耕还林、粮食补贴、农机补贴、清洁煤发放、地质灾害救助等党和国家强农惠农政策予以落实，林权制度和集体产权制度改革全面完成。乡城区服务站运行正常，减少村民办事环节，提高服务效率。按照建设新型社会救助体系的要求，落实农村最低生活保障、80 岁以上老人、四类困难家庭学生和贫困大学生等弱势群体的帮扶救助政策，解决困难群众生产生活难题。新型农村养老保险参保率达到 93%，新农合参合率达到 95%。“五保户”集中供养率 50% 以上。

【灾害应急】 护林防火期间，采取专业队巡查和群防群治的方法，发现火情，及时扑灭，近年来没有发生大的火情。针对师庄乡旧房多，危房多的实际情况，防汛期间，提前介入，认真排查，发放搬迁通知书，该搬的搬出，该加固的加固，保障人民生命财产安全，特别是 10 月以来遭遇最强秋汛，全乡出动干部 200 余人，对受灾群众进行及时转移，完成灾后重建工作。重点对道路交通、非煤矿山、食品药品安全、学校、易燃易爆品等领域开展安全生产排查。近年来全乡没有发生安全生产责任事故。结合“三零”创建工作要求坚持班子成员定期接访、领导包案处理等制度，加大社会热难问题的排查调处力度，规范信访秩序，畅通信访渠道。通过群策群力，信访大幅度减少，没有发生大的集体或越级上访案件。

（张融）

陶唐峪乡

【概况】 霍州市陶唐峪乡地处霍州市东南部，霍山脚下，东南与洪洞县接壤，西南与辛置镇毗邻，北与李曹镇相邻，总面积 64 平方千米。下辖 25 个农村党组织，16 个建制村，36 个自然村，耕地面积 3.6 万余亩，林地面积 1.7 万亩，有 5300 余户 2 万余人。主导产业为种植业和养殖业，种植业以粮食、苹果为主，干果和中草药为辅，养殖业以养猪、养羊为主，养鸡为辅。

【重点项目】 2021 年，陶唐峪乡推动玫瑰茶厂的建设，按照“种植、加工、销售和观光”一条龙模式，建立相应的玫瑰茶加工厂房，做好工作人员的生产加工技艺培训，进行玫瑰系列产业链深加工。打造玫瑰园文旅基地，陶唐峪乡将立足义城玫瑰产业，联合霍州市文旅公司打造千亩玫瑰园文旅基地，开展土地入股、利润分红等合作形式，全力打造玫瑰特色旅游品牌；婚纱摄影基地、绘画写生基地等。实施“农业＋文旅”行动，将文化、旅游与农业农村紧密结合，促进农旅融合发展。推动双头垣富硒农副产品产业化发展。将把双头垣村的富硒产品作为全乡“绿色崛起”的重要抓手，打造特色品牌效应，精心编制中长期规划，推广“公司＋基地＋农户”产业化发展模式，发展富硒红薯、紫薯、秋葵等产品种植及精深加工。作为助农增收、脱贫奔康的重要支柱产业。推动华北滑翔伞基地建设。

【脱贫攻坚】 2021 年，陶唐峪乡保障贫困劳动力稳岗就业。劳动力外出务工 265 人，开发公益性岗位 100 余个，确保“零务工”家庭至少有 1 人就业，达到了每个贫困家庭有劳动力外出务工的目标，实现有意愿务工的全部务工，“零务工”家庭全部清零。激发贫困群众就业创业积极性，巩固脱贫成效。发挥产业项目带动作用。以打造“一村一品”特色产业为抓手，培育壮大村集体经济，带动 308 户贫困户 763 人全部脱贫。依托特色产业带动村集体经济发展，实现村级经济组织全覆盖。

【环境整治】 2021 年，陶唐峪乡政府贯彻落实习近平新时代生态文明建设思想，打响打好“三大保卫战”。打好蓝天、碧水、净土三大保卫战，让陶唐的天更蓝、山更绿、水更清、生态环境更美好。开展联合执法检查 30 余次，打击秸秆焚烧和违法燃放烟花爆竹行为，强化农村生活垃圾无害化、资源化、减量化处置。深入实施“两违”整治行动。着力解决农村乱占耕地建房等问题，加大“逢建必报、违建必拆”、农村乱占耕地“八不准”宣传力度，简化农房报建审批手续；保持“违建必拆”的高压态势，拆除违法建筑81座；遏制违法建筑蔓延的态势。农村生活垃圾做到村收集、乡处理，加强河道管理，在全市开展“六乱”专项整治行动，清理垃圾2113吨；拆除遗留、废弃的广告牌和无实际用途、有碍观瞻的视觉污染设施412处，清理整治乱堆乱放、乱搭乱建、乱圈乱占、乱贴乱画3031处，清理农业生产废弃物187吨。改善农村“脏乱差”的局面和城乡面貌。

【民生改善】 2021年8月以来，陶唐峪乡遭受多轮强降雨袭击，降雨覆盖范围广、强度大，全乡受灾严重，灾后重建工作成为民生重点工作。汛期灾害发生后，全乡上下迅速开展抗灾自救。全乡及时成立工作专班，领导班子成员各负其责，深入受灾村组织抗灾自救；全体党员干部主动靠前，全面组织广大干部群众开展抗灾自救；广大受灾群众积极参与，迅速投入生产恢复、房屋修缮等重建工作中。建立倒损房屋修缮重建包保责任台账，将2户B级户、63户C级户、8户D级户任务细化分解，将责任落实到村、到组、到户、到人，时间细化到天，按照联系村的职责，包村干部驻村督导，帮助协调解决问题，及时督促建房进度，倒排工期，检查施工质量安全，确保8月底前受灾群众全部搬进新房。（宗昊）

大张镇

【概况】 大张镇地处霍州市东郊，总面积36平方千米，耕地面积28078亩，全镇辖11个行政村（社区），常住人口5万余人。大张镇总体自然结构是“一滩六垣两河”（大张—靳壁—下乐坪滩，靳壁垣、北张垣、张望垣、上乐坪垣、青郎坪垣、西张垣，北涧河、南涧河）。大张镇产业结构以种植业、养殖业、加工业和商贸服务业为主。

【党建工作】 2021年，大张镇党委、政府打造李光杰故居、刘守维故居、475处旧址等红色教育基地，探索形成干部领学、专家导学、实践活学、比赛促学“四学联动”机制，举办读书班15期，组织党员集中观看《历史为什么选择中国共产党》系列“云党课”，邀请党校老师作专题辅导，开展“党史故事大家讲”“党史知识大家答”“红色歌曲大家唱”等活动，参加霍州市“巾帼心向党奋斗新征程”党史学习知识竞赛。以为群众办实事、办好事来检验效果，研究制定“我为群众办实事”工作清单，45项民生实事全部办结。召开镇第五次党代会，选举产生新一届领导班子；完成11个村和1个社区“两委”换届工作，选举产生“两委”干部71名，45周岁以下的36人，占比50.7%；大专及以上学历20人，占比28.17%；女性干部16人，占比22.54%，其中女性“一肩挑”2人。提升村（社区）党组织活动阵地建设标准，霍东社区投入使用。开展“光荣在党50年”纪念章颁发活动，为117名老党员颁发奖章；开展“四类人员”调研走访活动，为22名困难党员和2名因战因公伤残党员送去慰问金和慰问品；组织“两优一先”评选，评选出临汾市优秀党务工作者1名，霍州市优秀共产党员6名，优秀党务工作者4名，优秀基层党支部4个。推广党群议事厅，制定实施方案，明确工作职责、议事规则、议事程序，按照

“征议题、定议题、民主议、严督办”的工作流程，和村民一道找问题、共商议、促解决，做到大家事、大家议、大家办。

【产业发展】 2021年，大张镇党委、政府发展现代农业，实施大张北垣2000亩高标准农田建设，打造青郎坪垣无公害旱地大葱种植，上乐坪垣桃、西瓜、甜瓜种植以及靳壁垣优质专用小麦、小杂粮、芦笋种植，培育一批种植大户。以贾村白皮松、河底大红袍花椒、上乐坪光伏、贾孟庆余年馍厂、狮子洼鸿运仓储、张望养殖等为代表的集体经济项目加快发展，全镇11个建制村集体经济实现多元发展。打造贾村、狮子洼村、大张村3个美丽宜居示范村，依托大张村碧泉湖，举办“多彩古霍游、健康运动汇”碧泉湖垂钓邀请赛，活动吸引全省120余名钓鱼爱好者参赛，是霍州市钓鱼参与人数多、辐射范围广的一次高标准垂钓大赛。依托贾村国保文物娲皇庙、状元桥、魁星楼，深入挖掘传统文化，聘请沈阳美术学院老师绘制1300平方米墙绘作品，举办牛年春节灯盏活动，集古村落保护、旅游、研学为一体的乡村旅游项目加快推进。发展仓储、物流、餐饮等现代服务业，加快培育文旅新业态，组织开展“多彩五一　康养霍州”之大张镇庆“五一”、“游霍岳山水美景、品大张人文风情”霍州市文旅商贸推介文艺展演大张专场等活动。抓城市东扩机遇，优化营商环境，引投资、上项目，做好市级重点项目征地保障工作，完成经开区二期、创维大道、政务服务中心、第二消防站、中国燃气、农商行、嘉和花园二期共计390余亩征地任务，配合全市完成经二路、经十路、纬三路的项目征地。引进总投资6亿元的锦峰学府项目，总投资2.4亿元的丽华苑小区、总投资2.6亿元的嘉和花园项目基本完工，沿霍东大道规划的新人民医院、全民健身中心、技工学校、工业园区等项目有序推进，颐福苑、霍东·阳光城、丽景·中央公园、霍州创业孵化基地等项目加快建设。大张镇政府办公用房填平补齐工程完工，改善办公条件，优化服务环境。

【民生工程】 2021年，大张镇党委、政府办理救急难29户30人，为355户357名80岁高龄老人办理救助，为58户109人因病因残造成临时困难的人员，提供小额救助26800元，因为自然灾害造成家庭困难147户300人给予小额救助73500元。成立退役军人服务站12个，为全镇500余名退役军人提供坚强保障。汛情发生后，妥善安置撤离群众，及时购置帐篷、被褥、行军床、食品等生活物资，保障受灾群众基本生活。开展抢收抢种和保险理赔，最大限度减少群众损失。清理抢修因灾受损道路，保证群众安全出行。组织房屋鉴定，用足用活政府帮扶政策，分类建档，精准帮扶，全镇102户灾民户，C级95户已全部加固修缮完成，D级7户已全部入住。贾村投资完成4.2亿元的5个新型小区及纬五路新型商住一条街，投资7万元对灾后冲毁路段进行及时修复加固。大张村投资400万元对长达1.1千米的碧泉湖道路进行管网修缮和路面硬化，安装路灯36个，投资90万元的文笔路二期工程完成大暖安装，辐射周边住户面积2万多平方米；村内供销社前小广场修缮一新。青郎坪村投资30余万元的党群服务中心前广场完成硬化改造。上乐坪村投资6万元对东龙沟道路进行硬化；投资17万元在村内安装太阳能路灯220余个。下乐坪村投资29余万元硬化村中道路1000米，投资4万元竖立村标识牌，投资5万元对办公楼、戏台进行防水处理。贾孟村投资

4.45万元完成村中排水渠、村中主路修复工程。西张村投资5万元对村中残缺路段进行修补。

【环境整治】 2021年，大张镇党委、政府完成煤改电141户，禁煤区5个村出动100余人，入户排查2870余户，清缴劣质煤150余吨，拆除锅炉等炉具70余台，封堵炉子150余个，发放电暖80个、被褥或电褥24床、防寒服140套、电磁炉电饭锅60台。落实“河长制”，做好各村生活污水处理和排洪渠道治理工作，重点实施贾孟村站、西张前河居民区污水收集工程。推进创“国卫”，集中整治霍冯线、南赵线、工业路、旅游路、纬三路、经二路、经三路、经十路、迎宾大道、霍东大道等主要通道两侧的环境卫生。开展农村“六乱”百日攻坚专项整治行动，落实“四长”责任，推进“两院”创建，实现垃圾清运有定点、道路村庄有绿化、村容村貌有改变、休闲纳凉有场所。全年累计整治交通沿线16000米，消除隐患60处，清理垃圾29000吨，拆除违建45处。下乐坪村创新性开展党员包联垃圾箱制度，贾村自筹资金配备标准垃圾箱8个、垃圾车1辆，实现“垃圾不落地”。围绕霍州市创建国家卫生城市总体目标，开展农村整治“六乱”百日攻坚工作，探索建立“423”（“4”即围绕村庄街巷、沿街门店、交通沿线、田间地头等重点区域开展专项整治。“2”即建立网格化、长效化“两化”运转机制。“3”即以点带面，打造三个示范村）工作机制，开展“六乱”治理。其间，整治交通沿线16000米，消除交通隐患45处，清理各类垃圾29000吨，拆除违法建筑63处。

【乡村振兴】 2021年，大张镇党委、政府聚焦已脱贫的217户444人建档立卡贫困人口，对“两不愁三保障”、收入支出及饮水安全等问题开展常态化检视，健全完善易返贫致贫人口快速发现和响应机制，落实低保兜底、临时救助等措施。全镇全年外出务工脱贫户130人，比上年同期增长17%；200户脱贫户人均纯收入达6000元。荣获临汾市脱贫攻坚普查成绩突出集体奖。开展职业技能提升培训，对贫困劳动力及子女提供免费职业技能培训，2021年培训100余人次，为贫困人口自主就业择业提供一技之长。鼓励带动脱贫人口外出务工，持续激发其自主致富的内生动力。全镇2021年外出务工脱贫户117人，相较2020年增长近15%。完成全部线上线下收入数据比对，全镇217户脱贫人口人均纯收入均在6000元以上，均已达到现行收入标准。全镇脱贫人口中有五保户34户（27人集中供养、7人分散供养），共有105户211人享受低保政策，确保收入不出现大幅度下滑。大张镇有5座光伏电站，100千瓦的1座，30千瓦的4座，全部制定光伏收益分配方案，要求各村具体负责光伏电站的运行维修、维护、公益岗设置、收益分配等，按照实施方案执行，至2021年底，全部分配完成。有7户脱贫户申请小额信贷34万元，均严格按照户借、户用、户还的原则，精准用于脱贫户发展生产和开展经营。

【疫情防控】 2021年，大张镇党委、政府将全镇划分为96个网格、35名网格长、108名网格员分区域负责各网格的疫情防控工作。参照每1500人设置1个采集点的要求，各村（社区）提前选好场地空旷、通风良好、空间独立的场所作为采集点32个。合理规划设置“四区”，即等候区、采集区、缓冲区和临时隔离区，保证人员单向流动。已安排好负责人32名，信息录入人员56名，负责样本转运、安保消杀志愿者×名。设立劝返点，2021年摸排中高风险地区返霍州。开展新冠疫苗接种工作，增强全民抗病毒防风险能力。截至年底，大张镇18周岁以上人口全部完成疫苗接种清零工作。

【政法工作】 2021年，大张镇党委、政府累计排查各类安全隐患240余条，下达整改通知书175份，整改220余条。健全完善领导接访和包保化解机制，解决群众合理诉求，化解矛盾纠纷。利用宣传标语、宣传彩页、展板、横幅、喇叭、微信群等开展广泛宣传，向全镇群众发放《树立防范意识守护财产安全》一封信、《防范非法集资宣传教育手册》以及《防范网络诈骗宣传手册》等宣传资料9000余份，悬挂横幅25条。在“三零”单位创建中摸清全镇建制村14个、企业网点9个、企事业单位90个。摸排各创建主体存在的重大矛盾纠纷、突出治安问题、重大安全隐患，并对排查发现的问题全部建立台账。（郭晶晶）

白龙镇

【概况】 白龙镇位于霍州市城区西郊，霍侯一级路纵贯南北，交通便利，人杰地灵。全镇辖10个建制村，人口23240人，其中常住农业人口20268人，下设2个党总支，20个党支部，党员984名。全镇耕地总面积23785亩，其中水地1870亩。有国有、省属企业3个（霍州煤电集团下属的云厦公司、团柏煤矿、兆光发电厂），规模较大的民营企业15余家。

【意识形态】 2021年，白龙镇组织党委理论中心组专题学习13次、专题宣讲4次、专题研讨18次。坚持党管意识形态不动摇，累计处理各类网络舆情50余件。开展村规民约道德模范宣讲35次、文明实践志愿活动37次，白龙镇连续6年荣获临汾市文明单位荣誉称号。完成镇党委、政府、工会、共青团、妇联、农村“两委”换届工作。加强党员教育管理，推行“七责工作法”，落实组织生活会、民主评议党员、党员联户、流动党员管理等制度。寺庄村投资18万元打造新时代文明实践一条街，柏木沟村投资5万余元打造党组织活动阵地，涧北村投资100万元新建文化活动中心，全镇11个村（社区）党群服务中心全部高标准建成。正风肃纪，反腐惩恶，架起党风廉政“高压线”。组织党员干部学习霍州道德模范张德顺爱岗敬业等先进典型，破除懒政怠政。加强监督执纪问责，履行“一岗双责”，强化警示教育，党员干部集中观看《曹端》等警示片，廉洁自律意识明显提高。

【产业转型】 2021年3月，白龙镇召开党代会、人民代表大会，确立并开始实施以“一轴两带”为主要内容的“十四五”规划“1265”发展战略，通过近一年的努力，“一轴两带”建设初见成效。“白陈文旅发展轴”开拓崭新局面。霍州窑确定为2022年度全国重点文物保护单位文物保护项目，玉皇庙确定为省级重点文物保护单位。围绕霍窑保护开发，对霍窑核心区域的馒头窑等处加装围栏，安装监控系统，新建文化墙，在“五一”期间举办首届威风锣鼓大赛、“初见霍窑、多彩白龙”商贸推介等一系列文旅活动，将霍窑旅游推向全省乃至全国。发展“柳燕农业增长带”，燕南庄肉牛养殖有51头肉牛入住牛舍，集体经济再增新亮点。柳树腰1000亩高标准农田建设项目顺利实施，新建蓄水池2座，硬化田间道路1.5千米，扩种玉露香梨400亩，虎头山新栽花椒300亩。“柏木沟工业增长带”构建稳步实施，云厦水泥、力拓煤业、和晟洗煤厂实现复工复产。“电力大镇”建设稳步推进，白龙镇被确定为全市屋顶光伏试点镇，申报光伏10万平方米，兆光500兆瓦农光储一体化科教示范项目及国盛能源200兆瓦光伏发电项目签订项目意向。

【党史学习教育】 2021年，白龙镇开展党史学习教育，成立领导组，制定印发了实施方案，召开部署会、推进会，对党史学习教育进行细化安排，包村干部指导包联，支部书记带头抓、带头学、带头悟，形成对标看齐、以上率下的良好局面。坚持传统模式，集中研讨学。实现集体学习和个人自学相结合。将党史学习教育纳入党委中心组学习和“三会一课”组织生活中，成立读书班，每周机关党员集中学习两次；党委理论中心组专题学习13次，完成上级要求的专题研讨18次，在知行合一、融会贯通上下功夫。依托教学资源，联系实际学。请市委宣传部、市委党校优秀学者、教师采用线上线下授课的方式，统一专题辅导4次。组织机关党员及两委主干实地参观学习10余次。创建陈村张英故居、牛腰山瞭望塔等党史教育基地，接待各地前来观摩学习的党员干部队伍9批次200余人。通过宣扬张英、张德顺等一批先进典型及“党史”系列精品党课，把学习成果转化为攻坚克难、干事创业的实际行动。开展“我为群众办实事”实践活动，激发党员干部在疫情防控、汛期排查、灾后重建、“秋冬防”等工作中贡献力量，解决群众“急难愁盼”问题116件。

【疫情防控】 2021年，白龙镇把疫情防控作为最重要的政治任务，精心织好“党建引领、排查管控、宣传引导、疫苗接种”四张网，坚决打赢疫情防控阻击战。织牢党建引领网，构建高效防控体系。成立以镇党委书记王昕光为组长的领导组。发挥党支部战斗堡垒作用，做到疫情防控不放松、工作推进不减速、落实标准不降低。发挥党员先锋模范作用，联户摸排、交通值班、重点人员管控、热心捐助等处处都有党员身影。织牢排查管控网，阻断疫情传播渠道。严格落实“五包”工作责任制及重点人员24小时管控，累计监管返霍人员300余人。村“两委”换届实行“一人一笔一口罩”和公共区域消杀。落实疫情监测每日报告制度，确保信息更新零时差、上级部署落实不过夜。落实公路沿线疫情防控检查点“一问二测三登记”管控制度，阻断疫情传播链。织牢宣传引导网，提升群众防范意识。采取“传统＋新媒体”方式，利用微信群、宣传车、标语喇叭等各种方式宣传防控政策及相关知识，发放宣传资料5000余份，营造群防群控良好氛围。织牢疫苗接种网，构筑免疫屏障。全镇疫苗接种底数清，动向明，逐户逐人销号。通过微视频等方式做好疫苗接种宣传动员工作，消除群众疫苗安全疑虑，确保接种对象应种尽种，开始大范围接种第三针疫苗加强针。

【镇村换届】 2021年，白龙镇开展“换届年”镇村换届工作，胜利召开镇党代会、人民代表大会，完成镇党委、政府、工会、共青团、妇联等换届选举，一批年轻干部进入班子。9月初，村（社区）“两委”换届工作启动后，白龙镇10个村、1个社区“两委”换届工作圆满收官，10村1社区均实现党组织书记、村（居）委主任“一肩挑”，完成率100%。选举产生新一届农村、社区“两委”班子成员65名，平均年龄41.66岁；35岁以下18人，占比27.69%；大专及以上学历18人，占比27.69%；女性干部13人，占比20%。村（社区）“两委”班子结构全面优化，实现“一降一升”的目标要求。新一届村（社区）“两委”班子呈现出学历明显“升”、年龄显著“降”、班子结构“优”、整体形势“稳”、干事劲头“足”、群众评价“好”等特点。

【环境整治】 2021年，白龙镇结合“创国卫”，狠抓生态环境综合整治。霍侯一级路、霍永高速、霍桃线、兆光白龙矿运煤路等公路沿线清理各类垃圾8600余立方米，整修坑洼路面、隔离带、绿化带76处，消除交通安全隐患5处，燕南庄、柏木沟村、马岭等村主干道两侧栽植国槐、柏树3000余株，虎头山“乡村绿化”项目已落地。整治村庄街巷环境卫生。治理各村乱堆乱放、乱搭乱建、乱圈乱占、乱贴乱画3400余处，拆除违章建筑、废弃建筑、残垣断壁和破旧裸露墙体6处，整理线缆“蜘蛛网”65处。实施乡镇干部办公用房填平补齐项目，拆除服务30余年的危旧办公楼，新建办公楼一栋。拆除田间地头违法建筑3处，清理河道沿线垃圾4700余立方米，修缮水毁堤防、疏通河道3处，处理光伏站点杂草丛生、设备破损问题11起。持续做好环保治污工作，实施“散乱污”企业专项整治，强化散煤清缴，排查4478户，收缴散煤104.5吨，拆除炉灶7台。严禁秸秆焚烧，加强扬尘、污水排放等日常巡查监管，全镇天更蓝、水更清，生态环境质量稳步提升。

【民生改善】 2021年，白龙镇做好抗洪救灾及灾后重建工作，灾前预警，汛前即安排各村、各系统、各企业进行安全隐患排查，组织危房户紧急避险，避免数起房屋坍塌人员伤亡。化解“10·6”汾河河坝冲毁险情。推进灾后重建工作，完成7户房屋重建工作，77处轻微受损房屋得以修缮加固。推进乡村振兴，实现巩固拓展脱贫攻坚成果同乡村振兴有效衔接，陈村确定为全市乡村振兴三个样板村之一。推进农民“人人持证”，组织广大妇女参与母婴护理师等技能培训300人次。强化社会救助管理，关注弱势群体，按时发放低保、五保等救助资金，大病救助36人，有效保障困难人群基本生活。加强基础设施建设，完成柏木沟村电网、水网改造工程。修缮韩南庄进村道路5000米、栽植国槐400余株、填沟造地300亩。白龙村铺设暖气管道硬化路面300米。陈家庄1000平方米文化广场投入使用。推广清洁能源，发放清洁煤715袋，集中供暖扩户525户。推进殡葬制度改革，完成11个公墓的选址和规划。深入推进“文化惠民”，开展以威风锣鼓、武术、健身操等为主要内容的健身活动，开展“喜迎建党100周年”书画展、“农民趣味运动会”等文化活动，丰富群众精神生活。

【社会治理】 2021年，白龙镇加强安全监管，开展安全风险隐患大排查大整治，抓好非煤矿山、道路交通、食品药品、建筑施工、中小学校、公共卫生等领域安全工作，实现安全生产无事故。打击盗采矿产资源行为，对辖区封闭裸露坑口进行横向到边、纵向到底的全面排查，摸清底数，集中整治，建立长效机制。强化安全应急值守，成立30人的应急分队，完成民兵应急分队点验。强化基层法治建设，强化法治宣传，组织普法考试，送法进机关、进农村、进校园、进企业，坚持依法办事，化解矛盾。健全网格管理，全镇划分25个网格，每个网格一名网格员专职负责，提升突发事件应急处置能力。加强防范电信诈骗工作，加大防范电信诈骗宣传，发放宣传资料3000余份，提高了群众防骗意识，构筑电信诈骗“防火墙”。加大邪教人员教育转化力度，特别是对危及政治安全的杨王非法基督教、涉疆涉恐涉邪教人员实行动态管控，非法活动露头就打，坚决制止。专项整治“大棚房”，对占用耕地违法违规行为进行巡查监管，依法依规进行全面清理整治。抓好信访工作，落实“七包一”包联稳控措施，坚持镇村干部坐班制度，发挥网格管理职能，开展矛盾纠纷排查和调处工作，化解处理信访案件30余起。（闫志坚）

李曹镇

【概况】 李曹镇地处霍州市东部，距市区10千米，东临沁源、古县，南临陶唐峪乡，西连大张，北靠三教乡，南北约13千米，东西宽23千米，总面积275平方千米，其中山区占75.6%，丘陵占24.4%，辖区内共27个建制村，人口29236人。

2021年以来，依托“党建＋、互联网＋、文旅＋”等载体，调整产业结构，坚持农文旅融合发展，梯次推进产业升级，转变发展方式，拓宽农民增收渠道，产业发展呈现出新态势。

【项目建设】 2021年，李曹镇以打造“畜牧养殖、优质苹果、沿山干果、苗木花卉”四大特色农业基地为重点，学习先进技术和管理经验，以市场需求为导向，推广“企业＋农户”订单式农业，全面提升特色农业发展水平。

现代农业方面2021年小麦收割面积达到21436亩，亩产672.1公斤；玉米收割28096亩，亩产847.8公斤；苹果、核桃等干鲜果产量超800万公斤，发展规模以上养殖场（户）8家，生猪出栏20502头，牛出栏540头，羊出栏4051只，肉鸡出栏30073只，李曹镇已经成为全市重要农副产品生产交易基地。深化农村集体产权制度改革，推进农村土地流转，发展适度规模经营，培育农产品加工企业、专业合作社等新型市场主体，推进农村“一二三产融合发展”，特别是依托全市重大节点活动、重要推介平台，扶持绿和祥福、裕鑫博康、霍山花馍等农产品加工企业做大做强，为全镇发展积蓄强大后劲。

文化旅游方面以全市迎“五一”系列文体活动、党史学习教育、“中镇霍山·华夏州署”第十一届文化旅游月暨“寻根·铸魂·悦生活”2021年霍州市庆祝第四届中国农民丰收节、全市文旅商贸高速服务区推介等系列活动为契机，采取超常规举措恢复七里峪黑龙潭大峡谷徒步穿越体验活动，发挥景区的游客聚集效应，让更多游客走进霍山、走近李曹。依托七里峪和悬泉山两大景点，结合各村特点，大力发展休闲娱乐、餐饮住宿、田园采摘、文化纪念品、农家乐等配套产业，推动文旅产业的多元发展和集群发展。开发各村历史文化古迹，配合文旅部门组织人员挖掘丰富的历史文化资源，启动杨枣普照寺、陈赓路居等文物的保护修缮工作。增强旅游业文化内涵，让各类文化元素融入“吃、住、行、游、购、娱”各环节，打造精品旅游品牌。

苗木花卉方面在峪里、秦家岭村等村打造“鲜果采摘园”，在范村培育“芳青玫瑰种苗基地”，2021年范村首期栽种的玫瑰花苗面积达 100 亩、24000 余株，已同经销商达成合作。

物流商贸方面推进高铁规划区商业综合体项目建设，发展散货物流、建材家具、农产品批发等产业。抓准旅游旺季，“五一”“十一”黄金周，在霍州高速服务区，主推李曹特色农副产品，通过线下推销的方式，架起李曹农副产品的销售桥梁。注重互联网商务的应用，引导群众学习对接网上电子商务平台，争取全国“电商小镇”特色名片，利用电商、微商、抖商等平台扩大产品销售渠道，变等客上门为送货上门，将本镇离城区较远的区位劣势，转变为低房租、低人工、低成本的市场竞争优势，打造霍州东部商贸物流集散中心。

【环境卫生】 2021 年，李曹镇实施乡村振兴战略，贯彻落实上级安排部署，按照“前期广泛摸排—中期全力整治—后期巩固提升”的步骤，探索总结出“1345”工作思路推进农村“六乱”整治，即用好乡村振兴这一统领，激活党员、干部、群众三股力量，突出交通沿线、村庄街巷、农户庭院、田间地头 4 个重点，实现街巷干净整洁、道路规范有序、沟渠清澈顺畅、庭院环境优美、田间阡陌繁茂 5 个目标。突出交通沿线、村庄街巷、农户庭院、田间地头 4 个重点，镇村两级动用机械设备 2700 台次，参与群众超过 2.42 万人次，清理交通沿线和各村积存的建筑垃圾、生活垃圾和农业生产废物 2953 吨，拆除遗留、废弃的广告牌和无实际用途、有碍观瞻的视觉污染设施 177 处，整修坑洼路面、隔离带和绿化带 124 处，硬化街巷 2300 米，开展交通沿线绿化美化 3000 余平方米，整治乱堆乱放、乱搭乱建、乱圈乱占、乱贴乱画 1200 余处，清理村内路旁堆放“五堆”2481 处，拆除违章建筑、废弃建筑和残垣断壁 49 处，消除破旧裸露墙体 62 处，整治田间地头无实际用途杂乱线杆 14 处，整理线缆“蜘蛛网”141 处，清理疏浚沟渠 27.6 千米。在先行示范村试行街长制、巷长制管理机制和“门前三包”制度，展示李曹新形象。

【民生工作】 2021 年，李曹镇 46 户建档立卡贫困户稳定脱贫，2 户监测户解除风险；组织为 1410 户群众配送 1600 余吨洁净煤；城乡居民医疗保险完成 19356 人，城乡居民补充养老保险完成 2589 人，参保比例和人数全市第一。动员全镇群众接种新冠疫苗，保证新冠疫苗接种率，李曹镇接种 27778 人次，接种率达 93.7%，位居全市第一。健全社会救助体系，加大弱势群体帮扶力度，重点做好低保五保、农村特困人员供养、80 岁以上老人救助、四类困难家庭学生救助、大病医疗救助等各项工作，确保广大群众特别是困难群众正常生活。规范各类学校办学管理，常态化关注校园安全、关心教师工作、关爱学生成长，提升各级各类学校的教育质量。配合医疗卫生体制改革，加强镇村医疗网络建设，提高村级卫生所标准，李曹镇村卫生所已实现全面覆盖，各村村医 35 人，服务人口 25645 人。

【灾后重建】 2021 年秋汛期间，全市遭受自 1972 年有气象记录以来最大强降雨灾害，本镇过半数建制村、河段出险，道路桥梁受损、村民房屋倒塌。面对汛情，李曹镇政府立即统筹协同，做出应对，坚守初心，奋战一线，全面进入防汛决战状态。组织镇村干部和党员群众逐户排查房屋安全隐患，搬迁撤离 187 户 353 人。镇村设置 8 个集中安置点，配套完善各类设施及生活必需品，保障受灾群众有饭吃、有水喝、有地方住、有病能得到及时治疗。组织镇村干部和党员群众逐户排查房屋安全隐患，搬迁撤离187户353人。按照上级政策完成21户灾后重建和233户修缮任务，受灾群众全部如期入住、温暖过冬。

【信访工作】 2021年，李曹镇树立总体安全观，以零上访、零事故、零案件“三零”单位创建为目标，推动安全问题铁腕整治、信访问题源头化解、治安问题联防联控，提升社会治理水平。推进“三零”工作建设，建立重大决策、重点工程社会风险评估机制，减少新增矛盾发生。通过领导班子包片，乡镇干部包村，村干部包户的工作方式，深入排查信访矛盾，把信访难点和积案化解在基层，化解在萌芽状态。开展安全生产三年专项行动，保持严打私挖滥采高压态势，重点整治非煤矿山、道路交通、建筑领域、燃气管线、地质灾害、景区景点、森林防火等领域安全生产工作，依托支部和党员、退伍军人建立镇级30人防火专业队，沿山105人半专业防火队伍和105人后勤保障队伍，23名市级护林员、8名镇级护林员和无人机全天候巡查检查，1个镇级物资库和12个村级物资库物资全部齐备，护林防火家喻户晓、深入民心。落实疫情防控管控职责，开展常态化疫情防控，压实最小单元管控责任，建立党员、村民代表、全科网格员联户管理机制，摸清常住人口底数、建立在外人员台账、严查中高危风险地区返霍到霍人员，推动疫苗接种清零，坚决防止疫情输入，坚决守好李曹阵地。（韦勇仲）

辛置镇

【概况】 辛置镇位于霍州市最南端，距市区10公里，南与洪洞接壤、西与汾西相望。辛置镇总占地面积46.6平方千米，下辖16个建制村，5个社区，总人口73826人，其中农业人口约21000人，非农业人口52826人，耕地面积33691亩，党员1724人。辛置镇机关有工作人员43人，内设党政综合办公室、经济发展办公室、社会事务办公室、综合行政执法办公室、规划建设办公室5个办公室和党群服务中心、综合便民服务中心、退役军人服务保障工作站3个事业单位机构。

【基层党建】 2021年，辛置镇党委、镇政府召开镇“两优一先”表彰大会，颁发“光荣在党50年”纪念章、走访慰问党员；利用辛置老火车站“50＋N”等红色教育基地，开展主题党日活动，教育激励广大党员；5个社区党群服务中心提档升级，提升辛置镇城市党建水平；完成村（社区）“两委”换届工作，村（社区）“两委”主干100％“一肩挑”，实现年龄、学历“一降一升”；16个建制村集体经济收入全部突破10万元；开展“我为群众办实事”等实践活动，累计为群众办实事68件；实施“党建引领 品质社区”党建品牌项目，在霍电辛庄社区国电小区、辛置社区美丽园小区、十里铺社区兴晟苑小区，重点打造以党建引领促发展、红色物业聚民心、服务群众零距离的“邻聚里”小区党群服务驿站，设立小区“红管家”，提升基层治理体系和治理能力现代化水平。

【重点项目建设】 2021年，辛置镇推动辖区煤电产业转型升级，为稳定改革发展提质增效，以点带面，带动企业周边物流、商业、服务业发展，促进全镇经济复苏、产业复兴；建设新的辛置村滨河路，提升滨河路沿线造血功能，推动周边产业发展；不断创新，推动文旅融合。建成党史学习教育基地，以辛置老火车站为中心，“拾光穿梭·逆转年轮”一日游旅游线路初具规模。

【经济转型】 2021年，辛置镇按照“一点三带五区”产业思路，构建全新的工矿乡镇产业格局。实施“一村一品”，重点扶持十里铺甜瓜、段庄大葱、河底红薯等特色农产品，形成规模化种植，发挥示范效应。结合工矿区特点，在工矿服务产业上寻求出路，建立下曹设备租赁、辛置物资供应、辛庄物业服务等企业项目，解决村民就业，增加集体收入。利用人文自然资源，做细做实下马洼梁衡文化园，郭庄千佛崖等旅游规划，打造辛置老火车站网红打卡地，形成具有辛置特色的乡村旅游文化。依托辛置矿、紫晟煤业，全镇物流、饮食、金融、保险等新型服务业发展，支撑第三产业的快速发展。

【环境整治】 2021年，辛置镇开展环保巡查20余次、环境卫生整治活动和乡村卫生提质行动，重点对旧108国道、龙曹线、义邢线等主要交通道路两侧和村居环境卫生进行强力整治，清除杂草，清扫路面，对柴堆、粪堆、煤堆、建筑垃圾堆进行彻底清理。对辛置一处、二处市场乱搭乱建、乱贴乱涂进行专项整治。对搭建在南同蒲铁路辛置段77处2300多平方米违章建筑物、构筑物进行彻底拆除和清理。开展辛置老火车站整治行动。重点对桃临线两侧进行美化绿化，对惠民路涵洞进行围挡。

【社会保障】 2021年，辛置镇坚持应保尽保，应退必退、坚持民主评审，公平公正、坚持定期核对，动态管理、坚持统筹兼顾，协调推进。完善城乡居民临时救助制度，对因病、因残、因灾、就学等各种特殊原因造成基本生活出现暂时困难的家庭，给予非定期、非定量的临时救助，缓解城乡困难群众突发性、临时性生活困难。做好巩固脱贫攻坚成果同乡村振兴有效衔接，做好防止返贫动态监测、政策宣传工作，加强产业帮扶力度，巩固“三保障”成果，完善后续帮扶机制，衔接乡村振兴。

【社会事业】 2021年，霍州市辛置镇推进各项社会事业，发展文化事业，开展村级文体活动；提升计生服务水平；增加教育投入，整合教育资源，加快学校标准化建设；全镇所有小学及幼儿园均实行强化教学质量目标管理和教育质量分管领导负责制；常抓疫情防控，辛置镇始终坚持“五严五防”，落实“最严十条”“四严四重四落实”工作措施，发挥网格化监管作用。加强重点场所、重点环节风险管控，对学校、养老院、商场、农贸市场、车站、景区等流动性密集场所的监管。在外防输入的同时，带领全镇党员群众，进行疫苗接种登记，有序接种疫苗，做到疫情防控常态化进行。

【社会管理】 2021年，霍州市辛置镇便民服务平台和便民服务中心正常运行；推进“三个专项行动”，安全工作万无一失；综治工作稳步推进，无重大治安案件和刑事案件发生；推进禁种铲毒工作，创建无毒乡镇。

（李雨珂）

南环路街道办事处

【概况】 南环路街道办事处位于霍州市城南，地处南涧河下游城区南部，东和大张镇衔接，西与白龙镇隔汾河相望，南与辛置镇接壤，北靠南涧河和鼓楼办、开元办为邻，办事处驻南坛村，距霍州市城区500

米，总面积15平方千米。南环路街道办事处前身为城南乡（城南乡于1995年1月1日由原城关镇改制而成），2001年撤乡并镇后更名为南环路街道办事处。既保持原来的农村格局，又有城市功能。

境内大部分为丘陵，地势为东北向西南倾斜。位于内陆高原区，属北温带，为典型的大陆性气候，春季干旱多风，夏季雨量集中，秋季温和凉爽，冬季干冷少雪。全年气候温和，四季分明，土地肥沃。境内有南涧河，由东向西注入汾河，境内河道长2千米，是唯一的一条常年性河流。种植作物以粮食和蔬菜为主。小麦、玉米均两季轮作。畜牧业以养殖业为主，养殖品种以猪、牛、羊、鸡为主。

【基层党建】 2021年，南环路街道办落实基层党建第一责任人、“三会一课”、党员承诺评议、“四议两公开”、党建例会等制度。规范落实《南环办村干部绩效考核办法及细则》，实行党员目标责任制考核，每月对各村“两委”主干进行综合评定，推进履职督查常态化。由政协主席田晋川、人大副主任郭宏生带队，按照“四必访”“三必问”的要求，于4月20日对南环路街道办事处所辖的8个建制村及汾东花苑社区“过筛子”，弄清每个村的问题。确定汾东花苑党支部为软弱涣散党组织，通过整改已完成评估验收工作。2021年11月11日，该社区按照街道党工委安排部署，完成社区“两委”班子换届选举。按照规定和评选要求开展省市、霍州市“两优一先”的评选活动，被评选出省优秀共产党员1名、临汾市优秀党务工作者1名以及霍州市优秀基层党组织2个、优秀共产党员3名、优秀党务工作者2名。“七一”前夕，组织召开集体“光荣在党50年”纪念章颁发仪式，为19名老党员颁发纪念章，党工委书记马四玲以“共产党人要牢记党史，坚定信仰”为题进行专题党课教育。党工委班子结合包村上门看望慰问其他老党员并发放“光荣在党50年”纪念章25枚。举行“奋斗百年路　启航新征程”主题党日活动，开展“追寻初心、勇担使命”革命传统教育系列活动。组织机关党员干部和村“两委”赴市档案馆参观学习，领略“百年恰是风华正茂”党史展，感受中国共产党百年发展历程和英雄壮歌。带领党员干部和预备党员代表到长江支部红色教育基地接受爱国主义和革命英雄主义教育。组织开展老党员走访慰问活动，慰问了困难老党员15名、因战因公伤残党员2名。11月11日在完成村（社区）“两委”换届选举任务，优化“两委”班子成员学历、年龄结构，提升综合素质。选举新一届“两委”班子成员53人，8村1社区均实现“一升一降”和党组织书记、村（居）委主任“一肩挑”，完成率100%。

【正风肃纪】 2021年，南环路街道办拓宽线索加强对信访案件的查办力度，在来信、来访电话举报的基础上，注重从日常监督工作中摸排问题线索。围绕群众反映强烈的重点领域、重点人群，从严执纪。接待群众来访，听取群众诉请，虚心听取群众意见。南环路街道监察对象83人（其中，除班子成员，街道办机关监察对象11人），8个建制村监察对象62人，监督对象460人（其中女党员80人）。2021年，街道纪工委受理问题线索9件：上级转办6件，其中，初步核实3件（正在办理2件），立案审查3件。本级受理3件，其中，函询3件。以上问题线索9件中，已办结7件，其中：受党纪处分6人，约谈6人次，下发纪检建议书3份。受党纪处分6人（诫勉3人、党内严重警告3人)。

【全面从严治党】 2021年,南环路街道办排查党员69名,涉及"4类"中"带病入党"问题1条、一般性问题62条,"4类"问题移交纪委监委予以处理,其他问题涉及个人或支部全部按相关要求进行整改。召开专题会议,结合党员发展任务对全年发展党员工作进行合理部署。下辖党(总)支部11个,截至年底发展党员8名。集中开展基层党组织组织生活会和民主评议党员工作,11个党(总)支部均按规定按要求召开了组织生活会和党员评议会,按要求完成相关资料的整理上报。3月20日,召开南环路街道工作委员会代表会议,从45名代表中选举产生10名市第八次党代会代表。全办设3个选区,选民7125人,选出参加市级人大代表选举工作代表9名(其中非党3名),因人事调整,于3月31日补选代表1名。组织开展人大代表特色主题活动2次。截至年底,为群众办理党建、民政、安全、养老等惠民事项1000余件,惠及群众2000余人。投资110余万元打造建设的汾东花苑社区党群服务中心整体竣工。

【党史学习教育】 2021年,党工委高度重视,安排部署,把开展党史学习教育作为全年一项重要政治任务,结合实际,按照"四三"工作法,推进党史学习教育往深里走,往心里走,打造党史学习教育50+南坛村何林明红色影音家苑,推动党史学习教育向广度深度拓展。大家重温革命历史,增添正能量,用实际行动践行"我为群众办实事"的初心理念。把"我为群众办实事"作为党史学习教育的出发点和落脚点,召开专题会议,结合创国卫、五一文旅、脱贫攻坚等民生实事,安排部署"我为群众办实事"工作,明确项目涉及村、具体任务、责任主体、完成实效等,制定工作台账,确保"我为群众办实事"工作落实到位。发动党员群众,清理"四堆",拆除残垣断壁,刷白套红灯,掀起志愿服务新高潮。组织机关全体、各村"两委"主干30余人到南塔烈士陵园祭奠革命先烈,开展"缅怀革命先烈,重温红色历史"学史祭扫志愿活动,缅怀革命先烈、弘扬革命精神、重温红色历史、凝聚前进动力。组织机关全体党员干部和村两委主干志愿者70余人参加义务植树活动。对恶劣天气下的安全隐患进行集中排查。通过防火宣传,拆除违法建筑及老旧广告牌,加固围板、棚架等易被风吹动的搭建物,妥善安置易受大风影响的室外物品等一系列措施,确保人民群众生命财产安全。响应"创国卫"活动号召,结合辖区实际,发动农民群众开展村庄清洁行动,村庄村容村貌得到明显改善。开展灾后重建工作,对辖区受灾情况进行摸排,发动党员群众应对灾情,进行灾后恢复生产和重建工作。实施秋冬防大气污染工作,集中动用机械对全办300亩秸秆地实施还田作业,防止农户焚烧秸秆,污染环境;清缴辖区劣质散煤29处,17吨,确保了无冒烟、无焚烧,减少污染。

【民生改善】 2021年,南环路街道办组织召开发展壮大集体经济协调会,确定"坚持因地制宜、因村施策,整体扩规增效、推进产业转型"的经济发展思路。投资130万元的南坛村仓储物流和投资80余万元的红崖堡村建筑设备租赁项目均正式投入运营,产生效益。成立专项督查指导组,协调理顺资金使用及企业运转关系,对资金管理使用进行监管和指导,保障项目资金运行安全。以点带面,引导8个农村发展特色种植、物流仓储等区域带动项目。

在巩固扩大原有产业的同时,支持发展

小型加工、仓储物流、商贸服务等新兴产业。召开集体经济发展壮大交流研讨会，鼓励支持龙口大葱、康泉酱蛋、龙口鲜肉等本土品牌，提高科技含量，扩大产业规模，提高设施配套水平，推进产业化发展。强调各村要抢抓政策机遇，引导发展养殖、种植和农产品加工业。扶持红崖堡碗托、东湾无纺布、欣荣厨具、圣佛服装加工等小型加工项目，强化管理，打造南环品牌。

截至年底，完成城市低保20户42人，农村低保57户121人；农村特困18户18人（分散17户17人，集中1户1人）；两补人员（生活补49人，护理补98人）；小额救助11户5500元；大病救助15户15人；80岁老人135人；新增正在办理（城市低保2户6人，农村低保7户11人，特困3户3人），完成农村养老保险和补充养老保险的收缴。廉租房共享受35户，其中2021年新申请3户。

【乡村振兴】 2021年，南环路街道办实现建档立卡贫困人口动态管理常态化。全办无新识别贫困户、无返贫户认定、无错退户纠正、无错评户清退，东湾村自然死亡1人。落实脱贫攻坚责任，完成贫困户受疫情影响的务工需求与务工信息的核实录入。逐村逐户对辖区内57户贫困户信息进行数据采集并录入系统。贫困户厕所改造完成率100%。对脱贫劳动力开展技能培训。鼓励有劳动能力的脱贫户外出就业，各村有就业人员45人。宣传国家、省、市对贫困户的扶植政策。全办享受雨露计划4人，市财政部门将对超出部分给予适当补贴，上报就读学生15人。投资2万元补充完善民兵装备器材，8村按照民兵营（连）部规范化建设要求高标准打造，完成整组验收工作。美丽乡村建设完成申报。确定为红崖堡、南坛村。红崖堡投资农村基础建设424.25万元。确定南坛村文化活动中心建设，二层楼占地面积200平方米，广场硬化450平方米，围墙改庭廊；圣佛道路硬化项目，完成道路硬化1000平方米；龙口村村内道路硬化和管网建设，硬化道路420米，砌石坝420米，安装下水管网420米。赤峪村硬化道路西疙瘩500米。规范完善南坛仓储物流、红崖堡机械租赁两个壮大集体经济项目。龙口村霍州市第二污水厂征地项目完成。集体产权制度改革各村股权证发放到位2994户。东湾村农村人畜安全饮水工程已完工，工程将东湾村的人畜吃水纳入城市管理，解决全村人畜安全饮水问题。圣佛村水暖改造工程预计11月底完工。全办127户清洁取暖、煤改电改造任务全面完成。响应全市“多彩古霍游，健康运动会”为主题的“迎五一”系列文体活动要求，开展南环办“五一”文旅促销活动，5月1日至5日晚，以“缅怀革命先烈传承红色基因”为主题，开展红色电影放映周活动；5月1日以“讴歌崭新时代 展示幸福生活”为主题，开展紫薇园“魅力南环”文艺专场会演；5月1日，开展红崖堡戏曲专场活动；5月3日，以“开展全民健身提倡康养生活”为主题，开展篮球、羽毛球、乒乓球全民健身交流活动；5月4日，以“庆百年学党史颂党恩”为主题，开展“霍州书院”书法交流研讨活动；5月5日，以“传承历史 弘扬民俗”为主题，开展高速服务区“盛世欢歌”民俗文化专场会演；5月2日，参加教库拔村莺歌大赛；5月1日至5日，全天在霍州市高速服务区，开展南环办特色产品展销（“宝燕”碗托、海阔生物肥料）。

【环境整治】 2021年3月17日，在东湾村举行“决胜三百天，共建绿美畅暨创国卫志愿活动”启动仪式。按照全市“创国卫”工作“三拆三下三进三出”的总体部署，提出“垃圾不落地，家园更美丽”工作思路，锚定“一线四路八网”整治目标，实施“六化”措施，坚持“三定”制度，“五动”原则，在全办营造“创国卫”宣传氛围，让“共创、共建、共享”根植人心，立竿见影。截至年底，清理垃圾1万余立方米，清理防洪渠10000余米，粉刷树木5000余棵，垃圾池改花池5个，新建围墙800平方米，粉刷墙壁50000余平方米，修理残垣断壁30余处，清理杂草3000余平方米，清理乱贴乱画2500余处，栽植树木2000余株，拆除违建15处，新安装路灯196盏，发放宣传材料15000余份，悬挂宣传标语80条（块）。

5月26日，召开南环办创国卫“清六乱”工作部署会，对农村整治“六乱”工作进行安排部署，就村级创国卫工作观摩进行具体安排。6月4日，对8个建制村进行创国卫工作观摩。6月16日，召开南环办整治农村“六乱”百日攻坚战现场推进会，对红崖堡村和东湾村两个先进村进行表彰奖励。按照全市农村整治“六乱”工作总体部署，提出“148”整治目标，“365”长效措施。南外环沿线6个村已实现垃圾不暴露，转运不落地，沿途不渗漏，将垃圾池已经改变成花池。全办农村环境卫生综合治理科学体系正在逐步形成。红崖堡村在地头建篱笆，体现田园风格。东湾村在灯杆上安装宣传版面，使群众抬头就看见标语，达到入脑入心。

龙口村“霍州第二污水处理站”征地已全面结束。南庄村“聚佳绿地”项目，目前正在办理土地审批手续。南庄村“颐福苑”“霍州创业孵化基地”工程征地均进入攻坚阶段；孵化基地工程涉及19户，征地面积2.3亩。做好市级公益性骨灰堂（公墓）前期规划选址和土地监测工作，确保工程稳步推进。办事处选址2处，东湾、赤峪，自然资源所测量属于荒山、荒坡性质。

【平安乡镇创建】 2021年，南环路街道结合深刻吸取“山东蒙阴废弃砖窑口坍塌事故”教训，开展“安全风险隐患大排查大整治”“建筑领域安全隐患专项排查”“煤加工企业安全生产专项整治行动”三大安全整治工作。在全办范围内对废弃砖窑、原私开煤口、地灾隐患点、中小企业、仓储物流、危房等进行拉网式排查，做到全覆盖，无遗漏，打响全年安全整治战役第一枪。打击无证私建乱搭行为；督查私营企业安全隐患；加强对高陡边坡巡查力度，及时消除各类安全隐患。护林防火方面，按照网格化区域化划分重点，做好日常巡查和宣传工作，在春节、清明节日期间，紧盯重点区域，加大巡查力度，确保辖区平安。按照“分工负责、归口管理”的原则，实行“三级包联”制度，截至年底，排查化解各类矛盾纠纷37起，处理网上案件3起。推进全办8个建制村、1个社区的平安建设暨“三零”单位创建工作，发挥“四大员”作用，加强值班巡逻，确保社会稳定。配备配齐综治中心工作人员1名，村级全科网格长9名、网格员17名和网格辅助员34名，实现全科网格系统化。6月，组织网格员积极参与防范非法集资防范电信网络诈骗宣传活动，配合派出所、司法所、志愿者等人员进村入户开展宣传并逐村逐户签订承诺书，签订承诺4000余户，占到实有户数的84%，“三零”单位创建工作稳步推进。统战工作：开展反邪教宣传和农村寺庙摸底工作，6月底前发放反邪教宣传单2000余份，悬挂标语20余条，走村入户面对面300余人次。摸排农村寺庙12处，其中6处仍使用，6处荒废，8个建制村、1个社区无重点邪教分子，无从事邪教场所。开展安全生产专项整治三年行动，排查各类安全隐患372处，其中重大隐患2处，一般隐患370处，已全部整治，成立专项检查组8个村开展督导检查200余次，督导问题87个，巡查辖区内中小型企业，责令停产整顿14家。组织辖区内中小型企业开展集中培训，分类管理，造册归档，统一签订企业安全生产目标责任书。组织开展农用车等各类车辆登记，全办登记农用车辆187辆，车主均签订严禁无证驾违规载人承诺书。组织全办网格员和公安民警进村入户一对一开展“国家反诈中心”APP宣传下载工作，截至年底全办累计注册495人，占到常住人口的26.14%。住宅小区消防统计5个小区，做好安全消防工作。召开3次“大棚房”排查整治和防止耕地“非农化”“回头看”安排部署会议和1次班子专题研究会，成立领导组，制订实施方案，各村高度重视，迅速摸排，将“大棚房”排查整治工作引向深入。开展农村（社区）自建房、非自建房、经营性房屋摸排编码工作，涉及农村2855户、社区2357户，覆盖率达到100%。排查一般安全隐患15户，已全部整改；重大隐患4户，其中圣佛村1户，已享受采沉治理，房屋拆迁；南沟村3户已全部修缮整改。建筑安全巡查12户，其中3户无资质施工经说服教育，已整改。南环地灾5村，6个点。下发工作明白卡5份，避险明白卡60份。不动产清零23户，共办理17户，完成任务75%。辖区内设施农用地共8处，其中1处已取缔，3处未备案，4处已备案，辖区内未发现有大棚房问题。辖区内上报市局需灾后治理项目2处，分别是红崖堡村和南沟村项目资金1200百万元。全年辖区内各项任务出动100余次车辆，人员230余人。

【煤沉陷区治理】 2021年，南环路街道办对龙口村、圣佛村、南坛村所申请坍塌废弃的45孔窑洞，住人（不住人）完整院落60户（龙口村4户、圣佛村38户、南坛村18户）村民房屋进行拆除和封堵，搬迁补偿资金和拆迁费7032050.76元。10月，强降雨汛情灾情发生后，全办受灾人口2868人，房屋倒塌51间，其中涉及塌方、落石、塌陷54处，直接经济损失达3650余万元。成立灾后恢复重建工作专班，统筹资源、统一行动，开展灾后重建工作。汛期以来出动3000余人次，动用大型机械200余次，撤离群众960户2700余人。紧急转移安置群众23户36人，开展排洪排涝，老旧房屋隐患排查788户，紧急转移汾河沿线群众789户2260人。组建抢险救灾应急救援分队奔赴灾情一线，开展救灾工作，紧急转移灾民2750余人。根据防汛形势，筹备10万元完全用于防汛物资的购置，启动防汛应急预案和地质灾害避灾预案，确保机制到位。办事处设置南坛村日间照料中心和物流公司办公两个集中安置点，各村依靠学校、党群服务中心等设置临时安置点9处。配合住建局开展受损房屋安全鉴定工作，鉴定房屋328户，A级2户，B级39户，C级197户，D级90户。开展灾后恢复重建宣传工作，鼓励受灾村民开展重建，以自筹自建为主，以最短的时间恢复生产生活。发挥党员先进模范作用，各村党支部带领党员干部参与各项灾后恢复重建工作。

【疫情防控】 2021年，南环路街道办做好重点地区入霍人员全面排查和防控管理工作，春节前后，督导各村（社区）加强对从中高风险区入霍人员管理，坚持日报制度，采取四包措施，进行隔离管控，做到监测、核酸检测双到位，居家健康监测 28 人。通过“村村通”智能广播系统、微信工作群、悬挂条幅等多渠道向居民广泛宣传疫情防控知识。组织安排辖区内 18 周岁以上无慢性病村民接种新冠疫苗，推动疫情防控工作全面落实。完成疫苗接种第一剂 7745 针，第二剂 6805 针。换届选举期间制订疫情防控应急预案，接受市级疫情防控专业培训，指导各村换届期间疫情防控工作。

【社会治理】 2021 年，南环路街道办排查出各类矛盾纠纷 58 起，已化解 55 起，化解率达 95%，解决群体性事件 4 起，办理市级以上转办信访案件 2 起，按期结案 2 起，按期结案率达 100%，没有发生赴京、赴省上访事件。（桑玲玲）

鼓楼街道办事处

【概况】 鼓楼街道办事处位于霍州市中心城区，总面积 5.1 平方千米，东与开元街道办相连，西与白龙镇接壤，南与南环街道办交界，北与北环街道办相望。海拔标高 500 米左右，辖区内平川占 98%。

鼓楼街道办事处下辖南街、西街、北街、北峰 4 个村民委员会和前进、文庙、永新、滨河 4 个城市社区，总人口约 2.7 万人，其中农业 1.1 万人，非农业 1.6 万人。耕地面积 1005 亩。

鼓楼街道办事处有着得天独厚的人文地理条件。鼓楼东街、西街纵贯东西，鼓楼南街、鼓楼北街横穿南北，东临南同蒲铁路，西接霍侯一级公路，汾河横贯辖区。辖区内既有华怡商场、泰昌商场、唐荣市场、现代家具装饰广场、香江城等大型购物中心，又有全国重点文物保护单位霍州署、鼓楼等历史遗迹。鼓楼街道办事处历史悠久、人文荟萃、物华天宝、人杰地灵，是全市政治、经济、文化中心。

【党史学习教育】 2021 年，在党史学习教育活动中，按照“166”工作思路开展，即围绕“学党史、悟思想、办实事、开新局，建设文明开放、富裕美丽新鼓楼”这一目标，构建“红色先锋、红色课堂、红色故事、红色旅游、红色摄影、红色议事”六个红色矩阵，深化“开展一次大调研、制定一个规划、开展一次环境整治、开展一次结对共建、打造一个议事厅和建设一个平安鼓楼”六个一为民办实事活动，确保党史学习教育取得实效。在党史学习教育活动中，坚持领导带头示范学、上下联动同步学、知识测试检验学，红色基地实地学。年内重点打造南街村“苌楚学园”、前进社区“陶瓷功勋”两个党史学习教育点，在文庙社区香江城小区和滨河社区美丽佳苑小区分别建立党群服务驿站。开展“我为群众办实事”实践活动。广大党员干部无论是在疫情防控还是抗洪抢险和灾后重建工作中，践行全心全意为人民服务的宗旨。

【基层党建】 2021 年，鼓楼街道办事处落实“三会一课”、主题党日、组织生活会、民主评议党员等制度，严肃党内政治生活，加强党员教育管理。根据市委第一巡察组第十轮巡察反馈移交问题清单，组织各村委会、社区积极整改，办事处党工委就巡察整改落实情况及党史学习教育、“三会一课”、主题党日活动等组织生活开展情况，对各村委会、社区进行全面督查指导。按照市委推选党代表工作要求，推选出 11 名党代表出席市党代表会议。做好发展党员工作，全年新发展党员16人，储备入党积极分子27人，入党申请人12人。围绕庆祝建党100周年，确定办事处符合“光荣在党50年”纪念章发放的老党员30人，在“七一”前，通过举行仪式或上门入户发放等形式全部发放到位。对辖区内15名困难党员，由党工委书记带领班子成员及各基层支部负责人，将上级拨付的8500元和部分党支部配套的7000元慰问金发放到人。鼓楼办事处下辖10个基层党支部在“七一”前由党工委书记进行集中授课，重温入党誓词活动。办事处组织开展“感恩心向党　奋斗新征程”党史知识竞赛活动。

【换届选举】　2021年，鼓楼街道办事处坚持落实换届要求，执行换届纪律，“三个坚持”，确保村（社区）两委换届选举工作蹄疾步稳。10月3日至8日，街道下辖4个村、4个社区均选举出新一届党组织班子，选出8名党支部书记，22名班子成员，其中35岁以下党支部书记1名；45岁以下村党支部书记占比75%；女性成员13名，占比43.3%；党支部书记中大专学历7人，占比87.5%。11月10日至14日，各村、社区圆满完成村（社区）委会换届选举，党组织书记通过法定程序选举为村（社区）委会主任，全部实现“一肩挑”。两委换届后35岁主干1人，每个村（社区）两委班子中均有1名35岁以下干部，每个村（社区）均有1名女性；每个村至少有1名大专及以上学历班子成员。

【宣传舆论】　2021年，鼓楼街道办事处坚持每季度召开一次意识形态研判会，落实意识形态“一岗双责”，完善中心组学习制度，推动意识形态工作责任制落细落实。为有效提高党员教育工作实效，以“党课＋专题讲授”“党课＋实境体验”“党课＋云端网络”“党课＋实践活动”四种形式，创新开展“红色课堂”“移动课堂”“视听课堂”“行动课堂”，开启党员教育新模式，推动基层党组织把党员教育融入日常。通过打造街道文化宣传墙，和前进社区陶瓷功勋展厅和南街技楚学园两个红色教育阵地，公民思想道德建设和党性教育深入人心。结合主题党日活动，在全办宣传文明使用公筷，光盘行动、垃圾分类投放、简办婚丧嫁娶等文明新风。办事处开辟“鼓楼党群服务”微信公众号及“品质鼓楼”视频号等宣传平台，创建“鼓楼街道一周要情”栏目，截至2021年底，在各类宣传平台发布作品183条。“五一”期间开展“五一”文旅活动专场，组织19名队员参加全市“农民丰收节”活动，10月1日举办“永远跟党走”大型文艺会演。

【人大接待选民工作】　2021年，鼓楼街道办事处接待选民52人次，受理选民反映问题和意见110余件，助推辖区社会经济发展。

【文旅融合】　2021年，鼓楼街道办事处围绕“文旅融合先行者”的目标，集中优势资源，优势兵力，配合市委、市政府整体旅游开发思路。在全市“五一”“十一”文旅商贸推介活动中，在霍州市高速服务区开展以“品质鼓楼、逐梦远航”为主题的文艺汇演和商贸推介，在办事处辖区开展以“游州署、逛鼓楼、品美食、鉴文化”为主题的系列活动和樱花美食节，展示年馒、饸饹、饼子、豆腐、碗托、油茶、辣椒酱、黑酱等传统小吃和剪纸、泥塑、三弦书等传统文化，文旅融合发展取得初步成效。

【项目建设】　2021年2月7日，临汾市人民政府临政地字〔2021〕4号文，同意该项目集体用地审批。西城华府项目已进入准备土地挂牌出让阶段。

【脱贫攻坚】 2021年，鼓楼街道办事处开展农村离任干部审计工作，完成4个村的审计任务。“一事一议”申报项目1个，已完成项目建设工作。

【乡村振兴】 2021年，鼓楼街道办事处制定乡村振兴详细计划，农村人居环境“治六乱”与“创国卫”工作同部署，同安排，根据“建成区禁养”要求，对西街养牛、养羊各1户进行搬迁，北街1户养猪户选址后搬迁。西街村委会桥西农贸市场。投资400余万元，进行路面硬化和屋顶处理。围绕“六乱”整治工作重点，对房前屋后、交通沿线、村庄街巷、农户庭院、田园地头等重点区域进行整治，拆违建、清四堆、扫垃圾、整路线、靓立面，全面推进。交通沿线清理积存垃圾500吨，清理河道垃圾300吨，拆除违建19处。清理村内“五堆”80处，整治村域内黑臭水体5处，拆除旱厕20处，清理小广告330处，评选出星级文明户8户，美丽家庭10户，和美家庭15户。

【国家卫生城市创建】 2021年，鼓楼街道办事处印发《致全办居民的一封信》《居民创国卫承诺书》9000余份，宣传发动群众，实现共创共建。在村委会与村委会、社区与社区中开展“互观互检、互学互比”活动。5月份组织一次两委主干实地观摩、现场评比活动，对好的予以表彰，对差的进行通报。统计未硬化小街小巷71条，整治完成58条，13条正在整治中。硬化修补道路4300余平方米，粉刷墙面57330余平方米，修缮围墙1400平方米；清理积存垃圾2815吨，河道垃圾400吨，清理四堆565吨，清理“六乱”210余处，拆除旱厕20处，拆除违建32处，拆除垃圾池12个；清理墙体小广告630余处，种植绿树200余株，入户宣传垃圾不落地，发放倡议书累计4000余份，出动车辆400余辆，出动人员2300余人，投放垃圾桶16个，修缮下水道6处，更换路灯电池33块。

【生态环境治理】 2021年，鼓楼街道办事处落实河长制，建立台账，责任到人，确保辖区内排污口16处，雨污口35处全部接入城市管网。对秸秆焚烧、农村面源污染、石材加工、小锅炉、散煤治理、建筑工地裸露实施全面监管。取缔4个畜禽养殖点，改善生态环境。对辖区屋顶面积进行摸底统计，全办可利用居民屋顶面积163683平方米，村委会屋顶面积1235平方米，工商业厂房屋顶面积2833平方米。成立110人的散煤、秸秆禁烧队伍，对辖区内进行全天候巡查，确保辖区内无垃圾、秸秆、散煤焚烧。对辖区内20户未集中供暖户经与供电部门协商，实现电取暖优惠。

【疫情防控】 2021年1月12日晚，按照市疫情防控办紧急会议精神，设置5个疫情防控点。落实“四包一”责任，强化属地管控，摸排外省返霍632人，境外返霍9人。落实“四包一”管控人员632人，“五包一”管控138人。确保辖区疫情防控安全。在做好疫情常态化防控工作的同时，开展疫苗接种宣传工作，截至年底，接种新冠疫苗26234人，接种率96%以上。

【教育工作】 对辖区4所小学、14所幼儿园，42所有证校外培训机构进行安全大排查，对14所无证培训机构下发了《停办通知书》，确保辖区教育安全。

7月，对校外培训机构进行联合执法整顿，截至年底，规范合法校外培训机构26所，取缔非法教育培训机构15所。

【社会保障】 2021年，鼓楼街道办事处开展全民参保“清零行动”，截至6月25

日，城乡居民养老保险征缴人数 2897 人，补充养老保险征缴人数 626 人，征缴金额 997000 元。对城乡低保证进行入户调查，截至年底，全办辖区有城内低保 43 户 73 人，农村低保 50 户 104 人，特困人员 9 户 9 人，残疾人生活补贴对象 57 人，残疾人护理补贴发放对象 137 人，四类学生 36 人，农村 80 岁以上老人 91 人。组织开展城乡居民医保参保工作，并把贫困人口、监测户和特殊人群的参保工作作为重点，采取多种方式扩大医保参保知晓率，城乡居民医保参保缴费人数 7628 人，参保率达 96.3%，建档立卡户和监测户参保清零。

【社工服务】 2021 年，鼓楼街道办事处按照“先转化，后优化，再强化”的工作思路，整合资源多层次鼓励、培育、孵化各类社会组织和志愿者团队，加强同团委。妇联、司法等部门沟通联系，丰富社工站服务内容，拓展社会工作服务工作。9 月 15 日，临汾市政府副市长闫建国带领临汾市乡、镇（街道）社会工作站建设工作现场推进暨培训会议观摩团来社区站进行观摩。

【武装和退伍军人工作】 2021 年，在做好征兵工作同时，贯彻“平战结合，军民结合，寓兵于民”的方针，着重抓好基干民兵队伍建设，组建 31 人民兵应急排。在清明节期间，派出 6 名基干民兵参加南塔垣森林防火行动，“五一”期间派出 10 名基干民兵参加辖区各项文体活动的安保后勤工作。在汛期调用民兵 180 人次从事抢险救灾和转移安置受灾群众。有退役军人服务站 9 个。配合退役军人事务局对两名荣立三等功的现役军人家属送喜报到家，“七一”前对 15 名 80 岁以上的退伍老兵送上节日慰问，走访慰问 4 名困难老兵。

【土地和城建工作】 2021 年，鼓楼街道办事处做好高陡边坡隐患排查同时进行大棚房及土地非农化排查。在土地管理上严守耕地红线，坚决杜绝乱批乱建，未批先建，不批就建的乱象。在辖区开展拉网式排查，进行详细备案登记，确保排查不留死角。完成所有城乡房屋安全隐患排查和信息采集录入 8233 户（其中，农村房屋 1377 户，城市房屋 6856 户）。在排查过程中，对发现的问题和隐患，经山西科源建筑科研检测有限公司检测，C 级房屋 1 处，已完成加固；D 级房屋 7 处，除煤炭家属院外，其余危房均已腾空住户，设立警示标志，拉起警戒线。

【防汛抢险救灾】 2021 年，鼓楼街道办事处专题研判 12 次，召开防汛救灾紧急调度会 8 次，紧急出动 30 人的应急救援分队和 80 人的防汛急战备队伍，调动辖区内应急人员 300 余人次，各类大型机械 60 余台，调配粗沙 100 立方米，编织袋 5000 个，各类防汛用品 600 余件。组织多方力量，对辖区内重点区域、重点部位开展 24 小时不间断排查，进行应急处置。辖区内 4 个农村村委会，4 个城市社区受灾群众 1284 户 3855 人。办事处设置 3 个集中安置点，转移安置 69 户 163 人。其中，集中安置 8 户 18 人，投亲靠友 61 户 145 人。辖区内房屋受损 108 户 151 间，其中房屋倒塌 25 户 33 间，严重损坏 13 户 22 间，一般损坏 70 户 96 间，道路受损 3 处 1000 余米，农作物受灾 600 余亩，计各类经济损失 431.2 万元。10 月 6 日下午，按市防汛应急指挥部命令，紧急转移桥西新区 484 户 2025 人。

【灾后重建】 2021 年，鼓楼街道办事处按照“一手抓防救灾，一手抓灾后重建”工作要求，成立灾后恢复与重建专班，确定时间节点，倒排工期，挂图作战。基础设施和村容村貌基本恢复，完成房屋安全鉴定 85

户，其中被评为D级受损房屋36户，C级受损房屋49户。D级受损房屋中唯一住房受损户4户（南街1户，北街1户，文庙2户）。C级受损房屋中唯一住房受损共26户（西街6户，南街14户，北街1户，北峰1户，文庙4户），在灾后恢复重建中，开展损毁房屋修复工作，上报9户农村住房重新修缮，重新入驻。

【创业就业】 2021年，鼓楼街道办事处加强农村剩余劳动力创业技能培训，把实现全民技能工程作为重点，领取技能电子培训券238份，其中贫困户9份，带动劳动者技能就业、技能增收和技能成才。

【信访工作】 2021年，鼓楼街道办事处开展“循法信访、依法办访”信访法制宣传活动，采用发放宣传单、电子屏播放等形式开展集中宣传，引导群众以理性合法方式逐级表达诉求，从源头预防做起，减少矛盾的产生和激化。2021年，涉及信访重点人员5批6人，来信及网上投诉84件（含重点），全部办结；重大节日期间，实现“零上访”工作目标。

【安全生产】 2021年，鼓楼街道办事处召开各类安全会议20余次。根据安全生产形势和安全隐患情况，对辖区73家重点单位进行逐一分析，出台《鼓楼办重点安全风险管控点2021年管控情况一览表》，用红、橙、黄、蓝标注风险等级。鼓楼街道一级累计检查各类企业73家，排查存在一般安全隐患277条，督促整改完毕。

【平安创建】 2021年，鼓楼街道办事处对辖区网格进行重新划分，建立街道网格处置—村（社区）网格长—全科网格员—网格辅助员—4级网格队伍架构，划分39个网格，确定网格长8名，全科网格员39名，辅助网格员54名，形成“横向到边，纵向到底”的全科网格。网格员通过“平安山西”APP上报各类事件2913份，其中治安类402件，风险隐患类231件，疫情防控类456件，案件办结率达99%以上。全面实现服务群众零距离，连接基层治理“最后一公里”。常态化开展防范非法集资、反电信诈骗、铲毒、禁毒、反邪教、扫黑除恶等宣传工作，4个农村村委会发挥“红色议事厅”作用，4个城市社区发挥党建大联盟“同心鼓”作用，开展普法宣传，发放法律宣传资料8000余份，签订反诈承诺书8000余份，开展平安单位、平安校园、平安家庭创建活动，维护辖区安全稳定局面。（朱江华）

北环路街道办事处

【概况】 北环路街道办事处地处霍州市城区，辖区面积6.8平方千米，东与大张镇相连，西与鼓楼办相接，南靠开元办，北连退沙办。下辖邢家泉、北关、永合、三合4个建制村。永泉、北兴2个社区居委会。耕地面积1445亩，总人口31123人，其中，农业人口5558人，城镇人口22536人，流动人口3029人。北环办产业是以第三方为主的主导产业。

2021年，北环路街道办事处贯彻落实习近平总书记视察山西重要讲话重要指示精神、党的十九届六中全会精神、省第十二次党代会精神、临汾市第五次党代会精神、霍州市第八次党代会精神，务实重干，砥砺奋进，聚集巩固脱贫攻坚和乡村振兴有效衔接，以增进百姓福祉为落脚点，完善基层工作体系，推进北环经济和各项社会事业的高质量发展，完成年初制定的各项工作目标任务。

【项目建设】 2021年，北环路街道办事处在配合全市重点工程推进的同时，加大项目建设力度。中镇国际花园二期建设工程是霍州市61项重点项目之一，经过研究制定工作方案，成立工作专班，服务于全市重点项目工程建设。在符合产业政策、环保政策、土地政策的前提下推进项目建设，投资500万元的北关仁泽钢化玻璃厂上半年投入生产。投资150万元的永泉红色物业公司全面完成办公场所的装修装饰工程，于6月底举行揭牌仪式。

【环境卫生整治】 2021年，北环路街道办事处以创建国家卫生城市和农村“六乱”整治为契机，努力营造文明、整洁、有序、舒适的生产生活环境。在创国卫活动中采取“以点带面，全面推进”的方式，在邢家泉村树立样板，高标准地打造了“一个村、一条街、一面墙”，在5个农村、2个社区推广，农村人居环境“六乱”整治百日攻坚专项行动开始后，把“创国卫”和农村“六乱”整治工作融为一体，作了再发动、再动员、再部署、再安排，村村有行动，村村有工程。

【环保工作】 2021年，北环路街道办事处坚持源头管控，协调职能部门开展集中供热扩户，将三合村整体纳入城市集中供热管网，从根本上减少冬季污染排放、取暖季煤炭制品管控难度。发动广大干部深入开展排查，在禁煤区各类煤炭制品逐户清缴，对禁燃区内劣质散煤全面清收，确保辖区空气质量逐步改善。开展禁烧巡查，坚决防止禁烧秸秆、枯叶、垃圾等行为发生。对沟口村北原政府指定的垃圾填埋场进行停用封闭，联合职能部门对工业路一车辆拆解点进行取缔，规范彭洁木材加工点生产方式。

【党史学习教育】 2021年3月19日，北环路街道办事处召开党史学习教育部署会，成立党史学习教育领导小组，采取个人自学和集体研讨相结合，多种形式开展学习。围绕庆祝中国共产党成立100周年开展研究宣传，引导干部群众树立正确的党史观。突出青少年群体，将党史学习教育融入学校教育思政课，加强对共青团员和青年志愿者教育引导。运用红色资源开展教学，组织党员干部参观北山公园红色教育基地。通过“学习强国”山西学习平台、山西干部在线学院等重点学习阵地所开设的“党史学习教育专栏”，组织开展线上学习。按照“切口小、发力准、效果好”的标准，解决群众“急难愁盼”的具体问题。

【疫情防控】 2021年，北环路街道办事处把疫情防控作为最重要的政治任务来抓，群防群控确保辖区无一例感染病例。第一时间成立以党工委书记和街道办主任为组长的“双组长”疫情防控组，设置信息报道、组织督查、应急处置、消毒消杀、后勤保障5个疫情防控专班，采取“1234”工作法（一张图、两张表、三级包联、四级管控），压实防控责任，强化防控措施，将全辖区划分127个二级网格，设立卡点12个，核酸检测站1个。建立工作专班及专班职责，专人专岗、责任到人进行疫情排查工作，对于中高风险区来（返）霍人员按照上级精神要求执行管控措施，排查国外返霍人员16人，密切接触者6人，重点区域409人。坚持将排查工作与宣传发动同步开展，一体落实，将宣传发动贯彻到走访排查全过程。

【社会民生】 2021年，北环路街道办事处对57户93人建档立卡贫困户，驻村工作队、包联干部持续跟进帮扶，防止再度返贫，对4户“边缘户”落实相关政策，帮助解决生活困难问题，按照要求完善脱贫档案。对49户104人城市低保和31户59人农村低保进行复核，对患有重大疾病的人员申请办理大病救助，对189户城镇居民住房困难户办理了廉租房和房租补贴金，对138名残疾人办理生活补助及护理补贴。对45名农村80岁以上老人办理高龄补贴，对19名四类学生进行救助。“七一”前夕对80岁以上党员退役军人进行慰问；为张航、武欣欣等6名现役士兵家属送上立功喜报；建党100周年之际为辖区李相德、黄连秀等9名优抚对象送去慰问信、慰问金；为田续平、吴小平办理了60周岁老村籍退伍兵生活补助；为伤残退伍兵李成学富办理住院二次报销医疗补助金。新型农村养老保险和新型农村合作医疗参保率、参合率都在95%以上。10月以来，北环街居两级干部全员出动，动员北关村刘保翠、北环路北二巷、邢家泉核桃坡等120户507人进行转移避险，确保无一例伤亡事故发生。本轮强降雨导致辖区房屋倒塌18间，严重受损3间，一般损坏590间，农作物受灾面积67.7公顷，直接经济损失560余万元。协调职能部门争取救灾物资，落实防寒服、被褥、面粉、大米、食用油、方便面等物资983件（套）。

【信访安全】 2021年，北环路街道办事处检查各类生产经营单位257次，发现一般隐患162起，已整改156起，整改率96.3%，确保辖区无安全生产事故发生。实行全科网格化管理，将全辖区划分成39个网（其中专属网格5个），设立14名网格长，39名全科网格员，65名网格辅助员。网格员全年通过社会治安综合治理信息系统上报安全稳定、疫情防控、矛盾纠纷、环境污染等方面的信息1600余条。深入开展反电诈宣传，入户与居民签订《防范非发集资承诺书》12000余份，向群众发放反电诈宣传资料9600份，推广注册“临汾反诈卫士”小程序、“国家反诈中心”APP15600余人次，初步在辖区筑起全民反诈屏障，电信网格诈骗发案数量持续下降。开展禁种铲毒、反邪教知识宣传活动，确保辖区无一例非法种植毒品源植株的行为发生，无一例邪教分子非法活动。

【党建组织】 2021年，北环路街道办事处根据上级有关换届选举工作的统一部署和要求，结合实际，产生新一届“两委”班子人员，完成“两委”换届选举工作任务。北环办4个建制村、2个社区完成2021年村（社区）两委换届选举工作。（郭百晟）

开元街道办事处

【概况】 开元街道办事处位于霍州市东城区，东邻大张镇，西接鼓楼办，南望南外环，北靠北环路街道。下辖东堡、东关、赵家庄、李诠庄4个农村居委会和新建、永康2个社区，以及煤电集团城市居委会。辖区总面积5平方千米，其中，耕地面积1021.01亩；辖区居民8639户29198人，其中农村人口1345户5865人。开元街道办事处驻永康路南段，全办机关人数32人，公务员14人，工勤1人，事业17人。办事处机关内含科室包括：综合办、党建办、社会事务服务中心，下设计生所、民政、林业，还有共青团委、妇联等组织。

【党史学习教育】 2021年，开元街道成立党史学习教育领导小组，制定《开元街道党史学习教育实施工作方案》，从5方面

18条对党史学习教育提出具体要求，召开12次专题会议安排部署，确保组织领导到位。各基层党支部根据目标要求，制定学习计划，采取集中学习和自学的方式，依托中共山西临时省委扩大会议旧址（北顶庙）等线下红色资源以及微信群、“学习强国”APP等网上红色资源，确保内容学习到位。经统计，进行1次“学党史、悟初心”宣讲报告会；中心组党史专题学习8次；党工委书记带头讲专题党课1次，基层支部书记讲党课7次；专题研讨16次；拍摄知识竞答小视频1次；集中测试6次；配发资料1508册指定用书，在微信群发布各类党史学习教育资料1200余条；观看主题影片5部，实地参观学习8次。对各基层党组织党史学习教育情况进行检查，特别是“我为群众办实事”的落实推进情况，发现问题当场反馈，限时整改，确保推动工作到位。

【集体经济发展】 2021年，开元街道扶持引导赵家庄集体幼儿园、李诠庄豆腐加工合作社等一批集体经济组织。赵家庄新型防水材料厂二期项目建成新厂房投入试运行。4个农村集体经济组织都注册成立物业公司、商贸公司。

筹备“庆五一村社联谊文艺汇演”暨农特产品推介会，通过文艺汇演和产品展销两种形式，宣传开元文化、推广开元旅游资源。“五一”期间，销售累计达15050元。

【社区服务】 2021年，霍州煤电机关社区党支部整改完成。建立专职社区工作者考勤、月例会、教育培养等制度，建立考核评价机制，发挥专职社区工作者的作用。驻区单位与街道、社区共驻共建共享活动有序开展，政府办、市司法局与永康社区联合开展“主题党日”、防范“非法集资”活动等活动；市场监管局与新建社区联合在“3·15”国际消费者权益日开展主题宣传，增强社区服务群众的能力。

【“两优一先”评选】 2021年，开元街道召开“两优一先”表彰会议，对基层党支部涌现出的2个优秀基层党支部，20名党务工作者、优秀共产党员进行表彰，激发广大党员干事创业积极性；颁发“光荣在党50年”纪念章。经过筛查摸底，审查核实，对照全国党员管理信息系统进行信息查验，结合老党员的实际情况，通过集中发放、上门颁发、他人代领3种方式，对71名老党员颁发“光荣在党50年”纪念章。开展走访慰问活动。结合支部党员实际，对刘贵德等10老党员、困难党员进行走访慰问。

【基层党建】 2021年，开元街道东堡党组织被评为红旗党支部，赵家庄党组织被评为“五好”党总支。全年确定发展对象10名，年龄均在45岁以下，其中，本科1人、大专2人。完成党代表、人大代表选举工作，街道党代表为37名。选举产生市人大代表7名，其中，市派代表3名。推进“两委”换届工作，依法依规推进辖区4村3社的“两委”换届选举工作。

全年讲授廉政党课2次，开展廉政警示教育6次，组织集中学习10次，处置问题线索6件，谈话函询4件，初步核实1件（正在办理），立案审查1件，党内严重警告1人，诫勉谈话2人，提醒谈话3人。

【社会民生】 2021年，开元街道以巩固脱贫攻坚和乡村振兴有效衔接为重点，对辖区21户脱贫户逐户摸排核查，未发现问题。做好稳岗就业工作，对有劳动力脱贫户加大培训和帮扶力度，发放电子培训券，鼓励外出务工，拓展就业渠道稳定增收。脱贫人口中有18人外出务工与2020年持平；开展防止返贫动态监测和帮扶集中排查工作，重点对脱贫户、有残疾人或大病患者户、农村低保户和特困供养人口、脱贫不稳定户等进行集中排查，做到早发现、早干预、早帮扶。开展年度信息采集工作，对脱贫户、监测户收入进行测算，收入稳步提升，均超过6000元。

坚持以汛情为令、以预防为主、以避险为要、以撤人为先的原则，成立临战指挥部，落实班子成员包村、村两委成员包片、党员干部包户的三级包联责任制，构成横向到边、纵向到底的防汛工作网格体系，网格化、地毯式摸排，建立隐患排查台账。全办应急抢险队伍有8支100人；发现各类风险隐患点22处，其中地质灾害点1处，老旧危房影响21处。

建立灾后重建工作机构，对辖区受损情况分类统计，对房屋受损1D2C3B共13户，全部建立台账，明确重点，对症施策。非农户朱保华、张新玉等受损房屋委托住建部门进行安全鉴定，提倡自建；唯一住房受损一般农户高元明、孙国虎等，村两委协助清理建筑垃圾，按政策申请政府加固修缮房屋补贴。对脱贫做到应鉴尽鉴，驻村工作队对脱贫户汛后房屋先行摸底，对存在安全隐患房屋报送农业局，申请专业鉴定，提供专业设计院出具的修缮方案。受损后不能居住的如李补娃需要原址重建农户，发动村两委积极帮助其申请灾后重建低息贷款、主动联系工程队，对进行施工现场督查，要求重建户、两委主干、施工方保质、保量、保安全、保进度，完成重建任务。

【疫情防控】 2021年，开元街道落实“外防输入、内防反弹”及有关防控疫情政策，要求各村（社）加大排查力度，掌握辖区内人员与中高风险地区的流动情况，动态掌握有关情况，宣传疫苗接种的重大意义、疫苗接种知识等科普知识，强化疫情防控物资的储备工作，对社区工作人员等进行培训。建立8个疫情防控微信群，发布300余条疫情防控信息，发放宣传材料2000余份，悬挂条幅15条，开元辖区接种疫苗2万余针次，完成上级下达的任务。

【网格管理】 2021年，开元街道与村（社）两委主干签署承诺书，划分32个网格，各网格员逐户进行宣传，做到全覆盖。制作宣传展板2块，悬挂宣传条幅50余条，粘贴宣传画1200处，发放宣传页5000余份，微信群推送宣传知识60余条，受众6000余人，提高人民群众防诈骗意识。

【土地确权】 召开专题会议安排部署，入户逐户核实农户基础信息，实行公示制度。通过次地力补贴统计，东堡村土地确权面积50.84亩；李诠庄土地确权面积114.53亩；赵家庄土地确权面积284.34亩。

【安全生产】 2021年，开元街道实行条块结合、以块为主的原则，统筹安全生产、地质灾害、老旧房屋、防汛等工作，明确排查重点，排查隐患点64余处并整改到位。开展安全生产大检查，按照“四个一律”“五个一批”要求，深化重点行业领域专项治理。经统计，召开安全例会14次，安全专题会议2次，隐患点研判会3次；开展排查20余次，安全宣传2次，悬挂条幅标语24条，商铺电子屏宣传50多家。消除火情隐患6处；人员密集场所应急救援1次。消防培训2次；组织安全学习5次，警示教育片2次，大讲堂1次。

【信访】 执行信访工作“三三制”，坚持领导干部固定接访、带案下访制度，创新开展人大代表定期接访制度，化解信访矛盾，信访形势持续好转。

【重点工程】 2021年，南涧河生态综合治理租地工作涉及赵家庄居委会10个队221户，耕地80余亩；签订7个队134户，耕地43.965亩。中镇泰达园项目已制定被征地农民参加基本养老保险方案已经临汾市人社局批准，报市自然资源部门组卷；征地补偿基本达成一致意见。东堡旧堡子棚户区改造项目项目决定、规委会评审等前期手续正在办理之中。清雅苑南区项目中，反复与村委会、开发商、村民沟通协调，开始征地工作。（刘若瑜）

退沙街道办事处

【概况】 退沙街道办事处是2001年4月霍州市乡镇机构改革时撤销原什林镇后设立的一个街道办事处，地处霍州市北部。北与晋中市灵石县接壤；西与汾西县永安镇相连；东与本市师庄乡，南与北环办、白龙镇相邻。南同蒲铁路线、108国道、大运二级公路纷纭境内南北，乡村公路辐射成网，交通便捷，含有丰富的矿产资源，境内工矿企业较多，是霍州市能源重化工基地之一，下辖退沙、什林、王庄、许村、朱杨庄、枣洼、姚村7个村民委员会，1个社区（安祥社区，由坡底村和李雅庄家属区合并而成）。总面积41.38平方千米，辖区现有农业人口14049人，5038户，常住人口32000余人，耕地面积19019余亩，企业30余家。有12个党支部，党员622人，机关单位15人，班子成员8人，普通人员7人。

【政治建设】 2021年，退沙街道召开12次党工委会，6次党建工作专题会议，研究部署推动党建工作见实效。许村被评为省级先进基层党组织，什林村被评为临汾市级先进基层党组织，王庄、朱杨庄村被评为霍州市级先进基层党组织，加强基层组织建设，提升基层党建水平。把党史学习教育作为贯穿全年思想政治教育的主线，组织村机关党员和两委“主干”开展12次理论学习中心组学习和党史学习教育专题学习，班子成员深入所包村开展8次党史学习教育和十九届六中全会精神宣讲，以学促干开展“我为群众办实事”活动，完成12条民生实事内容，转化学习成果。发扬红色传统，传承红色基因，赓续共产党人精神血脉。参观革命历史遗址遗迹，重温入党誓词，为51名“光荣在党50年”的老党员发放纪念章，引导广大党员“明理、增信、崇德、力行”。完成7个农村、1个社区“两委”换届工作，配强新一届两委班子成员48名。推进巩固脱贫成果有效衔接乡村振兴，79户182人脱贫成果巩固，乡村振兴建设持续推进；推动党管武装工作，完成民兵整组、动员征兵、国防教育等任务，配齐战备器材，加强武装硬件建设。召开专题研究党风廉政建设和反腐败工作会议3次，廉政谈话8人次，开展村“两委”换届廉政集体谈话2次。全年共开展监督检查6次，发现问题12个，提出整改建议7条，约谈9人次。开展集中警示教育活动，组织开展专题党课、观看廉政教育片《贿选之鉴》、廉政蒲剧《廉吏曹端》等。

【项目建设】 2021年，退沙街道聚焦产业发展衔接，优化营商环境，推进一、二、三产业融合发展，利用“旅游+”稳步推进产业发展。霍州东方希望畜牧有限公司养殖项目，已与办、村两级签订租地协议，取得立项批复、不在禁养区证明、可研报告，完成水勘、地勘、可研等工作。东方希望征地款已全部到位，群众占地款已发放

90%，第一期用地160户已签协议，坟地已迁15家。许村公共停车场项目，已拨付土地增减挂钩资金，土地变更手续已全部完成，正在着手办理土地证。2021年一事一议项目为退沙村道路硬化工程，改善村容村貌，解决农村道路存在的突出问题。申报许村“十四五”期间文化保护传承项目。推动美怡嘉商贸公司增产达效。

【新农村建设】 2021年，退沙街道贯彻落实“两不愁三保障”，紧扣国家扶贫政策，为脱贫户排忧解难。教育医疗方面，建档立卡脱贫户（监测户）在校生37人，在校生享受学前资助1人，特教服务1人，生活补助18人，助学金5人，雨露计划7人，大学生救助1人，贫困户儿童不存在失学辍学问题。79户贫困户全部签订了健康扶贫“双签约”医疗服务协议，所有脱贫户因病住院，都享受到医疗相关扶贫政策。就业产业方面。在产业扶贫上，发展3户养殖户，2户种植大户，维护5个120千瓦光伏电站的高效运营，脱贫户77户178人得到受益；就业扶贫上，设置45个公益性岗位，帮助8人签订长期务工协议，解决53人就业需求。社会保障方面，贫困户纳入农村低保58户128人，其中，失能老人补1人，孤儿补1人，五保户9人，残疾人51人，享受重度残疾人护理补贴29人，享受困难残疾人生活补贴40人。

【生态环境】 2021年，退沙街道将“创国卫”与整治“六乱”工作有机结合，打造许村治理“六乱”示范村。对辖区内的环境卫生进行集中整治，动用人工80余人次，动用机械50余台次，清理河道垃圾5000余立方米；新建朱杨庄门楼一座、翻新退沙门楼一座，拆除违建，建立长效机制，美化村庄面貌，提升环境水平。对辖区村民进行护林防火和禁烧秸秆宣传工作，加强田间地头巡逻巡查工作，对焚烧现场及时处置，对村干部进行训诫谈话，并责令派专人看管、加强巡查。推进秋冬防工作，开展散煤污染专项整治宣传，群防群治，发放清洁煤119户，2390袋，83.65吨。各村网格员入户排查3700余户，清缴散煤200余吨、拆除封堵炉2台。每月召开巡河员例会，对涉河问题做到早发现、早制止、早报告、早查处。对河道开展清四乱工作，清理动用人工800余人次，动用机械500余台次，清理河道垃圾5000余立方米，抢修了1000余米的河坝。

【安全生产】 2021年，退沙街道在两会期间、重要节点，做好两站维稳工作，每天坚持24小时在岗，对4名信访重点人员进行“三盯一”稳控。对建筑领域进行安全排查、危房排查，未发现安全隐患；对“大棚房”排查工作落细、落实，经排查，辖区内涉及6处设施农业用地，其中5处用于养殖，1处用于种植。落实各项安全生产工作要求，检查监督各类企业80余次，排查安全隐患20次，完成各类专项检查20余处。向村民宣传防范非法集资、防范电信网络诈骗，提高广大村民的防范意识，与村民签订承诺书，防止村民误入诈骗陷阱。退沙村利用庙会节日，设立宣传点，对广大村民和外来人员进行宣传。在完成全科网格工作，确定26名网格员的同时，网格员通过“敲门行动”结合所管辖区域与片区网络民警实行反诈骗二维码注册全覆盖，防止辖区内出现电信诈骗的情况。针对汛情，成立由街道党工委闫会滨书记带头，党员、民兵、综治员为主的应急抢险队，有队员124人，确保做到险情一旦发生，应急救援力量即可迅速到位。抢险工作中设立紧急安置点7处，设立警示标志60处，专人把守定点地15处，出动2000人次，出动机械80台次。10月6日接到汾河上游开闸泄洪的通知后，逐户告知并连夜转移安置群众393户1416人，企业10家，学校1处（春潮学校），保障居民群众的生命财产安全。辖区有6所小学，3所公办园，4所民办园，1所12年一贯制私立学校，都成立由校长任组长，主抓安全的工作领导小组，各校园根据上级文件及中心校要求，强化对安全工作的领导和巡查。做好疫情防控，对返临人员按照政策扎实做好管控，完成各类报表，开展宣传百余次。组织完成辖区居民的疫苗接种工作。

【文化建设】 2021年，退沙街道“五一”期间，许村举办文艺汇演，依托深厚的文化底蕴，挖掘古代婚俗婚礼礼仪，村民们在朱家大院依据古代婚俗自编自演古代婚礼场景剧。在国庆期间组织开展健身广场舞展演活动。组织退沙村30人广场舞队，代表办事处参加健身广场舞展演活动，并荣获组织奖。辖区各学校举办庆“六一”文艺汇演，为中国共产党成立100周年献礼。重阳节，退沙村、什林村、许村、朱杨庄村、王庄村、坡底村、枣洼村自发组织孝老爱亲包饺子和文艺表演活动，为老人们送去关怀，体现尊老爱老、团结协作的良好风尚和精神品质。

【民生保障】 2021年，退沙街道做好城乡医疗救助工作，救助26人。享受农村低保99户207人；享受城市低保68户105人；享受生活补贴75人；享受护理补贴147人；享受80岁高龄补贴163人；办理救急难6人；小额救助办理31人；享受五保待遇26人。对辖区内残疾人辅助器具有需求的残疾人及对贫困残疾人有无障碍改造需求的进行排查统计并上报市残联。报送整县屋顶分布式光伏开发试点工作，8个村（社区）上报118705平方米，其中，党政机关200平方米，工商业厂房5575平方米，农村居民房屋107830平方米，学校、医院、村委会等公共建筑5100平方米。完成征兵工作，开展民兵整组并接受临汾军分区检查验收。完成各村林业工程租地款的核查与发放，贯彻落实退耕还林有关政策。完成村两委退役军人信息上报，发放14名老党员老退役军人慰问金。完成重点人员补充养老保险征缴工作，在截止时间节点前，超额完成征缴任务。对辖区内的474名残疾人逐一进行入户调查，474名残疾人信息已全部录入“中国残联数据采集”系统。坡底村100户集中供热项目，换热站已建设完成，一网铺设完工，二网铺设接近尾声，全村缴费110户，确保村民温暖过冬。优化义务教育学校布局工作。通过对义务教育学校进行走访调研分析，根据实际情况撤并学校，保留许村小学和朱杨庄小学，撤并王庄小学，保障辖区内的学校合理布局，优化资源，提升教学质量。推进灾后重建工作。其中上报C级住户96户，D级住户8户，合计104户，D级住户全部完成，C级住户修缮45户、即将完工5户、竣工45户，截至11月30日将全部完成主体工程。做好耕地力保护补贴。经核实上报，申报补贴面积为17395亩。发动干部群众抢收抢种，抢收8000余亩秋粮作物，种植小麦700余亩。鼓励企业家对考上本科第二批以上和重点高中的学生进行资助。退沙村村委及赵振宇、赵军军、蒲国华，什林村万通企业，许村晋丰肥业，姚村深圳新教育有限公司等资助学生54名，资助金额84200元。（陈科帆）

霍州经济开发区和风景区

霍州经济开发区

【概况】 霍州经济技术开发区党工委是霍州市委的派出机关，霍州经济技术开发区管理委员会是霍州市人民政府的派出机关，办公地址霍州市霍东新区纬三路8号，主要承担行政管理、考核评价、开发区园区规划与管理、招商引资、项目建设等职能。2019年12月10日获山西省政府批复，2020年2月15日正式挂牌成立，正县级建制，行政编制33人，有编制30人，内设党政工作部（财务统计部）、规划住建部、投资促进部、园区运营部（综合执法局）、行政审批局5个行政科室。2021年，工业投资、规模以上工业增加值、转型项目当年完成投资占工业投资比重、高新技术企业数、“四上”企业数、产出强度均已完成目标任务。

【园区建设】 2021年，《霍州经济技术开发区总体规划》已编制完成，《霍州经济技术开发区控制性详细规划》已通过专家评审。《霍州经济技术开发区环境影响报告书》已完成编制。霍州市人民政府已批复《霍州经济技术开发区大气主要污染物区域削减方案》，已向山西省生态环境厅提出了报审申请。

霍州经济开发区拟储备“标准地”1570亩，已储备“标准地”468亩；已于2020年12月挂牌出让一宗“标准地”58亩；2020年12月批复的330亩已具备出让条件。

霍州经济开发区原有12.4万平方米标准化厂房，2021年新建31619.11平方米标准化厂房，截至11月底完成投资2.12亿元。

【招商引资】 2021年，霍州市经济开发区招商专班多次赴上海、南通、青岛、太原、临沂、杭州、深圳、玉环等地进行项目考察，参加第四届中国国际进口博览会、第十二届中国中部投资贸易博览会、霍州市招商引资推介会等活动，主动出击招商引资。同时，赴“长三角”等地区进行考察，与谷川联行（北京）科技有限公司签约合作，委托制作招商图谱与产业规划，与招商机构推介的多个项目对接洽谈。截至年底，经开区新签约项目11个，总投资41.48亿元。

2021年，参加山西省“三个一批”活动4次，“签约一批”项目4个，签约开工率75%；“开工一批”项目4个，开工投产率50%；“投产一批”项目2个，投产达效率100%。

【项目建设】 2021年，霍州市经济开发区在建项目3个，分别为：山西创唯重工有限公司霍州市高端装备智能制造产业园项目（由于项目方资金出现问题，项目仍处于停滞状态）、山西建发霍州园区有限公司霍州科技智创园标准厂房及医药用品制造项目、陕西蓝加碳中和技术集团有限公司年产

20 万吨高品质建筑石膏生产线建设项目。

【“承诺制＋标准地＋全代办”改革】 2021 年，霍州市经济开发区强化承接赋权工作，认领山西省、临汾市、县级赋权事项 350 项，其中省级 24 项，市级 259 项，县级 67 项，做到“应接尽接”。

开发区“标准地”指标体系的 9 项评价指标 5 项（区域文物保护评估、区域节能评价、地质灾害危险性评估、压覆重要矿产资源评估、区域环境影响评价）已完成；4 项经过征求相关专家意见（区域洪水影响评价由临汾市行政审批局批复，区域水土保持评估、区域水资源论证评估由省水利厅批复，地震安全性评价由国家地震局批复），正在进行修改。开发区储备“标准地”468 亩；已于 2020 年 12 月挂牌出让一宗“标准地”58 亩；2020 年 12 月批复的 330 亩已具备出让条件。开发区所有入驻企业的注册登记和项目备案手续均由管委会行政审批局领办、代办、专办。14 家企业代办公司设立、变更登记，为 9 家企业办理项目备案。

（蔡烨　宋超）

霍州市七里峪景区旅游开发有限责任公司

【概况】 霍州市七里峪景区旅游开发有限责任公司成立于 2006 年 3 月 8 日，为国有部门企业，注册资金 1110 万元，股东分别为市国资委（实物出资 1100 万元）、七里峪林场（实物出资 10 万元），经营期限 30 年，法人代表于晓艳（霍州市文化旅游发展有限公司总经理、霍州市七里峪景区旅游开发有限责任公司总经理）。

【黑龙潭】 2021 年 4 月，协办霍州市以“多彩古霍游，健康运动汇”为主题的“迎五一”系列文体活动，进行“寻美霍山，穿越时空”徒步七里峪黑龙潭大峡谷活动。叫响“中镇霍山·华夏州署”文化旅游品牌，吸引更多游客走进霍州、走近霍山，揽霍山秀美、悟太岳神奇，持续宣传推介七里峪国家森林康养基地，倡导森林康养旅游方式，推动霍州文旅产业融合发展。

【绿色黄金周】 2021 年五一假期期间，试行绿色小交通，实现减少尾气排放，让游客在青山绿水间尽情欣赏景区的绝美风光。

【景区便民】 2021 年 7 月，在售票处西侧新建小木屋，打造微型便民服务中心，用于提升景区综合接待能力，解决游客用餐、饮水、购物、医疗、邮政、充电等基本需求，推介霍州“名优特”文旅产品，通过线下展示、线上购买的方式对霍州特色文旅产品进行陈列和销售。

【省级度假区复核】 2021 年 8 月中旬进行省级旅游度假区复核，针对此次复核，七里峪景区进行一系列工作，包括准备印证资料、准备相关材料、开展景区复核会等相关工作，在上级领导部门的指导下，根据省内专家下发的省级旅游度假区评分标准，完成了各项工作，完成省级旅游度假区评审的复核工作。

（武亚正）

重要文献选摘

市委常委会工作报告

——2021年3月30日在中共霍州市委八届一次全体会议上的讲话

中共霍州市委书记　李　强

从现在起，八届市委接过了历史的"接力棒"。这份"接力棒"承载着代表们的掌声与信任，承载着全市广大党员干部和人民群众的期盼与重托。我们深深地感到，使命无上光荣，责任无比重大。我们每位同志都要倍加珍惜党和人民的厚望，倍加珍惜干事创业的舞台，不忘初心、继续前行，不辱使命、倍道兼程，对齐新标杆，创造新业绩，树立新形象，走好新征程，奋力书写霍州"转型出雏形、率先蹚新路"的辉煌篇章，努力交上一份让省委和临汾市委满意、让全市人民认可的优异答卷！借此机会，我代表新一届市委班子讲几点意见，与同志们共勉。

一要夯实忠诚之基，以最坚决的态度拥护核心、维护核心、紧跟核心。政治过硬、信仰坚定，是领导干部的立身之本、从政之基，是市委班子把准事业方向，经受风险考验的根本保证。我们班子每位同志都要把对马克思主义的信仰、对社会主义和共产主义的信念作为毕生追求，把对党绝对忠诚融入血液、植入灵魂、渗入行动，做到对党满怀真情、对党赤胆忠心、对党忠贞不渝。要忠诚于信仰。把坚守理想信念作为终生必修课，带头深入学习习近平总书记系列重要讲话精神，进一步增强"四个意识"，坚定"四个自信"，做到"两个维护"，始终做中国特色社会主义共同理想的坚定信仰者。要忠诚于组织。要在党爱党、在党言党、在党忧党、在党为党，始终保持政治上的高度清醒和高度自觉，始终严守党内规章制度、党的纪律、国家法律、优良传统和工作惯例，自觉在思想上政治上行动上同党中央和省委、临汾市委保持高度一致。要忠诚于事业。党员干部要绝对忠诚于党和人民的事业，要始终把党的利益放在心中最高位置，坚定站在党和人民的立场上，诚心诚意为党和人民事业奋斗，要视事业如生命，带头发扬敬业精神、奉献精神、担当精神，凡是有利于党和人民事业的，就坚决干、加油干、一刻不停歇地干，在工作中历练过硬的能力素质，创造一流的工作业绩。

二要勇担发展之责，以最实干的行动谋划转型、推进转型、加快转型。这次党代会科学描绘了霍州未来五年发展的宏伟蓝图，要把美好蓝图变成美好现实，说一千道一万靠的就是一个"干"字。我们班子每位同志都要始终牢记转型发展第一要务，撸起袖子、甩开膀子，求进求变求转型，让敢想敢干、苦干实干成为新一届市委班子的鲜明特质。要咬定目标抓发展。今后的五年，是霍州全面建设社会主义现代化的关键期，是霍州培植后发优势、破解难题、补齐短板的攻坚期，是霍州扩大开放、促进区域融合发展的加速期。我们要紧紧围绕“转型出雏形、率先蹚新路”的总体目标，躬身入局、加压奋进，咬定目标不放松，狠抓落实不懈怠，乘势而上开启霍州全面建设社会主义现代化新征程。要勇于攻坚抓发展。始终保持勇于克难、敢于担当、善于创新的昂扬锐气，深入思考谋划事关霍州发展的全局性、战略性、根本性重大问题，按照省委“四为四高两同步”总体思路和要求，始终坚持市委“1·18”工作思路，围绕“转型出雏形、率先蹚新路”的总体目标，率先蹚出转型升级、乡村振兴、绿色发展、改革开放、靓城提质、共享发展、社会治理等发展新路，为霍州长远发展打下坚实基础。要求真务实抓发展。为政之要，重在实干。我们要脚踏实地、狠抓落实，定了的事就雷厉风行，部署的工作就抓紧实施，一项一项地把党代会确定的各项目标，细化落实成路线图、时间表、任务书。我们班子每位同志要坚持以上率下，充分发挥示范引领作用，让落实落实再落实在全市上下蔚然成风，以良好的作风保证各项工作落到实处、取得实效。

三要深怀赤子之心，以最质朴的感情贴近群众、走进群众、服务群众。我们要牢固树立以人民为中心的发展思想，以群众答应不答应、高兴不高兴、满意不满意为检验标准，用心用情用力做好工作，用民生成效赢得群众点赞，让人民群众的生活更加美好、更加幸福。要心系百姓听民意。自觉践行党的群众路线，摆正自己和群众的位置，深入基层、深入群众、深入实际，切实做到问政于民、问计于民、问需于民。要树立功成不必在我的政绩观，打基础、利长远、惠民生，努力创造经得起实践、人民、历史检验的业绩。要改善民生解民忧。坚持民生优先的理念，从群众最关心最直接最现实的利益问题入手，加大民生投入力度，扎实办好民生实事，着力解决好就业、医疗、住房、教育、养老等热点难点问题，让全市人民有更多的获得感、更强的幸福感。要竭尽全力护民安。坚持把平安稳定作为广大群众最基本的需求，健全完善社会治理体系，深化“三零”单位创建，全面建设“平安霍州”“法治霍州”，进一步增强人民群众安全感。

四要凝聚各方之力，以最开阔的胸襟珍惜团结、维护团结、增进团结。人心齐，泰山移。我们要把团结作为一种境界来提升、一种目标来追求、一种行为来养成。要以共同事业维护团结。在座的每一位同志，是共同的事业追求、共同的奋斗目标、共同的责任担当把我们紧紧凝聚在一起。我们不管做任何决策，前提都是以党的事业为重、以霍州大局为重、以 30 万人民的利益为重，要做到思想同心、目标同向、行动同步、事业同干。要以严格制度保障团结。严格执行民主集中制，落实市委全委会、常委会议事规则和决策机制，重大事项集体讨论、集体决定，不断提高决策科学化、民主化水平。市委要总揽全局、协调各方，支持市人大、市政府、市政协依法履职，密切同各民主党派、工商联和无党派人士合作共事，调动起一切积极因素，形成最大公约数，画出最大同心圆。要以磊落襟怀促进团结。一起共事，是工作需要，也是难得缘分。我们要坦诚相见、真诚以待，大事讲原则、小事讲风格，互相尊重、互相补台，做到甘苦与共、荣辱与共。积极开展批评与自我批评，敢直言，做诤友。通过市委班子的团结，带动各级班子的团结，进而促进全市上下的团结，共同营造民主共事、团结协作、群策群力的良好氛围。

五要恪守清廉之本，以最严实的要求筑牢防线、守住底线、不逾红线。公生明，廉生威。我们受党教育培养多年，今天又被推选到新一届市委领导岗位，一言一行都是风向标。我们要严格落实全面从严治党政治责任，认真学习、自觉遵守党章党规党纪，牢牢守住共产党人的信念、气节、操守和底线，以良好的党风带政风、促民风。要从严用权。始终把纪律和规矩挺在前面，以“如履薄冰、如临深渊”的心态对待权力，做到依法用权、谨慎用权、廉洁用权、为民用权。要乐于接受各方面的监督，习惯在有约束、有规矩、有监督的环境下工作生活，把逆耳忠言作为防病强身的一剂良药。要从严修身。作为市委班子成员，要模范遵守社会公德、职业道德、家庭美德，保持高尚精神追求，培养健康生活情趣。要严格执行中央八项规定精神，任何时候都不踩红线、不破规矩，坚决防止出现“破窗效应”。要正确对待人情交往，知人而交、择善而从，不断净化社交圈、工作圈、生活圈。要从严治家。加强家庭家教家风建设，严格教育管理家属子女和身边工作人员，决不利用职权和职务上的影响谋取不正当利益。在任何时候任何情况下都要讲原则不越线、讲亲情不变味，真正让组织放心、让人民满意。

霍州市人民代表大会常务委员会工作报告

——2021年4月15日在霍州市第八届人民代表大会第一次会议上

市人大常委会主任　陈占平

五年来的工作回顾

市七届人大常委会任期的五年，是我市综合实力显著增强、城乡面貌日新月异、社会事业全面进步的五年，也是我市人大工作创新发展、砥砺前行、依法履职的五年。五年来，市七届人大常委会始终坚持以习近平新时代中国特色社会主义思想为指导，全面落实党的十九大，十九届二中、三中、四中、五中全会精神，习近平总书记视察山西重要讲话重要指示，围绕市委坚持“1·18”工作思路，实现“转型出雏形、率先蹚新路”的安排部署，在统筹推进常态化疫情防控和经济社会发展的工作中找准人大依法履职的切入点和结合点，聚焦发展主题，突出法治主业，践行民生主旨，有效发挥了地方国家权力机关的作用。

一、旗帜鲜明讲政治，始终保持正确方向

做好人大工作，核心是坚持党的领导。五年来，市人大常委会立足作为党领导下的政治机关的职能定位，坚持党的领导、人民当家作主、依法治国有机统一，推动了人大工作沿着正确方向发展前行。

1. 矢志不移强化理论引领。始终以党的创新理论统揽和指导人大工作，坚持学思践悟习近平新时代中国特色社会主义思想，就习近平法治思想、“两个机关”建设等内容进行系统学习和专题研讨，促使机关党员干部增强“四个意识”、坚定“四个自信”、做到“两个维护”。

2. 始终不渝坚持党的领导。充分发挥常委会党组领导作用，主动将人大工作融入市委工作大局，听取市委意见，服从市委决定，严格执行重大事项向市委请示报告制度，人大的相关重要调研、重要活动、重要建议意见和重要工作安排及时向市委请示汇报，确保与市委思想同心、目标同向、工作同步。

3. 驰而不息增强使命担当。坚持聚焦中心、聚力发展，规范高效开展重大事项决定、依法监督、人事任免，推动市委重大决策部署落实见效。五年来，共作出决议、决定44项，提出审议意见38项，依法任免国家机关工作人员200余名，开展执法检查、专题调研等活动10余次。特别是去年年初，面对突如其来的新冠疫情，市人大常委会及时下发倡议书，全市各级人大代表、人大工作者积极响应、主动参与，各负其责、各展所长，用责任与担当书写了新时代人大代表的忠诚答卷。

二、依法监督重实效，主动服务发展大局

围绕中心、服务发展是人大工作的使命所在。五年来，市人大常委会坚持把人大工作放在全市发展大局中来考量，突出问题导向，遵循依法原则，在监督中强化支持，在支持中精准监督，形成推动工作的合力。

1. 聚焦高质量发展强化监督。常委会始终坚持新发展理念，认真落实稳中求进总基调，紧扣转型发展要求，助推经济社会协调健康发展。加强经济运行监督，坚持每年听取和审议国民经济和社会发展计划执行情况报告，及时分析和查找经济运行中出现的困难和不足，支持市政府抓好“六稳”工作、落实“六保”任务。加强财政预算监督，坚持每年年初提前介入预算编制的初步审查工作，每年听取和审议市政府关于年度预算执行、调整、决算等方面的报告，督促市政府在重大政策措施落实、民生项目和公共资金支出等方面规范管理，推动财政预算从注重投入到注重效果的转变。同时，加大预算联网监督平台建设力度，为提高人大预算审查监督的针对性和时效性奠定了坚实基础。加强审计整改监督，坚持每年听取和审议审计工作报告，通过跟踪监督推动审计查出问题整改落实到位，促进审计整改工作规范化、常态化。

2. 聚焦高品质生活强化监督。常委会自觉践行以人民为中心的理念，依法履职，扎实工作，推动民生事业有效改善。围绕环境卫生整治，制定出台《市人大常委会关于开展市乡两级人大代表城乡环境卫生整洁行动专项监督的工作方案》，组织市人大常委会委员和 12 个代表活动小组开展多层次、多方位、多形式的视察、调研等活动，向全社会传递市委抓好环境污染治理的决心和恒心，广泛凝聚共识，增强推进合力；坚持每年听取和审议年度环境状况及环境目标完成情况方面的专项报告，督促市政府全面落实“绿水青山就是金山银山”的理念，在构建治理体系、实施防治行动、加快综合治理等方面加大力度，推动全市生态环境质量持续向好。围绕教育事业发展，通过听取和审议《全市高中教育情况报告》、专题调研义务教育均衡发展情况等方式，了解工作实际，发现存在不足，先后提出了加大教育投入、加强队伍建设、创新管理模式等方面的建议 20 余条，督促市政府强化教育教学管理，提高办学质量水平，切实在提质增效方面取得新突破。围绕医疗卫生保障，先后听取和审议《医疗卫生体制改革情况》《医保基金管理运行工作》等方面的专项报告，组织开展医疗卫生一体化改革专题调研，督促市政府在重塑管理新体制、构建服务新格局、共享医改新成果等方面综合施策，增强广大群众的健康获得感。围绕脱贫攻坚工作，连续两年听取和审议《全市精准扶贫情况报告》，主任会议成员组织带领代表深入基层农村，就全市扶贫工作推进情况开展专项视察、专题调研工作，提出意见建议 30 余条，助推脱贫攻坚决战决胜。

3. 聚焦高效能治理强化监督。常委会认真贯彻落实习近平法治思想，注重运用法治思维和法治方式开展工作，推进“一府一委两院”依法行政、公正司法。2016 年，听取和审议《“六五”普法工作和“七五”普法规划落实情况报告》，对普法工作从推进学习宣传、增强教育实效等五个方面提出了明确要求，促使干部群众坚定法治信仰、强化法治思维。2018 年，围绕“12·4”第五个国家宪法日暨第一个宪法宣传周，积极开展对《宪法》和《宪法修正案》的宣传教育活动，号召广大市民自觉成为宪法的忠实崇尚者、自觉遵守者、坚定捍卫者。2020 年，听取和审议市人民法院《刑事审判工作报告》、市人民检察院《适用认罪认罚从宽制度报告》、市公安局《关于扫黑除恶工作报告》，提出强化队伍建设、严格依法办案等方面的意见建议，推动司法行政机关改进司法工作、提高执法效能。同时，始终高度重视执法检查，五年来，先后组织开展《种子法》

《计量法》《规划法》等方面的执法检查活动，推动了法律法规在我市的正确实施。

三、履职尽责显担当，充分发挥主体作用

代表工作是人大工作的依托和基础。五年来，市人大常委会充分尊重代表主体地位，不断加强和改进代表工作，认真做好代表的教育、引导、管理，有效发挥了代表服务改革发展、推进民主法治建设的作用。

1. 提升代表履职能力。常委会始终把代表培训作为一项基础性工作，通过邀请专家解读、组织专题辅导等方式，就党的十九大精神、《民法典》等内容进行培训，提高代表的综合素质、业务水平和履职能力。2016年，在全省首次组织的市、县、乡三级人大代表“人大及相关法律知识竞赛”中，我市代表队荣获临汾市第一名的佳绩。2019年，在全省举办的纪念地方人大常委会40周年研讨会优秀征文活动中，有两名代表的作品分别荣获三等奖和优秀奖。

2. 创新代表活动形式。常委会注重开展主题调研活动，围绕ppp项目审议、部门预算审查、特色小镇打造等工作，组织部分委员和代表远赴湖北、四川等中西部省份学习调研成功做法和有益经验，提出各类意见建议20余条，形成高质量调研报告5篇，为市委决策部署提供了重要参考；开展《我为霍州发展献良策》主题活动，号召代表通过调查研究提出发展建议30余条，促使代表积极发挥作用，体现自身价值；开展民营企业“融资难、融资贵”调研活动，提出搭建银企平台、推动互补相通、实现多方共赢等建议，促进了我市民营企业的发展。

3. 强化代表履职保障。常委会围绕省委人大工作会议精神和《山西省人大常委会关于加强全省人大代表联络站建设的指导意见》等文件要求，圆满完成全市12个代表联络站建设任务，研究制定代表履职考核实施办法，创新方式招用专职工作人员，为促进代表联络站各项工作的规范化、制度化、常态化打下了坚实基础。同时，坚持把解决代表提出的议案建议办理摆在重要位置，探索常委会主任会议成员牵头领衔督办、专门委员会和各工作委员会归口分类督办、邀请代表参与跟踪督办的工作机制，综合听取汇报、现场视察、实地检查等多种形式，加强对牵头单位和承办部门的督促检查，努力实现部门负责、代表满意、群众受益。五年来，每年意见建议办理的代表满意度均在96%以上。

四、固本强基葆初心，注重“两个机关”建设

加强自身建设是人大事业发展的保证。五年来，市人大常委会始终把自身建设摆在突出位置，坚持学习不放松，努力工作不懈怠，创新作为不停步，全体机关干部职工和常委会组成人员的工作能力和业务水平得到有效提升。

1. 坚持思想为根，加强政治建设。常委会落实全面从严治党主体责任，主动履行“一岗双责”，认真贯彻中央八项规定精神及实施细则，围绕节假日活动、外出学习培训等事宜，通过制定廉政清单、组织集体约谈等方式，将压力和责任层层传导，促使干部职工坚定理想信念，保持为民初心，全力打造忠诚干净担当的高素质人大干部队伍。

2. 坚持能力为基，提升队伍素质。常委会结合“三基建设”、文明单位创建等工作，不断加强党建政治理论、最新法律法规和人大知识的学习，就贯彻《预算法》和做好预算审查监督、理解和把握人大监督工作“七个要点”等10余方面的重点内容进行学习交流，提高了人大常委会组成人员和机关干部的法律素养和业务水平。

3. 坚持规范为本，完善制度体系。常委会坚持以制度促规范、以创新提效能，制定出台《关于进一步加强自身建设的意见》《市人大常委会讨论决定重大事项实施细则》等10余项办法，促进了常委会各项工作的制度化、长效化、规范化。同时，围绕“工作机关、代表机关”的建设要求，健全完善《机关公文处理规定》《机关工作人员守则》《办公室岗位职责》等日常工作、应急值班、后勤管理20余项制度，不断提高工作效率，增强依法履职能力。

各位代表，五年来，市七届人大常委会所取得的各项工作成绩，是市委高度重视、正确领导的结果，是全体人大代表、常委会组成人员、各专门委员会委员和县乡人大工作者依法履职、主动作为的结果，是市人民政府、市监察委员会、市人民法院、市人民检察院密切配合、同向发力的结果，是社会各界和全市人民充分信任、大力支持的结果。在此，我代表市人大常委会，向长期以来关心、支持人大工作的同志们和朋友们、向全体人大代表表示崇高的敬意和衷心的感谢！

成绩来之不易，经验弥足珍贵。回顾五年来的履职实践，我们认为，常委会的各项工作能够在继承中前进，在前进中发展，在发展中创新，主要有四个方面的体会和认识：

一是坚持党的领导是做好人大工作的根本保证。五年来，市委通过召开会议、听取汇报、适时指导等多种形式，不断加强和改进对人大工作的领导，尊重和支持人大依法行使职权，为人大更好履职行权指明了方向和重点。市人大常委会自觉把坚持党的领导作为人大工作的根本原则，坚决维护党总揽全局、协调各方的领导核心作用，充分发挥根本政治制度优势，推动了党的路线方针政策和决策部署在人大工作中得到全面贯彻和有效执行。

二是坚持服务发展是做好人大工作的必然要求。五年来，市人大常委会坚持“一切为了发展、一切促进发展、一切维护发展”的理念，紧扣全市中心工作，聚焦经济社会发展和改革重点任务，找准履行职能的着力点和切入点，依法行使监督权、决定权、任免权，为推进科学发展提供了法治保障。

三是坚持以民为本是做好人大工作的核心要义。五年来，市人大常委会不断增强宗旨意识，始终把群众的呼声作为谋划工作的第一信息，注重把精准扶贫、教育医疗、环境整治等热点难点问题作为人大工作的重点，列入议题，开展监督，跟踪问效，增强了群众的获得感、安全感、幸福感。

四是坚持与时俱进是做好人大工作的关键所在。五年来，市人大常委会顺应新形势新任务新要求，积极探索依法履职行权的新思路新方法新举措，先后开展了常委会会前视察调研、集体交流学习等活动，增加了满意度测评、现场表决等内容，创新了“三账”监督的形式和方法，促进了人大常委会各项工作的有效性、科学性和规范性。

在充分肯定成绩的同时，我们也清醒地认识到，对标新阶段新理念新格局，常委会工作还存在一定的差距：一是监督工作的方式方法还有待进一步改进；二是组织人大代表活动的内容和形式还有待进一步创新；三是代表的履职观念和常委会机关的服务意识还有待进一步加强。对此，我们将自觉接受广大代表和人民群众的监督，虚心听取意见，采取有力措施，切实加以改进。

今后五年的工作建议

各位代表，即将选举产生的八届人大常委会肩负着光荣而艰巨的使命。建议在今后的工作中，要始终坚持以习近平新时代中国特色社会主义思想为指导，在市委的坚强领导下，全面贯彻党的十九大和十九届二中、三中、四中、五中全会精神，始终围绕坚持“1·18”工作思路，实现“转型出雏形、率先蹚新路”的目标要求，立足“两个机关”定位，聚焦中心工作、聚清民生关切、聚力依法履职、聚合代表力量，为推动我市高质量发展做出新的更大贡献。

一、紧扣“新阶段”，在服务工作大局上实干担当

常委会要坚持政治机关定位，坚定不移担当起宪法和法律赋予的各项职责，更好地实现党的领导、人民当家作主和依法治国有机统一。

增强政治自觉，依法行使权力。始终不渝坚持党的领导，自觉做到党有所指、我有所向，法有所赋、我有所为，对标市委大事要事谋划人大工作，聚力市委重大决策部署依法行使重大事项决定权，紧扣市委意图依法行使人事任免权，切实体现政治担当，维护发展大局，保持正确方向。

增强思想自觉，提升认知能力。坚持把学习贯彻习近平法治思想、习近平总书记关于坚持和完善人民代表大会制度的重要思想有机结合，持续在学懂、弄通、做实上下功夫，提高人大工作的政治站位和理论水平。

增强行动自觉，积极担当作为。始终把人大工作置于市委领导下，融入大局，主动参与，紧跟市委的安排部署，做到党委决策部署到哪里、人大工作就跟进到哪里，重点工作在哪里、人大力量就汇聚到哪里，保持人大工作始终向中心聚焦，为大局出力。

二、围绕“新格局”，在增强监督实效上规范行权

常委会要以围绕中心为原则，以促进工作为目的，紧扣我市党代会提出的“十大战略”，坚持依法监督、精准监督、有效监督，推动高质量发展。

护航经济稳健运行。坚持听取和审议国民经济和社会发展计划执行报告，支持市政府落实新发展理念，深入贯彻稳中求进总基调的要求，推动经济运行质量和效益不断提高。立足收支矛盾日益凸显实际，发挥预算联网监督平台作用，全过程监督预算编制、执行和管理，推动预算管理更加科学、精细、规范。坚持听取和审议审计整改情况报告，完善审计发现问题整改的长效监督机制，增强审计监督实效，促进财经秩序规范合理。

推进民主法治建设。深化法治宣传，听取“七五”普法工作总结，依法作出“八五”普法决议，指导“12·4”宪法宣传活动，增强全民法治意识。强化任后监督，听取政府工作部门主要负责人履职情况报告，增强任命人员的依法行政意识，提升执政为民水平。加强司法监督，听取审议法检两院专项工作报告，促进司法机关进一步提高办案质量。

关切民生福祉改善。对接人民生活新期待，围绕生态环保、教育就业、食品安全、住房保障等社会热点，突出重点问题和重要事项，开展执法检查、专项视察等活动，督促市政府努力办成更多顺民意暖民心、有效果有影响的实事好事。

三、落实“新机制”，在激发履职活力上守正创新

常委会要一如既往做好代表工作，积极

拓展代表履职方式和路径，推动代表工作和常委会工作深度融合，切实发挥广大代表汇聚民意、集中民智、推动发展的作用。

强化履职平台建设。通过邀请代表参与调研视察、执法检查等活动，拓宽代表履职渠道，激发代表工作活力。健全常委会组成人员联系代表、基层代表列席常委会会议等办法，扩大代表对常委会工作的参与面。组织代表参加法律法规宣传、法院庭审旁听等活动，丰富闭会期间代表履职形式，支持代表参政督政。

促进密切联系群众。践行群众路线，组织代表通过定期开展代表小组活动和不定期走访选民等多种方式，直接听取民意。完善履职档案记录，动态掌握代表履职情况，进一步完善代表的考核评优办法。管好用好代表联络站，完善代表反映人民群众意见和诉求的反馈处理机制，把联络站建设成为服务群众、化解矛盾、维护和谐的平台。

加大服务保障力度。探索建立代表与相关部门沟通机制，推动代表意见建议“内容高质量、办理高质量”，让代表履职更有底气、更有保障。继续为代表征订《人民代表报》，定期印发《人大常委会会刊》，向代表传递工作信息，宣传制度法规，增强代表履职责任感和使命感。保障好代表工作经费，及时发放无固定收入代表补助，统筹解决好人大代表的交通和通信补助。

四、围绕“新要求”，在强化自身建设上蹚出新路

省委人大工作会议和省委下发的《关于新时代加强和改进人大工作的意见》，为加强基层人大工作和建设提供了重要的制度性安排。常委会要紧紧依靠党的领导，全面加强人大工作，增强履职尽责能力，提升整体工作水平。

优化机关管理。坚持以政治建设为统领，严格贯彻执行党的各项纪律规定，统筹推进常委会工作和人大常委会机关服务机制创新和制度完善，提高履职实效，全面建设对党绝对忠诚、人民群众满意的政治机关、代表机关和工作机关。

提升综合素养。加强干部队伍建设，强化理论培训学习，从严教育管理引导，注重思想淬炼、政治历练、实践锻炼、专业训练，增强运用法治理念和创新思维议政督政的能力，不断提高服务大局和督促落实的水平。

保持协调联动。加大对基层人大工作指导力度，探索落实主任会议成员分片联系、各工委对口联系乡镇（街道办）人大工作制度，注重政策法规、工作程序、履行职责等方面的指导，提升工作水平，增强内生动力，扩大人大“一盘棋”效应，凝聚全市人大工作整体合力。

政府工作报告

——2021年4月14日在霍州市第八届人民代表大会第一次会议上

霍州市人民政府市长　李青雁

现在，我代表市人民政府向大会报告工作，请予审议，并请市政协委员和其他列席人员提出意见。

一、2020年及“十三五”时期主要工作回顾

2020年是“十三五”规划收官之年，也是我市发展进程中极不平凡、极不寻常的一年。一年来，在中共霍州市委坚强领导下，在市人大、市政协监督支持下，我们坚持以习近平新时代中国特色社会主义思想为指导，深入贯彻习近平总书记视察山西重要讲话重要指示和“三篇光辉文献”精神，按照省委“四为四高两同步”①总体思路和要求、临汾市委“一三四三”工作思路、霍州市委“1·18”②思路和举全市之力“办好三件大事”的工作部署，务实重干，砥砺奋进，克服疫情影响、经济下行等种种困难，实现了经济社会平稳健康发展。

一年来，我们团结抗疫、统筹兼顾，经济社会稳健运行。面对突如其来的新冠疫情，全面落实联防联控机制，严密构筑群防群控防线，坚决遏制疫情传播蔓延，全市无一例确诊和疑似病例。特别是在“11·25”进口冷链食品弱阳性事件处理中，我们坚持精准排查、严格管控，迅速做好密接者流调及健康管理、货物溯源追踪、环境消杀等工作，及时有效切断疫情传播渠道，为临汾市提供了可借鉴、可复制的霍州经验。在稳定控制疫情的基础上，我们认真落实系列惠企新政，强化经济运行调度，有序推动企业复工复产。2020年，全市地区生产总值完成81.08亿元，增长3.7%；规模以上工业增加值完成30.04亿元，增长4.9%；固定资产投资完成23.32亿元，增长7.5%；社会消费品零售总额完成32.61亿元；城镇常住居民人均可支配收入完成34265元，增长4.1%；农村常住居民人均可支配收入完成16168元，增长7.6%；一般公共预算完成收入4.88亿元。经济发展企稳向好、稳中有进。

一年来，我们聚力转型、务实重干，高质量发展步伐加快。坚定不移贯彻新发展理念，抢抓机遇、主动作为，转型发展韧劲更足、基础更牢、活力更强。开发区建设全面起势。深入推进“三化三制”③改革，全面完成“四至”核定，储备标准地538亩，建成标准化厂房12.4万平方米。与山西园区建发集团合作成立山西建投霍州园区发展有限公司，与太原理工大学合作成立智能再制造研究院，创建智能再制造产业技术创新联盟。招商引资力度持续加大。连续举行三批招商引资重点项目集中签约活动，创唯高端装备智能制造产业园、康宝生物医疗综合体等一批优质项目相继落地、开工建设。全年累计签约项目18个，签约资金125亿元，涵盖高端装备制造、商贸综合体、现代农业、大数据、生物制药等多个领域，为产业发展注入新动能。农业产业化步伐加快。完成粮食产量5133万公斤，新发展中药材1000亩、特色水果1571亩，肉、蛋、奶产量分别达到1.75万吨、1.02万吨、0.46万吨。隆旺佳、裕鑫博康、绿和祥福等特色农产品加工企业不断壮大，全市农产品加工业销售收入达到4.15亿元。东方希望养殖项目成功落地，同兴畜禽养殖项目启动建设。壮大村集体经济工作全面铺开，16个产业项目全部完工。文旅融合提档升级。“中镇霍山·华夏州署”文旅品牌影响力持续扩大，成功举办“中国·霍州教育产业发展论坛”。电子商务蓬勃发展，直播带货等新兴销售形式表现强劲，网络交易额增长30%，跻身中国县域电商竞争力百强榜。

一年来，我们攻坚克难、精准发力，三大攻坚战再传捷报。我们坚持问题导向、目标导向、结果导向，稳扎稳打，取得新胜利。脱贫攻坚圆满收官。聚焦“两不愁三保障”④，持续巩固深化脱贫成效，落实“一户一策”精准扶贫长效机制，历年督导检查发现问题实现整改清零，顺利通过国家脱贫攻坚普查。1485户3304名建档立卡贫困户全部实现脱贫，94户230名“两类户”⑤全部解除风险，全市脱贫攻坚实现决胜完胜。污染防治成效明显。强力推进工业污染、“散乱污”企业、散煤污染、国三以下柴油货车淘汰等专项整治，空气主要污染物各项指标大幅下降，空气质量优良天数达到225天，比上年增加47天。完成了11家单位矿山生态环境保护治理与恢复工作，汾河霍州段水质稳定退出劣Ⅴ类，全市生态环境大为改善。重大风险有效防控。地方政府债务风险总体可控，资金使用更加规范、透明、高效。农商行清收不良贷款1.88亿元，民营企业、中小企业无分歧欠款清零年度任务圆满完成，守住了不发生系统性、区域性金融风险底线。深刻汲取襄汾“8·29”重大坍塌事故教训，全面引深安全生产大排查大整治和城乡建筑领域安全隐患专项整治行动，扎实开展安全生产专项整治三年行动，积极推进“三零”单位创建，持续开展扫黑除恶专项斗争，社会大局保持和谐稳定。

一年来，我们奋力创卫、积厚成势，城乡面貌焕然一新。全市广大党员干部群众上下同心、攻坚克难，以创国卫为抓手，全面推进城乡环境提质改善。城市品质大幅提升。深入推进靓城提质，扎实开展清垃圾、拆违建、治牌匾等攻坚整治，“三拆三下三进三出”⑥成效明显。丽华苑、霍东嘉和花园、阳光首府二期、公园天下等城市开发项目加快实施，城市颜值、气质不断提升。基础设施日臻完善。经十路、经二路建成通车，七里峪至尉侯公路、南环路南延道路完成升级改造，开发区园区道路、黎霍高速公路建设稳步推进。朝阳污水处理厂调节池及6个垃圾中转站建成投用。农村安全饮水提升工程、“四好农村路”建设、危房改造等扎实推进。139个建制村全部通车、通电、通公路，网络信号全覆盖。乡村底色愈发靓丽。大力开展改善农村人居环境“五大专项行动”⑦，垃圾、污水得到根本治理，完成农村改厕8380座，无害化厕所普及率达85%以上。李曹镇5个村美丽乡村集中连片建设取得明显成效，陶唐峪义城村“美好环境与幸福生活共同缔造”试点项目有序推进，千亩玫瑰示范产业基地落地实施。退沙街道许村荣获第六届全国文明村镇。

一年来，我们谋新求变、勠力改革，发展动能不断增强。面对新形势新任务新挑战，我们狠抓重点领域改革、营商环境优化，全市改革发展取得新突破。推进国资国企改革。“三供一业”维修改造基本完成，18家国企退休人员社会化管理全面实现，教育医疗机构和社区全部交接，僵尸企业清算退出接近尾声，全民所有制企业脱钩改制加快推进。推进“放管服”改革。按照“领办、代办、专办、一网通办”的工作要求，推行“一窗式”综合受理、“零距离”审批。向开发区赋权38项政务服务事项。推进科技创新进步。与太原理工大学、山西农业大学、山西传媒学院等建立合作关系，推动科技成果转化，助力高质量发展。晋丰肥业成为我市首家省级“专精特新”企业。同时，农信社成功改制农商银行，农村集体产权制度和农村土地“三权分置”改革完成，市场监管、医药卫生等多项改革均取得重大进展，转型活力进一步释放。

一年来，我们补齐短板、强化弱项，民生事业不断改善。积极推动教育、医疗、社保等民生工作，财政民生支出占比达到85%以上。教育事业步伐加快。“县管校聘”体制改革顺利推进，6所义务教育阶段乡村寄宿制学校改造完成，职业中专学校完成搬迁，实验小学荣获第二届全国文明校园。全年新招聘中小学教师130名，筹集助学资金159万余元。文体事业不断繁荣。文化馆、图书馆、全民健身中心等建成投用，4块足球场地完成建设，全国霍山滑翔伞邀请赛成功举办，电影《石兰峰》摄制完成。卫健事业快速发展。新人民医院建设项目有序推进，妇幼保健院建成在即，疾控中心交付使用。全市15个乡镇卫生院、230个村卫生室基础设施全面达标，医保就医结算实现村级全覆盖。社保工作扎实推进。新增城镇就业人数4116人，登记失业率控制在4.1%以内。全市医保参保人数28.06万人，参保率达99.38%。发放低保等各类社会救助资金2746.77万元。建成保障性住房192套，有效解决了中低收入家庭住房困难问题。

一年来，我们刀刃向内、自我革命，政府能力不断提升。始终把政治建设放在首位，巩固深化“不忘初心、牢记使命”主题教育成果。严格落实政府系统全面从严治党主体责任，自觉接受市人大、市政协监督，办理人大代表议案和建议62件、政协议案56件。广泛听取社会各界的意见建议，支持工会、共青团、妇联、科协、残联等群团组织依法依章程开展工作。认真受理群众来信来访，全年办理市长热线2501件，政府能力进一步加强，群众满意度显著提高。

与此同时，国防动员、人民防空、双拥共建和优抚安置工作扎实推进，统计、审计、气象等工作取得新进展，妇女儿童、老龄、残疾人、红十字等事业取得新成绩。

2020年各项目标任务的完成，标志着“十三五”圆满收官。“十三五”时期，我们始终坚持把发展作为第一要务，全力以赴调结构、促转型、稳增长，全市地区生产总值从2015年末的69.6亿元增长到2020年末的81.08亿元，年均增长3.1%，增速较2015年由负转正，综合实力显著增强，经济社会发展取得新的成就。

过去五年，产业结构优化升级。霍州经济技术开发区正式挂牌成立，成为推动经济发展的新引擎。压减煤炭产能540万吨。兆光和国电两大电企装机容量达300万千瓦，稳居全省电力大市。煤矿机电设备制造、煤矿防爆车辆制造、鑫巨出行、兆光绿色建材园区固废综合利用等为代表的现代装备制造业和新技术产业快速发展。

过去五年，发展动能持续增强。供给侧结构性改革成效明显，国资国企、农业农村、医药卫生等重点领域改革取得重要突破。“一枚印章管审批”迈出实质性步伐，政务服务事项集中办理率达到100%，营商环境持续优化。新增市场主体13196户，开发区聚集企业19家。

过去五年，生态环境明显改善。“一煤两电”料场全封闭，对19家“散乱污”企业实施了“两断三清”[8]。天然气累计扩户4.8万户，实现城区全覆盖。农村“煤改电”完成3047户，“煤改气”完成9500户。全市集中供热面积累计达860余万平方米，实现了主城区供热全覆盖。兆光电厂运煤专列开通，“公转铁”迈出坚实步伐。全市31个沿汾河排污口完成整治，朝阳污水处理厂、辛置南矿区污水处理厂和沿汾“9+1”生活污水处理收集工程建成投运，全市污水日处理能力达到5.5万吨，城市污水收集处理率达95%。汾河霍州段水质稳定退出劣Ⅴ类。全市森林覆盖面积32.34万亩，森林覆盖率达到28.45%。

过去五年，基础设施日趋完善。建成区面积由2015年的12.6平方公里扩大到2020年的15.8平方公里，形成了“十纵四横”的城市骨架，城镇化率提升到68%。城市绿化面积新增468.25万平方米，新建城市天桥、小游园、停车场等市政设施16处。新建南路、迎宾南路等道路工程相继完工。新建南路城中村改造、橡胶厂棚户区等保障房项目顺利完工。霍永高速通车运营、黎霍高速开工建设，进一步促进我市融入国家、山西大交通网络。

过去五年，人民生活水平显著提高。高标准打赢脱贫攻坚战，“零就业”家庭全部清除，全市新增城镇就业人数22606人，城乡低保标准每人每月提高50元。2020年城镇、农村居民人均可支配收入分别较2015年增长34.7%和40.7%。相继建成职业中专学校、技工学校，新建、改扩建公办幼儿园3所，集团化办学、联合办学成效初显。霍州市医疗集团挂牌运营，新人民医院开工建设，疾控中心、中医院建成投运。文化馆、图书馆、乡村文化活动室等公共文化服务设施日益健全。平安霍州、法治霍州建设扎实推进，群众获得感幸福感安全感进一步提升。

各位代表，五年的进步和变化是以习近平同志为核心的党中央举旗定向、掌舵领航的结果，是山西省、临汾市两级党委政府坚强领导、关心支持的结果，是市委总揽全局、科学谋划的结果，是市人大、市政协有力监督、倾力支持的结果，是全市干部群众勠力同心、拼搏奋斗的结果。在此，我代表市政府，向全市人民，向各位人大代表、政协委员、离退休老领导、老同志和社会各界人士，向驻霍部队和武警官兵，向所有霍州在外创业人士，向所有关心、支持、参与霍州建设发展的朋友们，致以崇高的敬意和衷心的感谢！

在看到成绩的同时，我们也清醒地看到，我市经济社会发展仍面临不少困难和挑战：“一产不大、二产不优、三产不强”的产业现状没有从根本上改变，产业结构还需持续优化；开发区建设刚刚起步，基础设施、管理运行、专业能力还需不断加强；民营企业数量少、规模小、质量不高，民营经济发展活力还显不足；改革创新任务艰巨，营商环境还需优化提升；生态环保、安全生产、民生改善等方面还需进一步加大力度；部分干部思想观念、能力素质还不能完全适应高质量高速度发展要求，等等。对此，我们将采取坚强有力措施，切实加以解决。

二、“十四五”时期主要目标任务

“十四五”时期是乘势而上开启全面建设社会主义现代化国家新征程、向第二个百年奋斗目标进军的第一个五年，也是霍州转型出雏形、实现高质量高速度发展的关键五年。根据市委“十四五”规划建议，市政府编制了《霍州市国民经济和社会发展第十四个五年规划和二〇三五年远景目标纲要（草案）》（以下简称《规划纲要》），提请大会审议。

“十四五”发展的战略定位：结合我市实际，突出我市特色，全力打造“一堡四区”，蹚出转型发展的霍州新路。打造省域副中心城市“桥头堡”。紧抓山西省赋予临汾市省域副中心城市建设的历史机遇，充分发挥霍州市作为临汾市“北大门”的区位优势，加强与“晋陕豫黄河金三角”等区域的合作互动，宽领域、深层次开展对接合作，打造区域交通中心枢纽和区域商贸物流中心城市。打造能源革命先行区。用足用好转型综改的扶持政策，先行先试，落实好碳达峰、碳中和工作要求，做大光伏发电产业，加快煤电产业清洁低碳发展，打造临汾市能源革命重要基地。打造高端装备智能制造标杆区。把装备制造作为产业转型的主攻方向，作为兴市之器、立市之本、强市之基，继续加强与大型装备制造企业合作，放大我市在煤机装备制造领域积累的优势，打造装备智能制造产业的新标杆。打造文旅融合发展示范区。充分挖掘“镇山文化”“锣鼓文化”“官衙文化”等文化蕴藏，叫响“中镇霍山·华夏州署”“夏养山西·康养霍州”旅游品牌，实现文旅与康养相融互促，不断做大做强文旅产业。打造乡村振兴样板区。深入谋划推进乡村振兴战略的思路举措，抓紧补齐农业农村短板，加快推进城乡一体化发展，推动乡村产业振兴、人才振兴、文化振兴、生态振兴、组织振兴，打造乡村振兴的霍州样板。

“十四五”发展的主要目标：经济发展迈上新台阶。在全面建成小康社会的基础上，到2025年确保实现转型出雏形。新兴产业和未来产业占GDP比重显著提高。现代装备制造业和节能环保产业成为支柱产业，能源革命成效显著，以新兴产业和未来产业为主体的现代产业体系基本形成。创新驱动实现新突破。创新能力明显增强，创新型企业集群进一步壮大，研发经费投入占GDP比重、科技公共财政支出占公共财政支出比重显著提升，数字经济对经济增长和社会发展作用日益突出，逐步建成创新型城市。民生福祉达到新水平。实现更加充分更高质量就业，居民收入增长和经济增长基本同步，教育现代化水平显著提升，卫生健康体系和多层次社会保障体系更加健全，改革发展成果更多更公平惠及人民群众。城乡统筹形成新格局。中心城区提质扩容、特色小镇建设和乡村振兴取得重要进展，城乡要素自由流动的制度性通道基本打通，农村转移人口加快向城镇集聚。市政配套设施更加完备，基本公共服务水平不断提升，城乡差距明显缩小。绿色转型取得新成效。绿色发展理念深入人心，绿色生产生活方式普遍推广，垃圾分类成为全市人民自觉行动。能源资源利用效率大幅提高，环保约束性指标完成上级下达任务，实现经济社会与生态环境协调发展。社会治理得到新提升。社会主义民主法治更加完善，社会公平正义更加彰显，政府作用得到更好发挥，社会治理水平持续提高，防范化解重大风险体制机制更加健全，突发公共事件应急能力显著增强，安全保障更加有力。

到2035年，在全面建成小康社会基础上，霍州市基本建设成为经济强市、生态大市、文化名市、能源革命先行区和充满活力、富有特色、宜居宜业宜游的现代化城市。经济总量大幅跃升，与全国、全省同步基本实现社会主义现代化，实现更高质量、更有效率、更加公平、更可持续、更为安全的发展。

围绕上述发展目标，《规划纲要》提出今后五年要大力实施“十大战略”：一是实施创新驱动战略。促进“政产学研金服用”[9]创新要素有效集聚，统筹抓好创新平台、创新主体、创新人才、创新环境，实现依靠创新驱动的内涵型增长。二是实施非均衡发展战略。聚焦“六新”[10]突破，培育壮大新兴产业、未来产业，完善现代服务体系，抢占发展先机，打造新兴产业增长极。三是实施乡村振兴战略。以“农业全产业链”为建设路径，围绕生产链、加工链、流通链、品牌链和功能链，打造乡村农业经济综合体。四是实施城市提质战略。围绕创国卫目标，加快推动城市产业结构智能化、城市功能品质化、城市环境优质化，建设生态美、环境美、生活美的宜居宜业城市。五是实施文化强市战略。以文化强“硬核”，以融合增活力，加强文化资源保护传承，培育新型文化业态，创新文化服务供给，全面提升文化软实力和文化凝聚力。六是实施数字赋能战略。加快推进数字基础设施建设，聚焦数据产业、智能制造、智慧农业、智慧生活四大新业态，优化产业布局，拓展数字产业链条，实现市场需求、产业发展、创新体系的良性互动。七是实施改革开放战略。坚定不移深化改革开放，实现以改革促发展、以开放促改革，加快融入以国内大循环为主体、国内国际双循环相互促进的新发展格局。八是实施绿色发展战略。打通“绿水青山就是金山银山”转换通道，以高标准保护促进高质量发展，推动形成绿色生产生活方式，建设产业优、生态好、山清水秀、天蓝地净的“美丽霍州”。九是实施民生优先战略。以教育、卫生、就业、社保为重点，通过扩大供给、整合资源等措施，形成覆盖面更广、针对性更强的民生保障制度，不断提高基本公共服务均等化水平。十是实施安全发展战略。统筹发展与安全，坚持底线思维，增强忧患意识，加强系统治理，把我市安全防线筑得更实更牢。

各位代表，实施“十大战略”，承载着全市人民对美好生活的殷切向往。我们坚信，只要全市上下同心协力，真抓实干，开拓创新，攻坚克难，一个经济更加繁荣、社会更加和谐、生态更加优美的新霍州，一定会呈现在我们面前！

三、2021 年工作安排

2021 年是我市转型出雏形的开局之年。做好今年工作，要坚持以习近平新时代中国特色社会主义思想为指导，全面贯彻党的十九大和十九届二中、三中、四中、五中全会及中央、省委、临汾市委经济工作会议精神，认真落实省委“四为四高两同步”总体思路和要求，以及临汾市委工作思路，按照霍州市委七届十次全会暨市委经济工作会议部署，以及中国共产党霍州市第八次代表大会要求，始终坚持“1·18”工作思路，围绕“转型出雏形、率先蹚新路”的总体目标，继续举全市之力办好开发区建设、汾河生态治理和创建国家卫生城市“三件大事”，坚持稳中求进工作总基调，立足新发展阶段，贯彻新发展理念，构建新发展格局，以推动高质量发展为主题，以深化供给侧结构性改革为主线，以改革创新为根本动力，以满足人民日益增长的美好生活需要为根本目的，更好统筹发展和安全，做好“六稳”[11]工作，落实“六保”[12]任务，加快“六新”突破，全力推进高质量高速度发展，实现霍州

“十四五”转型出雏形开好局，以优异成绩庆祝中国共产党成立100周年。

综合分析，建议今年全市经济社会发展主要预期目标为：地区生产总值增长8.5%，全社会固定资产投资增长10%，社会消费品零售总额增长10%，一般公共预算收入增长5%以上，城乡居民人均可支配收入分别增长8%和8%以上，城镇登记失业率控制在4.5%以内。各项约束性指标力争超额完成临汾市定任务。

各位代表，站在世界百年未有之大变局的历史关口，站在“十四五”开局之年的时间节点，要迈好第一步，见到新气象，实现上述目标要求，必须做到“四个坚持”：

必须坚持于变局中开新局，面对百年未有的世界之变、时代之变、历史之变，要胸怀大局、顺势而为、睿智勇毅、破阵开局，在变局中有为，在变局中图强。

必须坚持以快步保同步，紧跟山西省、临汾市高质量高速度发展步伐，加快新旧动能转换，推动经济提档升级，以霍州高质量发展的加速度实现直道冲刺、弯道超车、换道领跑。

必须坚持以过程保结果，健全完善领导包联、专班推进、督导督办、跟踪问效工作机制，坚持又快又好的工作标准，形成有始有终的闭合回路，推动各项工作落地见效、进位争先，以精准扎实过程确保优质高效结果。

必须坚持以作风促作为，秉持“解决”比“解释”更有说服力、“满意”比“注意”更有感召力的工作理念，驰而不息改进作风，务实重干、担当作为，以党史学习教育成效推动办实事、开新局。

具体来说，就是要打好“六大战役”，抓好“四大工程”。

（一）聚力开发区建设，打好项目建设攻坚战

保持战略定力，高举发展大旗，始终把开发区作为转型发展的主战场，把项目建设作为经济发展的主引擎，力促开发区建设取得突破性进展。

基础建设再提质。对标全省一流，坚持以“五看”[13]为统领，进一步完善开发区空间布局，加大基础设施建设力度，提升“标准地”建设水平，年内完成3公里园区道路和10万平方米标准化厂房建设。深化“标准地+承诺制”改革，加快“标准地”储备，让企业随时“拎包入住”。

项目建设再提速。坚持“项目为王”，精心谋划“十四五”项目布局，力争更多项目纳入国省规划。加快创唯高端装备智能制造产业园、霍州科技智创园标准厂房及医药用品制造等项目建设，推动形成更多实物工作量。开展全员全域全年招商，借助专业化招商机构，积极推行产业链招商、以商招商、以企招商等方式，切实提高招商精准度和成功率。

服务水平再提效。全面落实用地、用电、用气等优惠政策，切实降低要素成本。深化开发区“三化三制”改革，推动授权再到位，健全完善服务机制和服务体系，为企业提供全生命周期式服务。支持开发区与国内外发达地区、优势企业、高等院校共建产业园区，打造市场化的园区发展模式。

（二）聚力高质量转型，打好产业生态系统战

强化创新引领，促进传统产业转调新兴产业，以新兴产业布局未来产业，构建多产业支撑、多元化互补的现代产业体系。

巩固提升传统产业。推动煤炭清洁高效可持续发展，加快建设煤矿智能化和绿色开

采试点，实施霍州煤电集团紫晟煤业矿井充填开采项目。科学谋划布局电厂上下游产业，最大限度提升产业链整体效益，实现电厂余热、蒸汽再利用。重点推进国电霍州发电厂、山西兆光发电厂等光伏＋储能融合发展示范项目建设。

发展壮大新兴产业。瞄准全省 14 个战略性新兴产业，加大建链延链补链强链力度，继续做大产业规模，实现集群化、高端化、智能化发展。以创唯高端智能再制造项目为依托，发展壮大煤机智能制造产业；以智慧城市建设项目为支撑，发展壮大大数据产业；以康宝生物医疗综合体项目和经皮给药冷敷凝胶生产项目为基础，发展壮大现代生物医药和大健康产业；以兆光绿色建材园区固废综合利用项目为引领，加快工业促进环保中心项目建设，发展壮大节能环保产业。同时，积极布局 5G 通信、人工智能等未来产业。

支持培育市场主体。推动支持民营经济高质量发展的政策落地见效，精准服务，靶向施策，切实帮助企业化解难题、消除障碍，让企业放心投资、安心发展。持续推动“个转企、企转规、规转股、股上市”，净增规上企业不少于 5 户，实现股份制改造企业 2 户，着力打造一批“标杆企业”“骨干企业”，逐步提升民营企业在全市经济发展阵营中的比重。

（三）聚力农业农村现代化，打好乡村振兴推进战

守住粮食安全底线，提高农业质量效益和竞争力，着力夯实农业农村发展基础，全面推进乡村振兴。

全力保障粮食安全。坚决扛稳粮食安全政治责任，抓好“米袋子”“菜篮子”工程，确保粮食播种面积稳定在 32.6 万亩以上，粮食产量稳定在 5300 万公斤以上。落实最严格耕地保护制度，坚决遏制耕地“非农化”、防止“非粮化”。大力推广新品种新技术新农机，持续强化农田水利基本建设，新增高标准农田 2 万亩，实现农业生产全程托管 1.34 万亩。大力推进西张垣产业园提档升级，建设有地域特色、有技术含量、有较高经济效益的现代农业生产基地。

全力推进“特”“优”发展。做优特色农产品，全力打造霍州年馍、霍州苹果、霍州核桃、十里铺甜瓜、段庄大葱、梨湾小米等特色品牌，让“霍字号”特优产品走出霍州、走向全国；做大农产品加工业，大力支持隆旺佳、裕鑫博康、畅源饮料、绿和祥福、霍山酒业等企业创新技术、研发新品、拓展市场；做强养殖产业，加快推进同兴禽业、东方希望养殖等项目，逐步实现“育繁养宰销一体化”。

全力建设美丽乡村。全面启动乡村建设行动，优化提升农村水、电、气、路、房、通信、物流等基础设施，实施农村饮水安全工程，抓好“四好农村路”建设，完成 218 公里农村道路提升工程。持续巩固提升农村人居环境整治成果，加快垃圾污水收运处置体系建设和改厕步伐，建设农村生活污水处理管网 35 公里、污水处理站 9 座、小型污水处理设施 7 座。重点推进陶唐峪乡义城村“美好环境与幸福生活共同缔造”试点建设和李曹镇 5 个村美丽乡村集中连片建设，打造美丽宜居示范村。

全力巩固脱贫成果。加强对脱贫不稳定户、边缘易致贫户等重点对象监测，进一步健全完善返贫监测和帮扶长效机制，严格落实“四个不摘”[14]，确保稳定脱贫不返贫。加大产业扶贫、技能提升、金融扶贫力度，继续扶持农村集体经济发展壮大，推进脱贫攻

坚与乡村振兴有效衔接，不断提升脱贫质量成色。加强项目、资产管理，确保长期稳定发挥效益。

（四）聚力文旅共促共融，打好现代服务提升战

聚焦文旅融合发展，全力培育打造精品景区，持续提升景区品质和影响力，推动文旅商贸提档升级。

加快打造精品景区。围绕“中镇霍山·华夏州署”旅游品牌，加快霍州署东西辅线修复，争创4A景区；着力打造七里峪森林康养基地，推动霍山景区创建“中国天然氧吧”，叫响“夏养山西·康养霍州”。做好“天下霍姓出霍州”展陈，积极推进霍氏文化产业园建设。因地制宜开发陶唐峪、悬泉山、油盆峪、蝴蝶谷等旅游景点。做实“旅游＋”文章，推出更多“网红”打卡点。

加快推进文旅融合。充分挖掘镇山文化、廉政文化、状元文化、民俗文化、瓷窑文化等独特文化资源，传承发扬威风锣鼓、霍州书、莺歌等非遗演艺精品，推进千佛崖开发保护和霍州窑遗址公园建设。发挥霍州书商优势，培育打造“教辅之乡”和“教育装备基地”。实施贾村文化旅游开发项目，建设集田园综合体、精品民宿、研学营地为一体的乡村旅游示范村。

加快壮大现代服务业。大力发展现代物流、电子商务会展服务、物业管理、夜间经济等现代服务业，加快培育在线教育、共享平台、网红经济、直播带货等新业态。积极推进生产性服务业5G网络基础设施建设及商用，引导企业搭建互联网产业平台，带动更多产品和服务实现产业聚集、线上销售。加快推动育幼、养老、健康、家政、物业等生活性服务业向高品质、多样化升级，不断拓宽消费领域、优化消费结构。

（五）聚力创建国家卫生城，打好城市建设更新战

坚持“旧城靓城提质、新区加大投入”双轮驱动，抓实“拆、建、治”三大环节，争创国家卫生城，以城市“高颜值”塑造发展“好气质”。

提升城市颜值。抓好环境整治。深化“三拆三下三进三出”攻坚整治，加大背街小巷道路整治力度，实施城市提质更新行动，着力打造以鼓楼为中心的精品示范街。改造老旧小区。改造提升公安局小区、职业中学小区、税务局小区等8个老旧小区，做好市政配套基础设施、周边绿化、停车设施配建等工作，加快大众南路棚户区改造，着力改善城镇居民住房质量和居住条件。完善基础设施。实施生活垃圾分类管理设施建设项目，补齐垃圾、污水处理等基础设施短板。建设便民农贸市场、停车场及街心公园、社区小游园等城市配套设施，完善城市功能。

建设活力新区。按照“东拓北延、西优南控”思路，着力打造宜居宜业的霍东新区。加快与霍州经济技术开发区相连相通，启动中镇大道、纬一路（大张段）、纬五路（经二路至经三路段）、经一路（纬一路至霍东大道段）、纬三路（经十路至迎宾路段）等前期准备和施工建设，构建快速交通体系。加快霍东嘉和花园、丽华苑、丽景·中央公园等住宅小区开发，提升城市品质。建设政务服务中心、农商行综合办公大楼，推进智慧城市建设项目落地。

厚植古城底蕴。遵循古城肌理，做好规划设计，保护城市文脉，加强对州署、鼓楼、祝圣寺等历史建筑保护，加大对历史遗迹、老街巷、老地名的活化利用，注重文明传承和文化延续，最大限度保护古城的历史

文化信息，让千年古城文脉绵延。

强化精细管理。深化管理体制改革，以绣花功夫实施“全周期、全时段、全覆盖”精细化管理，提高城市管理和公共服务水平。加快城市综合管理服务平台建设，促进城市运行“一网统管”。

（六）聚力生态文明建设，打好环境治理持久战

坚持生态优先、绿色发展，“全方位、无死角”推进环境整治工作常态化，持续提升生态环境质量，促进经济社会发展全面绿色转型。

持续加强污染防治。强化大气环境综合治理，用好“日研判、周讲评、月总结”工作调度机制，狠抓重点行业深度减排、散煤治理、扬尘治理、餐饮油烟整治、柴油货车管控、秸秆禁烧等工作。实施兆光发电厂供热首站改造项目，继续推进清洁取暖改造，实现海拔600米以下区域全覆盖。严格落实“河长制”，加快推进第二生活污水处理厂、农村生活污水处理站、建成区污水管网雨污分流改造等项目，确保汾河霍州段水质持续改善。推进矿山生态治理修复、工业固废堆存场所整治，保持土壤环境质量总体稳定。

持续实施生态修复。推动“多规合一”，实现一条红线管控重要生态空间。大力开展植树造林，年内完成荒山绿化800亩。加强汾河流域生态保护与修复治理，加快推进南涧河生态治理项目，启动实施汾河月亮湾湿地公园和郭庄泉湿地公园建设，分步构建“一带、两源、三河、四地、多景观”的河流生态景观空间布局，重现汾河水秀、河畅、岸绿、景怡的秀美风光。

持续推动绿色发展。发展循环经济，布局静脉产业，推动工业固废、建筑生活垃圾等资源高效利用。贯彻落实碳达峰、碳中和部署要求，加快实施能源消费双控行动，推动煤炭等资源节约集约循环利用，规划建设一批新能源充电桩。

（七）聚力人民生活幸福，抓好民生事业普惠工程

始终坚持以人民为中心思想，用心用情用力办好各项民生事业，着力解决群众的“急难愁盼”，在创造高品质生活上实现更大作为。

提升教育教学水平。进一步优化学校布局，加强小区配套幼儿园建设，加快推进霍东学校、西张小学建设和北环路小学搬迁、北环办中心幼儿园改造，完成技工学校操场建设。在教学改革、教师培养、学生素质提升等方面科学谋划，不断扩大优质教育资源供给，留住优质生源。继续推行集团化办学、联合办学，进一步缩小城乡校际差距。

提升全民健康水平。完善提升中医院、妇幼保健院、基层卫生院硬件设施，加快推进新人民医院建设。健全完善公共卫生应急管理体系和医疗卫生服务体系，持续引深医疗卫生机构一体化改革，全方位全周期保障人民健康。传承发展中医药事业，提升中医药服务能力。深入开展爱国卫生运动和全民健身活动，构建三级公共体育设施网络，办好霍山滑翔伞邀请赛，争取承办更多体育赛事。

提升就业保障水平。全面落实就业创业政策，统筹抓好高校毕业生、退役军人、农民工、就业困难人员等重点群体就业。深入推进“人人持证、技能社会”建设提质增效，举办好技能大赛，精心打造以“霍州锁匠”为代表的“霍州技工”品牌。年内新增城镇就业4700人。稳妥推进养老保险制度改革，做好城乡居民补充养老保险工作。推动基本医疗保险、失业保险、工伤保险省级

统筹，健全灵活就业人员社保制度，实现以社保卡为载体的“一卡通”服务管理模式。加大弱势群体帮扶力度，做好城镇困难职工、困难退役军人军属和城乡无供养老人、孤儿、残疾人等人群帮扶援助工作。

（八）聚力改革开放，抓好营商环境创优工程

持续推进改革开放走深走实，建立健全与高质量发展相适应的体制机制，进一步释放发展动能。

不断创优营商环境。以数字化改革推动政府职能转变、资源整合、服务集成，打好“五减”[15]改革组合拳，切实让数据跑起来、审批快起来、服务暖起来。落实“标准地＋承诺制”“要素跟着项目走”“领办＋代办＋专办＋一网通办”机制，打通项目建设绿色通道、快速通道，实现一般工业项目“今天签约、明天落地、拿地即开工”。

不断深化改革创新。持续深化国资国企改革，落实好国有企业“六定”[16]改革任务。完成国有企业“三供一业”分离移交和设施设备维修改造。巩固扩大农村集体产权制度改革成果，大力推广农业生产托管服务模式，进一步激发农业农村发展活力。同时，统筹推进事业单位、财税金融、标准化、文旅、水利等改革事项。

不断加强对外合作。积极融入沿汾、沿黄、沿太岳“三大板块”，主动对接“京津冀”“关中平原城市群”“晋陕豫黄河金三角”等经济圈，加强务实合作，推动共赢发展。大力扶持裕鑫博康、磊源肥业、晋丰肥业等企业发展，进一步扩大进出口贸易，助力民营外贸企业做大做强。

（九）聚力社会治理，抓好“三零”创建巩固工程

坚持底线思维，巩固平安霍州、法治霍州建设成果，大力推进社会治理体系和治理能力现代化，为高质量转型提供安全保障。

毫不放松抓疫情防控。按照“面上放开、点上精准、关口内置、闭环管理”要求，坚持精准防控、持久防控，压实“四方责任”[17]，做到平战结合、人物同查、抓早抓小，因时因势动态调整优化防控措施，做好外防输入、内防反弹各项工作，坚决打好常态化疫情防控阻击战。

毫不放松抓安全生产。严格落实“四铁”“三严”[18]要求，认真执行“三管三必须”实施细则，压实各方责任。深化安全生产专项整治三年行动，加强煤矿、非煤矿山、危化品、道路交通、建筑施工、森林防火、学校、消防等重点行业领域隐患排查整治，突出抓好城乡房屋安全隐患专项整治，坚决遏制重特大事故发生。开展科技强安专项行动，强化安全培训，聘请专家参与安全检查，稳步提升本质安全水平。启动实施第二消防站及救援中心体系建设项目，健全自然灾害防治和应急救援体系，不断提高防灾救灾能力。

毫不放松抓社会治理。深化“三零”单位创建，大力化解信访积案，推进扫黑除恶常态化，坚决打击电信网络诈骗、涉毒等各类违法犯罪。严控政府债务规模，严厉打击非法集资等行为，确保不发生区域性、系统性金融风险。认真做好退役军人事务工作，充分发挥其退伍不褪色的先锋模范作用。做好村级组织换届选举工作，加强和完善城乡社区治理，推进基层治理体系和治理能力现代化。

（十）聚力务实重干，抓好政府能力建设工程

牢固树立利民为本、法治为基、高效协同的理念，加快政府职能优化、方式转变、

作风提升，建设人民满意的服务型政府。

坚决在党的领导下忠诚施政。深入学习贯彻习近平新时代中国特色社会主义思想，牢固树立增强“四个意识”、坚定“四个自信”、做到“两个维护”。高标准高质量开展好党史学习教育，学史明理、学史增信、学史崇德、学史力行，不断提高政治判断力、政治领悟力、政治执行力，确保中央、省市各项决策部署一贯到底、高效落地。

坚决在法治轨道上依法行政。建设法治政府，运用法治思维和法治方式推进工作，自觉接受人大、政协及社会各界监督，进一步提高人大议案、代表建议和政协提案办理质量。严格落实重大行政决策程序规定，推进科学民主决策。不断规范和加强政务公开，切实提升公共法律服务水平。

坚持在担当作为中高效理政。坚持目标导向、问题导向、结果导向，进一步解放思想、振奋精神，破除一切影响和制约工作推进的思想观念、体制机制障碍。大力发扬“三牛”精神[19]，在政府系统深入开展“实干担当、奋勇争先”活动，倡导务实重干、马上就办的工作作风。全面深化“13710”工作制度，以专班化、项目化、清单化推进工作快落实、真落实。

坚持在遵规守纪中廉洁从政。扛起全面从严治党主体责任，严格执行中央八项规定精神，驰而不息纠治“四风”。坚持政府过“紧日子”，进一步压缩一般性支出，严控“三公”经费。紧盯公共资源等重点领域和关键环节，强化廉政风险防控，以风清气正的环境保障发展，以清正廉洁的形象取信于民。

蓝图已经绘就，奋斗正当其时。让我们更加紧密地团结在以习近平同志为核心的党中央周围，在中共霍州市委的坚强领导下，凝心聚力、攻坚克难，砥砺奋进、顽强拼搏，奋力谱写霍州高质量高速度发展新篇章，以优异成绩庆祝建党100周年，全面开启霍州社会主义现代化建设新征程！

名词注释：

1.“四为四高两同步”：“四为”，即坚持转型为纲、项目为王、改革为要、创新为上；“四高”，即推动高质量发展、高水平崛起、高标准保护、高品质生活；“两同步”，即到2020年我省与全国同步全面建成小康社会，到2035年与全国同步基本实现社会主义现代化。

2.“1·18”：即深入贯彻落实“1·18”全省项目建设暨招商引资动员大会和全省黄河（汾河）流域水污染治理攻坚会议精神。

3.“三化三制”：即领导班子任期制、全员岗位聘任制、绩效工资制，加快建设专业化、市场化、国际化的管理团队。

4.“两不愁三保障”：即不愁吃、不愁穿，义务教育有保障、基本医疗有保障、住房安全有保障。

5.“两类户”：即脱贫监测户和边缘贫困户。

6.“三拆三下三进三出”：“三拆”，即拆除违法违章建筑，拆除围挡、围墙，拆除有碍观瞻的建筑；“三下”，即广告下墙、附着物下墙、管线下地；“三进”，即停车进位、停车进库、洗车进场。“三出”，即铁路两旁垃圾走出人民视线、高速公路两旁垃圾走出人民视线、市域内主要干道两旁垃圾走出人民视线。

7.“五大专项行动”：即在农村开展拆违治乱、垃圾治理、污水治理、厕所革命、卫生乡村专项行动。

8.“两断三清”：即断水、断电、清原

料、清设备、清场地。

9.“政产学研金服用”：即政府、生产企业、学校、研究机构、金融机构、服务行业、用户。

10.“六新”：即新基建、新技术、新材料、新装备、新产品、新业态。

11.“六稳”：即稳就业、稳金融、稳外贸、稳外资、稳投资、稳预期。

12.“六保”：即保居民就业、保基本民生、保市场主体、保粮食能源安全、保产业链供应链稳定、保基层运转。

13.“五看”：即看规划、看机构、看机制、看基础、看项目。

14.“四个不摘”：即不摘责任、不摘政策、不摘帮扶、不摘监管。

15.“五减”：即减材料、减证明、减环节、减时限、减费用。

16.“六定”：即定机构、定职数、定员额、定机制、定薪酬、定任期。

17.“四方责任”：即属地责任、部门责任、单位责任、个人责任。

18.“四铁”“三严”：即以铁的担当尽责、以铁的手腕治隐患、以铁的心肠问责、以铁的办法治本，严格遵守安全制度、严格执行操作规程、严格遵守劳动纪律。

19.“三牛”精神：即在全国政协2021新年茶话会上，习近平总书记强调要发扬为民服务孺子牛、创新发展拓荒牛、艰苦奋斗老黄牛的精神，在全面建设社会主义现代化国家新征程上奋勇前进。

中国人民政治协商会议第八届霍州市委员会常务委员会工作报告

——2021 年 4 月 13 日在政协第八届霍州市委员会第一次会议上的报告

霍州市政协主席　薛泽会

我受中国人民政治协商会议第七届霍州市委员会常务委员会的委托，向大会作工作报告，请予审议，并请列席会议的同志提出意见。

过去五年政协工作的回顾

政协第七届霍州市委员会常务委员会任期的五年，是霍州应对挑战、干在实处、走在前列的五年，也是霍州政协推进协商民主、成果丰硕、亮点纷呈的五年。五年来，在中共霍州市委的坚强领导下，市政协及其常委会在习近平新时代中国特色社会主义思想指引下，牢牢把握新时代人民政协新方位新使命，以服务改革发展、促进社会和谐为总体思路，在广泛协商中增进共识、在履职尽责中服务大局、在传承创新中增强活力，谱写了“政协篇章”、贡献了“政协力量”、留下了“政协印迹”，交出了一份建言资政、凝聚共识的新答卷。

一、着眼全局，围绕中心，政治协商有高度

五年来，常委会首提年度协商计划、首开季度协商会，先后举行全委会 5 次、常委会 21 次、主席会 43 次、对口协商会 18 次，形成全委会整体协商议大事、常委会专题协商谋要事、主席会重点协商把方向、专委会对口协商攻难点的协商新格局。

——总体协商谋大计。全委会是政协最全面、最集中履行协商职能的重要形式。全会期间，委员们立足大局、强化责任，围绕常委会工作报告、提案工作报告、政府工作报告等谈思路、提建议、谋对策；在分组讨论和大会发言中，市委、市政府领导与委员面对面交流、零距离沟通；五年来，先后有 60 名委员围绕经济转型、民主法治建设、优化营商环境、生态文明建设等多个方面做大会讨论发言，“能协商、会协商、善协商”氛围热烈浓厚。

——专题协商议大事。在优化选题、组织实施、成效转化上下功夫、见实效，先后就“农田水利保护建设”“乡村清洁工程”“县域旅游发展”“安居工程”“养殖业发展”等多个课题召开了专题协商会，与相关部门进行互动交流，提出了 100 多条针对性较强的意见建议；常委会会议每年开展两次专题性议政协商，五年来，针对天然气扩户、旅游区域协调发展、社区治理、乡村振兴、退役军人优抚服务等 8 项重点议题开展专题协商议政，形成调研报告 76 篇，为市委、市政府科学民主决策提供了有益借鉴。

——对口协商出实招。对全市重点工作做到全力参与，全面发力。五年来，各专委会和界别加强与政府职能部门的沟通联系，利用对口协商平台，掌握部门工作动态，助推难题解决。先后就“大力推进职业教育”“加强学校团的建设”“新农村建设”“中小企业发展”“许村古村落保护性开发建设”等多个专题开展协商座谈，会上委员代表、专业人士先后发言，部门负责人现场回应，创新、务实、鲜活的协商形式让人眼前一亮。通过探索指尖议政、“微信议政”，共收集民情信息57条，督促部门解决问题51个。

二、关注民生，紧贴热点，民主监督有力度

——善谋民生之利。建立提案办理面商、评议、督查三大机制，坚持重点提案与一般提案并重、集中检查与跟踪问效并举，领导主抓与部门协作并力，实行全部、全员、全程督办。五年来，共收到提案662件，立案511件，办复率100%，委员满意率达98%以上，关于劳动就业、教育医疗、社会保障、环境保护、食品安全、交通出行和社会稳定等40件事关民生的提案，立意高、有分析、有建议，得到了承办单位的重视，所提的建议在有关政策文件、重要规划和部门工作中得到了较好体现，发挥了“四两拨千斤”的重要作用。

——勤解民生之忧。坚持精品思路，探索形成一个工作办法、一支信息员队伍、一项评优树先制度“三个一”新机制，“小信息”凸显“大效应”，在社会各界中聘请了13名社情民意特邀信息员，五年来，市政协共编发社情民意信息674条，被国务院反假工作简报采用1条，全国政协采用1条，省政协采用7条，临汾市政协采用130条，省领导批示1条，临汾市领导批示6条。有关特色农业发展、农村电子商务、循环经济发展、特色文化小镇建设、科技专业人才队伍建设等方面的多条信息被有关部门采用，直接转化为有关部门增进群众福祉的实际举措，政协信息真正成为关注各界动态的“晴雨表”，解决民生问题的“连心桥”，参政议政的“快车道”。

——常为民生之举。坚持“在参与中支持，在支持中服务，在服务中监督”的原则，五年来，先后推荐56名委员参与13个执法部门和窗口服务单位的特邀监督，采取“领导＋专家＋委员”的模式组建监督小组，对市法院、安监局、住建局、环保局等部门开展行风评议，发挥了协商式监督的作用。在市政协的精心组织和大力倡导下，政协委员们善心涌动、善行如潮，广泛参与了金秋助学、大型义诊、法律援助、疫情防控等公益活动，赢得社会各界的“点赞”和广泛赞誉。

三、精心选题，一线调研，参政议政有深度

——深入调研献良策。五年来，依托“建净言、知民意、办实事”活动，以“政协委员调研月”和“界别活动月”为载体，组织委员结合界别特色各展所长，走进基层，服务社会，先后就“县域内城乡义务教育一体化”“完善全面两孩政策体系”“加强食品药品安全监管”等25个课题开展调研，通过整合各方力量、集中智力攻关，不断拓展建言献策的高度和深度，多篇调研报告形成建提案报送市委市政府和有关部门，其中关于康养产业发展的建提案被市委李强书记批示。全域旅游、优化营商环境、公共法律服务体系建设等13篇调研成果进入市委、市政府的决策视野，为出台《霍州市“十四五”发展规划》等政策文件提供参考。我们认真完成了市委统一部署的各项重点工作任务，有效激发整体履职活力，把团结的面扩得更广、团结的同心圆画得更大。

——重点视察建真言。把专题视察作为履行职能的重要载体，先后就十大民生工程、养老服务体系建设、食品安全监管等5个课题进行重点视察，引导委员知情明政、明情知责、明政知为。2017年以来，市政协组织政协委员集中视察了我市改善农村人居环境、农村改厕工作、农村四号公路建设等工作，既让委员看到了市委、市政府对“三农”工作的高度重视，又引导委员围绕“三农”工作精准提出建议，形成书面协商报告20余篇，大会发言18篇，圆满完成了市委确定的年度协商工作计划。

——服务发展讲实干。党委有号召，政协有响应，市委有部署，政协能力行。五年来，市政协充分发挥协调关系、化解矛盾、解疑释惑的作用，全力参与举全市之力“办好三件大事”的中心工作和各项重点项目建设，政协主要领导深入联点乡镇、企业、项目一线，开发区建设积极穿针引线，污染防治认真指导推进，创国卫工作坚持分区督战，做到贯彻落实中心任务和政协履职两不误，建言资政双向发力。新冠肺炎疫情期间，第一时间发出倡议书，号召全市广大政协委员积极参与疫情防控工作，组织政协委员累计捐款捐物200余人次，捐赠各类抗疫物资约20万元。疫情有效控制后，全力助推企业复工复产。脱贫攻坚战中，领导班子深入督导，驻村工作队一线帮扶、机关干部捐款捐物、政协委员倾情助力，在助推发展上提供政策咨询、厚植发展优势。服务各项中心工作任务过程中，坚持把思想政治引领和凝聚共识贯穿于视察考察、调查研究、协商履职全过程，在协商议政中思想引领、宣传政策；在项目建设中积极协调，知情出力；在民营经济发展上出谋划策、牵线搭桥，“政协搭台、委员唱戏”助推经济发展新模式日趋常态化。

四、汇聚力量，凝聚共识，团结联合有广度

——深谋民利，内化和谐之心。五年来，举办各种报告会、座谈会、通报会11次，为各民主党派、工商联和无党派人士知情参政搭建舞台；召开民族宗教界人士约谈会，视察城市建设、体验发展成果、畅谈工作建议。五年来，各民主党派、工商联和人民团体提交提案49件，占提案总数的16.6%；反映社情民意信息25件，占信息总数的30%；大会发言材料24篇，占发言材料总数的60%，形成与大局合拍、与发展同频、与民心相符的良好局面。

——广聚民力，共襄和谐之举。五年来，各界别委员立足本职、发挥优势、履职尽责，展现了新担当、新作为。开展科普宣传、义诊咨询、慈善募捐等活动50多次，在“大手牵小手爱心1+1”“精准扶贫”等活动中，累计资助贫困学生50多名，办实事300多件，义诊千余人次，捐款捐物300多万元，多家委员企业、多名委员成为了“公益之星”，充分展现了政协委员回报社会、热心公益、懿德茂行的时代风采。

——联络联谊，同谱和谐之曲。加强与省内外政协联谊交流，先后与省内外多地政协相互开展考察调研活动12次，拓展了眼界、交流了经验，促进了政协工作的深度交流。在广泛征集、精选审编的基础上，五年来，市政协先后共收集文史资料约350万字，对日渐消亡的古民居作了抢救性的拍照留存，编辑出版了《霍州古民居图集》《霍州抗战老兵的回忆》两本文史资料专辑，对已成孤本的《政协文史资料》第一至十二辑进行了翻印，编辑出版文史资料集《历史天空闪烁的星——从霍县入闽的长江支队》，圆满完成了《霍州政协志资料》的整理出版，积极发挥了文史资料“存史资政、团结育人”的独特功能。

五、加强学习，夯实基础，自身建设有亮度

——学习支撑，增强动力。把加强学

习、开阔视野作为政治责任，提高政治站位，在坚持党的领导上凝聚新共识，确保市委决策部署在政协落实落效。以“每周一讲”为载体，以“两学一做”“讲政治、知敬畏、守规矩”专项治理、“维护核心、见诸行动”主题教育、“不忘初心、牢记使命”主题教育为抓手，系统学习《习近平谈治国理政》第三卷，跟进学习习近平总书记最新重要讲话，专题学习中共十九届三中、四中、五中全会精神，持续学习中央、山西省委政协工作会议精神，先后组织集中学习210次，观看电教片30部，开展专题讨论21次，解决了“学习不深不透、联系群众不紧密、走访委员不广泛”等突出问题。通过学习教育，集中学习成为常态、研究讨论成为习惯、自主学习成为觉悟。

——示范引领，辐射引力。通过开展“走访委员月”活动，先后走访委员189人次；完善考核机制，坚持动态管理、坚持开展“五个一”活动、坚持每年在全委会上通报委员履职情况。五年来，先后涌现出了许多有情怀、有作为的政协委员，他们立足本职，积极奉献，紧扣经济社会发展认真履职尽责，紧盯社会重大关切加强思想政治引领，广大委员在各条战线勇于担当，为实现霍州“十三五”目标作出了积极贡献。

——创新服务，激发活力。把“五型机关”作为队伍建设的动力源，引导干部在提高素质上下功夫、在干事创业上做表率、在严谨认真上显能力，修订完善了常委会议事规则和委员管理办法等多项制度，形成了规范有序的运行机制。持续改进会风文风，完善协商议政成果反馈机制，专门委员会积极发挥联系界别、服务委员功能，工作水平和基础性作用明显增强。同时积极支持市委巡察组对政协机关开展巡察，加强党风廉政建设。

各位委员、同志们，回顾过去五年工作，我们深切体会到，七届市政协所取得的履职成绩，离不开中共霍州市委的正确领导和市政府的大力支持，离不开广大政协委员、政协各参加单位以及全体政协工作者的团结协作、共同努力，离不开政协老同志、各部门单位和社会各界的热情帮助、积极配合。在此，我代表七届市政协常委会及全体委员，向所有关心、支持我们工作的领导和同志们表示衷心感谢和崇高敬意！

在肯定成绩的同时，我们也清醒地看到，市政协工作与全市经济社会发展的新形势新任务相比，与广大政协委员和人民群众的期盼要求相比，还存在很多不足。如常委骨干作用和委员主体作用仍需进一步发挥，协商议政的质量和效率有待进一步提高，创新履职的力度还需进一步加大等。真诚希望大家对市政协常委会工作提出意见。

五年来，七届市政协在历届政协奠定的良好工作基础上，在切实履行职能的探索实践中砥砺奋进，不断深化了对新时期政协工作规律的认识：

一是维护核心，与市委思想同心、目标同向、行动同步，政协工作才能有为。始终坚持党的领导是政协工作的一项政治原则，政协只能在坚决维护核心中体现政协性质、在倾力服务中心中彰显政协价值、在广泛凝聚人心中展现政协作为。

二是服务中心，市委想什么、政协谋什么，政府干什么、政协议什么，政协工作才能有位。只有把政协工作主动融入全市中心工作，干事业一条心、抓工作一盘棋、谋发展一股劲，政协工作才能政治有地位、出力有舞台、履职有平台。

三是贴近民心，察民情、诉民求、出实招，政协工作才能有效。只有把群众利益放在第一位，把群众关切作为第一信号，把群众满意作为第一追求，深入体察民情、准确反映民意、倾心化解民忧，政协工作才能取得实实在在的效果。

四是凝聚人心，广纳群言、广谋良策、广集民智，政协工作才能有力。只有牢牢把握团结和民主两大主题，共谋发展、共襄富民、共创伟业，才能凝聚正能量、唱响主旋律、发出好声音。

五是不忘初心，知我政协、爱我政协、为我政协，政协事业才能有成。只有坚持不忘初心，以进取之志、成事之才、担当之气履职尽责，政协才能在履职中不断砥砺前行。只有知政协，才能做好政协事；只有爱政协，才能做成政协事；只有为政协，才能当好政协人，政协机关才能真正成为充满温馨的大家庭、增长才干的大学堂、委员参政议政的大舞台。

对八届市政协工作的建议

各位委员，同志们，未来五年，是实施“十四五”规划转型发展的关键期、是实现“两个一百年”奋斗目标的交汇期，也是政协工作大有作为的机遇期。2021 年是八届霍州市政协的开局之年，肩负着开篇布局、打好基础，高起点、高标准、高质量推进霍州政协事业发展的时代使命。前不久刚刚胜利召开的霍州市第八次党代会确立的目标任务为市政协工作指明了方向。希望新一届市政协委员、政协工作者倍加珍惜荣誉，时刻牢记使命，在建设幸福美丽新霍州的生动实践中履职尽责、不断奋进。

在此，就市政协今后工作提出以下建议：要坚持以习近平新时代中国特色社会主义思想为指导，全面贯彻党的十九大和十九届二中、三中、四中、五中全会精神，深入贯彻落实习近平总书记视察山西重要讲话重要指示，认真落实中央、省委政协工作会议精神，围绕霍州市第八次党代会确定的总体目标，紧扣市委坚持“1·18”工作思路，举全市之力办好“三件大事”的工作部署，发挥专门协商机构作用，在建言资政和凝聚共识上双向发力，把政协制度优势转化为市域治理效能，团结精进，开拓创新，扎实履职，主动作为，为霍州“转型出雏形、率先蹚新路”的辉煌篇章作出政协新贡献！

一、锚定正方向，在筑牢思想共识上夯实新基础

——强化理论武装。坚持政协工作与贯彻省委、临汾市委、霍州市委全会精神的深度结合，结合当前正在开展的党史学习教育，认真学习中国共产党党史、新中国史、改革开放史、统一战线和人民政协史，更加准确地把握习近平新时代中国特色社会主义思想的核心要义和丰富内涵，更加准确地把握党对人民政协的各项方针政策，切实筑牢思想根基。重视开展政协委员的理论教育，切实增强委员建言资政的“看家本领”，不断增进政治认同、思想认同、理论认同、情感认同。

——健全学习机制。制定学习计划，健全学习制度，突出学习重点，建立完善以政协党组理论学习中心组学习为引领，主席会议、常委会会议、机关工作例会、机关支部党课、主题党日、常委读书班、委员培训班、委员活动日等为辅助的学习体系，创新座谈交流、征文研讨、理论宣讲等学习形式，推动形成良好的学习机制。

——发挥体系优势。深入贯彻落实中央、省委、霍州市委关于加强新时代人民政协党的建设工作的有关文件精神，自觉把党建工作与政协履职有机结合起来，建立完善政协党的组织体系和政协党建工作领导机制，充分发挥党组织和党员在践行协商民主、增进团结、凝聚共识中的先锋模范作用，促进政协与党委政府同频共振、同轴运转、同向推进。

二、立足新起点，在推进协商民主上谋划新举措

——完善协商机制。坚持“三在前、三在先”，健全协商议题提出、活动组织、成果采纳落实和反馈机制；开展委员议事日、界别活动周、党派调研月、季度协商会、协商民主提升年活动，为协调推进“四个全面”战略布局霍州实践出实招、谋良策。

——丰富协商形式。开办广场式“委员问政”，拓宽规范的“说话”场所、合法的“诉求”途径、有效的“顺气”通道，让协商走进社会、走进群众、更接地气；完善市委、市政府与市政协各组成单位的协商形式，探索界别协商的方式方法，紧扣热点协商，让有事多商量、遇事多商量、做事多商量成为常态。

——提升协商实效。以服务“十四五”规划实施为主线，增强协商建言实效。通过完善专委会和委员活动小组建设，吸收社会团体、专业人士、群众代表参与协商活动，让协商更加契合中心任务、更加符合决策需要、更加体现人民心声。

三、顺应新期待，在建设幸福霍州上彰显新业绩

——多做反映民情之事。把提案工作作为“民心工作”，开展好重点提案督办活动，开展“提案办理回头看”，看进展、看结果、看委员群众满意度，实现“提办”良性互动。

——多献改善民生之策。做优社情民意金字招牌，引导委员做关注民生的“有心人”、保障民生的“知心人”、改善民生的“热心人”，以委员的辛苦指数提升百姓幸福指数，真正使人民与政协紧紧相连，政协与人民心心相印。

——多行维护民利之举。以问题为导向，开展委员评议部门活动，探索建立监督结果运用到组织人事、纪检监察等部门的联动机制；紧扣市委中心工作和热点、难点问题，以解剖性分析、问题性视察、政策性思考、真实性反映、监督性建议，察实情、讲实话、谋实策。

四、适应新常态，在推进转型发展上展现新作为

——创新调研方式。落实我市第八次党代会精神，主动把政协工作放到全市工作大局中谋划推进，发挥精准履职的政协智慧。按照“选题要准，调研要透，立论要新，转化要实”的原则，围绕办好三件大事、生态环境治理、乡村振兴等重点任务开展调查研究，努力形成一批高质量建言成果。深入一线、沉到基层，深度调研、集中攻关，用事实说话，用数据说话，真正把问题找准、把原因厘清。

——增强视察实效。发挥“人才库”“智囊团”的优势，聚焦党政关注重点、改革发展难点、经济社会发展焦点和群众关心热点出点子、想招数、谋对策，针对产业转型升级、城市品质提升、城乡协调发展、营商环境优化以及重大项目、重大平台、重大产业建设等课题开展系统性调研视察，使视察调研的过程成为进行基层协商的过程，在协商中推进工作，在工作中增进共识，

——同谋发展大计。主动融入全市重大改革举措落实和重要政策文件执行，同唱招商引资、项目突破、巩固精准脱贫大戏；围绕就业创业、教育医疗、社会治理等群众最急最盼的事情，研究确定协商计划，找准切

入点，提出好建议。借助融媒体中心平台，开设“委员观察”“委员访谈”等栏目，丰富民主监督形式，完善基层协商民主体系，促进有事好商量、众人的事情由众人商量的制度化实践。

五、注入新活力，在构建和谐霍州上再有新建树

——巩固合作之基。始终坚持求同存异、体谅包容的原则，增进与民主党派、工商联、无党派人士的沟通与团结，真正做到志相同、心相通、情相融，为他们发表意见、表达主张、展示成果创造条件，构建和而不同、和谐议政、和衷共济的合作基础。

——践行民主之道。扩大政协工作社会开放度，为各界群众有序参与政治生活提供畅通渠道，使社会的不同阶层、不同群体能够通过政协组织平等、平和地表达思想观点、主张利益诉求、维护合法权益。

——汇聚各方之力。深化主席联系常委、常委联系委员、委员联系群众“三联”机制，推进真实情况在一线掌握、真知灼见在一线形成、工作助推在一线见效；多做协调关系、增进团结的工作，多做雪中送炭、扶贫济困的工作，多做春风化雨、解疑释惑的工作，促使“热点”降温、“疑点”化解、“难点”消除，共同为和谐霍州建设铺就“平安路”。

六、树立新作风，在提升履职能力上塑造新形象

——作风引领。组织开展主题鲜明、形式多样、务实有效的学习活动，提高政治站位，强化责任担当，坚定正确的履职方向。夯实全面从严治党思想根基，牢固树立“一盘棋”思想，坚定不移地把政协工作置于市委的坚强领导之下，听党指挥，忠诚履职。引导委员守住思想道德“底线”、党性原则“防线”、法规纪律“红线”，争当学习表率型、信念坚定型、作风引领型、创新进取型、服务奉献型委员。

——能力导航。充分发挥政协联系广泛，上下通达的优势，团结各方力量，凝聚各方智慧，通过学习培训显朝气、养才气、筑底气；拓展委员履职平台载体，结合界别、工作、区域的特点，将政协委员分布到各个层面听取民生民情，让社情民意在“最后一公里”提质加速，做到高起点建言、深层次立论、前瞻性献策，更好发挥市政协在推进市域治理体系和治理能力现代化中的重要作用。

——文化塑魂。培育政协情怀、增强“四个意识”，立足“参谋助手、综合协调、服务保障”要求，打造一支遵章守纪、团结协作、善于履职、有所作为的政协机关干部队伍。进一步理顺专委会与各民主党派、工商联、无党派人士，专委会与党政职能部门，专委会与上级政协对口专委会的关系，搭建起立体式、全方位的合作平台，探索建立联动的沟通协调机制，发挥政协系统整体优势。

各位委员，同志们，回首五年履职历程，七届市政协凝心聚力，取得了丰硕的履职成果；展望未来五年宏图，新一届市政协群英荟萃，即将开启新的征程。我们坚信，站在新的历史起点上，八届市政协一定能够承前启后、继往开来，带领全体委员取得新的更为显著的成绩。希望新一届市政协以“起跑就是冲刺，开局就是决战”的奋斗姿态，在中共霍州市委的坚强领导下，跑出快节奏，赛出加速度，迈好第一步，展现新气象，多建睿智之言，多献务实之策，怀揣初心、扬帆启航，奋力开创政协工作新局面，为霍州“转型出雏形、率先蹚新路”谱写新的政协篇章！

附　录

国家级集体

2021 年 8 月国家机关事务管理局、财政部等四部委授予山西省霍州市档案馆“节约型机关”称号。

2021 年 8 月霍州市总工会被国家机关事务管理局、中共中央直属机关、国家发展和改革委员会、财政部授予“节约型机关”称号。

2021 年 8 月，霍州市妇女联合会被国家机关事务管理局、中共中央直属机关事务管理局、中华人民共和国国家发展和改革委员会、中华人民共和国财政部联合授予“节约型机关”称号。

2021 年 8 月 23 日霍州市直属机关事务服务中心被国管局、中直管理局、国家发展改革委、财政部四部委授予“节约型机关”称号。

省级集体

2021 年，公安大队被山西省公安厅评为全省公安机关圆满完成庆祝中国共产党成立 100 周年安保维稳任务通报表扬成绩突出集体。

2021 年 2 月，霍州市人民检察院在山西省人民检察院政治部、第四检察部“严厉打击非法集资，防范化解金融风险”微视频微动漫作品中荣获二等奖。

2021 年 6 月中共山西省委党史研究院、中共临汾市委党史研究室授予霍州市档案馆党史学习教育联系示范点荣誉。

2021 年 11 月临汾市精神文明建设指导委员会复查确认霍州市档案馆为省级文明单位。

2021 年，霍州市人民武装部被省军区表彰为“战备训练先进单位”“征兵工作先进单位”“民兵工作先进单位”。

2021 年，霍州市消防救援大队被山西省消防救援总队评为“先进大队”。

2021 年霍州市市场监督管理局在山西省市场监督管理局组织的山西标准化网络知识竞赛中荣获组织三等奖。

2021 年，国家粮食和物资储备局山西局四七五处被山西省直机关精神文明建设委员会评为 2020 年度省直文明单位。

2021 年，霍州车站中货运获太原铁路局集团公司先进班组荣誉称号。

2021 年，霍州市教育科技局被山西省教育厅授予“爱眼护眼、从我做起”主题系列活动优秀组织奖。被山西省教育学会书法教育专业委员会授予“庆祝中国共产党成立一百周年”霍山杯山西省第三届教师书法展优秀组织奖。

2021年，霍州市实验中学在山西省教育厅关心下一代委员会、山西省青少年心理与教育研究会“我在疫情中成长”主题征文比赛中荣获优秀组织奖。

2021年，工商银行霍州支行被山西省分行授予“先进基层党组织”“山西金融模范职工之家”荣誉。

2021年，太平洋寿险霍州支公司被山西省分公司授予“产寿交叉推动金质奖”“公司转型升级贡献奖”。

2021年，霍州市医药公司党支部书记张国新被山西省评为优秀共产党员；被中共山西省委非公有制经济组织和社会组织工作委员会评为“全省‘两新’组织优秀党务工作者”。

2021年3月8日省妇联、省管局授予郑颖副主任“山西省机关事务管理系统巾帼建功标兵”表彰。

国网霍州市供电公司刘志杰被评为山西省脱贫攻坚先进个人。

省级个人

霍州市人民武装部上校部长王强被山西省军区记“个人三等功”。

霍州市公安局成斌被山西省公安局评为2021年全省公安机关圆满完成庆祝中国共产党成立100周年安保维稳任务通报表扬成绩突出个人。

霍州市公安局牛磊被山西省公安局授予2021年全省公安机关“七一”期间表彰奖励通报表扬成绩突出党员民警。

霍州市公安局汪文婷被临汾市委评为优秀共产党员。

霍州市公安局张志群、秦晓军、刘华敏、薛志强被临汾市公安局授予三等功；杨博获个人嘉奖；冯国军、丁卫平、柏榕被评为先进个人。

民革韩腊丽被山西省驻京办评为“建党百年期间信访维稳工作先进个人”；被山西省信访工作联席办评为省级“最美信访干部”。

中国民主促进会霍州市委员会副主委苏建东被山西省高等学校招生委员会聘为2021年高考评卷教师。

市级集体

2021年，霍州市人民武装部被临汾军分区表彰为“征兵工作先进单位”“信息服务工作先进单位”；获得“民兵干部比武优胜单位第一名”，被临汾市组织部、临汾军分区政治工作处联合表彰。李曹镇武装部、白龙镇武装部、北环街道办事处武装部被军分区表彰为“先进基层武装部”。

2021年，霍州市消防救援大队被临汾市消防救援支队评为“防火监督先进集体”“2021年度全市法制工作先进单位”“2021年度消防宣传工作先进单位”。

2021年，霍州市审计局被评为临汾市级“文明单位”标兵。

2021年，鼓楼派出所被临汾市公安局授予集体三等功。

2021年3月，霍州市总工会被临汾市总工会评为2020年度先进县市工会、临汾市先进女职工组织、临汾市五一巾帼标兵岗。

2021年3月，霍州市总工会女职工委员会在2020年女职工维权行动月活动、2020年“巾帼建新功　共筑中国梦”女职工书画作品展评活动、2020年“妈咪小屋”建设工作、2020年“一委一品”工会女职工品牌工作创建活动、女职工读书音频展播中被临汾市总工会女职工委员会授予优秀组织奖。

2021年5月，霍州市总工会在“庆祝建党100周年”2021年临汾市职工篮球联赛中被临汾市总工会、临汾市体育局授予优秀组织奖。

2021年5月，霍州市妇女联合会获临汾市妇女联合会“巾帼心向党　奋斗新征程”党史学习知识竞赛“优秀组织奖”。

2021年，霍州市教科局被临汾市教育局授予“临汾市幼儿讲故事活动优秀团体组织奖”。

2021年，霍州一中地理教研组被临汾市评为“优秀教研团队”。

2021年11月，霍州市融媒体中心被中共临汾市委宣传部、临汾新闻工作者协会授予“2021年度新闻宣传工作先进集体”称号。拍摄制作的专题片《印象太岳　美在霍州》获临汾市第九届精神文明建设“五个一工程”优秀作品奖。

2021年，鼓楼街道文庙社区党支部被评为临汾市先进基层党组织。

2021年，国网霍州市供电公司获颁临汾市五一劳动奖状；国网霍州市供电公司总支部获评临汾市先进基层党组织。

霍州供电公司辛置供电所被国网临汾供电公司授予2021年度先进班组称号。

2021年，工商银行霍州支行被临汾分行授予“先进基层党组织”；信贷资产管控工银成就奖；存款“夏季攻势”第二名；“乡村治理星级积分管理平台”项目攻坚第一名。

2021年，太平洋寿险霍州支公司被临汾中支公司授予“开门红保费达成卓越奖”。

2021年，霍州邮政分公司荣获临汾市分公司“服务杯”称号。

市级个人

2021年，霍州市人民武装部上校政治委员迟大鹏被临汾军分区表彰为“人武部建设优秀个人”“安全管理工作先进个人”；霍州市人民武装部中校副部长韩壮壮、军事科参谋（科员）殷瑞君被临汾军区记“嘉奖”一次；军事科参谋（科员）殷瑞君被临汾军分区表彰为“信息服务工作先进个人”；职工段建军被临汾军分区评为“优秀职工”；李曹镇武装部部长孔建华被临汾军分区表彰为“民兵工作先进个人”；退沙街道办事处武装部部长张黎强、辛置镇武装部部长武伟华被临汾军分区表彰为“优秀专武干部”；霍州市民兵工程抢修连运输排排长王凯田获得综合成绩第二名，霍州市民兵应急连副连长黄磊获得综合成绩第五名被临汾市组织部、临汾军分区政治工作处联合表彰。

2021年，霍州市交警大队刘卉荣获临汾市总工会“中国梦·劳动美—永远跟党走、奋进新征程”全市职工党史知识竞赛优胜奖。

2021年，霍州市消防救援大队闫云龙被临汾市消防救援支队评为“优秀干部”“防火监督先进个人”“法制工作先进个人”“宣传工作先进工作者”；闫瑞杰被临汾市消防救援支队评为“优秀党务工作者”。

2021年，霍州市一中蒲丽梅、段鹏飞被评为临汾市“优秀班主任”；杨晓红、周霍霞获评临汾市“优质高效课”。

2021年，鼓楼街道办事处党工委副书记周姝莉被评为临汾市优秀党务工作者。

2021年，霍州市交运驾校党支部副书

记赵峰峰被评为临汾市“两新”组织优秀共产党员。

国网霍州市供电公司李岩被临汾供电公司授予2021年度先进工作者。

统计数据

行政区划

附表1　　　　单位：个

	全市总计
街道办事处	5
镇	4
乡	3
社区居委会	18
村（居）民委员会	139
鼓楼街道办事处	4
北环路街道办事处	4
南环路街道办事处	8
开元街道办事处	4
退沙街道办事处	7
白龙镇	10
辛置镇	16
大张镇	11
李曹镇	27
陶唐峪乡	16
三教乡	19
师庄乡	13
自然村	314

土地面积

附表2　　　　单位：平方公里

	面积
土地面积	765
鼓楼街道办事处	4.8

续表

	面积
北环路街道办事处	4.8
南环路街道办事处	14.9
开元街道办事处	2.8
退沙街道办事处	41.6
白龙镇	53.5
辛置镇	52.4
大张镇	50.5
李曹镇	214
陶唐峪乡	86.7
三教乡	148
师庄乡	91
平原	238
丘陵	294
山地	233

人口数（常住人口）

附表 3　　单位：人

	2021 年	2020 年
总人口	270880	272987
城镇人口	184051	183575
乡村人口	86829	89412
男	137757	138252
女	133123	134735
出生	1767	—
死亡	1569	—
出生率（‰）	6.48	—
死亡率（‰）	5.75	—
自然增长率（‰）	0.73	—

注：出生率、死亡率、自然增长率为抽样调查数据。

分行业固定资产投资及其增长速度

附表 4 单位：万元、%

指标名称	2021 年	比上年增长
固定资产投资	264130	13.3
农、林、牧、渔及服务业	8149	15.7
采矿业	46358	−5.0
制造业	43260	19.5
电力、热力、燃气及水生产和供应业	26980	−43.9
建筑业	0	—
批发和零售业	0	—
交通运输、仓储和邮政业	2098	−77.4
住宿和餐饮业	0	—
信息传输、软件和信息技术服务业	0	—
金融业	0	—
房地产业	91959	52.4
租赁和商务服务业	0	—
科学研究和技术服务业	0	—
水利、环境和公共设施管理业	25499	554
居民服务、修理和其他服务业	0	—
教育	1081	440.5
卫生和社会工作	18746	46.6
文化、体育和娱乐业		−100

规模以上工业总产值行业构成

附表 5 单位：千元、%

	2021 年现价产值	构成%
规模以上工业总产值	10860182.25	
煤炭采选业	5691197.65	52.4
电气机械和器材制造业	174779.66	1.61
专业设备制造业	1492231.08	13.74
电力、热力生产和供应业	3251129.92	29.94
金属制品业	33715	0.31

金融机构信贷现金收支

附表 6

单位：万元

	2021 年	2020 年
一、各项存款余额	1916883	1752375
单位存款	171494	196379
城乡居民储蓄存款	1745389	1555996
二、各项贷款余额	1232511	918378
（一）短期贷款	518894	535424
（二）中长期贷款	611017	382954

社会消费品零售总额

附表 7

单位：万元

	2021 年	2020 年
社会消费品零售总额	379610.9	326051.4
按销售地区分		
城镇	289932.1	252475.5
乡村	89678.8	73575.9
按行业分		
批发和零售业	212254.3	188816.9
餐饮和住宿业	167356.6	137234.5

地区生产总值

（按当年价格计算）

附表 8

单位：万元、%

	2021 年	2020 年	2021 年为 2020 年的
地区生产总值	1005310	814507	123.4
第一产业	45484	44369	102.5
第二产业	560614	403904	138.8
工业	544095	389962	139.5
建筑业	16519	13943	118.5
第三产业	399212	366233	109.0

续表

	2021 年	2020 年	2021 年为 2020 年的
交通运输、仓储和邮政业	68011	62054	109.6
批发和零售业	47402	51529	92.0
住宿和餐饮业	6729	4716	142.7
金融业	40675	36005	113.0
房地产业	15764	12057	130.7
其他服务业	218068	197472	110.4
农、林、牧、渔及服务业	2563	2400	106.8

注：2020 年地区生产总值由 810839 万元调整为 814507 万元。

农林牧渔业总产值

（当年价格）

附表 9　　单位：万元

	2021 年	2020 年	2021 年为 2020 年%
农林牧渔业总产值	73120.6	71775	101.9
农业产值	31559	29739.5	106.1
林业产值	6105.6	4667.6	130.8
牧业产值	30770.7	33343	92.3
渔业产值	117	66.7	175.4
农林牧渔专业及辅助性活动产值	4568.3	3958.2	115.4

农林牧渔业总产值

（可比价格）

附表 10　　单位：万元

	2021 年	2020 年	2021 年为 2020 年%
农林牧渔业总产值	80882.5	60861	132.9
农业产值	31022.1	25745.2	120.5
林业产值	4098	4297.2	95.4
牧业产值	41131.8	26850	153.2
渔业产值	107.4	68.9	155.9
农林牧渔专业及辅助性活动产值	4523.1	3899.7	116.0

主要农产品产量

附表 11　　单位：吨、%

	2021 年	2020 年	2021 年为 2020 年%
粮食	51348.66	51330.16	100.0
其中：小麦	30174.21	28961.7	104.2
玉米	17227.17	14835.3	116.1
油料	285.1	192.27	148.3
棉花	2	1.98	101.0
蔬菜	29819.7	26511.8	112.5
瓜类	535.7	957.5	55.9

注：粮食产量为调查队核定数据。

牲畜年末存栏情况

附表 12　　单位：头、只

	2021 年	2020 年	2021 年为 2020 年%
一、大牲畜年末头数	2561	2914	87.9
牛	2492	2661	93.6
马	12	12	100.0
驴	46	234	19.7
骡	11	7	157.1
在大牲畜中：役畜	852	1105	77.1
二、年末猪存栏头数	53556	42402	126.3
三、年末羊存栏只数	37884	39651	95.5
能繁殖母羊	12628	13115	96.3
四、家禽	835942	677137	123.5
五、养兔	0	0	—

注：猪、牛、羊、禽存栏为调查队核定数据。

畜牧业主要产品产量

附表 13　　单位：头、只、吨

	2021 年	2020 年	2021 年为 2020 年%
当年出栏的肉猪	96979	69421	139.7

续表

	2021 年	2020 年	2021 年为 2020 年%
猪肉产量	7482.9	5621	133.1
当年出栏的肉用牛	1563	922	169.5
牛肉产量	239.3	197.1	121.4
当年出栏的肉用羊	23154	18038	128.4
羊肉产量	327.3	197.6	165.6
当年出栏的家禽	804819	558700	144.1
禽肉产量	1087.5	763.1	142.5
肉类总产量	9155.8	6785.26	134.9
奶类产量	4235.1	3136.4	135.0
牛奶产量	3572.8	2478.8	144.1
山羊毛产量	22.3	22	101.4
绵羊毛产量	23.6	23	102.6
羊绒产量	3.1	3.1	100.0
蜂蜜产量	6.3	6.2	101.6
禽蛋产量	3651.3	3417.8	106.8

注：猪、牛、羊、禽出栏及畜牧业主要产品产量为调查队核定数据。

主要工业产品产量

附表 14

原煤	万吨	436.29	413.34
洗精煤	万吨	281.43	311.81
发电量	亿千瓦时	111.11	117.24

城乡居民收入

附表 15　　单位：元

	2021 年	2020 年
居民人均可支配收入	29312	26946
城镇常住居民人均可支配收入	36903	34265
农村常住居民人均可支配收入	17947	16168

大中型工业企业主要经济指标（一）

附表 16　　单位：千元

	隶属	工业总产值（现价）	实现利税	营业收入
霍州煤电集团有限责任公司	省	4702626	487489	8135235
山西兆光发电有限责任公司	其他	1870602.92	－981723	1784859
国电华北电力有限公司霍州发电厂	集体	1380527	－499248	1351075
霍州煤电集团鑫钜煤机装备制造有限责任公司	集体	630857.3	－17276	713137
山西鑫创晟智能科技发展有限公司	集体	118099	5571	106248
霍州煤电集团辛置实业有限公司	集体	127528.78	10001	145287
霍州煤电集团白龙工贸有限公司	集体	160951	4157	161067

大中型工业企业主要经济指标（二）

附表 17　　单位：千元、人

	资产合计	负债合计	流动资产额	从业人员平均人数
霍州煤电集团有限责任公司	50966391	40165810	24411541	11419
山西兆光发电有限责任公司	3688390	3414805	848787	157
国电华北电力有限公司霍州发电厂	3040717	1912036	372960	680
霍州煤电集团鑫钜煤机装备制造有限责任公司	1027002	560533	816886	817
山西鑫创晟智能科技发展有限公司	110043	81887	85364	116
霍州煤电集团辛置实业有限公司	237824	171744	227343	240
霍州煤电集团白龙工贸有限公司	126825	104457	116534	173

分乡镇主要农村经济指标

附表 18　　单位：亩、吨

	蔬菜播种面积	蔬菜产量	果园面积	水果产量
鼓楼办	191	574.6	40	54.2
北环办	207	616	160	208
南环办	413	1468.5	0	0
开元办	264	967.4	0	0
退沙办	250	665	18	29
白龙镇	1500	5395.5	631	77.1

续表

	蔬菜播种面积	蔬菜产量	果园面积	水果产量
辛置镇	196.2	731.8	0	0
大张镇	2269	9597.2	131	135.2
李曹镇	1350	4490	3944	7653.3
陶唐峪乡	1150.5	3919.7	1149	2956.7
三教乡	1367	1213.5	2778.5	6036.3
师庄乡	85	180.5	30	95
合计	9242.7	29819.7	8881.5	17244.6

农村基本情况

附表 19

	单位	2021 年	2020 年	2021 年为 2020 年%
乡村户数	户	66309	65497	101.2
乡村人口数	人	199299	196355	101.5
乡村劳动力	人	92910	91018	102.1
农林牧渔业	人	47955	47050	101.9
工业	人	—	—	—
建筑业	人	—	—	—
交通运输和邮电业	人	—	—	—
批发零售贸易餐饮业	人	—	—	—
其他	人	—	—	—
自来水受益村数	个	139	139	—
通汽车村数	个	139	139	—
通电话村数	个	139	139	—
通电村数	个	139	139	—
通公路村数	个	139	139	—

水果生产情况

附表 20

	单位	2021 年	2020 年	2021 年为 2020 年%
水果总产量	吨	17244.6	15258.1	113.0

续表

	单位	2021 年	2020 年	2021 年为 2020 年%
苹果	吨	16765.6	14785.1	113.4
梨	吨	67.1	62.8	106.8
葡萄	吨	119.9	135.8	88.3
红枣（鲜）	吨	60.9	59.2	102.9
柿子	吨	38.5	36.8	104.6
桃	吨	128.3	123.4	104.0
杏	吨	34.8	34.5	100.9
其他水果	吨	29.5	20.6	143.2
果园面积	公顷	592.1	561.1	105.5
苹果园	公顷	521.4	517.4	100.8
梨园	公顷	43.8	15.8	277.2
葡萄园	公顷	4.9	6.2	79.0
其他园林水果	公顷	22	21.7	101.4

运输、邮电

附表 21

	单位	2021 年	2020 年
公路通车里程	公里	1325	1109
载货汽车	辆	1203	2448
公路旅客运输量	万人公里	144	18.2

旅　游

附表 22

	单位	2021 年	2020 年
游客数	人次	127100	122000
其中：七里峪景区	人次	34100	—
陶唐峪景区	人次	50000	80000
霍州署	人次	43000	42000
门票直接收入	万元	157.16	144

续表

	单位	2021 年	2020 年
其中：七里峪景区	万元	48.2	—
陶唐峪景区	万元	58.57	94
霍州署	万元	50.39	50

财政预算收支（一）

附表 23　　单位：万元

	2021 年	2020 年
财政总收入	132768	111222
一般预算收入	55951	48775
增值税	20223	16865
地方财政支出	176870	181433
支援农业生产	3232	3935
林业费	1343	1647
水利费	2820	3705
教育事业费	33616	33040

财政预算收支（二）

附表 24　　单位：万元

	2021 年	2020 年
地方财政一般公共预算收入	55951	48775
其中：各项税收	42560	38362
其中：企业所得税	1180	608
个人所得税	749	654
地方财政一般公共预算支出	176870	181433
一般性公共服务支出	22519	21930
科学技术支出	529	527
文化体育与传媒支出	3819	4277
医疗卫生与计划生育支出	24612	24523
节能环保支出	7140	8902

续表

	2021年	2020年
城乡社区事务支出	14803	15402
交通运输支出	6242	6359
社会保障和就业支出	33701	27539
社保保险基金支出	9058	8436
教育支出	33616	33040
住房保障支出	2449	4137

规模以上工业企业主要经济指标（一）

附表25

指标名称	企业单位数	亏损企业数			流动资产合计		
	本月末（家）	本月末（家）	上年同期（家）	增减（%）	本月末（亿元）	上年同期（亿元）	增减（%）
总计	23	9	5	80	289.2	201.5	43.5
在总计中：国有企业	2	2	0	0	4.2	2.2	90.9
股份制企业	19	5	4	25	276.2	191	44.6
外商及港澳台商投资企业	2	2	1	100	8.8	8.3	6
在总计中：亏损企业	9	9	2	350	274.8	190.8	44
在总计中：国有控股企业	14	6	3	100	276.6	190.5	45.2
其中：亏损企业	6	6	1	500	265.5	182.1	45.8
其中：中央企业	1	1	0	0	3.7	1.7	117.6
在总计中：大中型工业	7	5	1	400	269.3	183.7	46.6
其中：国有控股企业	7	5	1	400	269.3	183.7	46.6
其中：亏损企业	5	5	0	0	265.3	181.8	45.9
在总计中：国有控股	14	6	3	100	276.6	190.5	45.2
集体控股	0	0	0	0	0	0	0
私人控股	7	1	1	0	3.8	2.8	35.7
港澳台商控股	2	2	1	100	8.8	8.3	6
其他	0	0	0	0	0	0	0

规模以上工业企业主要经济指标（二）

附表 26

指标名称	企业单位数	资产总计			负债合计		
	本月末（个）	本月末（亿元）	上年同期（亿元）	增减（%）	本月末（亿元）	上年同期（亿元）	增减（%）
总计	23	639.5	530.3	20.6	512.6	435.9	17.6
在总计中：国有企业	2	31.9	31.6	0.9	19.4	19.1	1.6
股份制企业	19	570.1	458.7	24.3	458.6	391	17.3
外商及港澳台商投资企业	2	37.5	40	−6.3	34.6	25.8	34.1
在总计中：亏损企业	9	604.4	496.8	21.7	473.4	395.7	19.6
在总计中：国有控股企业	14	592.3	481.5	23	469.2	401.4	16.9
其中：亏损企业	6	566.2	456.4	24.1	438.3	369.5	18.6
其中：中央企业	1	30.4	30.1	1	19.1	18.8	1.6
在总计中：大中型工业	7	580	469.9	23.4	458.8	392.1	17
其中：国有控股企业	7	580	469.9	23.4	458.8	392.1	17
其中：亏损企业	5	562.4	452.3	24.3	434.3	365.7	18.8
在总计中：国有控股	14	592.3	481.5	23	469.2	401.4	16.9
集体控股	0	0	0	0	0	0	0
私人控股	7	9.7	8.8	10.2	8.8	8.7	1.1
港澳台商控股	2	37.5	40	−6.3	34.6	25.8	34.1
其他	0	0	0	0	0	0	0

规模以上工业企业主要经济指标（三）

附表 27

指标名称	企业单位数	营业收入			营业成本		
	本月末（个）	1—本月（亿元）	上年同期（亿元）	增减（%）	1—本月（亿元）	上年同期（亿元）	增减（%）
总计	23	158.2	125.5	26.1	142	99.6	42.6
在总计中：国有企业	2	14	14.2	−1.4	18.5	13.1	41.2
股份制企业	19	125.9	94.3	33.5	97.3	70.3	38.4
外商及港澳台商投资企业	2	18.2	17	7.1	26.1	16.2	61.1

续表

指标名称	企业单位数	营业收入			营业成本		
	本月末（个）	1—本月（亿元）	上年同期（亿元）	增减（%）	1—本月（亿元）	上年同期（亿元）	增减（%）
在总计中：亏损企业	9	126	108.5	16.1	117.1	84	39.4
在总计中：国有控股企业	14	130.5	103.2	26.5	108.4	78.5	38.1
其中：亏损企业	6	107.6	91.3	17.9	90.8	67.6	34.3
其中：中央企业	1	13.5	13.8	−2.2	18.2	12.9	41.1
在总计中：大中型工业	7	123.7	96.6	28.1	102.3	72.5	41.1
其中：国有控股企业	7	123.7	96.6	28.1	102.3	72.5	41.1
其中：亏损企业	5	107.1	90.9	17.8	90.4	67.3	34.3
在总计中：国有控股	14	130.5	103.2	26.5	108.4	78.5	38.1
集体控股	0	0	0	0	0	0	0
私人控股	7	9.4	5.4	74.1	7.5	4.9	53.1
港澳台商控股	2	18.2	17	7.1	26.1	16.2	61.1
其他	0	0	0	0	0	0	0

规模以上工业企业主要经济指标（四）

附表28

指标名称	企业单位数	税金及附加			利润总额		
	本月末（个）	1—本月（亿元）	上年同期（亿元）	增减（%）	1—本月（亿元）	上年同期（亿元）	增减（%）
总计	23	4	2.8	42.9	−14.6	1.5	−1073.3
在总计中：国有企业	2	0.2	0.2	0	−5.1	0.4	−1375
股份制企业	19	3.7	2.3	60.9	0.7	1.6	−56.3
外商及港澳台商投资企业	2	0.2	0.2	0	−10.2	−0.6	1600
在总计中：亏损企业	9	2.8	2.4	16.7	−17.6	2.5	−804
在总计中：国有控股企业	14	3.7	2.4	54.2	−5.4	2.2	−345.5
其中：亏损企业	6	2.7	2.2	22.7	−7.4	3	−346.7
其中：中央企业	1	0.2	0.2	0	−5.1	0.4	−1375
在总计中：大中型工业	7	3.6	2.4	50	−5.1	2.6	−296.2
其中：国有控股企业	7	3.6	2.4	50	−5.1	2.6	−296.2

续表

指标名称	企业单位数	税金及附加			利润总额		
	本月末（个）	1—本月（亿元）	上年同期（亿元）	增减（%）	1—本月（亿元）	上年同期（亿元）	增减（%）
其中：亏损企业	5	2.7	2.2	22.7	－6.9	3.5	－297.1
在总计中：国有控股	14	3.7	2.4	54.2	－5.4	2.2	－345.5
集体控股	0	0	0	0	0	0	0
私人控股	7	0.2	0.1	100	1	－0.1	－1100
港澳台商控股	2	0.2	0.2	0	－10.2	－0.6	1600
其他	0	0	0	0	0	0	0

规模以上工业企业主要经济指标（五）

附表 29

指标名称	企业单位数	亏损企业亏损总额			税金总额		
	本月末（个）	1—本月（亿元）	上年同期（亿元）	增减（%）	1—本月（亿元）	上年同期（亿元）	增减（%）
总计	23	17.6	2.3	665.2	9.4	7.4	27
在总计中：国有企业	2	5.1	0	0	0.1	0.8	－87.5
股份制企业	19	2.3	1.7	35.3	9	5.4	66.7
外商及港澳台商投资企业	2	10.2	0.6	1600	0.4	1	－60
在总计中：亏损企业	9	17.6	1.1	1500	7.1	7	1.4
在总计中：国有控股企业	14	7.4	1.5	393.3	8.8	6.3	39.7
其中：亏损企业	6	7.4	0.5	1380	6.7	6	11.7
其中：中央企业	1	5.1	0	0	0.1	0.8	－87.5
在总计中：大中型工业	7	6.9	1	590	8.6	6.2	38.7
其中：国有控股企业	7	6.9	1	590	8.6	6.2	38.7
其中：亏损企业	5	6.9	0	0	6.7	6	11.7
在总计中：国有控股	14	7.4	1.5	393.3	8.8	6.3	39.7
集体控股	0	0	0	0	0	0	0
私人控股	7	0	0.2	－100	0.3	0	0
港澳台商控股	2	10.2	0.6	1600	0.4	1	－60
其他	0	0	0	0	0	0	0

规模以上工业企业主要经济指标（六）

附表 30

指标名称	企业单位数	应交增值税			平均用工人数		
	本月末（个）	1—本月（亿元）	上年同期（亿元）	增减（%）	1—本月（万人）	上年同期（万人）	增减（%）
总计	23	5.4	4.6	17.4	2	2	0
在总计中：国有企业	2	−0.1	0.6	−116.7	0.1	0.1	0
股份制企业	19	5.3	3.1	71	1.8	1.9	−5.3
外商及港澳台商投资企业	2	0.2	0.8	−75	0	0	0
在总计中：亏损企业	9	4.3	4.6	−6.5	1.7	1.8	−5.6
在总计中：国有控股企业	14	5.1	3.9	30.8	1.9	2	−5
其中：亏损企业	6	4	3.8	5.3	1.7	1.8	−5.6
其中：中央企业	1	−0.1	0.6	−116.7	0.1	0.1	0
在总计中：大中型工业	7	5	3.8	31.6	1.8	1.9	−5.3
其中：国有控股企业	7	5	3.8	31.6	1.8	1.9	−5.3
其中：亏损企业	5	4	3.8	5.3	1.7	1.8	−5.6
在总计中：国有控股	14	5.1	3.9	30.8	1.9	2	−5
集体控股	0	0	0	0	0	0	0
私人控股	7	0.1	−0.1	−200	0.1	0	0
港澳台商控股	2	0.2	0.8	−75	0	0	0
其他	0	0	0	0	0	0	0

全社会用电量

附表 31

单位：万千瓦时

	2021 年	2020 年
全社会用电总量	39513.95	34108.47
第一产业用电量	606.52	448.38
占全部用电量比重（%）	1.5	1.3
第二产业用电量	9665.69	7979.35
占全部用电量比重（%）	24.5	23.4
第三产业用电量	10820.16	9510.47
占全部用电量比重（%）	27.4	27.9

续表

	2021 年	2020 年
城乡居民生活用电量	18421.58	16170.27
占全部用电量比重（%）	46.6	47.4

注：仅限霍州直管范围用电总量。

全年用电量情况

附表 32　　单位：万千瓦时

	2021 年	2020 年	比上年增长%
全社会用电总计	191539.61	185812.4	3.08
第一产业	1308.06	1139.31	14.81
第二产业	149152.49	146815.9	1.59
工业	147806.05	146134.2	1.14
煤炭开采和洗选业	—	—	—
非金属矿采选业	—	—	—
制造业	—	—	—
电力、热力、燃气及水生产和供应业	—	—	—
建筑业	1346.44	681.78	97.49
第三产业	20929.11	19704.53	6.21
交通运输、仓储和邮政业	11735.43	11782.98	−0.40
信息传输、软件和信息技术服务业	—	—	—
批发和零售业	—	1938.31	—
住宿和餐饮业	—	1309.8	—
金融业	—	—	—
房地产业	—	—	—
租赁和商务服务业	—	—	—
公共服务及管理组织	—	—	—
城乡居民生活用电合计	20149.95	18152.63	11.00
城镇居民	9183.94	8684.64	5.75
乡村居民	10966.02	9468	15.82
网损	—	—	—

注：霍州区域内用电总量（涵盖大型企业直供电）。

霍州主要经济指标完成情况

附表 33

	单位	2021 年	2020 年	2021 年为 2020 年%
常住人口	人	270880	272987	99.23
户籍人口	人	303035	304922	99.38
地区生产总值	亿元	100.5	81.5	123.31
人均地区生产总值	元	36969	29837	123.90
公路通车里程	公里	1325	1109	119.48
固定资产投资	亿元	26.4	23.3	113.30
一般公共预算收入	万元	55951	48775	114.71
一般公共预算支出	万元	176870	181433	97.49
社会消费品零售总额	万元	379611	326051	116.43
城乡居民储蓄存款余额	万元	1916883	1752375	109.39
城镇常住居民人均可支配收入	元	36903	34265	107.70
农村常住居民人均可支配收入	元	17947	16168	111.00
小麦产量	吨	30174.2	28961.7	104.19
玉米产量	吨	17227.2	14835.3	116.12
油料产量	吨	285.1	192.27	148.28
水果产量	吨	17244.6	15258.1	113.02
肉类产量	吨	9155.76	6785.26	134.94
原煤产量	万吨	436.29	413.34	105.55
洗精煤产量	万吨	281.43	311.81	90.26
发电量	亿千瓦时	111.11	117.24	94.77

注：2020 年地区生产总值由 810839 万元调整为 814507 万元，地区生产总值 2021 年为 2020 年%为现价增速，地区生产总值增速为可比价增速。

霍州市国民经济主要指标占临汾市比重

附表 34

	单位	临汾市	霍州市	占%
常住人口	人	3912411	270880	6.9
地区生产总值	亿元	1909.5	100.5	5.3

续表

	单位	临汾市	霍州市	占%
公路通车里程	公里	19382.6	1325	6.8
一般公共预算收入	亿元	159.9	5.6	3.5
一般公共预算支出	亿元	411.7	17.7	4.3
社会消费品零售总额	亿元	756.5	37.96	5.0
城乡居民储蓄存款余额	亿元	3333.6	191.7	5.8
农村常住居民人均可支配收入	元	15294	17947	117.3
城镇常住居民人均可支配收入	元	36968	36903	99.8
粮食总产量	吨	2111038	51348.7	2.4
小麦产量	吨	857277	30174.2	3.5
水果产量	吨	1128969	17244.6	1.5
猪牛羊肉总产量	万吨	12.19	0.9	7.4
原煤产量	万吨	8074.5	436.29	5.4
发电量	亿千瓦时	248.8	111.11	44.7

教育、文化、卫生

附表 35

	单位	2021 年	2020 年
中等专业学校数	个	1	1
中等专业学校在校学生数	人	684	567
中等专业学校任教师数	人	114	116
普通中学校数	个	17	17
普通中学在校学生数	人	12752	12792
普通中学任课教师数	人	1317	1297
小学校数	个	65	72
小学在校学生数	人	20311	20751
小学专任教师数	人	1477	1413
剧场、影剧院数	个	2	2
医院、卫生院数	所	28	30
医院、卫生院床位数	张	712	799
医生数	人	1179	1149

市政公用事业

附表 36

	单位	2021 年	2020 年
排水管道总长度	公里	128.6	128.6
供水综合生产能力	万立方米/日	4.8	4.8
全年供水总量	万立方米	767.83	768.32
生活用水量	万吨	622	510
天然气年供应总量	万立方米	924.3	1053.12
用天然气户数	户	54597	45795
园林绿地面积	公顷	511.95	468.25

社会治安

附表 37

单位：件

	2021 年	2020 年
交通事故件数	167	231
刑事案件立案数	884	614

社会福利事业

附表 38

	单位	2021 年	2020 年
社会福利院数	个	5	6
社会福利院床位数	张	420	468
城镇居民最低生活保障人数	万人	0.99	0.89
农村居民最低生活保障人数	万人	2.77	2.79
参加养老保险人数	人	124039	119794
参加医疗保险人数	人	278771	280604
参加失业保险人数	人	14325	13173
离退休、退职人数	人	241	348
城镇登记失业率	%	3.03	3.78
城镇新增就业	人	5630	4603
转移农村劳动力	人	4821	3717

索　引

说明：

1. 本索引采取主题分析方法，按汉语拼音字母顺序排列。

2. 本索引名称后的数字表示内容所在页码、数字后的拉丁字母（a、b）表示该页自左至右的栏别。

D

E

F

G

H

J

K

L

M

N

P

Q

T

W

Z